普通高等学校"十二五"力学精品教材

工程流体力学

莫乃榕　编

华中科技大学出版社

中国·武汉

内 容 提 要

本书介绍流体力学的基本原理以及工程应用。全书共分 8 章,内容包括导论、流体静力学、理想流体运动的基本方程、不可压缩黏性流体的一元流动、不可压缩理想流体的平面势流、不可压缩黏性流体的平面流动、可压缩流体动力学基础、量纲分析和相似理论。本书物理概念清晰,数学推演简明扼要,阐述深入浅出,例题、思考题、习题与教学内容融为一体。本书可作为能源与动力工程、机械工程、建筑环境与能源应用工程、船舶与海洋工程等专业的流体力学课程教科书,也可供相关专业的工程技术人员参考。

图书在版编目(CIP)数据

工程流体力学/莫乃榕编.—武汉:华中科技大学出版社,2015.4(2025.2 重印)
ISBN 978-7-5680-0827-3

Ⅰ.①工…　Ⅱ.①莫…　Ⅲ.①工程力学-流体力学－高等学校-教材　Ⅳ.①TB126

中国版本图书馆 CIP 数据核字(2015)第 090736 号

工程流体力学　　　　　　　　　　　　　　　　　　　　莫乃榕　编

策划编辑:徐正达
责任编辑:刘　飞
封面设计:刘　卉
责任校对:祝　菲
责任监印:张正林
出版发行:华中科技大学出版社(中国·武汉)　　　　电话:(027)81321913
　　　　　武汉市东湖新技术开发区华工科技园　　　　邮编:430223
录　　排:武汉市洪山区佳年华文印部
印　　刷:武汉邮科印务有限公司
开　　本:710 mm×1000 mm　1/16
印　　张:17
字　　数:350 千字
版　　次:2025 年 2 月第 1 版第 8 次印刷
定　　价:49.80 元

前　言

　　"工程流体力学"是基础理论与工程应用之间的知识桥梁,出版一本读者喜欢的教科书,一直是笔者的夙愿。笔者曾经出版过《工程流体力学》,并且被许多高等学校选用。为了适应当前的人才培养模式和要求的变化,笔者在发扬原教材优点的基础上,重新动笔耕耘,经过一年多的努力写成此书。这本教材的编写特别注意了两个原则。一个原则是教材内容万变而不离其宗。"万变",就是不断更新内容,更新思维方式;教材有了新内容、新思路,才能适应当前教育的发展形势。"宗",就是流体力学的基本理论和基本规律。另一个原则就是教材要面向读者,要根据读者的思路以及接受能力来阐述流体力学的原理。只有如此,面向读者的教材才能百看不厌,回味无穷。这本教材力求做到系统严密、概念清晰、深入浅出、易学易懂,引导读者逐渐掌握流体力学的分析方法,引导读者在学习"工程流体力学"这门课程中获取知识,享受乐趣。

　　本书的内容按照从易到难,从简单到复杂的原则进行编排。第1章导论,介绍流体力学的发展史和学习方法,介绍流体的一些力学性质。第2章流体静力学,研究静止压强的分布规律以及物体受到的静压力。第3章理想流体运动的基本方程,介绍流体运动的理论以及基本方程,这一章的数学推演力求简单明了,尽量降低数学难度。后面各章都属于专题。第4章不可压缩黏性流体的一元流动。第5章不可压缩理想流体的平面势流。第6章不可压缩黏性流体的平面流动,包括黏性层流精确解和边界层理论。第7章可压缩流体动力学基础。第8章量纲分析和相似理论,介绍有关流体力学实验的理论问题。各章的例题和习题都经过精选,与理论保持同步。每章后面的选择题富有特色,对初学者特别有益。

　　本书适用于机械工程、能源动力工程、建筑环境与能源应用工程、船舶工程、环境工程的50~60学时的"工程流体力学"课程的教学。

　　流体力学博大精深,本书只是从工程应用的角度去理解和介绍流体运动的若干问题。由于编者知识水平有限,书中错误难免,希望专家和读者批评指正。

莫乃榕

2015 年 3 月

主要符号表

A	面积
a	加速度
B,b	宽度
c	声速
C_p	压强系数
c_p	比定压热容
c_V	比定容热容
D,d	直径
E	(固体)弹性模量,内能
e	内能
F	力
Fr	弗劳德数
f	质量力
G	重力
g	重力加速度
H,h	高度,水深
K	开(热力学温度单位)
K	(流体)体积模量
L,l	长度
m	质量
Ma	马赫数
P	功率
p	压强
p_g	表压强
p_v	真空压强
Q	热量
q	体积流量
q_m	质量流量
R	气体常数
Re	雷诺数
Sr	斯特劳哈尔数
s	比熵

T	热力学温度
t	时间,摄氏温度
U	速度
u	速度
V	体积
v	平均速度,比体积
v_x , v_y , v_z	速度分量
W	功,复位势
α	动能修正系数
β	动量修正系数
Γ	速度环量
γ	比热比
Δ	绝对粗糙度
δ	边界层厚度
δ^*	边界层位移厚度
δ^{**}	边界层动量损失厚度
ε	线变形速率
ζ	局部损失因数
κ	体积压缩率
Λ	(气体)速度系数
λ	沿程损失系数
μ	动力黏度,流量系数,马赫角
ν	运动黏度
ρ	密度
σ	正应力,表面张力系数
τ	切应力
φ	速度势函数
ψ	流函数
ω	角速度

目　　录

第1章 导　　论

1.1　流体力学的研究任务和研究方法

　　物质的存在有固体、液体和气体等三种形态。这三种物质形态因分子间距、分子间作用力大小的不同而表现出不同的力学特性。固体的分子间距很小,分子间作用力很大,固体微粒(分子、原子、离子)排列成空间点阵的形式,固体分子只能在其平衡位置作小幅的摆动。固体受到剪力作用时会产生弹性变形而达到平衡状态。液体的分子间距比较大,分子间作用力比较弱,分子无固定位置。液体分子可以在其他分子之间移动,但分子间作用力又不能允许液体分子运动到远离其他分子的空间位置。液体没有固定的形状,但有不变的体积。气体的分子间距最大,分子间作用力最小。气体分子可以在空间里自由移动,气体没有固定的形状,也没有固定的体积。液体和气体的分子都没有固定的空间位置,受到剪切力的作用时,液体和气体都不能保持静止平衡状态,而是发生连续不断的变形运动,即产生流动,直至剪切力消失为止。液体和气体合称为流体。

　　流体力学是研究流体在外力作用下平衡和运动规律的一门学科,是力学的一个分支。流体力学研究众多的流体流动问题,每一类流动问题又形成一个流体力学的分支。研究液体(不可压缩流体)的称为水力学,研究可压缩流体(主要是气体)的称为可压缩流体力学,研究工程中常见的流体流动问题的学科称为**工程流体力学**。此外,流体力学还和其他学科渗透,形成一些交叉边缘学科,如生物流体力学、电磁流体力学、化学流体力学、高温气体力学等等。

　　流体力学是在人类征服自然、改造自然的实践中产生和发展起来的。流体力学的任务就是研究和解决各个领域中出现的流体力流动问题。流体力学是伴随科学技术的发展而出现的。科学技术、工程技术的发展史也就是流体力学的发展史。

　　人类对流体的认识是从治水、用水开始的,流体力学(水力学)的初步形成可以追溯到 17 世纪。从中世纪开始,人们开始大规模地兴修水利工程、修筑城镇给水排水系统,开始认识和利用水流的知识。1653 年,法国科学家帕斯卡(B. Pascal)发现了静水压强可以传遍整个流场的帕斯卡原理。后来,他提出了流体静力学的基本公式。1687 年,牛顿(I. Newton)用实验方法研究了运动平板所受的流体阻力,提出了流体的黏性切应力与速度梯度成正比的计算公式,为以后研究黏性流体的运动奠定了基础。1738 年,伯努利(D. Bernoulli)对输水管路进行大量的观察和测量,提出了著名的伯努利定理。1775 年,欧拉(L. Euler)提出了无黏性流动的运动方程,为理论流体力学的研究奠定了理论基础。随着生产的发展,人们不断探索黏性流动的规律。1823年,法国人纳维(L. Navier)、英国人斯托克斯(G . Stokes)分别用不同的方法建立了黏性流体运动的微分方程,从此,流体力学得到迅速的发展。到19世纪末,水力学和水动力学已达到相当高的水平。进入20世纪以后,随着航空、航天事业的发展,边界层理论、紊流理论、可压缩流体力学都获得巨大的成就。1904年,德国学者普朗特(L. Prandtl)提出了边界层理论,开创了现代流体力学。1910年,俄国科学家儒可夫斯基用保角变换法获得了一种理想的翼型,使人类的航空、航天事业得到迅猛的发展。超声速飞机的出现,人造卫星和航天飞机进入太空,使流体力学的理论日臻成熟,成为一个严密、系统的学科。20世纪后半期,科学技术迅猛发展。进入21世纪以后,流体力学的发展得到进一步的继续和深化。计算流体力学的完善,超大型计算机的出现,许多流体力学问题得到解决,许多流动的细节得以逼真地显示出来。我国的三峡水利枢纽、29.7万吨"长江之珠"油轮、神舟十号飞船、天宫一号空间站,都显示出流体力学的最新成就。

纵观流体力学的发展历史可以清楚地看出,生产的发展和需要是流体力学研究的动力。流体力学的任务就是解决科学研究和工农业生产中遇到有关流体流动的问题。人类的生产和科学技术发展到今天,对流体力学提出的问题越来越多,很多工农业部门都存在大量的流体力学问题。现在很难找出一个技术部门,它的发展能够与流体力学无关。众所周知,航空、水利、机械、动力、船舶、冶金、建筑、环境、市政工程等部门都存在大量的流体力学问题,有待深入研究。动力工程中流体的能量转换,机械工程中的润滑、液压传动、气体传送,船舶的行波阻力,高温液态金属的流动,建筑工程的通风通水,高层建筑的风载荷,铁路、公路隧道的压力波传播,高速列车的气动力学稳定性,燃烧过程的空气动力学特性,血液在微血管中的黏性流动,大气中的污染扩散,等等,这些都是工程技术人员经常遇到的流体力学问题。工程流体力学将为从事这些工程技术工作的人员提供必要的流体力学理论知识。《工程流体力学》除了介绍流体力学的基本概念、基本原理之外,还介绍如何将这些基本概念和原理应用于工程实际,推导一些工程上常用的公式,使读者掌握流体力学在工程中的分析方法和计算方法。

工程流体力学和其他物理学科一样,其研究方法主要有理论分析、实验研究和数值计算等三种。理论分析法是根据工程实际中的流动现象的特点,建立流体运动的方程,运用各种数学工具准确地或近似地求解方程的方法。理论分析法的特点在于科学的抽象,能够用数学方法求出理论的结果,揭示流体运动的内在联系。实验研究法根据模化理论,在模型流场上进行观察和测量,揭示一些流动要素的实际联系。实验方法能直接解决工程实际的复杂问题,并能发现一些新的流动现象。数值计算法是将流体力学方程和边界条件离散化,用计算机求出数值解。数值计算法目前已成为解决流体力学问题的强有力的方法。本课程主要介绍理论分析法和实验研究法,数值计算法则在其他相关课程介绍。

1.2　连续介质假设

　　流体是由分子组成的,分子之间保持一定的距离,流体的分子处在永无休止的运动状态中。因此,从微观的角度来看,流体的物理量如质量、温度等在空间上的分布是不连续的。如果要从微观上研究流体力学问题,就要用分子运动学说研究每一个分子的微观运动规律。工程流体力学所讨论的问题的特征尺寸远大于流体分子的尺度,人们感兴趣的问题并不是流体分子的微观特征,而是流体的宏观特征,即大量分子的统计平均特性,如流体的密度、温度、压强等。从宏观上研究流体的运动规律时,有理由把流体视为连续介质,认为液体和气体充满一个体积时不留任何空隙,流体的质量是连续分布的,流体的速度、温度也是连续分布的。此外,分子不停运动,时而碰撞,其速度是突变的,但人们不关心分子的这种运动,而只关心流体的宏观速度。我们有理由认为流体的宏观速度不会像分子运动速度那样会发生突变,而是在时间上连续分布的。

　　认为流体在空间上不留任何空隙地连续分布,这种假设称为连续介质假设。

　　实践证明,采用连续介质来解决工程实际问题,其结果是合理的。例如,在正常情况下,1 mm^3 的体积水有 3.3×10^{19} 个分子,空气有 2.7×10^{16} 个分子,即使 10^{-10} mm^3 体积(相当于一粒灰尘的体积)的空气也还有 2.7×10^6 个分子,空气的物理量仍具有统计平均的特征。因此,采用连续介质的假设是合理的。这样,流体的一切特征,例如压强、温度、密度、速度等都可以看成为空间和时间连续分布的函数,流体力学的问题可以用连续函数这个强有力的数学工具来进行研究。当然,在一些特殊的情况下,连续介质假设是不能成立的。例如,航天器在高空稀薄的空气中飞行时,气体分子自由程与航天器的尺寸具有同样的数量级,血液在微血管里(直径约为 10^{-4} cm)的流动,这些情况下都不能采用连续介质假设。

1.3　流体的密度

　　流体的**密度**是单位体积流体具有的质量。在均质流体中,如果体积 V 内的流体质量是 m,则密度 ρ 为

$$\rho = \frac{m}{V} \tag{1.1}$$

密度 ρ 的单位是 kg/m^3。

　　对于非均质流体,各处的密度值不同,这时,密度 ρ 的定义为

$$\rho = \lim_{\Delta V \to 0} \frac{\Delta m}{\Delta V} \tag{1.2}$$

式中,$\Delta V \to 0$ 只能视作趋于足够小,不能理解为数学上的趋于零。从微观上看,如果

微元体积 ΔV 趋小到流体分子的尺度,则在这么小的体积里流体的质量就不再具有统计特征。因此,对于 $\Delta V \to 0$,应理解为趋于宏观上足够小而微观上足够大的微体积。这种宏观上足够小而微观上足够大的微体积称为**流体微团**,或称为**流体质点**。

密度的倒数称为**比体积**,记作 v,即 $v = 1/\rho$,其单位是 m^3/kg,它表示单位质量流体所占据的体积。

流体的密度与温度和压强有关。温度或压强的变化都会引起密度的变化,即

$$d\rho = \frac{\partial \rho}{\partial p} dp + \frac{\partial \rho}{\partial T} dT \tag{1.3}$$

密度的相对变化率为

$$\frac{d\rho}{\rho} = \frac{1}{\rho} \frac{\partial \rho}{\partial p} dp + \frac{1}{\rho} \frac{\partial \rho}{\partial T} dT = \kappa dp - \alpha_V dT \tag{1.4}$$

式中,κ 称为流体的**体积压缩率**,它表示在温度不变的情况下,增加单位压强所引起的密度变化率。体积压缩率常常用比体积表示,即

$$\kappa = \frac{1}{\rho} \frac{\partial \rho}{\partial p} = -\frac{1}{v} \frac{\partial v}{\partial p} \tag{1.5}$$

液体的体积压缩率 κ 很小,工程上常常使用它的倒数,称为**体积模量**,记作

$$K = -\frac{\Delta p}{\Delta v / v} = \frac{\Delta p}{\Delta \rho / \rho} \tag{1.6}$$

体积模量 K 的单位与压强单位相同,即为 Pa。

α_V 称为体膨胀系数,它表示在压强不变的条件下,增加单位温度所引起的体积变化率,即

$$\alpha_V = -\frac{\Delta \rho / \rho}{\Delta T} = \frac{\Delta v / v}{\Delta T} \tag{1.7}$$

由于压强不变时,温度增加,体积增加,密度减小。因此定义中冠以负号。

对于气体,其密度、压强和温度应满足状态方程

$$p = \rho R T \tag{1.8}$$

式中,p 为气体压强,单位为 Pa;T 为热力学温度,单位为 K;R 为气体常数,对于空气,$R = 287 \, J/(K \cdot kg)$。由状态方程可以求得气体的体积压缩率和体膨胀系数分别是 $\kappa = 1/p$,$\alpha_V = 1/T$。

例 1.1　在常温下,水的体积模量 $K = 2.81 \times 10^9 \, Pa$,如果水的压强从 $10^5 \, Pa$ 增至 $12 \times 10^6 \, Pa$,求水的体积变化率。

解　由定义得

$$\frac{\Delta v}{v} = -\frac{\Delta p}{K} = -0.424\%$$

负号说明,压强增大,则体积变小。

1.4 流体的黏性

黏性是流体抵抗变形的能力。它是流体的固有属性。黏性切应力则是黏性的具体表现。

流体在运动时,如果相邻两层流体的速度不同,则在它们的分界面上将产生切应力。运动快的流层对运动慢的流层施以拖力,而运动慢的流层则对运动快的流层施以阻力,这对力称为流层之间的**内摩擦力**或**黏性力**。

流体的黏性实验是由牛顿于 1687 年首次进行的。如图 1.1 所示,两块平行平板相距为 h,其间充满黏性液体。下板不动,上板以速度 v 在自身平面内作匀速运动。为了维持上板的匀速运动,必须在平板上施加一个拖力 F。实验表明,拖力 F 与板的面积 A 和速度 v 成正比,而与两板间的距离 h 成反比,其比例系数称为流体的**黏度**,记作 μ,即

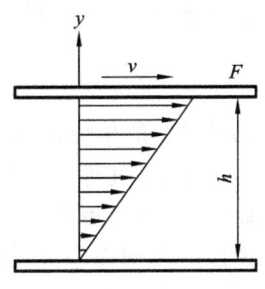

图 1.1 牛顿的黏性实验

$$F = \mu A \frac{v}{h} \qquad (1.9)$$

显然,施加于单位面积上的拖力(切应力)为

$$\tau = \frac{F}{A} = \mu \frac{v}{h} \qquad (1.10)$$

分析平板的运动可以看出,平板作匀速运动,作用在平板上的外力和等于零。因此,平板除了受拖力 F 作用之外,还应该有另外的力与力 F 大小相等、方向相反,这个力就是作用在上板下表面的流体施加给平板的黏性切应力。

进一步的观察和测量都表明,上板移动时,贴紧上板下表面的流体质点的速度与上板的速度 v 相同。下板静止不动,贴紧下板上表面的流体质点的速度也就为零。当速度 v 不大时,两板间的流体速度近似为线性分布。距离下板 y 处,流体的速度为 $v_x = v \frac{y}{h}$。式(1.10)表示,流体的黏性切应力与速度梯度成正比。一般情况下,流体的速度不是线性分布,流体的黏性切应力的表达式应为

$$\tau = \mu \frac{\mathrm{d}v_x}{\mathrm{d}y} \qquad (1.11)$$

式(1.11)表明,流体的黏性切应力与流体的黏度以及速度梯度成正比,这就是著名的**牛顿内摩擦定律**。黏度 μ 的单位是 Pa·s。由于 μ 出现在切应力公式中,因此 μ 又称为流体的**动力黏度**。

式(1.11)中的速度梯度,实际上就是流体微团的角变形速率。为了说明这一点,现分析图 1.2 中两条边的长度分别为 $\mathrm{d}x$ 和 $\mathrm{d}y$ 的流体微团 $ABCD$ 的角变形速率。初始时刻,微团的角 $\angle ACD$ 为直角。经过时间 $\mathrm{d}t$ 后,$\angle ACD$ 不再为直角,它减小了微小角度 $\mathrm{d}\varphi$。这是因为,A、C 两点的速度有差别。设点 C 的速度为 v_x,则点 A 的速

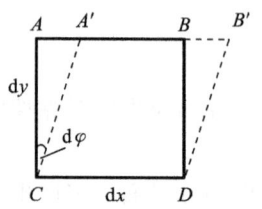

图 1.2　流体微团的角变形

度应为 $v_x + \mathrm{d}v_x$。点 A 和点 C 的速度差为 $\mathrm{d}v_x$。经过时间 $\mathrm{d}t$ 后，A、C 两点有相对位移为 $\mathrm{d}v_x \mathrm{d}t$，流体线 AC 变成倾斜线 $A'C$，角度变化量为 $\mathrm{d}\varphi = \mathrm{d}v_x \mathrm{d}t / \mathrm{d}y$，单位时间内流体微团的角变化速率为 $\mathrm{d}\varphi / \mathrm{d}t = \mathrm{d}v_x / \mathrm{d}y$。这就说明，式(1.11)中的速度梯度就是流体微团的角变形速率，也称为**切应变**。

在研究流体运动时，常常用到 μ 与 ρ 的比值，称为**运动黏度**，用希腊字母 ν 表示，即

$$\nu = \frac{\mu}{\rho} \tag{1.12}$$

运动黏度 ν 的单位是 m^2/s。

对水、空气等众多流体而言，黏性切应力与切应变成正比。但也有很多流体，例如血液、高分子聚合物、石油等，其黏性切应力并不与切应变成正比。流体力学把黏性切应力与切应变成正比的流体称为**牛顿流体**，把黏性切应力与切应变不成正比的流体称为**非牛顿流体**。非牛顿流体在化工、医药、食品、石油等工业部门应用很广。近年来，非牛顿流体力学成为一个十分活跃的分支学科。

流体的黏性在两个流体速度层中起着传递切应力的作用。黏性力属于内摩擦力，它的产生原因是流体分子之间存在内聚力以及流体层之间存在分子动量交换。由于分子之间有内聚力(分子引力)，速度慢的流层对速度快的流层施加阻力，而速度快的流层对速度慢的流层施加拖力，这就表现为黏性剪切力。另外，流体的分子处在不停的运动中，当速度快的流层的分子进入速度慢的流层时，便将自己携带的比较大的动量释放出来，给速度慢的流层加速，即给速度慢层施加一个拖曳力。反之，速度慢层的流体进入速度快层后，会吸收快层的动量，使快层减速，这相当于施加了一个阻力。

气体的分子间距比较大，内聚力比较弱。气体的黏性作用主要取决于分子之间的动量交换。因此，温度越高，分子之间的动能交换越强烈，气体的黏性越强。液体的内聚力比较大，分子之间的动量交换比较弱。液体的黏性主要取决于分子内聚力。温度升高时，液体内聚力变小，黏性变弱。

流体的这种黏性与其分子特性有关，因此这种黏性又称为**流体的分子黏性**。

任何流体都具有黏性。流体在运动时，流体微团将受到惯性力、压力、重力及黏性力的共同作用。如果黏性力比其他力小得多，则可以忽略黏性力的影响。不考虑黏性力影响的流体称为**理想流体**。同一种流体，在某些情况下(例如速度梯度很小)可视为理想流体，但在另一些情况下必须视为黏性流体。例如，河水绕桥墩流动时，在桥墩附近，水流的速度梯度大，黏性力对流动的影响很大，这时的水视为黏性流体。而在远离桥墩的地方，速度梯度很小，这时的水可视为理想流体，黏性力可忽略不计。

要使物体在黏性流体中保持运动,就必须对物体施加一定的动力,以克服黏性阻力。黏性阻力是作用在物体上的黏性切应力的总和。黏性阻力的计算常常比较复杂。对于一些物体形状比较简单,速度比较慢的物体,流体的速度可视为线性分布的,这给计算带来很大方便。图 1.3 所示的几种在机械中常见的润滑流动,充满在运动物体和固定物体之间的润滑油的速度都可视为线性分布。

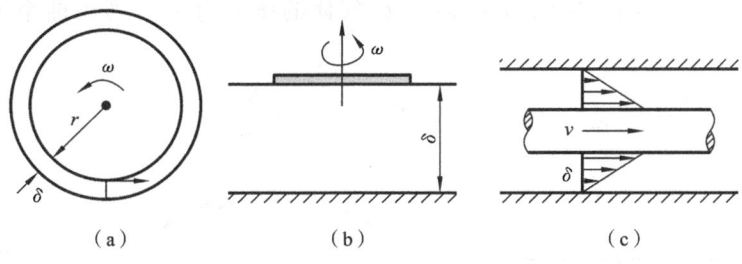

图 1.3   几种润滑流动

图 1.3(a)表示间隙为 δ 的两个同心圆筒之间的黏性流动。半径为 r 的内筒绕其轴线转动的角速度为 ω,紧贴内筒表面的流体的速度为 $r\omega$,两筒之间的流体速度呈线性分布。内筒表面受到的黏性切应力 $\tau = \mu r\omega/\delta$。为了维持内筒能以等角速度转动,对于单位长度(垂直于纸面)的圆柱筒所施加力矩为

$$M = \tau 2\pi r^2 = 2\pi\omega r^3/\delta$$

图 1.3(b)表示一块半径为 r 的圆盘浮在厚度为 δ 的润滑油上,绕其对称轴以匀角速度 ω 转动。离转轴 r 处,圆盘的线速度为 $r\omega$,流体的黏性切应力 $\tau = \mu r\omega/\delta$。切应力的值随 r 而变,施加在圆盘上的力矩用积分求出,即

$$M = \int_0^R \tau 2\pi r^2 \,\mathrm{d}r = \frac{1}{2}\pi\mu\omega R^4/\delta$$

图 1.3(c)表示一圆柱与同轴管道的相对运动,圆柱与管道之间充满黏性液体,间隙为 δ。设长度为 L、半径为 r 的内管以匀速 v 沿轴线运动,则施加在管子上的力应为

$$F = 2\pi r L\mu v/\delta$$

1.5   表面张力

表面张力是液体表面出现的一种作用力。当两个流体微团之间的距离小到一定值时就会产生相互吸引力。通常把液体之间的吸引力称为**内聚力**,把能够产生吸引力的距离称为**内聚力的影响半径**。位于液体内部的液体微团受到影响半径内各个方向的内聚力而处于平衡状态。位于液体表面的微团的影响半径内,一半是液体,一半是气体,如图 1.4 所示。气体对液体的吸引力远远小于液体之间的吸引力,因此液面表层的流体微团就受到不平衡的吸引力。液体表层的吸引力如同薄膜的张力一样,

称为**表面张力**。表面张力的大小用表面张力系数 σ 来量度,它表示液体表面上单位长度的流体线所受到的拉力,单位是 N/m。

  表面张力使液体表面有自动收缩的趋势。例如,雨滴表面是弯曲的,玻璃板上的水珠表面也是弯曲的。液体表面弯曲的曲率半径大小与液体与气体的压强差值有关。取图 1.5 所示的液体表层二维曲面的微段来分析。设表面的曲率半径为 R,微段的曲率角度为 $\Delta\alpha$,液体内部的压强为 p,气体的压强为 p_0。考虑曲率半径方向的力平衡,有

$$(p-p_0)R\Delta\alpha=2\sigma\sin\frac{\Delta\alpha}{2}$$

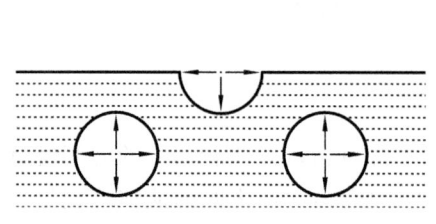

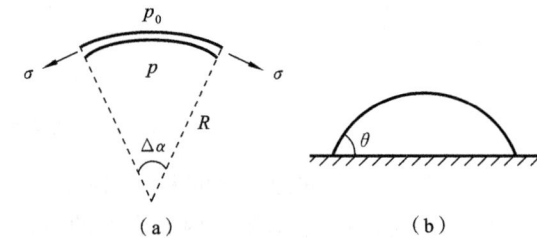

（a）   （b）

    图 1.4　流体的引力球   **图 1.5　表面张力和接触角**

  对于微小角度 $\Delta\alpha$,角的正弦值与角度值相等,有

$$p-p_0=\frac{\sigma}{R} \tag{1.13}$$

类似地,对于三维曲面,如果两个主曲率半径分别为 R_1 和 R_2,有

$$p-p_0=\sigma\left(\frac{1}{R_1}+\frac{1}{R_2}\right) \tag{1.14}$$

式(1.13)和式(1.14)都称为表面张力的拉普拉斯公式。

  当液体的表面与固体壁面接触时,液体表面也是弯曲的。在液体表面和固体壁面的接触点作液体表面的切面,这个切面与固体表面在液体内部的夹角 θ 称为**接触角**,如图 1.5(b)所示。实验表明,液体表面接触角与液体和固体之间的吸引力有关。如果液体之间的吸引力大于液体与固体之间的吸引力,则接触角为钝角,$\theta>90°$,这时称液体不润湿固体。反之,如果液体之间的吸引力小于液体与固体之间的吸引力,则接触角为锐角,$\theta<90°$,这时称液体润湿固体。水与玻璃的接触角 $\theta=8°\sim9°$,水银与玻璃的接触角 $\theta=138°$。

  表面张力会引起毛细现象(见图 1.6)。将一根小直径的玻璃管插入液体中,则管内的液体表面会升高或降低。在流体力学实验中常用玻璃管作为测压管。

  设液体的表面张力系数为 σ,接触角为 θ,玻璃管的半径为 r,则管内液面升高或降低的高度 h 可利用张力与液柱重量的平衡关系求得,即

$$2\pi r\sigma\cos\theta=\rho g\pi r^2 h$$

故

$$h = \frac{2\sigma\cos\theta}{\rho g r} \qquad (1.15)$$

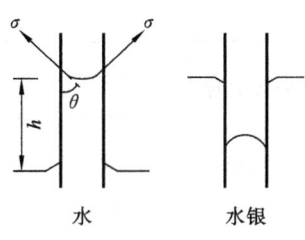

图 1.6　毛细现象

例如,玻璃管的半径 $r=1.5$ mm,温度为 20 ℃的水的张力系数 $\sigma=0.0728$ N/m,密度 $\rho=1000$ kg/m^3,接触角 $\theta=8°$,则水柱升高的高度 $h=9.8$ mm。温度为 20 ℃的水银的张力系数 $\sigma=0.427$ N/m,密度 $\rho=13600$ kg/m^3,接触角 $\theta=138°$,则水银面下降的高度 $h=3.17$ mm。

表 1.1 列出标准大气压下水的物理性质,表 1.2 列出常见液体的物理性质,表 1.3 列出标准大气压下空气的物理性质。

表 1.1　水的物理性质

温度 /℃	密度 ρ /(kg/m^3)	动力黏度 μ /($\times 10^{-3}$ Pa·s)	运动黏度 ν /($\times 10^{-6}$ m^2/s)	表面张力 σ /(N/m)	体积模量 K /($\times 10^9$ Pa)
0	999.8	1.781	1.785	0.0756	2.02
5	1000	1.518	1.519	0.0749	2.06
10	999.7	1.307	1.306	0.0742	2.10
15	999.1	1.139	1.139	0.0735	2.15
20	998.2	1.002	1.007	0.0728	2.18
25	997.0	0.890	0.893	0.0720	2.22
30	995.7	0.798	0.800	0.0712	2.25
40	992.2	0.653	0.658	0.0696	2.28
50	988.0	0.547	0.553	0.0679	2.29
60	983.2	0.466	0.474	0.0662	2.28
70	977.8	0.404	0.413	0.0644	2.25
80	971.8	0.354	0.364	0.0626	2.20
90	965.3	0.315	0.326	0.0608	2.14
100	985.4	0.282	0.294	0.0589	2.07

表 1.2　常见液体的物理性质(20 ℃)

液体名称	密度 ρ /(kg/m^3)	动力黏度 μ /($\times 10^{-3}$ Pa·s)	运动黏度 ν /($\times 10^{-6}$ m^2/s)	表面张力 σ /(N/m)	体积模量 K /($\times 10^9$ Pa)
苯	895	0.65	0.7263	0.029	1.03
四氯化碳	1588	0.97	0.6108	0.026	1.10
原油	856	7.20	8.4112	0.030	—

液体名称	密度 ρ /(kg/m^3)	动力黏度 μ /($\times 10^{-3}$ Pa·s)	运动黏度 ν /($\times 10^{-6}$ m^2/s)	表面张力 σ /(N/m)	体积模量 K /($\times 10^9$ Pa)
汽油	678	0.29	0.4277	—	—
煤油	808	1.92	2.3762	0.025	—
水银	13550	1.56	0.1685	0.51	26.2
SAE10 油	918	82	89.32	—	—
SAE30 油	918	440	479.3	—	—

表 1.3　标准大气压下空气的物理性质

温度 /℃	密度 ρ /(kg/m^3)	动力黏度 μ /($\times 10^{-5}$ Pa·s)	运动黏度 ν /($\times 10^{-6}$ m^2/s)
−40	1.515	1.49	9.8
−20	1.395	1.61	11.5
0	0.293	1.71	13.2
10	0.248	1.76	14.1
20	1.205	1.81	15.0
30	1.156	1.86	16.0
40	1.128	1.90	16.8
60	1.060	2.00	18.7
80	1.000	2.09	20.9
100	0.946	2.18	23.1
200	0.747	2.58	34.5

1.6　作用在流体上的力

　　研究任何物体运动时,总会使用牛顿第二定理:作用在物体上的力等于物体的质量与加速度的乘积。流体占据很大的空间,质量也是很大。研究流体的运动时,通常取一部分流体(称为脱离体)出来进行分析。

　　在流场中取出图 1.7 所示的流体。作用在流体上的力可分为两类:质量力和表面力。

　　质量力是某种力场对物体的作用力,例如重力。这种力的大小与物体的质量成正比,故称为**质量力**。单位质量的流体受到的质量力(这是一个矢量)称为**单位质量力**,用 f 表示。单位质量力在坐标 x,y,z 的分量用 f_x,f_y,f_z 表示,即

$$f=f_x\boldsymbol{i}+f_y\boldsymbol{j}+f_z\boldsymbol{k} \tag{1.16}$$

单位质量力具有加速度的量纲。在重力场中,单位质量力就等于重力加速度。世界各地的重力加速度 g 的值随纬度、海拔高度而变。g 的值,在赤道上为 9.78059 m/s²,在北极上为 9.83217 m/s²,在北京为 9.80171 m/s²。为便

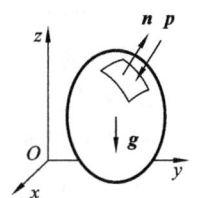

图 1.7 流体及其质量力和表面力

于交流,国际上采用在北纬 45°海面上精确测量得到的 $g=9.80665$ m/s² 作为重力加速度的标准值。在计量标准中,g 取标准值。在本书中,重力加速度取工程中常用的近似值 $g=9.807$ m/s²。

表面力是流体受到的周围介质(固体或流体)通过表面传递过来的作用力。在图 1.7 所示的流体团的表面取一个微小表面积,此微面积的外法线为 $\boldsymbol{n}$。作用在微面积上的表面力分为法向力和切向力。法向力与法线 $\boldsymbol{n}$ 平行,切向力与法线 $\boldsymbol{n}$ 垂直。单位面积受到的表面力称为应力,其单位为 N/m²,即 Pa。应力分为正应力和切应力。

选 择 题

1. 在 5 ℃时水的密度为_____ kg/m³。
   A. 1　　　　　　B. 10　　　　　　C. 100　　　　　　D. 1000
2. 连续介质假设意味着_____。
   A. 流体分子互相紧连　　　　　　B. 流体的物理量是连续函数
   C. 流体分子之间有间隙　　　　　　D. 流体不可压缩
3. 流体的体积压缩率 κ 是在_____条件下单位压强变化引起的体积变化率。
   A. 等压　　　　　　B. 等温　　　　　　C. 等密度
4. 温度为 20 ℃,压强为标准大气压的空气的密度为_____ kg/m³。
   A. 341　　　　　　B. 17.42　　　　　　C. 1.205　　　　　　D. 0.041
5. 空气的体积模量 $K=$_____。
   A. p　　　　　　B. T　　　　　　C. ρ　　　　　　D. RT
6. 水的体积模量_____空气的体积模量。
   A. 小于　　　　　　B. 等于　　　　　　C. 大于
7. _____是非牛顿流体。
   A. 水　　　　　　B. 空气　　　　　　C. 血液　　　　　　D. 水蒸气
8. 静止流体_____切应力。
   A. 不能承受　　　　　　　　　　B. 可以承受

　　　　C. 能承受很小的　　　　　　　　　　　D. 具有黏性时可以承受

9. 温度升高时,气体的黏度_____。

　　　　A. 变小　　　　　　　B. 变大　　　　　　C. 不变　　　　　　D. 先变小后变大

10. 动力黏度的单位是_____。

　　　　A. s/m　　　　　　　B. kg/m³　　　　　　C. Pa·s　　　　　　D. m²/s

11. 动力黏度与运动黏度的关系式 $\mu=$_____。

　　　　A. $\rho\nu$　　　　　　　B. ν/ρ　　　　　　C. ν/p　　　　　　D. $p\nu$

12. 流体的黏性与流体的_____无关。

　　　　A. 分子内聚力　　B. 分子间的动量交换　　C. 温度　　D. 压强

13. _____的流体称为理想流体。

　　　　A. 速度很小　　　　B. 速度很大　　　　C. 忽略黏性力　　　　D. 密度不变

14. 表面张力系数 σ 的单位是_____。

　　　　A. N/m　　　　　　　B. N·s　　　　　　C. m/N　　　　　　D. s/N

15. 下列四种液体中,接触角 $\theta=$_____的液体为液体不润湿固体。

　　　　A. 120°　　　　　　B. 20°　　　　　　C. 10°　　　　　　D. 0°

16. 温度升高时,表面张力系数 σ_____。

　　　　A. 增大　　　　　　B. 减小　　　　　　C. 不变　　　　　　D. 先增大后减小

17. 毛细管液柱高度与_____成反比。

　　　　A. 表面张力系数　　B. 接触角　　　　C. 管径　　　　　　D. 黏度

习　　题

1.1 已知体积为 0.4 m³ 的润滑油的质量为 360 kg,求它的密度。

1.2 试求压强为 10^5 Pa 的空气在温度为 0 ℃、15 ℃、30 ℃ 三种情况下的密度。

1.3 将一容器内的空气压缩,使其压强从 0.98×10^5 Pa 增至 5.88×10^5 Pa,温度从 20 ℃ 升至 78 ℃,此时空气的密度增加到多少倍?

1.4 将温度为 20 ℃、压强为 10^5 Pa、容积为 10 m³ 的空气等温压缩,使压强增至 5×10^5 Pa,求压缩后的空气容积。

1.5 当液体的压强增高 $\Delta p=25\times10^4$ Pa,其密度增大了 0.02%,试求其体积模量。

1.6 水的体积模量随压强的升高而略为变大,其表达式为 $K=[2.18\times10^9+6.7(p-p_0)]$Pa。式中,$p_0$ 是大气压,p 是水的绝对压强。在海洋 11 km 深处的水压强与大气压的差值为 113×10^6 Pa,从海平面到 11 km 深处,海水的密度增加了百分之几?

1.7 表 1.4 所示为三种流体 a、b、c 的切应力与切应变的变化关系,其中哪种是牛顿流体?

表 1.4 题 1.7 表

$\dfrac{\mathrm{d}\theta}{\mathrm{d}t}\Big/(\mathrm{rad/s})$		0	3	4	6
τ/Pa	a	0.1	0.25	0.3	0.4
	b	0	0.10	0.2	0.3
	c	0	0.15	0.2	0.3

1.8 两平行平板的间隙为 2 mm,其内充满动力黏度 $\mu=0.092\ \mathrm{Pa\cdot s}$ 的机油,一板静止,另一板的速度 $v=4\ \mathrm{m/s}$,求作用在平板上的黏性力。

1.9 轴以匀角速度 $\omega=150\ \mathrm{rad/s}$ 在固定的轴承中转动,轴与轴承的间隙中充满润滑油,油的运动黏度 $\nu=2\times10^{-5}\ \mathrm{m^2/s}$,密度 $\rho=900\ \mathrm{kg/m^3}$,轴的直径 $d=100$ mm,长度 $L=120$ mm,轴与轴承的间隙 $\delta=0.5$ mm,求需施加在轴上的转矩。

1.10 两平行平板的间距 $h=0.5$ mm,两板间充满黏性流体,下板固定不动,上板以速度 $v=0.25\ \mathrm{m/s}$ 作平行移动,已知单位面积平板上的作用力为 $2\ \mathrm{N/m^2}$,求流体的黏度。

1.11 动力黏度 $\mu=0.065\ \mathrm{Pa\cdot s}$ 的油充满在活塞和液压缸的间隙中,活塞的直径 $d=120$ mm,长度 $L=140$ mm,间隙 $\delta=0.4$ mm。若对活塞施加 8.6 N 的力而使其匀速运动,求活塞的速度。

1.12 有两个同轴圆筒,间隙 $\delta=10$ mm,长度 $L=300$ mm,间隙内充满密度 $\rho=900\ \mathrm{kg/m^3}$,运动黏度 $\nu=0.26\times10^{-3}\ \mathrm{m^2/s}$ 的油。内筒直径 $d=120$ mm,它以匀角速度 $\omega=10\ \mathrm{rad/s}$ 转动,求施加于内筒的转矩。

1.13 河水的速度沿水深的变化式为 $u=u_0(y/h)^{1/6}$,式中的 $u_0=2\ \mathrm{m/s}$,$h=5$ m。y 是点到河床的距离。已知水的动力黏度 $\mu=1.3\times10^{-3}\ \mathrm{Pa\cdot s}$,求 $y=2.5$ m 和 $y=5$ m 处的黏性切应力。

1.14 水的表面张力系数 $\sigma=0.0728\ \mathrm{N/m}$,接触角 $\theta=8°$。如果用玻璃管作为测压管,要求毛细管水柱高度不超过 5 mm,玻璃管的直径应为多少?

第 2 章　流体静力学

流体静力学是流体力学最先研究的领域。工程上的很多设施,例如液柱式测压计、水压机、油脂分离器等,都是根据流体静力学的原理设计和制造出来的。

流体静止时,没有速度,没有加速度,作用在流体上的压力和质量力达到平衡。本章研究在重力作用下,静止流体的压强分布规律、静止液体对物体表面的总压力。

液体的压强分布是本章的主要内容。压强常常用液柱高表示。对于盛有多种液体的连通器,例如液柱式测压计,要注意液面分界面上的压力传递。分析平板受到的总压力时,要正确绘制压强分布图,对于压强的均匀分布和三角形分布分别计算总压力,可给计算带来极大的简便。计算曲面受到的总压力时,要正确理解压力体的概念。

本章还研究液体的相对静止问题,其中要注意惯性力对压强的影响。

2.1　静止流体的应力特征

流体静止时,作用在流体的应力有两个特征。

特征一　流体静止时只能承受压应力,不能承受切应力,也不能承受拉应力。

静止流体是不能承受切应力的。这是因为,流体微团受到切应力的作用就会发生变形运动,出现速度梯度,承受切应力的流体微团不可能保持静止。静止流体也不能承受拉力。受到拉力作用的流体必然产生膨胀运动。静止流体能够承受压应力,即压强的作用。当流体受到压力时,流体分子之间的排斥力可以抗衡外界的压力而使流体保持静止。

特征二　静止流体的任一点所受到的各个方向的压强的大小值相等。

下面证明这个结论。如图 2.1 所示,在静止流体中任取一个边长为 Δx、Δy 和 Δz 的四面体 $OABC$。左侧面 AOB 上的压强记为 p_y(这个侧面的法线与 y 轴平行),在后侧面 AOC 上的压强记为 p_x,在下表面 BOC 上的压强记为 p_z,在斜面 ABC 上的压强记为 p_n,下面证明,当四面体收缩成一点时,四个面上的压强将相等,即 $p_x = p_y = p_z = p_n$。

考虑四面体上的表面力和质量力在 x 方向的平衡。

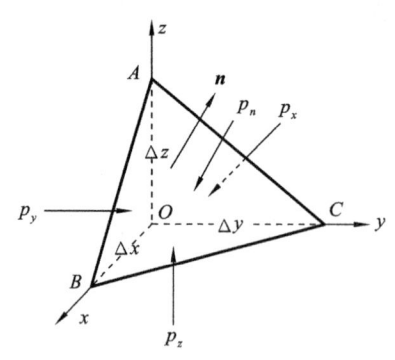

图 2.1　四面体的压应力

$$\frac{1}{2}\Delta y\Delta z p_x - p_n A\cos(\overset{\wedge}{\boldsymbol{n},}x) + \frac{1}{6}\Delta x\Delta y\Delta z\rho f_x = 0 \tag{2.1}$$

式中,A 是斜面 ABC 的面积,$\cos(\overset{\wedge}{\boldsymbol{n},}x)$ 是斜面 ABC 的外法线 $\boldsymbol{n}$ 与 x 轴的夹角余弦。斜面上的压强与外法线 $\boldsymbol{n}$ 反向,故式(2.1)左边第二项为负号。f_x 是 x 方向的单位质量力。注意到斜面在 x 方向的投影面积就是后侧面 AOC 的面积(即用平行于 x 轴的光线照射斜面 ABC 所得到的投影面积),$A\cos(\overset{\wedge}{\boldsymbol{n},}x) = 0.5\Delta y\Delta z$,则有

$$p_x - p_n + \frac{1}{3}\Delta x\rho f_x = 0$$

当四面体缩成一点时有 $\Delta x \to 0$、$\Delta y \to 0$、$\Delta z \to 0$,于是有 $p_x \to p_n$。考虑其他方向的静力平衡,同理可证 $p_y \to p_n$、$p_z \to p_n$。也就是说,某一点各个方向的压强相等。静止流体的压强只跟点的位置有关,与压强的方位无关。

压强的单位是 N/m^2,也称为 Pa,以纪念法国科学家帕斯卡。

2.2　流体静止的微分方程

对一个流体微团建立静止的力平衡方程,就得到流体静止微分方程。

如图 2.2 所示,在流场中任取一个边长分别为 dx,dy 和 dz 的微元六面体 AB-CD-$A'B'C'D'$。设长方体中心的压强为 p,由于左侧面 $AA'D'D$ 中心点与六面体中心点的 y 坐标相差 $-\frac{1}{2}dy$,因此左侧面中心点的压强为 $p - \frac{1}{2}\frac{\partial p}{\partial y}dy$。右侧面中

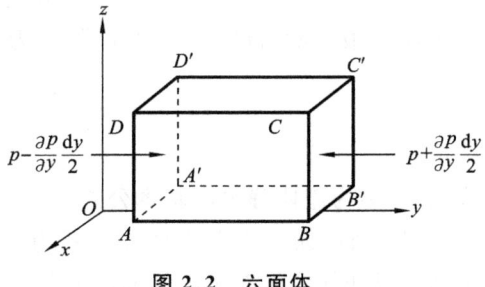

图 2.2　六面体

心点与六面体中心点的 y 坐标相差 $\frac{1}{2}dy$,其中心点的压强为 $p + \frac{1}{2}\frac{\partial p}{\partial y}dy$。设单位质量力在 y 方向的分量为 f_y,则 y 向的静力平衡方程为

$$\left(p - \frac{1}{2}\frac{\partial p}{\partial y}dy\right)dxdz - \left(p + \frac{1}{2}\frac{\partial p}{\partial y}dy\right)dxdz + \rho dxdydz f_y = 0$$

化简,得

$$f_y = \frac{1}{\rho}\frac{\partial p}{\partial y} \tag{2.2a}$$

同理,得

$$f_z = \frac{1}{\rho}\frac{\partial p}{\partial z} \tag{2.2b}$$

$$f_x = \frac{1}{\rho}\frac{\partial p}{\partial x} \tag{2.2c}$$

这就是**流体静止的微分方程**,它揭示了压强分布不均匀的原因是质量力的存在。

质量力越大,压强的变化就越大。式(2.2)是瑞士科学家欧拉于 1775 年首先推导出来的,故又称**欧拉平衡方程**。这是流体静力学的重要方程,静力学的其他方程都是以它为基础推导出的。

利用全微分公式,由式(2.2)就可以得到坐标差为 dx、dy 和 dz 的两个邻点的压强差,即

$$dp = \frac{\partial p}{\partial x}dx + \frac{\partial p}{\partial y}dy + \frac{\partial p}{\partial z}dz = \rho(f_x dx + f_y dy + f_z dz) \tag{2.3}$$

对式(2.3)积分就可以得到压强 p 的分布式。

2.3　静止液体的压强分布

在工程实际中,作用在液体上的质量力只有重力。本节讨论在重力作用下液体的压强分布规律。

在水平面上选取坐标 x 和 y,在竖直方向取 z 坐标。质量力在 x 和 y 方向的分量为零,在 z 方向的分量为 $-g$。由式(2.3)得

$$dp = -\rho g dz$$

式中,ρ 为液体的密度,是一个常数;g 为重力加速度。对上式积分,得

$$p = -\rho g z + C$$

或

$$z + \frac{p}{\rho g} = C \tag{2.4}$$

式(2.4)称为**流体静力学基本公式**。由这个式子可看出下面几点重要信息。

(1) 当压强 p 为常数时,z 必然为常数。因此,静止液体的等压面是水平面。这个结论对任何液体都是正确的。但要注意,对于不同的液体,由于密度不同,式(2.4)的积分常数 C 是不同的。例如,在一个连通器内盛有若干分层的液体(如水、油、水银),处在不同液体中的两个同高点的压强并不相同。

(2) 在同种液体中,压强随高度的增加而减小。

(3) 在高度变化不大的范围内,静止气体的密度可视为常数,式(2.4)对于气体也成立。例如,在海拔高度为几百米的范围内,空气的压强分布仍可以使用式(2.4)来计算。

(4) 设液体表面的压强为 p_0,高度为 z_0,液体中任一点的压强为 p,高度为 z,则有

$$p = p_0 + \rho g(z_0 - z) = p_0 + \rho g h \tag{2.5}$$

式中,h 为测点是淹没深度,简称为**淹深**。压强沿淹深加大成线性增加。任一点的压强 p 由两部分组成,一个是液面压强 p_0,另一个是液柱 $\rho g h$。显然,液面上压强 p_0 的任何变化都会等值地传递到流体中的任何一点,这就是**帕斯卡定律**。

(5) 式(2.4)左边的第一项 z 表示测点距离基准面的高度,称为**位置水头**。第二

项 $p/(\rho g)$ 称为**压强水头**,它表示测压管的液柱高度。式(2.4)说明,测点的位置水头与压强水头之和等于常数。

压强水头的意义可以用图 2.3 所示的装置来说明。为了测量封闭水箱内某点的压强 p,用玻璃管(称为测压管)接通与测点同高的壁面小孔。壁面小孔的压强就是测点的压强。这里使用了两种玻璃管,一种是开口玻璃管,另一种是封闭的真空管。在水压力的作用下,水被压入玻璃管,形成一定高度的水柱。

对于开口玻璃管,水柱表面的压强是当地大气压 p_a,设液柱高度为 h,有

$$p = p_a + \rho g h$$

即

$$h = \frac{p - p_a}{\rho g} \qquad (2.6)$$

这说明,开口测压管的液柱高度反应了测点压强与当地大气压的差值。

对于封闭的真空管,液柱表面的压强为零,设真空管的液柱高度为 H,有

$$p = \rho g H$$

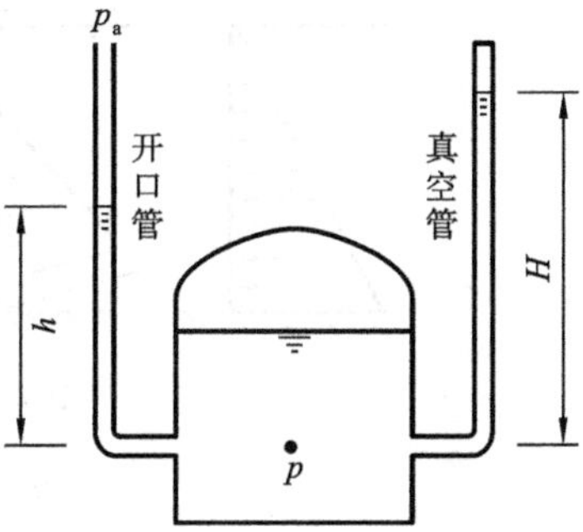

即

$$H = \frac{p}{\rho g} \qquad (2.7)$$

图 2.3　压强水头

显然,真空管的液柱高度反映测点的绝对压强。

物理学测量通常使用真空管,所测出的压强称为绝对压强。例如,大气压强使用水银真空管测量。工程实际中使用开口管,能测出测点的绝对压强与当地大气压强的差值。

根据测压管的工作原理,工程上将测点的绝对压强与当地大气压强的差值 $p - p_a$ 称为相对压强,也称为**计示压强**或**表压强**,用符号表示 p_g,即 $p_g = p - p_a$。但如果测点的绝对压强低于当地大气压强,则使用当地大气压强与测点压强的差值 $p_a - p$,称为测点的**真空压强**,用符号表示 p_v,即 $p_v = p_a - p$。

工程上使用的测压管都是开口测压管,所测量出来的都是相对压强。在后面的学习中将会看到,计算物体所受到的静止液体的总压力时,只使用相对压强。因此,工程实际无须知道测点的绝对压强,也无须知道当地大气压强的具体值。

由于压强对应一个柱高度 $p = \rho g h$,因此人们习惯上用液柱高度来表示压强。通常,测压管使用的工作液体是水或者水银。在计量标准中,液柱高对应的压强值有严格的定义。按照国家计量局颁布的标准,重力加速度取值 $g = 9.80665 \ m/s^2$。1 mm H_2O 柱高定义为 4 ℃时 1 mm 的水柱产生的压强(4 ℃时水的密度为 1000 kg/m^3)。1 mmHg 柱高定义为 0 ℃时 1 mm 的水银柱产生的压强(0 ℃时水银的密度为 13595 kg/m^3)。因此,1 mmH_2O=9.80665 Pa。1 mmHg=133.3224 Pa。

在工程实际中,取 $g=9.807$ m/s^2,以简化计算。

按国家标准,压强的法定单位是 Pa,即 N/m^2,不使用水柱高或水银柱高。

(6) 根据式(2.5),可以用压强分布图形象地表示出各个点的相对压强。画压强分布的方法是:用箭头表示压强矢量,箭头的长短与压强的大小成正比,箭头垂直指向压强的作用面。由于压强大小与淹深成正比,因此,箭头长短也与液深成正比。图 2.4 表示同一种水深下平面和曲面的压强分布图。

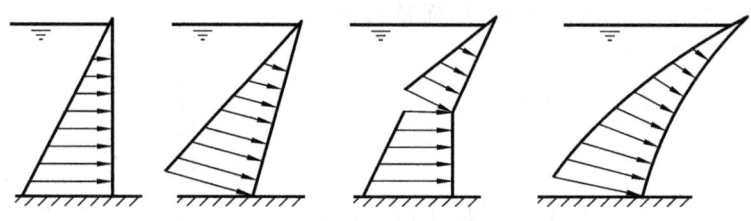

图 2.4　平面和曲面的压强分布图

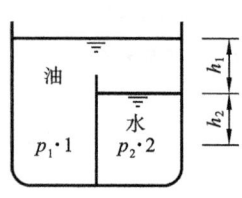

图 2.5　例 2.1 图

例 2.1　容器内盛水和油,并用隔板分隔(见图 2.5)。已知 $h_1=h_2=1$ m,油的密度 $\rho_1=800$ kg/m^3,水的密度 $\rho_2=1000$ kg/m^3。求点 1 和点 2 的相对压强。

解　计算点 2 的压强时注意在水、油分界面上的压强传递。依题意,点 1 和点 2 的相对压强分别为

$$p_1-p_a=\rho_1 g(h_1+h_2)=15691.2 \text{ Pa}$$
$$p_2-p_a=\rho_1 g h_1+\rho_2 g h_2=17652.6 \text{ Pa}$$

2.4　液柱式测压计

液柱式测压计是根据流体静力学的基本原理,利用液柱高来测量压强差的仪器。测压计的样式很多,下面介绍常见的几种。

1. U 形管和 Ⅱ 形管

图 2.6 所示的开口 U 形管,一端与水管测点相连,另一端通大气。水的密度为 ρ,U 形管内的工作液体的密度为 ρ_1。设水管中心的高程为 z_0,压强为 p_0,界面 1 和界面 2 的高程分别为 z_1 和 z_2。设当地大气压为 p_a。这里要指出的是,计算高程的基准面可以选择任意水平面都不会影响计算结果。

由水管中心压强可以算出界面 1 的压强为 $p_0+\rho g(z_0-z_1)$,由管口大气压也可算出界面 1 的压强为 $p_a+\rho_1 g(z_2-z_1)$,因此

$$p_0+\rho g(z_0-z_1)=p_a+\rho_1 g(z_2-z_1)$$

即　　　　　$p_0-p_a=\rho_1 g(z_2-z_1)-\rho g(z_0-z_1)$

只要量出高差 z_2-z_1 和 z_0-z_1,就可以计算 p_0-p_a。

图 2.7 表示用 U 形压差计测量两条水管中心的压强差

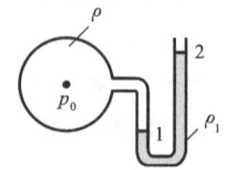

图 2.6　开口 U 形管

$p_1 - p_2$。任选一个水平面为基准面,测量界面 1、2、3、4 的高程,则有

$$p_1 + \rho g(z_1 - z_3) = p_2 + \rho g(z_2 - z_4) + \rho_1 g(z_4 - z_3)$$
$$p_1 - p_2 = \rho g(z_2 - z_1) + (\rho_1 - \rho)g(z_4 - z_3)$$

图 2.8 表示用 Ⅱ 形管压差计测量两条同高程水管的压强差。Ⅱ 形管就是倒放的 U 形管。忽略气柱的影响,认为界面 3、4 的压强相等,则有

$$p_1 - p_2 = \rho g(z_3 - z_4)$$

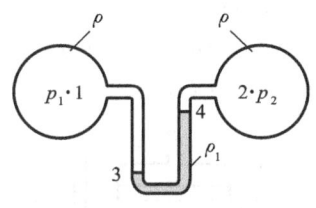

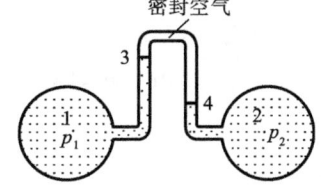

图 2.7　U 形管　　　　　　　　图 2.8　Ⅱ 形管

2. 倾斜微压计

图 2.9 所示的倾斜微压计用于测量气体的压强差 $p_1 - p_2$。它由底面积为 A 的容器以及横截面面积为 A_0 的玻璃管组成。玻璃管的水平倾角为 θ。容器和玻璃管组成连通器,内部盛有工作液体,一般是酒精或者水,其密度为 ρ'。容器口接高压 p_1,玻璃管口接低压 p_2。当 $p_1 = p_2$ 时,容器液面与斜管液面平

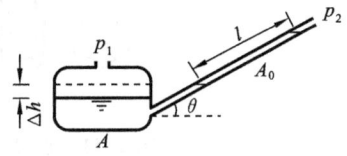

图 2.9　倾斜微压计

齐。当 $p_1 > p_2$ 时,容器液面下降 Δh,斜管液柱长度增加 l。于是

$$p_1 - p_2 = \rho' g(l\sin\theta + \Delta h)$$

由于 $A\Delta h = A_0 l$,因此

$$p_1 - p_2 = \rho' g l(\sin\theta + A_0/A) \tag{2.8}$$

式中,$A_0/A + \sin\theta$ 称为倾斜系数。由式(2.8)看出,对于一定的压强差,角度 θ 越小,液柱长度 l 就越大。因此,用这种测压计可以测量较小的压强差。一般情况下,A_0/A 很小,可以略去,倾斜系数近似地等于 $\sin\theta$。

3. 多管压差计

图 2.10 所示为一种多管压差计,用于测量多测点的气体压强差。它由若干支与容器连通的测压管、读数板以及支架组成。读数板的竖直偏角为 θ。工作液体一般是水,其密度为 ρ'。将测点的压强接至测压管口。各个测点的压强不同,测压管的液柱长度也不同。例如 $p_1 > p_2$,则 $l_2 > l_1$,且有

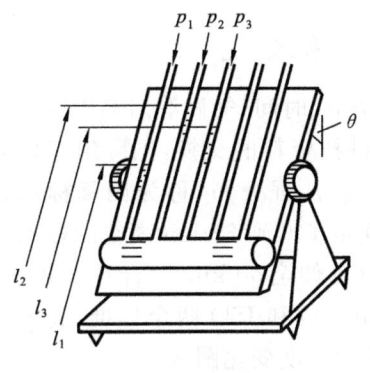

图 2.10　多管压差计

$$p_1 - p_2 = \rho' g(l_2 - l_1)\cos\theta$$

例 2.2　用复式压差计测量两条气体管道 A、B 的压强差(见图 2.11)。两条 U 形管的工作液体为水银,密度为 ρ_2。U 形管之间的连接管充以酒精,密度为 ρ_1。如果水银面的高程(从某基准面起算)分别为 z_1、z_2、z_3、z_4。求压强差 $p_A - p_B$。

解　界面 1 的压强为 p_A;

界面 2 的压强为 $p_A - \rho_2 g(z_2 - z_1)$;

界面 3 的压强为 $p_A - \rho_2 g(z_2 - z_1) + \rho_1 g(z_2 - z_3)$;

界面 4 的压强为 $p_A - \rho_2 g(z_2 - z_1) + \rho_1 g(z_2 - z_3) - \rho_2 g(z_4 - z_3) = p_B$。

故　　　　　$p_A - p_B = \rho_2 g(z_2 - z_1 + z_4 - z_3) - \rho_1 g(z_2 - z_3)$

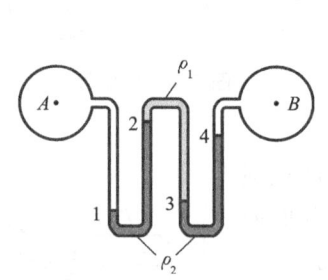

图 2.11　例 2.2 图

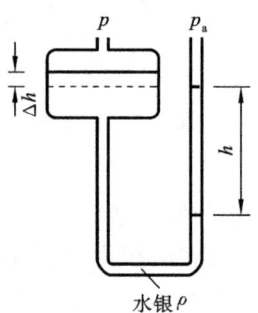

图 2.12　例 2.3 图

例 2.3　杯式水银真空计如图 2.12 所示,杯子的直径 $D = 60$ mm,测压管的直径 $d = 5$ mm。管口通大气。如果杯口也通大气,则杯子和测压管的水银面平齐。当杯口接低压 p 时,测压管水银面下降 $h = 200$ mm。求杯口气压的真空压强。

解　设当地大气压为 p_a,则

$$\Delta h \pi D^2/4 = h\pi d^2/4$$

$$p_a - p = \rho g(h + \Delta h) = \rho g h [1 + (d/D)^2]$$

取水银密度 $\rho = 13600$ kg/m³,则　$p_a - p = 26860$ Pa。

2.5　静止大气的压强分布　国际标准大气

大气的压强与密度、温度的变化有关,而且受到季节、时间、气候等诸多因素的影响。世界各地的大气压强分布是不同的。为了便于科技资料的交换,国际组织以北纬 45°海面上空多年气象资料为基础提出的大气温度、压强分布,称为**国际标准大气**。1964 年国际民航组织提出了 ICAO 标准大气,规定了 0 到 32 km 高空的标准大气。1973 年国际标准组织通过了 ISO 标准大气,高度延伸至 50 km,它合并了 ICAO 标准。1976 年美国通过了美国标准大气,它合并了 ICAO 和 ISO 两个标准,高度延伸至 86 km。图 2.13 所示为 ICAO 和 ISO 两个标准的温度变化图线。

国际标准大气取海平面为基准面。基准面上的大气温度、压强和密度的平均值

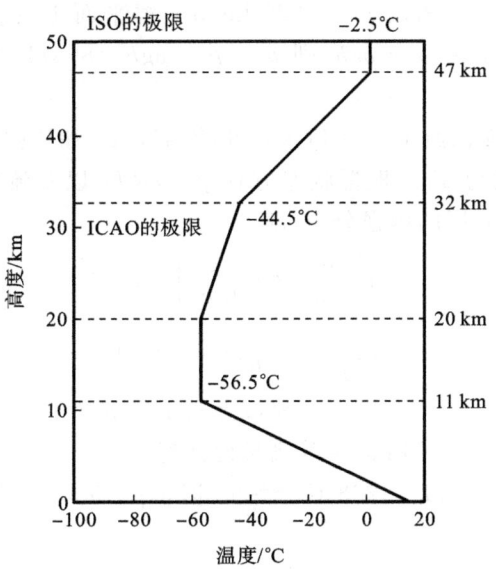

图 2.13 国际标准大气的温度分布

分别为 $z=0, t=15\ ℃, p_0=101325\ \mathrm{Pa}, \rho_0=1.225\ \mathrm{kg/m^3}$。

高度 11 km 以下的大气层称为对流层,温度随高度增加而降低,每升高 1 km,温度降低 6.5 ℃;高度 11~20 km 为同温层,大气温度保持为−56.5 ℃;高度 20~40 km 为中间层;40 km 以上为电离层。

根据大气温度分布,可用流体静力学的方法计算对流层和同温层的大气压强和密度。

(1)对流层。在对流层,温度变化式为

$$T=T_0-\beta z \tag{2.9}$$

式中,$T_0=288\ \mathrm{K}$ 是基准面的热力学温度,$\beta=0.0065\ \mathrm{K/m}$ 是温度随高度增加而降低的速率。大气温度、密度与压强的关系满足理想气体的状态方程,即

$$p=\rho RT$$

空气的气体常数 $R=287\ \mathrm{N \cdot m/(kg \cdot K)}$。由流体静止的微分方程(2.2)积分就可以得到对流层的压强分布,即

$$\int_{p_0}^{p}\frac{\mathrm{d}p}{p}=-\frac{g}{R}\int_{0}^{z}\frac{\mathrm{d}z}{T_0-\beta z}$$

积分,得

$$\frac{p}{p_0}=\left(1-\frac{\beta}{T_0}z\right)^{\frac{g}{R\beta}}=\left(1-\frac{z}{44308}\right)^{5.257} \tag{2.10}$$

在 $z_1=11\ \mathrm{km}$ 处,$T_1=(273-56.5)\ \mathrm{K}=216.5\ \mathrm{K}, p_1=0.2231p_0$,可见那里的空气很稀薄。在对流层内的压强都用式(2.10)估算。但是如果高度不大,可以按密度不变的静力学公式来计算,误差不会很大。例如,$z=1000\ \mathrm{m}$ 时,按式(2.10)计算,则 $p=$

$0.887p_0$。另外,可取空气密度 $\rho=1.225 \text{ kg/m}^3$,海平面压强 p_0 与高空 $h=1000 \text{ m}$ 处的压强 p 的关系为 $p_0=p_1+\rho gh$,则 $p_1=p_0-\rho gh=89311 \text{ Pa}=0.881p_0$。可见两者相差很小。

(2)同温层。上面已给出 $z_1=11 \text{ km}$ 处的温度 T_1 和压强 p_1。高度 $z=11\sim20$ km 的高空中,温度恒为 T_1。根据状态方程 $p=\rho RT_1$ 以及流体静止的微分方程式(2.2),就可以得到同温层的压强分布,即

$$\int_{p_1}^{p} \frac{\mathrm{d}p}{p} = -\frac{g}{RT_1}\int_{z_1}^{z} \mathrm{d}z$$

积分,得

$$\ln \frac{p}{p_1} = -\frac{g}{RT_1}(z-z_1)$$

例 2.4 飞机在大气对流层飞行,地面大气压强 $p_0=100 \text{ kPa}$,温度为 25 ℃。飞机上的气压计的读数 $p=68 \text{ kPa}$,估算飞机的高度。

解 将 $p_0=100 \text{ kPa}$、$T_0=298 \text{ K}$、$p=68 \text{ kPa}$、$\beta=0.0065 \text{ K/m}$ 代入对流层压强分布公式,即

$$\frac{p}{p_0} = \left(1-\frac{\beta}{T_0}z\right)^{\frac{g}{R\beta}} = \left(1-\frac{\beta}{T_0}z\right)^{5.257}$$

得 $z=3243 \text{ m}$。

2.6 静止液体作用在平面壁和曲面壁上的总压力

在工程实际中,当设计水坝、水闸、路基、港口建筑物、水工建筑物等设施时,除了要知道静止液体的压强分布之外,还需知道液体对于物体壁面的总压力(包括总压力的大小、作用方向和作用点)。下面分别研究平面壁和曲面壁的总压力。

1. 平面受到的总压力

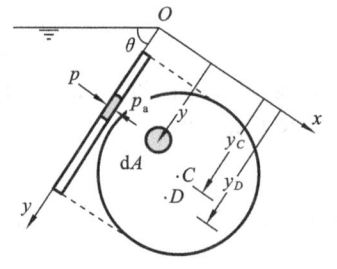

图 2.14 平面壁

如图 2.14 所示,一块倾角为 θ 的挡水平板。设平板位于 Oxy 平面内。坐标原点位于水面,x 轴取在水面上,y 轴沿板面指向水深方向。从侧面观察,看到平板为一条斜线,左边受到水的压力,右边受到大气的压力。为了看清平板的形状,图中还示意性地画出了平板的正视图。

取平板上的一个微元面积 $\mathrm{d}A$。其左边受水的压强 p 的作用,右边受到当地大气压强 p_a 的作用。微元面积受到的合力为 $(p-p_a)\mathrm{d}A$。相对压强可以用淹深表示,因此,整块平板受到的总压力的大小用积分计算,即

$$F = \int_A (p-p_a)\mathrm{d}A = \int_A \rho gh \, \mathrm{d}A = \rho g \sin\theta \int_A y \, \mathrm{d}A$$

上式右边的积分表示平板的图形面积 A 对于 x 轴的静面矩。静面矩等于面积 A 与形心 C 到 x 轴的距离 y_C 的乘积,于是

$$F = \rho g \sin\theta \int_A y \, \mathrm{d}A = \rho g \sin\theta y_C A = \rho g h_C A \tag{2.11}$$

式中，h_C 为形心 C 的淹深。式(2.11)表明，平板受到的总压力的大小等于平板形心的相对压强 $\rho g h_C$ 与平板面积 A 的乘积。还可以看出，无论倾角是多少，也无论平板图形是什么形状，只要形心的淹深 h_C 相同、面积 A 相等，平板受到的总压力大小就相等。

　　下面利用合力矩定理求出总压力的作用点。设总压力的作用点(总压力的作用点也称为压力中心)为 D，其坐标为 x_D 和 y_D。根据理论力学的合力矩定理，有

$$Fx_D = \int_A x(p - p_a)\,\mathrm{d}A = \rho g \sin\theta \int_A xy \, \mathrm{d}A = \rho g \sin\theta I_{xy} \tag{2.12}$$

$$Fy_D = \int_A y(p - p_a)\,\mathrm{d}A = \rho g \sin\theta \int_A y^2 \, \mathrm{d}A = \rho g \sin\theta I_x \tag{2.13}$$

式中，I_{xy} 为图形面积 A 对于 x、y 两轴的惯性矩，I_x 为图形面积 A 对于 x 轴的惯性矩。根据平行移轴定理，平面图形对某轴的惯性矩等于它对平行于该轴的形心轴的惯性矩加上图形面积乘以两轴之距的二次方，平面图形对两条互相垂直的轴的惯性矩等于它对平行于该两轴的形心轴的惯性矩加上图形面积乘以两轴之距，即

$$I_{xy} = I_{Cxy} + x_C y_C A, \quad I_x = I_{Cx} + y_C^2 A$$

因此，压力中心的坐标为

$$x_D = x_C + \frac{I_{Cxy}}{y_C A} \tag{2.14}$$

$$y_D = y_C + \frac{I_{Cx}}{y_C A} \tag{2.15}$$

如果图形对称于 y 轴，则 D 在 y 轴上，$x_D = 0$。由式(2.15)可看出，$I_{Cx} > 0$，因此，$y_D > y_C$，即压力中心 D 总是在形心 C 的下方。

　　图形面积的形心轴惯性矩 I_{Cx} 可以在相关的数学手册查取。对于一些简单图形，可以用积分方法求得 I_{Cx}。

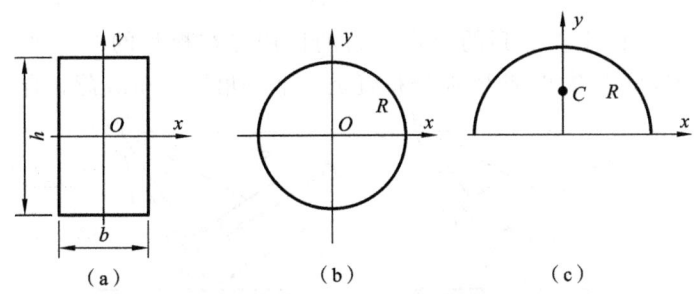

图 2.15　几种平面图形

例如，对于图 2.15(a)所示的矩形面积图形，有

$$I_x = \int_A y^2 \, \mathrm{d}A = \int_{-b/2}^{b/2} \mathrm{d}x \int_{-h/2}^{h/2} y^2 \, \mathrm{d}y = \frac{1}{12} bh^3$$

对于图 2.15(b)所示的圆形,有

$$I_x = \int_A (r\sin\theta)^2 \, \mathrm{d}A = \int_0^{2\pi} \int_0^{R^2} (r\sin\theta)^2 \, r\mathrm{d}\theta\mathrm{d}r = \frac{1}{4}\pi R^4$$

对于图 2.15(c)所示的半圆,先求形心 C 的位置,有

$$\frac{\pi R^2}{2} y_C = \int_A r\sin\theta \mathrm{d}A = \int_0^\pi \int_0^{R^2} r\sin\theta r \, \mathrm{d}\theta\mathrm{d}r = \frac{2}{3}R^3$$

故

$$y_C = \frac{4R}{3\pi}$$

半圆对 x 轴的惯性矩为

$$I_x = \int_A (r\sin\theta)^2 \, \mathrm{d}A = \int_0^\pi \int_0^{R^2} (r\sin\theta)^2 \, r\mathrm{d}\theta\mathrm{d}r = \frac{1}{8}\pi R^4$$

利用移轴定理求出半圆对形心轴的惯性矩,即

$$I_x = I_{Cx} + y_C^2 A$$

$$I_{Cx} = I_x - y_C^2 A = \frac{1}{8}\pi R^4 - \left(\frac{4R}{3\pi}\right)^2 \frac{\pi R^2}{2} = 0.10976R^4$$

　　矩形平板是常见的挡水平面壁。矩形平板受到的总压力及其作用点可以用简单的方法求得。图 2.16(a)所示的挡水平板,板长为 l,板宽为 B(垂直于纸面),板端与水面平齐,水平倾角为 θ。平板受到的总压力为

$$F = \frac{1}{2}\rho g l \sin\theta B l$$

压力中心按式(2.15)计算,即

$$y_C = \frac{1}{2}l, \quad A = Bl, \quad I_{Cx} = \frac{1}{12}Bl^3$$

$$y_D = y_C + \frac{I_{Cx}}{y_C A} = \frac{2}{3}l$$

这表明,图 2.16(a)的平板受到的总水压力的作用点在板长的 2/3 处。画出平板受到的压强分布图,可以看出,此压强分布就是一个三角形分布载荷。合力就在三角形

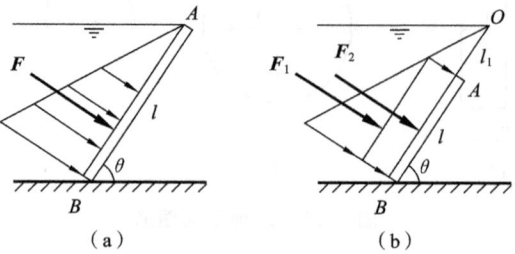

（a）　　　　　　　　　　（b）

图 2.16　挡水平板

分布载荷图的形心处。再分析图 2.16(b)所示的挡水平板 AB。设板长仍然为 l,板宽为 B,水平倾角为 θ,板端 A 到水面的长度方向的长度为 l_1,A 处的压强为 $\rho g l_1 \sin\theta$,B 处的压强为 $\rho g(l_1+l)\sin\theta$,板 AB 的压强是梯形分布载荷。梯形载荷可以分解为三角形分布载荷和均布载荷。对于三角形分布载荷,板端 B 的压强为 $\rho g l \sin\theta$,而均布载荷的压强为 $\rho g l_1 \sin\theta$。容易看出,三角形分布载荷的合力为

$$F_1 = \frac{1}{2}\rho g l \sin\theta \cdot Bl$$

合力 F_1 的作用点到板的 A 端的距离等于板长的 2/3。另外,均布载荷的合力 F_2 等于均布压强 $\rho g l_1 \sin\theta$ 乘以板的面积 Bl,即

$$F_2 = \rho g l_1 \sin\theta \cdot Bl$$

合力 F_2 的作用点到 A 的距离等于板长 l 的 1/2。用上面所述的方法计算总压力及其作用点,避免积分的麻烦计算,可使计算得到简化。

例 2.5 设置在渠道口的平板闸门 AB 可绕铰轴 A 转动,板长 $L=2$ m,水平倾斜角度 $\theta=60°$,宽度(垂直于纸面)$b=2.5$ m,其重心位于平板中心(见图 2.17)。挡水深度 $h=1.5$ m。

(1) 计算平板挡水长度。

(2) 计算平板受到的总水压力 F 的大小值和作用点的位置。

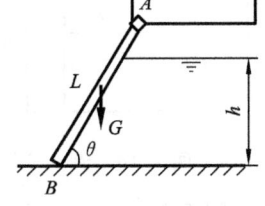

(3) 为了防止闸门自动开启,平板自重 G 应为多少?

解 (1) 平板挡水长度为

$$l = \frac{h}{\sin\theta} = \sqrt{3} \text{ m}$$

(2) 平板受到的总水压力为 **F**,且

$$F = \frac{1}{2}\rho g h b l = 31849 \text{ N}$$

图 2.17 例 2.5 图

F 的作用点到 B 的距离等于平板挡水长度的 1/3。

(3) 为了防止闸门自动开启,平板自重 G 对于铰轴 A 的力矩大于总水压力对 A 的力矩,即

$$G\frac{L}{2}\cos\theta > F\left(L - \frac{l}{3}\right)$$

解得 $G > 90620$ N。

例 2.6 水池闸口设置一个矩形自动翻转平板闸门。闸口高度 $H=3$ m,要求当闸顶淹深 $h \geqslant 1$ m 时,闸门可自动打开。忽略门轴摩擦影响,试求铰轴到地面的距离 x。

解 闸门受到的静水压强可以分解为一个均布压强和一个三角形分布压强。均布压强为 $\rho g h$,其合力 F_1 的作用点在平板挡水高度的中心。设闸门宽度(垂直于纸

面)为 b,有

$$F_1 = \rho g h b H$$

三角形分布压强的最大压强为 $\rho g H$,其合力为

$$F_2 = \frac{1}{2} \rho g H b H$$

F_2 的作用点距离地面的高度为 $H/3$。

　　设铰轴到地面的距离为 x,由图 2.18 可看出,当闸门自动打开时,总水压力对于铰轴的力矩应为顺时针方向,故有

$$F_1\left(\frac{H}{2} - x\right) > F_2\left(x - \frac{H}{3}\right)$$

即

$$x\left(1 + \frac{F_1}{F_2}\right) < H\left(\frac{F_1}{2F_2} + \frac{1}{3}\right)$$

因此

$$x < 1.25 \text{ m}$$

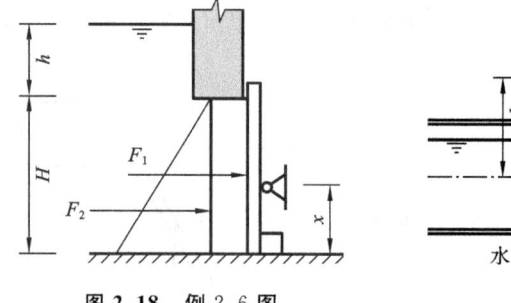

图 2.18　例 2.6 图

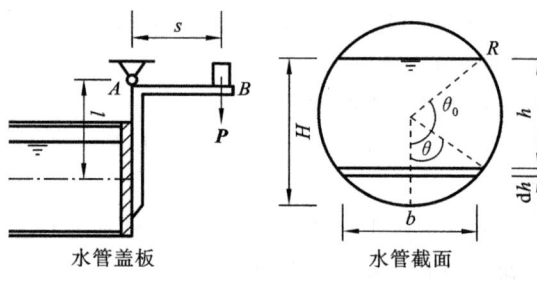

水管盖板　　　　水管截面

图 2.19　例 2.7 图

　　例 2.7　如图 2.19 所示,无压水管的半径 $R = 0.5$ m,管口用盖板封住。盖板所固结的支架可以绕固定铰轴 A 转动。支架右端 B 放置重物。A、B 间的距离 $s = 0.8$ m,铰轴 A 与水管轴线距离为 $l = 0.6$ m,管道横截面上水的充满角 $\theta_0 = 150°$,求重物的最小重量 P。

　　解　在挡水平板上取一个微元面积,长为 b,高为 $\mathrm{d}h$,它位于水面以下的 h 处。水压力对于铰轴的力矩用积分求出,即

$$M = \int_0^H \rho g h (R\cos\theta + l) b \mathrm{d}h$$

式中,$h = R(\cos\theta - \cos\theta_0)$,$H = R(1 - \cos\theta_0)$,$b = 2R\cos\theta$,$\mathrm{d}h = -R\sin\theta\mathrm{d}\theta$。当 $h = 0$ 时,$\theta = \theta_0$,当 $h = H$ 时,$\theta = 0$。故力矩 M 的积分,得

$$M = 2\rho g R^4 \int_0^{\theta_0} (\cos\theta - \cos\theta_0)\left(\frac{l}{R} + \cos\theta\right)\sin^2\theta\mathrm{d}\theta = 2\rho g R^4 f(\theta_0)$$

式中　$f(\theta_0) = \frac{1}{8}\left(\theta_0 - \frac{\sin 4\theta_0}{4}\right) + \frac{1}{3}\left(\frac{l}{R} - \cos\theta_0\right)\sin^3\theta_0 - \frac{l}{2R}\cos\theta_0\left(\theta_0 - \frac{\sin 2\theta_0}{2}\right)$

将 $R = 0.5$ m,$\theta_0 = 5\pi/6$,$l = 0.6$ m 代入,得 $M = 2483$ N·m。

又
$$M = Ps$$
所以
$$P = \frac{M}{s} = 3104 \text{ N}$$

2. 曲面受到的总压力

曲面壁所受到的静止液体的总压力等于所有微元面积上的作用力之和。曲面上各微元面积的压力方向是变化的,这些力构成一个空间力系。

曲面分为二维曲面和三维曲面。本节只讨论二维曲面。

图 2.20 中的曲面 ab 是二维曲面。所谓二维曲面,是指母线在平面曲线上连续移动所形成的曲面,又称柱面。图中的 ab 就是平面曲线,母线则与纸面垂直。为简单起见,可设柱面的宽度为单位长度。

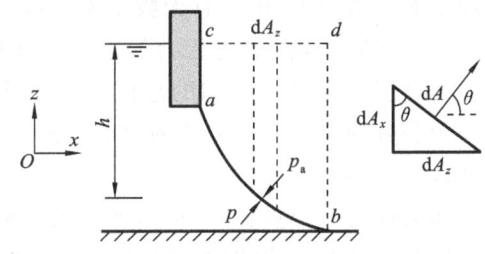

图 2.20 曲面壁

取图示坐标系,x 坐标向右,z 坐标向上。计算时,将每一个微元面积上的压力投影到坐标方向,然后再求合力。

对于图示的一个微元面积 $\mathrm{d}A$,其淹深(即微元面积中心与水面的高差)为 h,其左边受液体压强 p,右边受大气压强 p_a。微元面积受到的合力为 $(p - p_a)\mathrm{d}A = \rho g h \mathrm{d}A$。力的作用方向为微元面积的法线方向。

微元面积受到的压力在 x 方向的投影值为 $\rho g h \mathrm{d}A\cos\theta$,曲面所受到的总压力在 x 方向的合力为

$$F_x = \int_A \rho g h \cos\theta \mathrm{d}A \tag{2.16}$$

式中,θ 为微元面积的法线与 x 轴的夹角。$\mathrm{d}A\cos\theta$ 是面积 $\mathrm{d}A$ 在 x 方向的投影面积,即用一束平行于 x 轴的光线照射斜面 $\mathrm{d}A$ 所得到的投影面积,记作 $\mathrm{d}A_x = \mathrm{d}A\cos\theta$。于是

$$F_x = \int_{A_x} \rho g h \mathrm{d}A_x = \rho g h_{xC} A_x \tag{2.17}$$

可见,曲面受到的水平方向的总压力等于曲面在 x 方向的投影面积的形心处的压强 $\rho g h_{xC}$ 与投影面积 A_x 的乘积,其中 h_{xC} 是曲面投影面积的形心处的淹深。值得注意的是,投影面积 A_x 的形心的淹深 h_{xC} 与曲面 A 形心的淹深 h_C 一般情况下是不相等的。至于水平总压力 $\boldsymbol{F}_x$ 的作用点,用平面壁的方法确定。

微元面积受到的压力在 z 方向的投影值为 $\rho g h \mathrm{d}A\sin\theta$,$\mathrm{d}A\sin\theta$ 是面积 $\mathrm{d}A$ 在 z 方向的投影面积,即用一束平行于 z 轴的光线照射斜面 $\mathrm{d}A$ 所得到的投影面积,记作 $\mathrm{d}A_z = \mathrm{d}A\sin\theta$。于是,微元面积的压力在 z 方向的投影值可以写成 $\rho g h \mathrm{d}A_z$。由图 2.20可看出,$h\mathrm{d}A_z$ 表示一个高为 h、底面积为 $\mathrm{d}A_z$ 的柱体的体积,该柱体称为微元面

积 dA 的**微元压力体**,记作 $dV = h\,dA_z$。

曲面所受到的总压力在 z 方向的合力为

$$F_z = \int_A \rho g h \sin\theta \, dA = \rho g \int_{A_z} h \, dA_z = \rho g \int_V dV = \rho g V \tag{2.18}$$

式中,V 为曲面的压力体体积。图 2.20 中曲面 ab 的压力体就是 $abdca$ 所围的体积,即 V_{abdca}。利用压力体的概念,计算曲面在 z 方向的总压力就很方便。仔细观察图 2.20 的压力体可以看出,压力体实质上就是由曲面上每一点所作的淹深线构成的。曲面上有无数个点,也就有无数条淹深线。这无数条淹深线就构成压力体。值得注意的是,虽然 z 方向的总压力等于压力体体积乘以液体的密度和重力加速度,$F_z = \rho g V$,但不能理解为 z 方向的总压力等于压力体内的液体重量。压力体体积只是表示一个积分的结果。压力体内可能有液体,也可能没有液体。图 2.20 所示的压力体内就没有液体。

压力体是一个重要的概念,如能灵活掌握这个概念,将给计算工作带来方便。

实际中的曲面往往比较复杂,这时可将复杂的曲面分成若干个单侧曲面,分别计算每个单侧曲面的总压力,然后再求出它们的代数和。如果一条铅直线与一个曲面最多只有一个交点,这个曲面就称为单侧曲面。

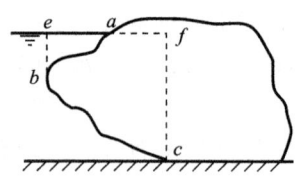

图 2.21 挡水巨石

如图 2.21 所示的挡水巨石,其挡水面 abc 就是多侧曲面。为了求曲面 abc 上的总水压力在 z 方向的分量 F_z,可以将此曲面分成 ab 和 bc 两部分,其中 b 为曲面左边最突出的点。显然 ab 和 bc 都是单侧曲面。曲面 ab 的铅直总压力朝下,而曲面 bc 的铅直总压力朝上。以朝上的力为正,则曲面的铅直总水压力为

$$F_z = \rho g(-V_{eba} + V_{ebcf}) = \rho g V_{abcfa}$$

z 方向的总水压力 F_z 的作用点就是压力体的形心。

例 2.8 输水钢管轴心处的静水压强高达 1.471×10^6 Pa,钢管的直径 $d = 1.5$ m,钢的许用应力 $[\sigma] = 98.06 \times 10^6$ Pa,试设计钢管的壁厚 δ。

解 用一个经过管轴的切面将管壁截开(见图 2.22),并用管壁的内力代替。设管壁的拉应力为 σ,管道长度为 l,管壁是曲面。曲面受到的水平总压力等于曲面的水平投影面受到的总压力,即

$$2\sigma\delta l = pdl$$

因此

$$\delta = \frac{pd}{2[\sigma]} = 0.01125 \text{ m} = 11.25 \text{ mm}$$

例 2.9 如图 2.23 所示,送水车的储水容器安装有三个半径 $R = 0.1$ m 的半球形盖子。已知 $H = 1.2$ m,$h = 0.75$ m,求这三个半球盖所受到的静水总压力。

解 盖 1 $\qquad\qquad\qquad\qquad F_x = 0$

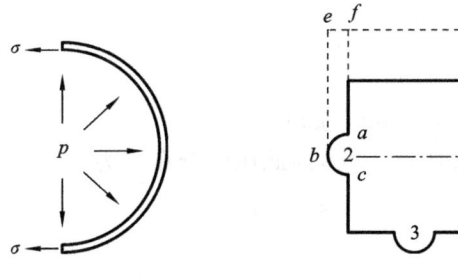

图 2.22　例 2.8 图　　　　图 2.23　例 2.9 图

$$F_z = \rho g \left[\pi R^2 (H-h) - \frac{2}{3} \pi R^3 \right] = 118.1 \text{ N}$$

盖 2
$$F_x = \rho g H \pi R^2 = 369.7 \text{ N}$$

$$F_z = \rho g \left[V_{ebaf} - V_{ebcf} \right] = -\rho g V_{bac} = -\rho g \frac{2}{3} \pi R^3 = -20.54 \text{ N}$$

盖 3
$$F_x = 0$$

$$F_z = -\rho g \left[\pi R^2 (H-h) + \frac{2}{3} \pi R^3 \right] = -621.3 \text{ N}$$

负号表示作用力沿坐标轴的负方向。

2.7　液体的相对静止

　　设液体连同容器一起运动,将动坐标固结在容器上,对于此动坐标,液体没有相对运动而保持相对静止。这时,液体在重力、惯性力和压力的作用下保持相对平衡。惯性力也属于质量力,单位质量的液体所受到的惯性力的大小就等于加速度的大小,方向则与其相反。

　　1. 作等加速度直线运动的液体的相对静止

　　如图 2.24 所示,容器以及其内的液体以等加速度 a 作直线运动,可以观察到此时的液体表面是倾斜的。建立动坐标系,坐标原点在液面中点,x 轴水平向右,z 轴竖直向上。液体受到的质量力为

$$f_x = -a, \quad f_z = -g$$

由式(2.3),有

$$dp = \rho(-a dx - g dz) \qquad (2.19)$$

令 $dp = 0$,得到等压面的微分方程

$$-a dx - g dz = 0$$

积分,得
$$z = -\frac{a}{g} x + C$$

这是一族斜面。液面也是等压面。液面经过原点时,C = 0,液面方程为

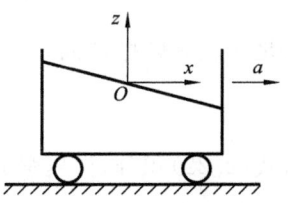

图 2.24　液体随容器作等
加速度直线运动

$$z_0 = -\frac{a}{g}x \qquad\qquad (2.20)$$

对式(2.19)积分,得

$$p = \rho(-ax - gz) + C$$

坐标原点处的压强为当地大气压,$C = p_a$,因此压强分布式为

$$p = \rho(-ax - gz) + p_a \qquad\qquad (2.21)$$

此式可以改写为

$$p - p_a = \rho g\left(-\frac{a}{g}x - z\right) = \rho g(z_0 - z) = \rho g h$$

这里,$z_0 - z = h$ 是淹深。

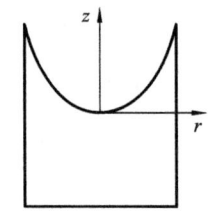

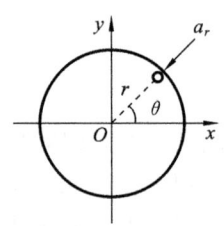

图 2.25　旋转容器内的液体相对静止

2. 旋转容器内液体的相对静止

如图 2.25 所示,盛有液体的容器绕其中心轴作等角速度旋转时,由于重力和离心力的作用,液面成为类似漏斗状的旋转面。建立动坐标系,坐标原点在液面最低点,x、y 轴在水平面上,z 轴为旋转轴且竖直向上。设任意一点的到旋转轴的距离为 r,流体质点在该点的向心加速度为 $a_r = r\omega^2$。作用在流体上的单位质量力除了重力 g 之外,还有惯性力 $a_r = r\omega^2$。液体受到的质量力沿坐标方向的分量为

$$\begin{cases} f_x = \omega^2 r\cos\theta = \omega^2 x \\ f_y = \omega^2 r\sin\theta = \omega^2 y \\ f_z = -g \end{cases}$$

将质量力代入静力学微分方程式(2.3),得

$$dp = \rho(\omega^2 x dx + \omega^2 y dy - g dz) \qquad (2.22)$$

令 $dp = 0$,得等压面的微分方程

$$\omega^2(x dx + y dy) - g dz = 0$$

积分,得等压面方程

$$\omega^2\frac{x^2 + y^2}{2} - gz = C \quad 或 \quad z = \frac{\omega^2 r^2}{2g} + C \qquad (2.23)$$

这是一族旋转抛物面。设坐标原点在液面中心的最低点,则液面方程为

$$z_0 = \frac{\omega^2 r^2}{2g} \qquad\qquad (2.24)$$

由式(2.22)积分,得压强分布式

$$p = \rho g\left(\frac{\omega^2 r^2}{2g} - z\right) + C \qquad (2.25)$$

由于坐标原点的压强为当地大气压强,因此积分常数 $C = p_a$。压强分布式可写为

$$p - p_a = \rho g\left(\frac{\omega^2 r^2}{2g} - z\right) = \rho g(z_0 - z) = \rho g h$$

淹深 h 从液面算起。由上式看出，在同一个水平面上，$z=$ 常数，r 越大，液体的压强就越大。这是离心力作用的结果。

例 2.10　在列车上安装图 2.26 所示的 U 形管，内盛水。当列车加速启动时，U 形管左、右水柱高差 $h=20$ mm。已知 $l=200$ mm，求列车启动时的加速度 a。

解　U 形管内的水保持相对静止，建立如图 2.26 的动坐标系，则液面方程为

$$z_0 = -\frac{a}{g}x$$

当 $x=l$ 时，$z_0=-h$，故 $a=0.1g=0.981$ m/s^2。

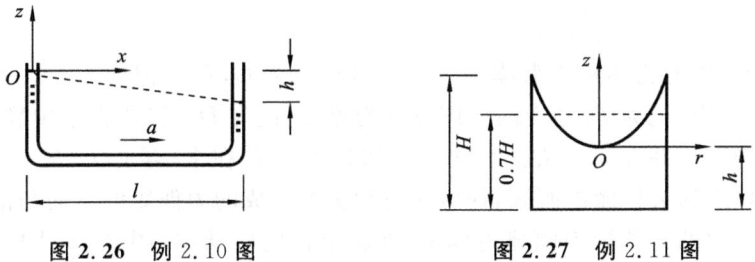

图 2.26　例 2.10 图　　　　　　　图 2.27　例 2.11 图

例 2.11　如图 2.27 所示，一个开口的圆筒，底面半径 $R=0.5$ m，高 $H=0.5$ m，内盛水。静止时水深为 $0.7H$，使容器及其内的水作匀角速度 ω 旋转。ω 为多大时，水开始从容器逸出？

解　设旋转时液面最低点的水深为 h。由高等数学知识可知，旋转抛物面所围的体积等于同高圆柱体体积的一半，故

$$\frac{1}{2}(H-h)\pi R^2 = 0.3H\pi R^2$$

因此　　　　　　　　　　　　　　　　$h = 0.4H$

液面方程为　　　　　　　　　　　　$z_0 = \frac{\omega^2 r^2}{2g}$

以 $r=R$，$z_0=H-h$ 代入上式，得 $\omega=4.851$ rad/s。

例 2.12　用离心铸造机可使金属液的压强增大，改善铸造效果。图 2.28 为铸造车轮。已知金属液的密度 $\rho=7000$ kg/m^3，液深 $h=200$ mm，旋转角速度 $\omega=20\pi$ rad/s，车轮直径 $D=900$ mm。求金属液对于圆形平面 A—A 的总压力。

解　金属液对于圆形平面 A—A 的总压力实际上就是金属液的相对压强的积分。建立图示的动坐标系，金属液的相对压强分布式为

$$p - p_a = \rho g\left(\frac{\omega^2 r^2}{2g} - z\right)$$

在 A—A 面上，$z=-h$，则

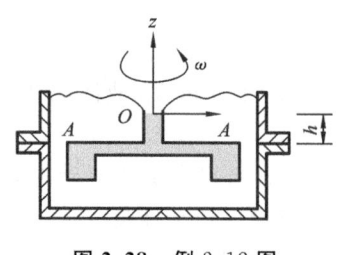

图 2.28　例 2.12 图

$$p - p_a = \rho g \left(\frac{\omega^2 r^2}{2g} + h \right)$$

总压力为

$$F = \int_0^R (p - p_a) 2\pi r \mathrm{d}r = \rho g \int_0^R \left(\frac{\omega^2 r^2}{2g} + h \right) 2\pi r \mathrm{d}r$$

$$= \rho g \left(\frac{\omega^2 R^2}{4g} + h \right) \pi R^2$$

将 $\rho = 7000\ \mathrm{kg/m^3}$、$h = 0.2\ \mathrm{m}$、$R = 0.5D = 0.45\ \mathrm{m}$ 代入上式,得 $F = 898.75\ \mathrm{kN}$。

2.8　浮体的平衡

先分析潜体的稳定性问题。

潜没于水中的物体称为**潜体**。潜体的自重记为 G,重心记为 C。潜体排开的水的重量等于浮力,记为 F,浮力的作用点称为浮心,记为 D。潜体在水中静止平衡时,浮力和重力相等,并在同一条铅直线上。如果重心 C 在上,浮心 D 在下(见图 2.29 (a)),当潜体受到某种撞击而倾斜时,浮力和重力组成的力偶矩的方向与潜体转动的方向相同,这时的力偶矩为倾覆力偶矩,加剧潜体的转动(见图 2.29(b))。因此,重心 C 在上、浮心 D 在下的潜体的平衡是不稳定的。而如果重心 C 在下、浮心 D 在上(见图 2.29(c)),当潜体受到某种撞击而倾斜时,浮力和重力组成的力偶矩的方向与潜体转动的方向就会相反,这时的力偶矩为扶正力偶矩,使潜体反向转动而恢复平衡(见图 2.29(d))。因此重心 C 在下、浮心 D 在上的潜体的平衡是稳定的。如果重心和浮心重合,重力和浮力无法组成力偶,或者说重力和浮力的力偶矩为零。这时潜体无论如何倾斜,都不会有力偶矩起倾覆或者扶正的作用,潜体的倾斜状态不会改变,潜体的这种平衡称为**随遇平衡**。

浮在水面上的物体称为**浮体**。工程上常见的浮体重心 C 在上,浮心 D 在下,如图 2.29(e)所示。浮体倾斜时,淹没在水中的那部分体积的大小虽然没有变,但浮心的位置变化了。浮体的平衡是否稳定,取决于浮体倾斜时浮力和重力组成的力偶矩是倾覆力矩还是扶正力矩,如图 2.29(f)、(g)所示。下面讨论浮体的平衡问题。

如图 2.30 所示,在初始状态,浮体是平衡的,重心 C 在上,浮心 D 在下,C、D 在同一条竖直线上。重力 G 和浮力 F 相等,它们都等于 abS 所围的体积 V 所排开的水的重量,$G = F = \rho g V$。通过 C、D 的连线称为浮轴,如图 2.30(a)所示。

当浮体受到风吹、浪击等外力作用而发生偏斜时,浮体没在水中的那部分体积的大小虽然不变,但体积的形状发生了变化。浮力 F' 仍等于重力 G,但浮心移至了点 D',如图 2.30(b)所示。通过 D' 的竖直线与浮轴 CD 的交点 E 称为**定倾中心**。E 至 D 的距离 ED 称为**定倾半径**,记作 R。C 与 D 的距离 CD 称为偏距,记作 e。浮体的稳定性与定倾半径 R 以及偏距 e 的大小有关。

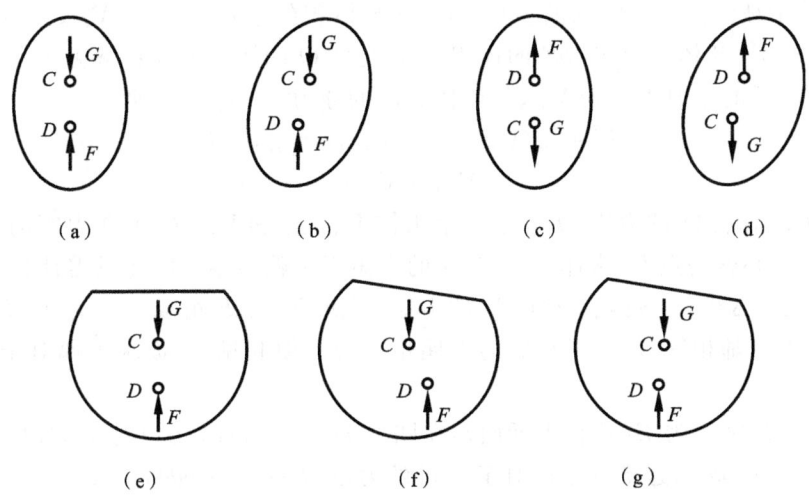

图 2.29　潜体和浮体的稳定性

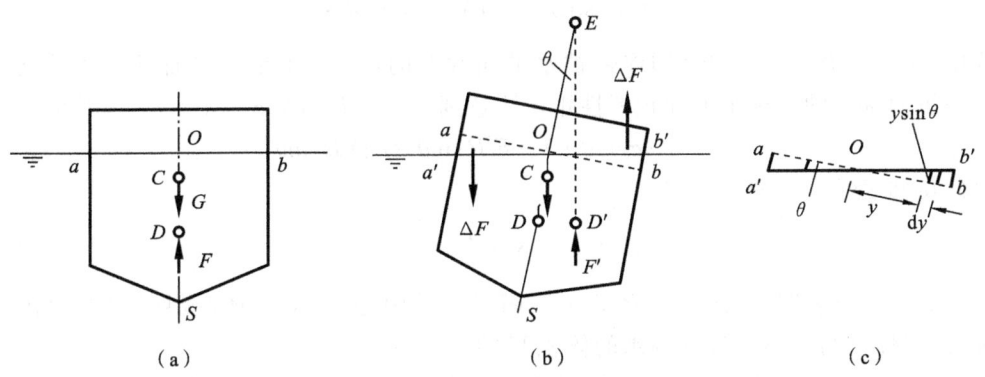

图 2.30　浮体的稳定性

当 $R>e$ 时,浮力和重力组成一个扶正力矩,使浮体从偏斜位置恢复到原来的平衡状态,这种情况称为**稳定平衡**。

当 $R=e$ 时,浮体在任何倾斜位置都能保持静止平衡,这种情况称为**随遇平衡**。

当 $R<e$ 时,浮力和重力组成一个倾覆力矩,浮体无法从偏斜位置恢复到原来的平衡状态,将会发生倾倒翻转。这种情况称为**不稳定平衡**。

偏距 e 的大小是容易确定的。重心 C 的位置由物体的重量分布而定。浮心 D 的位置则由浮体被水浸没的那部分体积的几何形状而定。当物体的形状和重量分布已知时,重心和浮心的距离 e 也就确定了。

下面求浮体的定倾半径 R。

由图 2.30(b)可看出,在浮体倾斜的情况下,浮力 F' 对点 D 的力矩为

$$M=F'R\sin\theta$$

浮力 F' 等于被浮体排开的水的重量,即 $a'b'S$ 体积的水重, $F' = \rho g V_{a'b'S}$。由图 2.30
(b)可看出, $a'b'S$ 体积等于 abS 的体积 V 加上 $bb'O$ 的体积 $V_{bb'O}$ 再减去 $aa'O$ 的体积
$V_{aa'O}$。倾斜后的浮力 $F' = \rho g V_{a'b'S}$ 等于倾斜前的浮力 $F = \rho g V$,因此

$$F' = \rho g(V + V_{bb'O} - V_{aa'O}) = \rho g V = F$$
$$V_{bb'O} = V_{aa'O}$$

合力 F' 对点 D 的力矩 M 等于三个水体 V、$V_{aa'O}$ 和 $V_{bb'O}$ 对点 D 力矩的代数和。
水体 V 的形心就是点 D,水体 V 对点 D 的力矩当然就为零。因此只需计算力 $\Delta F =$
$\rho g V_{bb'O}$ 和力 $-\Delta F = -\rho g V_{aa'O}$ 对点 D 的力矩。ΔF 和 $-\Delta F$ 组成一对力偶,力偶对任
何一点的力矩都相等,都等于它们的力偶矩。为方便起见,下面求力偶对于点 O 的
力矩。

设浮体的宽度为 B(垂直于纸面),在图 2.30(c)中距离点 O 为 y 的地方取一个
微元体积 $By\sin\theta \mathrm{d}y$,这部分水体对于点 O 的力矩为 $\rho g By^2 \sin\theta \mathrm{d}y = \rho g y^2 \sin\theta \mathrm{d}A$,这里
$\mathrm{d}A = B\mathrm{d}y$ 是浮面上的微元面积。水体 $V_{aa'O}$ 和 $V_{bb'O}$ 对点 O 的力矩用积分求得,即

$$M = \rho g \sin\theta \int_A y^2 \mathrm{d}A = \rho g \sin\theta \cdot I$$

式中,A 是浮面 ab 的面积(即浮体被水平面截取的面积),I 是该浮面对于经过点 O
且与纸面垂直的坐标轴的面积惯性矩。注意到 $M = F'R\sin\theta$,$F' = F = \rho g V$,因此

$$M = \rho g \sin\theta \cdot I = F'R\sin\theta = \rho g VR\sin\theta$$

由此得到定倾半径的表达式

$$R = \frac{I}{V} \tag{2.26}$$

式(2.26)表明,定倾半径 R 等于浮面对于其中心轴(即浮体倾斜时浮面的转动
轴)的惯性矩与浮体所排开的水的体积 V 的比值。

例 2.13　一个长 L、高 H、宽 B(垂直于纸面)的塑料方块浮出水面(见图 2.31),
塑料的密度 $\rho_1 = 400 \ \mathrm{kg/m^3}$。当比值 L/H 为多少时,浮体的平衡是稳定的?

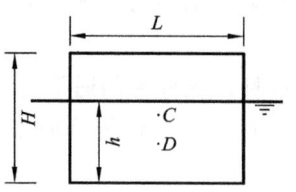

图 2.31　例 2.13 图

解　设方块浮出水面时,吃水深度为 h。重心 C 距
离方块底面为 $H/2$,浮心 D 距离方块底面为 $h/2$。偏
距为

$$e = \frac{1}{2}(H - h)$$

浮面对中心轴的惯性矩为

$$I = \frac{1}{12}BL^3$$

定倾半径为

$$R = \frac{I}{V} = \frac{BL^3}{12} \cdot \frac{1}{hBL} = \frac{L^2}{12h}$$

欲使浮体的平衡是稳定的,则要求 $R > e$,即

$$\frac{L^2}{12h} > \frac{1}{2}(H-h)$$

$$\left(\frac{L}{H}\right)^2 > 6\,\frac{h}{H}\left(1-\frac{h}{H}\right)$$

另外,浮力与方块的重量相等。设水的密度 $\rho_2 = 1000\ \text{kg/m}^3$,有

$$\rho_1 g B L H = \rho_2 g B L h$$

即

$$\frac{h}{H} = \frac{\rho_1}{\rho_2} = 0.4$$

因此,应有 $L/H > 1.2$。

选 择 题

1. 静止流体的点压强与 _____ 无关。
   A. 位置　　　　　　B. 方向　　　　　　C. 流体种类　　　　D. 重力加速度

2. 静止流体的微分方程为 _____。
   A. $\mathrm{d}\rho = -\rho g \mathrm{d}z$　　B. $\mathrm{d}p = -\rho g \mathrm{d}z$　　C. $\mathrm{d}p = -\rho g \mathrm{d}\rho$　　D. $\mathrm{d}z = -\rho g \mathrm{d}p$

3. 油的密度为 $800\ \text{kg/m}^3$,油面上为当地大气压强,油面下 $0.5\ \text{m}$ 深处的相对压强为 _____ kPa。
   A. 0.8　　　　　　B. 0.5　　　　　　C. 0.4　　　　　　D. 3.9

4. 大气压强 $p_a = 10^5\ \text{Pa}$,如果某点的真空压强为 $0.49 \times 10^5\ \text{Pa}$,则该点的绝对压强为 _____ Pa。
   A. 51×10^3　　B. 149×10^3　　C. 1.5×10^5　　D. 1.05×10^5

5. 两层静止液体,上层液体的密度为 ρ_1,静力学方程为 $z + p/(\rho_1 g) = C_1$,下层液体的密度为 ρ_2,静力学方程为 $z + p/(\rho_2 g) = C_2$。由于 $\rho_1 < \rho_2$,故 C_1 _____ C_2。
   A. <　　　　　　　B. =　　　　　　　C. >

6. 图 2.3 中左边开口测压管和右边真空测压管的水柱高度之差约为 _____ m。
   A. 10　　　　　　B. 1.0　　　　　　C. 0.1　　　　　　D. 0.01

7. 在图 2.7 中,如果 U 形水银压差计的两边水银面的高差 $\Delta h = 50\ \text{mm}$,则两根水管中心的压强差 $p_1 - p_2 = $ _____ Pa。
   A. 680　　　　　　B. 50　　　　　　C. 500　　　　　　D. 6178

8. 在重力作用下,大气压强 p 与海拔高度 z 的关系式为 _____。
   A. $\mathrm{d}p = -\rho g \mathrm{d}z$　　B. $z + p/(\rho g) = C$　　C. $p = p_a + \rho g(z_0 - z)$　　D. $p = \rho g h$

9. 用一块竖直放置的平板挡水,其挡水面积为 A,形心淹深为 h,平板与水平面的夹角为 θ,则平板受到的总水压力为 _____。
   A. $\rho g h A \sin\theta$　　B. $\rho g h A \cos\theta$　　C. $\rho g h A \tan\theta$　　D. $\rho g h A$

10. 平板形心 C 的淹深 h_C 与静水压力中心 D 的淹深 h_D 的关系为 h_C

_____ h_D。

　　A. > 　　　　　B. = 　　　　　C. <

11. 表面积为 A 的曲面所受到的静水总压力在水平方向的分量 $F_x=$ _____。

　　A. $\rho g h_c A$　　B. $\rho g h_{Cx} A_x$　　C. $\rho g h_c A_z$　　D. $\rho g h_{Cx} A_z$

12. 压力体内 _____。

　　A. 必定充满液体　　　　　　　　B. 肯定不会有液体

　　C. 至少有部分液体　　　　　　　D. 可能有液体,也可能没有液体

13. 用平板挡水,平板形心 C 的淹深为 h_C,静水压力中心 D 的淹深位 h_D,当 h_C 增大时,$h_D - h_C$ _____。

　　A. 增大　　　　B. 不变　　　　C. 减小　　　　D. 先增大后减小

14. 某曲面用来挡水。如果曲面左边挡水,右边为大气,曲面对应的压力体体积为 V_1。如果右边挡水,左边为大气,则曲面对应的压力体体积为 V_2。设两种情况的挡水水深相同,则必有 V_1 _____ V_2。

　　A. > 　　　　　B. = 　　　　　C. <

15. 一个半球壳倒盖在玻璃板上,其半径为 R。球壳顶部开设小孔,从孔口向球壳内注满密度为 ρ 的液体。如果球壳自重 G 足够大,液体不会从球壳底和玻璃板之间的缝隙漏出。如果 $G <$ _____ $\rho g \pi R^3$,则液体将从底部的缝隙漏出。

　　A. 4/3　　　　B. 1　　　　C. 2/3　　　　D. 1/3

16. 液体随容器作等角速度旋转时,惯性力属于 _____。

　　A. 压力　　　　B. 切应力　　　　C. 质量力　　　　D. 拉力

17. 一个桶,上半部盛油(油的密度为 800 kg/m³),下半部盛水。油和水的深度都是 20 cm。如果将桶以加速度 $a=4.093$ m/s² 向上提升,则桶底受到的压强为 _____ kPa。

　　A. 0.4　　　　B. 0.48　　　　C. 5.0　　　　D. 0.6

18. 设浮体的定倾半径为 R,偏距为 e,当浮体稳定平衡时,R _____ e。

　　A. > 　　　　　B. = 　　　　　C. <

习　　题

2.1 假设空气的密度是常数值 $\rho=1.205$ kg/m³,地面上的压强为 101.3 kPa,包围地球的空气的高度是多少?

2.2 一个开口液池,底部是 5 m 深的水,上部是 2 m 深的油(油的密度为 800 kg/m³),求池底的相对压强。

2.3 一个开口玻璃杯子,重量为 0.5 N,底面半径为 20 mm。将杯子静止地倒扣在水面上,求杯子内外的水面高差。

2.4　画出如图 2.32 所示承压面的压强分布图。

2.5　如图 2.33 所示密封盛水容器,水面上为密封空气。设置两个 U 形水银压差计。已知各液面高程(从容器底面面起算)$z_1=320$ mm,$z_2=100$ mm,$z_3=2710$ mm,$z_4=2730$ mm,求水面高程 z_0。

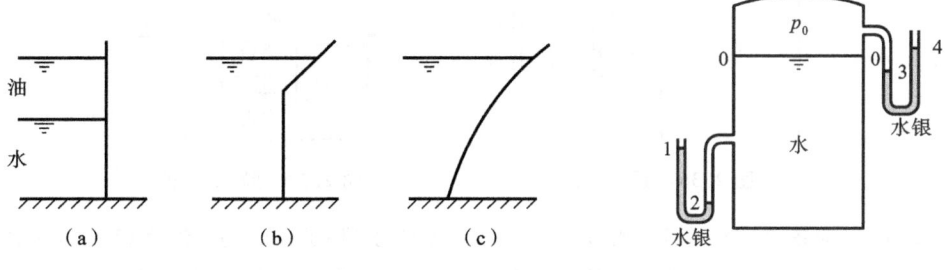

图 2.32　题 2.4 图　　　　　　　　　　　　　图 2.33　题 2.5 图

2.6　海水密度随水深的变化可表示为 $\rho=\rho_0(1+\beta h)$,$\rho_0=1020$ kg/m³。测得海洋 $h=300$ m 深处的相对压强为 3090.6 kPa。求常数 β 的值。

2.7　用图 2.34 所示的气压式液面计来测定封闭油箱中液面的高程 h。打开阀门 1,使气泡开始从油箱中逸出,记下 U 形水银压差计的读数 $\Delta h_1=150$ mm。关闭阀门 1,打开阀门 2,同样操作,测得 $\Delta h_2=210$ mm。已知 $a=1$ m,求深度 h 及油的密度。

2.8　图 2.35 的双杯式微压计,杯子盛密度为 900 kg/m³ 的油,连接管盛水。两个杯子的直径都是 $D=40$ mm,管子直径 $d=4$ mm。当 $p_1=p_2$ 时,连接管内两边水面的高差 $h=0$。测量时,如果读数 $h=10$ mm,求此时的压差 p_1-p_2。

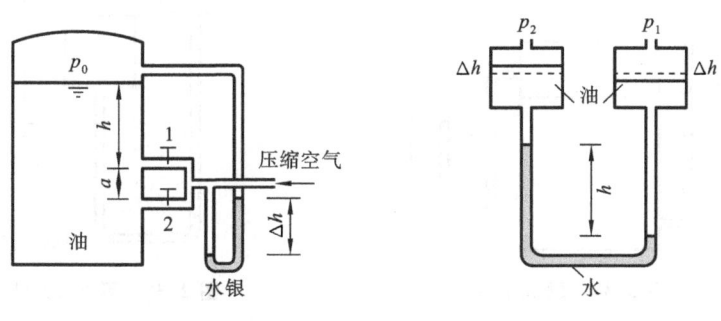

图 2.34　题 2.7 图　　　　　　　　　　　　　图 2.35　题 2.8 图

2.9　用复式水银压差计(见图 2.36)测量压力水箱中水面上的密封气体的相对压强 p_0-p_a。已知各液面的读数分别为 $z_0=2080$ mm,$z_1=900$ mm,$z_2=960$ mm,$z_3=920$ mm,$z_4=952$ mm,求 p_0-p_a。

2.10　图 2.37 是一种酒精和水银的双液测压计。当细管上端接通大气时,酒精的液面高度设为零。当酒精液面下降 $h=30$ mm 时,求细管所接通的气体的相对压强。已知 $d_1=5$ mm,$d_2=20$ mm,$d_3=50$ mm,酒精密度为 800 kg/m³。

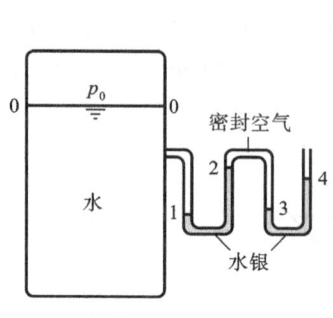
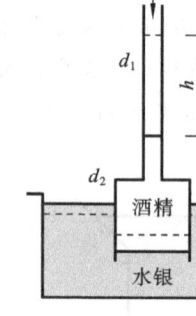

图 2.36 题 2.9 图   图 2.37 题 2.10 图

2.11 如图 2.38 所示，测压管与密封盛水容器的水连通，水的密度 $\rho = 1000$ kg/m^3。U 形压差计与密封气体连通，已知测压管液面与容器液面的高差 $\Delta h_1 = 400$ mm，U 形管左右液面高差 $\Delta h_2 = 246$ mm。

(1)计算容器液面密封气体的相对压强；

(2)求 U 形管内工作液体的密度 ρ'。

2.12 用图 2.39 所示的装置测量油的密度。已知水的密度 $\rho_1 = 1000$ kg/m^3，四氯化碳的密度 $\rho_3 = 1600$ kg/m^3，$h_1 = 60$ mm，$h_2 = 100$ mm，$h_3 = 130$ mm，求油的密度 ρ_2。

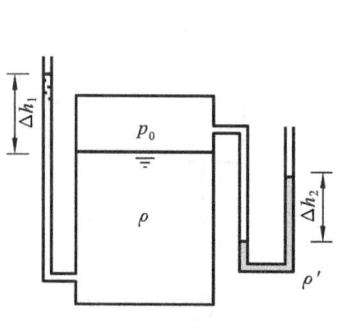
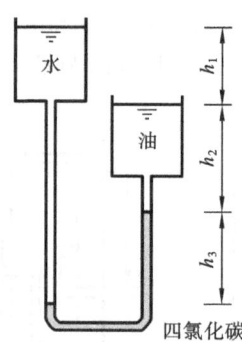

图 2.38 题 2.11 图   图 2.39 题 2.12 图

2.13 试求珠穆朗玛峰顶（海拔高度 8848 m）与海平面的空气密度比值 ρ/ρ_0。

2.14 图 2.40 所示的渠道入口设置一块竖直安装的挡水平板 AB，长 $L = 3.5$ m，宽（垂直于纸面）$b = 2$ m，挡水深度 $h = 2.5$ m，平板可绕铰轴 A 转动。渠道底部的底坎顶住平板的下端，试求平板下缘 B 所受到的底坎反作用力 F。

2.15 如图 2.41 所示，矩形平板闸门可绕铰轴转动。试证明：当 $H > \dfrac{14}{15}h + a$ 时，闸门在水压力的作用下可以自动开启。

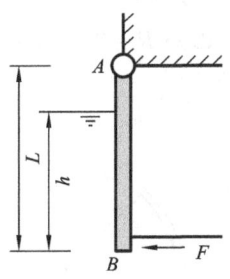

图 2.40　题 2.14 图

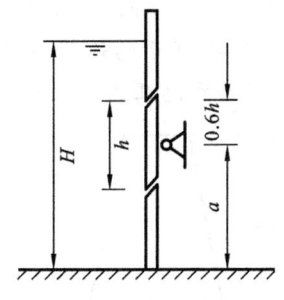

图 2.41　题 2.15 图

2.16　试证明:平面挡水墙所受到的静水总压力的作用点在水深的 2/3 处,此结论对于竖直壁面或倾斜壁面都成立。

2.17　如图 2.42 示,矩形平板闸门,宽度 $b=1.5$ m。上缘 A 为固定铰链。已知板 AB 长度 $l=2.5$ m,坡长 OA 的长度 $l_1=2$ m。忽略闸门自重以及摩擦影响,求开启闸门所需的提升力 F_T。

2.18　图 2.43 所示为均质矩形平板闸门 AB,A 为固定铰链,闸门宽度 $b=2$ m(垂直于纸面),AB 之长 $l=3$ m。左侧为水渠,水深 $h_1=1$ m,右侧为水池,水深 $h_2=4$ m。如果要求闸门不能自动开启,求闸门的自重 G。

2.19　一条半径为 R 的水管将左、右两边的积水隔开(见图 2.44)。左边为满顶的净水,水深为 $2R$。右边为泥浆水,其密度为 $\rho_1=1200$ kg/m³,水深设为 h。当 h 为 R 的多少倍时,管道左右两边的竖直总水压力恰好相等?

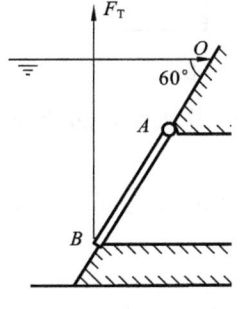

图 2.42　题 2.17 图

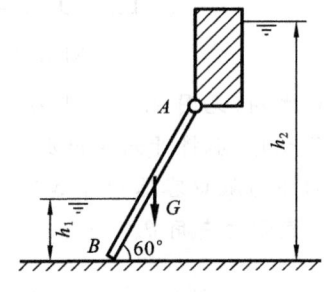

图 2.43　题 2.18 图

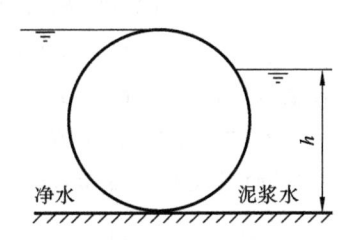

图 2.44　题 2.19 图

2.20　水管直径 $d=200$ mm,壁厚 $\delta=10$ mm,管壁材料的许用应力 $[\sigma]=30\times10^6$ Pa,求水管中心所能承受的最大水压强。

2.21　一条输水管,半径 $R=500$ mm,壁厚 $\delta=8$ mm,水管轴线上的静水相对压强 $p-p_a=10^5$ Pa,求管壁承受的拉应力 σ。

2.22　设计如图 2.45 所示的挡水墙时,要求墙体自重 G 对底部点 B 的力矩大于墙身所受到的静水总压力对点 B 的力矩。墙的截面是等腰梯形,底角 $\theta=80°$,墙

身材料的密度为 $\rho_1 = 1900 \text{ kg/m}^3$,宽高比 l/h 应大于多少?

2.23 如图 2.46 所示的弧形闸门,满顶挡水。已知 $R=2 \text{ m}$,$\alpha=45°$,宽(垂直于纸面)$B=2 \text{ m}$。求静水总压力的大小、方向及作用点。

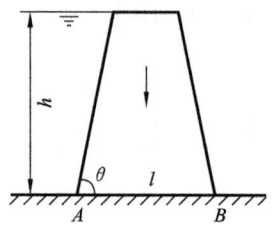

图 2.45 题 2.22 图

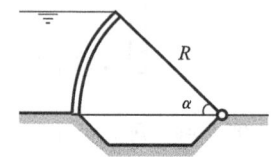

图 2.46 题 2.23 图

2.24 图 2.47 为水池出口的弧形闸门。已知 $R=2 \text{ m}$,$\theta=30°$,宽(垂直于纸面)$B=1 \text{ m}$,池中水深 $h=5 \text{ m}$,求静水总压力的大小。

2.25 两个水池如图 2.48 所示,水深分别为 h_1 和 h_2,两水池用边长为 a 的正方形管道连通。管道中设置一个平板阀门,其水平倾角 $\theta=75°$。已知 $h_1=5 \text{ m}$,$h_2=2 \text{ m}$,$a=0.3 \text{ m}$,求开启此阀门所需的力矩 M。

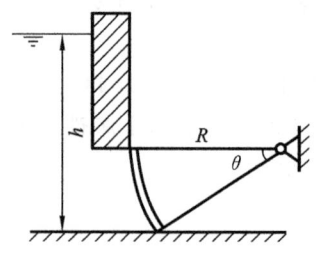

图 2.47 题 2.24 图

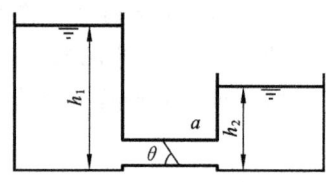

图 2.48 题 2.25 图

2.26 车子上有一个矩形开口水箱(见图 2.49),长度 $l=2 \text{ m}$,静止时水面比箱口低 $h=0.4 \text{ m}$,车子加速度 a 为多大时,水将开始逸出水箱?

2.27 如图 2.50 所示,盛水的矩形敞口容器以等加速度 $a=2 \text{ m/s}^2$ 沿着坡角 $\alpha=10°$ 的斜坡向上运动,求水面与竖直面的夹角 θ。

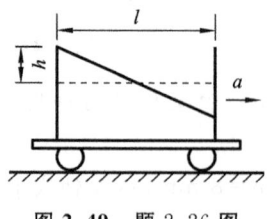

图 2.49 题 2.26 图

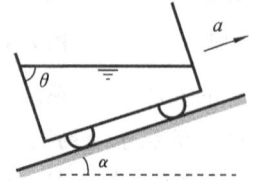

图 2.50 题 2.27 图

2.28 底面积为 $b \times b = 200 \text{ mm} \times 200 \text{ mm}$ 的方口盛水容器,自重 $G=40 \text{ N}$,静止时盛水的高度为 $h=150 \text{ mm}$(见图 2.51),设容器在荷重 $P=200 \text{ N}$ 的作用下沿水平

面加速滑动,容器地面与水平面之间的摩擦因数 $\mu=0.3$,求保证水不能溢出的容器的最小高度 H。

2.29　列车在弯道上作减速行驶,弯道的曲率半径 $R=200$ m。在某瞬时,列车的行驶速度 $v=20$ m/s,加速度 $a=1$ m/s^2,求此时列车上盛水容器的水面与水平面的夹角。

2.30　一个有盖的圆柱形容器,内部盛满水。容器底面半径 $R=2$ m,顶盖上距离中心 r_0 处开一小孔通大气。设容器绕中心轴作等角速度旋转。当 r_0 为多少时,顶盖所受到的水的总压力恰好为零?

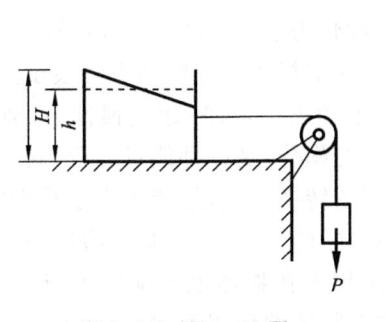

图 2.51　题 2.28 图

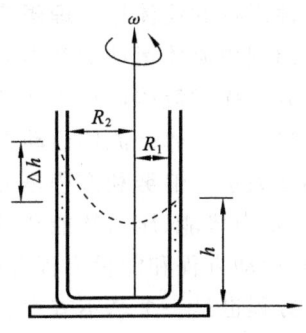

图 2.52　题 2.31 图

2.31　U 形管角速度测量仪如图 2.52 所示,两支竖直管距离转轴的距离分别为 R_1 和 R_2,两管水柱的高差为 Δh,求角速度 ω 的表达式。如果 $R_1=80$ mm,$R_2=200$ mm,$\Delta h=60$ mm,求角速度 ω 的值。

2.32　一个均质圆柱体,高为 H,底半径 R,圆柱体的材料密度 $\rho=600$ kg/m^3。

(1) 将圆柱体直立着浮于水面,当 R/H 大于多少时浮体能稳定平衡?

(2) 将圆柱体横浮于水面,当 R/H 小于多少时浮体能稳定平衡?

2.33　两个直径均为 1.2 m 的圆球,重量分别为 4000 N 和 12000 N。将它们以一根无重短绳连接并放在水中,绳子的张力为多少? 较轻的球没于水中的体积占其体积的百分比是多少?

第3章 理想流体运动的基本方程

流体在各种外力的作用下发生运动。运动流体受到的作用力有压力、质量力和黏性力。这些力对流体的运动都有一定的影响。如果黏性力的作用比压力和质量力的作用都小很多,就可以忽略黏性力的作用,这样可以使流体运动问题得到很大的简化。忽略黏性影响的流体称为**理想流体**。

本章介绍理想流体运动的基本方程:连续性方程、运动方程、伯努利方程和动量方程。这些方程描述流体运动学和动力学的基本规律。连续性方程表示流体运动时必须满足质量守恒定律。流体运动方程(即牛顿第二定律)建立惯性力、质量力和压力之间的相互关系。伯努利方程是运动方程的积分,是一种能量方程,它表示流体在运动过程中,重力势能、压力势能和动能之间的转换关系,是流体力学很重要的方程。连续性方程、运动方程和能量方程合称流体力学的三大方程,是学习后面各章的理论基础。动量方程也是一个基本方程。它表示作用在物体上的动压力与流出、流入控制体的动量的数学关系,用于解决运动流体对物体的作用力问题,此方程常常与连续性方程和伯努利方程联合使用。

3.1 描述流体运动的两种方法

流体属于连续介质,流体由连续分布的流体质点组成。流体运动时,表征流体质点运动的属性,例如速度、加速度等流动参数都随空间和时间的变化而变化。在研究流体运动规律时,首先要解决的问题是用什么方法描述流体的运动。

流体力学采用两种不同的描述方法:拉格朗日法和欧拉法。

3.1.1 拉格朗日法

拉格朗日法研究流体的每一个质点的运动规律。这种方法称为**质点跟踪法**,理论力学的质点系力学就使用这种方法。

拉格朗日法给出每个流体质点的运动轨迹。流体由无数个质点组成,为了写出无数多个质点的运动方程,就要找出区分质点的表示方法。拉格朗日法选取初始时刻每个质点的位置坐标(a,b,c)作为质点的标记,用不同的a、b、c值区分不同的质点。流体质点的坐标可以表示为时间t及初始位置(a,b,c)的函数,即

$$\begin{cases} x = x(t,a,b,c) \\ y = y(t,a,b,c) \\ z = z(t,a,b,c) \end{cases} \tag{3.1}$$

式中,t 是自变量,a、b、c 是参数。当 a、b、c 给定时,式(3.1)表示某个确定质点的运动轨迹。当 t 固定时,式(3.1)表示该时刻各个质点的位置。a、b、c 称为**拉格朗日变数**,它们虽然也是连续分布的空间坐标,但与质点的运动坐标不同,a、b、c 不随时间的变化而变化。

根据定义,质点的速度是质点轨迹坐标 x、y、z 对时间的一阶导数。由于拉格朗日参数 a、b、c 不随时间的变化而变化,因此质点的速度实际上就是 x、y、z 对时间 t 的一阶偏导数。用 v_x、v_y、v_z 表示速度在坐标方向的分量,有

$$\begin{cases} v_x = \dfrac{\partial x}{\partial t} \\[2mm] v_y = \dfrac{\partial y}{\partial t} \\[2mm] v_z = \dfrac{\partial z}{\partial t} \end{cases} \tag{3.2}$$

同样的,质点加速度是轨迹坐标 x、y、z 对时间 t 的二阶偏导数。如果用 a_x、a_y、a_z 表示加速度的坐标分量,则有

$$\begin{cases} a_x = \dfrac{\partial^2 x}{\partial t^2} \\[2mm] a_y = \dfrac{\partial^2 y}{\partial t^2} \\[2mm] a_z = \dfrac{\partial^2 z}{\partial t^2} \end{cases} \tag{3.3}$$

使用拉格朗日法必须找出函数 $x(t,a,b,c)$、$y(t,a,b,c)$ 和 $z(t,a,b,c)$,即跟踪每一个质点并研究其运动规律。由于流体有流动性,跟踪每一个质点十分困难,因此,流体力学绝大多数领域都不采用拉格朗日法。只有在一些特殊领域,例如波浪运动研究,才采用这种方法。

3.1.2　欧拉法

欧拉法着眼于研究空间中某固定点的流动情况,即研究流体质点流经某一空间点的速度、压强、密度等变化规律。将许多空间点在不同时刻的流体运动情况记录下来,就可以知道整个流场的流体运动规律。显然,欧拉法不研究个别质点的运动规律,对流体质点从哪里来、又流到何处去,并不加以研究。

欧拉法没有直接给定流体质点的运动轨迹,而是给出速度、密度、压强等流动参数随时间和空间的变化函数,即

$$\begin{cases} v_x = v_x(x,y,z,t) \\ v_y = v_y(x,y,z,t) \\ v_z = v_z(x,y,z,t) \\ \rho = \rho(x,y,z,t) \\ p = p(x,y,z,t) \end{cases} \tag{3.4}$$

　　由于给出了流动参数的空间分布,因此流动区域也称为**流场**。流场函数描述了空间点的流动特征。例如,$v_x = v_x(x,y,z,t)$表示时刻 t 在空间点(x,y,z)的流体速度为 v_x,但没有具体指明、也没有必要指明是哪个流体质点的速度。欧拉法虽然没有给出流体质点的运动轨迹,但却给出了不同时刻整个空间流场的流动参数的分布,人们可以借助连续函数的理论对流场进行分析研究,这就给流体力学的理论研究和工程应用带来很大的方便,因此欧拉法在流体力学中被广泛使用。本书将采用欧拉法来研究流体的运动。下面介绍欧拉法中的加速度计算方法以及流动的分类问题。

1. 流体质点的加速度

　　在拉格朗日法中,由于流体质点的轨迹已经给出,因此加速度很容易求得。在欧拉法中流体质点的轨迹并未给出,而只给出每个空间点的速度分布,如何由速度分布计算加速度呢?

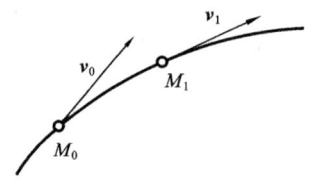

图 3.1　质点运动

　　假定在某时刻 t,流体质点位于点 $M_0(x,y,z)$,质点在该处的速度矢为 $v_0(x,y,z,t)$。经过时间间隔 Δt 之后,该质点运动到了点 $M_1(x+\Delta x, y+\Delta y, z+\Delta z)$,质点在该处的速度矢为 $v_1(x+\Delta x, y+\Delta y, z+\Delta z, t+\Delta t)$。显然,$M_0$、$M_1$ 就是一条轨迹线上的两个点,Δx、Δy、Δz 就是流体质点在 Δt 时间里所走过的路程在坐标轴的分量,即 $\Delta x = v_x \Delta t$,$\Delta y = v_y \Delta t$,$\Delta z = v_z \Delta t$,如图 3.1 所示。

　　按照定义,流体质点的加速度等于速度对时间的变化率,即

$$a = \lim_{\Delta t \to 0} \frac{\Delta v}{\Delta t} = \lim_{\Delta t \to 0} \frac{v_1 - v_0}{\Delta t} \tag{3.5}$$

速度 v_0 和 v_1 之所以不同,是因为速度函数中的变量 x、y、z、t 都发生变化,根据全微分公式,有

$$\Delta v = v_1(x+\Delta x, y+\Delta y, z+\Delta z, t+\Delta t) - v_0(x,y,z,t)$$
$$= \frac{\partial v}{\partial t}\Delta t + \frac{\partial v}{\partial x}\Delta x + \frac{\partial v}{\partial y}\Delta y + \frac{\partial v}{\partial z}\Delta z$$

将速度差代入式(3.5)右边,并注意到 $\Delta x = v_x \Delta t$、$\Delta y = v_y \Delta t$、$\Delta z = v_z \Delta t$,则得到加速度矢量,即

$$a = \frac{\mathrm{d}v}{\mathrm{d}t} = \frac{\partial v}{\partial t} + v_x \frac{\partial v}{\partial x} + v_y \frac{\partial v}{\partial y} + v_z \frac{\partial v}{\partial z} \tag{3.6}$$

将其投影到坐标方向就得到到加速度的分量,即

$$\begin{cases} a_x = \dfrac{\partial v_x}{\partial t} + v_x \dfrac{\partial v_x}{\partial x} + v_y \dfrac{\partial v_x}{\partial y} + v_z \dfrac{\partial v_x}{\partial z} \\[2mm] a_y = \dfrac{\partial v_y}{\partial t} + v_x \dfrac{\partial v_y}{\partial x} + v_y \dfrac{\partial v_y}{\partial y} + v_z \dfrac{\partial v_y}{\partial z} \\[2mm] a_z = \dfrac{\partial v_z}{\partial t} + v_x \dfrac{\partial v_z}{\partial x} + v_y \dfrac{\partial v_z}{\partial y} + v_z \dfrac{\partial v_z}{\partial z} \end{cases} \tag{3.7}$$

式中的加速度由两部分组成。第一部分是右边的第一项,称为**局部加速度**,也称为**时变加速度**,它表示在同一位置上速度随时间变化而引起的加速度。显然,如果速度分布与时间变量 t 有关,则必然有局部加速度。第二部分是右边的后三项,称为**对流加速度**,也称为**位变加速度**,它表示由于流场各点的速度不一样,流体从一点运动到另一点时速度必然发生变化,这种变化就体现为对流加速度。显然,如果速度分布不均匀,则对流加速度不为零。

流体质点所具有的其他流动参数,例如密度、压强等,它们对时间的变化率也可以类似地表示为

$$\begin{cases} \dfrac{\mathrm{d}\rho}{\mathrm{d}t} = \dfrac{\partial \rho}{\partial t} + v_x \dfrac{\partial \rho}{\partial x} + v_y \dfrac{\partial \rho}{\partial y} + v_z \dfrac{\partial \rho}{\partial z} \\ \dfrac{\mathrm{d}p}{\mathrm{d}t} = \dfrac{\partial p}{\partial t} + v_x \dfrac{\partial p}{\partial x} + v_y \dfrac{\partial p}{\partial y} + v_z \dfrac{\partial p}{\partial z} \end{cases} \tag{3.8}$$

式(3.7)和式(3.8)的导数可用一个通式表示,即

$$\frac{\mathrm{d}}{\mathrm{d}t} = \frac{\partial}{\partial t} + v_x \frac{\partial}{\partial x} + v_y \frac{\partial}{\partial y} + v_z \frac{\partial}{\partial z} \tag{3.9}$$

式(3.9)表示流体质点所具有的物理量(速度、密度、压强等)的时间变化率,称为**随体导数**。

2. 流动的分类

上已述及,在欧拉法中,速度、压强等流动参数都表示为坐标 x、y、z 和时间 t 的函数。

如果流动参数随时间的变化而变化,则这种流动称为**非定常流动**,如果流动参数不随时间而变,则这种流动称为**定常流动**。对于定常流动,所有流动参数对时间 t 的偏导数都为零,式(3.6)至式(3.8)右边的第一项都消失。

严格地说,工程中的所有流动都是非定常流动。然而,如果在观察和分析问题的时段内,流动参数随时间的变化很小,则可以将这种流动视为定常流动。例如,观察河道中某处的水流速度,在一年四季中,水流速度的变化相当大,因此河水的流动应视为非定常流动。但是,如果研究水流在某一天的变化,就会发现在这一天的 24 h内,水流速度的变化不大,于是可以将这一天内的水流视为定常流动。另外,有些非定常流动,经过一定处理后可以变为定常流动。例如,飞机在空气中以匀速飞行,观察空中某点的气流速度,当飞机接近和远离这个空间点时,气流的速度将随时间而变,即对固定在地面上的静止坐标系来说,流动是非定常的。但如果坐在飞机上来观察飞机周围的流动,会看到这种流动不随时间而变,即对固定在飞机上的动坐标系来说,气流是定常的。

在定常流动中,流动参数不含时间变量,其分析方法和处理方法比非定常问题简单得多,因此,在可能的条件下,应尽量将非定常问题简化成定常问题。

如果流动参数与三个坐标 x、y、z 有关,则这种流动称为**三元流动**或**空间流动**。

三元流动的质点轨迹线是空间曲线,流体的速度有三个坐标分量 v_x、v_y、v_z,而且速度与三个坐标 x、y、z 都有关。工程中的流动都是三元流动。如果流动参数仅与两个坐标有关,则这种流动称为**二元流动**或**平面流动**。二元流动中,流体质点在平面内运动,速度的坐标分量只有两个,即 v_x、v_y,而且速度只与两个坐标变量 x、y 有关。严格意义上的二元流动是不存在的。但如果流线、轨迹线近似地位于一个平面内,则这种流动可视为二元流动。如果流动参数仅与一个坐标变量有关,则此流动称为**一元流动**。

三元流动是很复杂的流动,理论研究遇到很大的困难。在实际工程问题中,常常根据流动的特点将三元流动简化成二元流动甚至一元流动。本书主要介绍二元流动和一元流动,并且以定常流动为主。

3.2　流线和流管

1. 流线和迹线

迹线是流体质点的轨迹,即流体质点在不同时刻的空间位置的连线。

流线的定义是:在某固定时刻 t,如果有一条这样的曲线,曲线上每一点的切线都与流体在该点的速度方向平行,则这样的曲线就称为**流线**。

下面作图表示流线和迹线,从中很容易看出这两条曲线的区别。

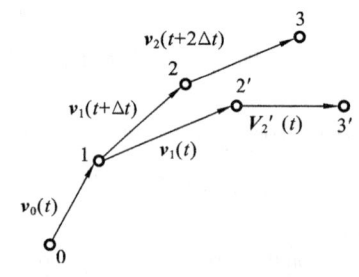

图 3.2　流线和迹线

先作迹线。如图 3.2 所示,设有一个流体质点,在时刻 t 运动到了点 0,其速度为 $v_0(t)$,经过时间 Δt 之后,该质点运动到了点 1。显然,点 1 必定在矢量线 $v_0(t)$ 上。流体质点在点 1 速度为 $v_1(t+\Delta t)$。沿速度矢量方向取一邻点 2。显然,再过一个时间间隔 Δt,质点将运动到了点 2,速度为 $v_2(t+2\Delta t)$。接着,在矢量线 $v_2(t+2\Delta t)$ 上再取一邻点 3。仿此继续作得其他点。很明显,曲线 0123… 就是流体质点的迹线。

现在作时刻 t 经过点 0 的流线。在点 0 作该点的速度矢量 $v_0(t)$,沿着矢量 $v_0(t)$ 作一邻点 1。在点 1 作该点时刻 t 的速度矢量 $v_1(t)$。沿着矢量 $v_1(t)$ 作一邻点 $2'$,作点 $2'$ 在时刻 t 的速度矢量 $v_{2'}(t)$。沿着矢量 $v_{2'}(t)$ 作一邻点 $3'$。依此下去,就得到时刻 t 的流线 $012'3'$…。

定常流动的流线与迹线重合。

下面用数学方法描述迹线和流线。

如果已知速度分布,则解下列微分方程就得到迹线方程

$$\begin{cases} \dot{x}=v_x(x,y,z,t) \\ \dot{y}=v_y(x,y,z,t) \\ \dot{z}=v_z(x,y,z,t) \end{cases} \tag{3.10}$$

流线方程可由其定义求出。设 $ds = dx\boldsymbol{i} + dy\boldsymbol{j} + dz\boldsymbol{k}$ 表示流线的微段,其中 dx、dy、dz 是微段首尾两点的坐标增量。流体质点在该微段上的速度表示为 $\boldsymbol{v} = v_x\boldsymbol{i} + v_y\boldsymbol{j} + v_z\boldsymbol{k}$,根据定义,流线的切线与速度矢量平行,它们的坐标分量应该成比例,即

$$\frac{dx}{v_x} = \frac{dy}{v_y} = \frac{dz}{v_z} \tag{3.11}$$

式(3.11)是两个方程,每个方程的解为曲面方程。两个曲面的交线就是流线。

例 3.1　已知速度分布 $v_x = x + t, v_y = -y - t^2$,分别求出时刻 $t = 0$ 经过坐标点 $(1,1)$ 的流线和迹线。

解　求流线方程。当 $t = 0$ 时,$v_x = x, v_y = -y$,有

$$\frac{dx}{x} = -\frac{dy}{y}$$

积分,得
$$\ln x = -\ln y + \ln C$$

解得
$$xy = C$$

流线经过点 $(1,1)$,则 $C = 1$,因而所求的流线方程为

$$xy = 1$$

这是一条双曲线。

迹线方程为
$$\begin{cases} x' = x + t \\ y' = -y - t^2 \end{cases}$$

非齐次微分方程 $x' - x = t$ 的解由齐次解和特解组成。齐次方程的解为

$$x' - x = 0$$

故
$$x = C_1 e^t$$

设特解为 $x^* = a + bt$,代入非齐次微分方程,得

$$b - (a + bt) = t$$

可见 $b = -1, a = -1$,于是 $x^* = -1 - t$,因此

$$x = C_1 e^t - 1 - t$$

非齐次微分方程 $y' + y = -t^2$ 的解也由齐次解和特解组成。齐次方程的解为

$$y' + y = 0$$

故
$$y = C_2 e^{-t}$$

设特解为 $y^* = c + dt + et^2$,代入非齐次微分方程,得

$$d + 2et + (c + dt + et^2) = -t^2$$

可见 $e = -1, d = -2e = 2, c = -d = -2$,于是 $y^* = -2 + 2t - t^2$,因此

$$y = C_2 e^{-t} - 2 + 2t - t^2$$

$t = 0$ 时迹线经过点 $(1,1)$,则 $C_1 = 2, C_2 = 3$。因而所求迹线方程为

$$\begin{cases} x = 2e^t - 1 - t \\ y = 3e^{-t} - 2 + 2t - t^2 \end{cases}$$

可见,流线和迹线是不同的曲线。

2. 流管和流束

在流场中任取一条封闭曲线,在此封闭曲线上的每一点作一条流线,这些连续不断分布的流线组成管状曲面称为**流管**,如图 3.3 所示。在流管内的流体称为**流束**。流管由流线构成,流管表面的流体速度都与流管表面相切,因此没有流体质点会穿越流管表面。流管如同工程使用的管道一样,将流体限制在管内流动。

工程中常见的一些流动,如气体或液体在管道中的流动,水在渠道中的流动,这种流动是由无数多条微小流束组成的,称为**总流**。

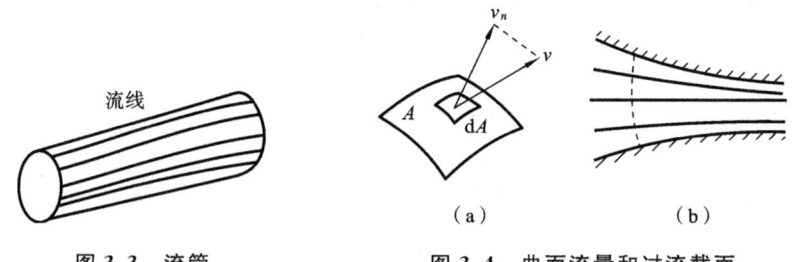

图 3.3　流管　　　　　　图 3.4　曲面流量和过流截面

3. 流量和平均速度

单位时间内,穿越某一曲面的流体体积称为该曲面的**体积流量**,简称**流量**,记作 q,其单位是 m^3/s。类似地,单位时间内穿越某一曲面的流体质量称为该曲面的**质量流量**,记作 q_m,质量流量的单位是 kg/s。

流量的计算可用图 3.4(a) 来说明。设有曲面 A,在此曲面上取一微元面积 dA,该处的流体速度 v 与表面不垂直。流体要穿越曲面,曲面法线方向的速度分量 v_n 才有贡献,因此,体积流量 q 和质量流量 q_m 的计算式分别为

$$q = \int_A v_n dA \tag{3.12}$$

$$q_m = \int_A \rho v_n dA$$

根据流量的定义很容易计算总流的流量。在总流中取一个横截面,此横截面上的流量就是总流的流量。在实际计算中,通常取一个与流线正交的曲面来计算流量,这样的曲面称为**过流截面**,如图 3.4(b) 的虚线所示。

流量 q 与过流截面面积 A 的比值称为**平均速度**,即

$$v = \frac{q}{A} \tag{3.13}$$

对于总流,如果横向的速度远小于主流方向的速度,则可忽略横向速度。这种情况下常常用总流的平均速度代表截面上的速度分布,将二元流动简化成一元流动。这种简化方法在工程中有广泛的应用。在很多工程实际问题中,并不关心过流截面

上流体速度的分布细节,只需知道平均速度就可以了。一元流动的数学处理比二元流动的大为简化。

3.3　连续性方程

1. 系统和控制体

在流体力学中,系统是一个重要的概念。力学的各个学科,无论是理论力学还是流体力学,都是研究物体的运动规律。在理论力学中研究的物体是质点或质点系。流体是连续介质,流体力学所研究的质点系就是系统。所谓**系统**,是指包含有固定质量的流体质点的集合。流体质点是运动的,系统也处在不断的运动中。运动中的系统的位置不断变化,边界形状也不断变化。系统中的质点数目及总质量是不变的,因而系统的边界上没有流体质点进出。力学的动力学问题都是针对系统的,例如牛顿第二定律是:作用在系统上的力等于系统的质量与加速度的乘积。系统涉及流体质点及其运动轨迹,因而系统的运动问题属于拉格朗日法研究的范畴。

欧拉法研究流场中每个空间固定点的流动参数变化规律。在欧拉法中,一个空间固定体称为**控制体**。与系统不同,控制体不是一个封闭体,而只是一个"框架"。控制体的表面是固定不动的,但控制体的表面可以有流体出入。

流体力学的基本方程都是利用系统的概念推导出来的,必须将这些方程用控制体的方法表示出来。

2. 积分形式的连续性方程

流体力学的方程有积分方程和微分方程两种类型。积分方程就是有限体积的系统对应的力学方程。而微分方程是一个微分体的力学方程。

下面研究一个有限体积的系统的质量守恒问题。

图 3.5 表示总流中的一个系统运动的情况。设时刻 t,系统的位置在截面 1—1 和 2—2 之间,其体积为 $V(t)$。此时系统的质量为

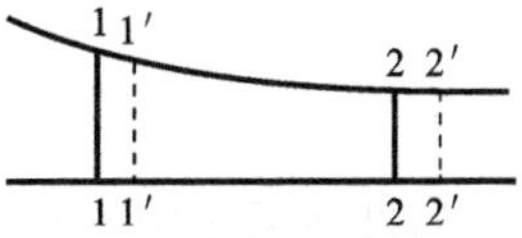

图 3.5　系统和控制体

$$m(t) = \int_{V(t)} \rho(t) \mathrm{d}V$$

过了时间 Δt 之后,系统到了新的位置 $1'$—$1'$ 和 $2'$—$2'$,其体积为 $V(t+\Delta t)$。此时系统的质量为

$$m(t + \Delta t) = \int_{V(t+\Delta t)} \rho(t + \Delta t) \mathrm{d}V \tag{3.14}$$

如果对此系统加入质量,则系统质量的时间变化率为

$$\frac{\mathrm{d}m}{\mathrm{d}t} = \frac{\mathrm{d}}{\mathrm{d}t} \int_V \rho \mathrm{d}V = \lim_{\Delta t \to 0} \frac{m(t + \Delta t) - m(t)}{\Delta t} \tag{3.15}$$

系统的两个位置有重叠部分,两处的质量分成两部分计算,即

$$m(t + \Delta t) = m_{1'1'2'2'} = m_{1'1'22}(t + \Delta t) + m_{222'2'}(t + \Delta t)$$

$$m(t) = m_{1122} = m_{1'1'22}(t) + m_{111'1'}(t)$$

$$m(t+\Delta t) - m(t) = m_{1'1'22}(t+\Delta t) - m_{1'1'22}(t) + m_{222'2'}(t+\Delta t) - m_{111'1'}(t)$$

当 Δt 趋于零时,体积 $1'1'22$ 趋于 1122,因此

$$\lim_{\Delta t \to 0} \frac{m_{1'1'22}(t+\Delta t) - m_{1'1'22}(t)}{\Delta t} = \int_V \frac{\partial \rho}{\partial t} \mathrm{d}V \qquad (3.16)$$

设截面 1—1 的面积为 A_1,截面 2—2 的面积为 A_2。体积 $111'1$ 是由于截面 1—1 的移动引起的。设截面 1—1 上任一点的法向速度为 v_1,在时间 Δt 内该点的位移是 $v_1 \Delta t$,位移乘以面积就等于体积 $111'1'$,因此

$$m_{111'1'}(t) = \int_{A_1} \rho(t) v_1 \Delta t \mathrm{d}A \qquad (3.17)$$

同样的,有

$$m_{222'2'}(t+\Delta t) = \int_{A_2} \rho(t+\Delta t) v_2 \Delta t \mathrm{d}A \qquad (3.18)$$

将式(3.16)~式(3.18)代入式(3.15),得

$$\frac{\mathrm{d}}{\mathrm{d}t} \int_V \rho \mathrm{d}V = \int_V \frac{\partial \rho}{\partial t} \mathrm{d}V + \int_{A_2} \rho v_2 \mathrm{d}A - \int_{A_1} \rho v_1 \mathrm{d}A \qquad (3.19)$$

现在选择系统在时刻 t 的位置为控制体,于是控制体的表面由截面 1—1、2—2 以及固体边界面组成。式(3.19)右边的后两项分别表示单位时间内流出控制体的质量与流入控制体的质量之差。流出的质量减去流入的质量称为纯流出质量。这样,式(3.19)表示,控制体的质量的时间变化率等于控制体内由于密度变化率引起的质量增量加上单位时间内纯流出控制体表面的质量。

控制体的表面由固体表面和过流截面 1—1 和 2—2 组成。在固体表面上,流体的法向速度为零。A_2 面上的法向速度就是 v_2,即 $v_{2n} = v_2$,A_1 面上的法向速度是 $-v_1$,即 $v_{1n} = -v_1$。因此式(3.19)可以写成

$$\frac{\mathrm{d}}{\mathrm{d}t} \int_V \rho \mathrm{d}V = \int_V \frac{\partial \rho}{\partial t} \mathrm{d}V + \int_A \rho v_n \mathrm{d}A \qquad (3.20)$$

如果在系统中不加入任何质量,则系统的质量不随时间而变,此时式(3.20)变为

$$\int_V \frac{\partial \rho}{\partial t} \mathrm{d}V + \int_A \rho v_n \mathrm{d}A = 0 \qquad (3.21)$$

式(3.21)称为连续性方程。它的物理意义是:控制体内由于密度变化引起的质量增量与流出控制体的质量的总和等于零。

如果流动定常,则连续性方程变为

$$\int_A \rho v_n \mathrm{d}A = 0 \qquad (3.22)$$

对于总流,常常用平均速度表示连续性方程,即

$$\rho_1 v_1 A_1 = \rho_2 v_2 A_2 \qquad (3.23)$$

如果密度为常数,则有

$$v_1 A_1 = v_2 A_2 \tag{3.24}$$

式(3.24)表明,总流任一截面的体积流量为常数。

3. 微分形式的连续性方程

研究一个微分体的质量守恒,就会得到微分形式的连续性方程。

设流场中点 A 的流速为 v_x、v_y、v_z,流体的密度为 ρ。以 A 为顶点,取一个微分控制体,长为 $\mathrm{d}x$,高为 $\mathrm{d}y$,厚为 $\mathrm{d}z$(垂直于纸面),如图 3.6 所示。

单位时间内,从左侧面流入控制体
的流体质量为

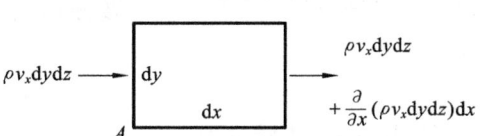

$$\rho v_x \mathrm{d}y \mathrm{d}z$$

同时,从右侧面流出控制体的流体质
量为

图 3.6　微分控制面的流量

$$\rho v_x \mathrm{d}y \mathrm{d}z + \frac{\partial}{\partial x}(\rho v_x \mathrm{d}y \mathrm{d}z)\mathrm{d}x$$

可见,在 x 方向纯流出控制体的流体质量为

$$\frac{\partial(\rho v_x)}{\partial x}\mathrm{d}x \mathrm{d}y \mathrm{d}z$$

同理,在 y 方向和 z 方向纯流出控制体的流体质量分别为

$$\frac{\partial(\rho v_y)}{\partial y}\mathrm{d}x \mathrm{d}y \mathrm{d}z \quad \text{和} \quad \frac{\partial(\rho v_z)}{\partial z}\mathrm{d}x \mathrm{d}y \mathrm{d}z$$

单位时间内,由于密度变化,控制体内流体质量的减少量为

$$-\frac{\partial \rho}{\partial t}\mathrm{d}x \mathrm{d}y \mathrm{d}z$$

根据质量守恒定律,控制体内由于密度变化引起的质量减少应该等于纯流出控制体的质量,即

$$-\frac{\partial \rho}{\partial t}\mathrm{d}x \mathrm{d}y \mathrm{d}z = \left[\frac{\partial(\rho v_x)}{\partial x} + \frac{\partial(\rho v_y)}{\partial y} + \frac{\partial(\rho v_z)}{\partial z}\right]\mathrm{d}x \mathrm{d}y \mathrm{d}z$$

化简,得

$$\frac{\partial \rho}{\partial t} + \frac{\partial(\rho v_x)}{\partial x} + \frac{\partial(\rho v_y)}{\partial y} + \frac{\partial(\rho v_z)}{\partial z} = 0 \tag{3.25a}$$

式(3.25a)表示一般形式的连续性方程。

如果流动定常,式(3.25a)左边的第一项消失,连续性方程为

$$\frac{\partial(\rho v_x)}{\partial x} + \frac{\partial(\rho v_y)}{\partial y} + \frac{\partial(\rho v_z)}{\partial z} = 0 \tag{3.25b}$$

如果流体不可压缩,则密度为常数,连续性方程为

$$\frac{\partial v_x}{\partial x} + \frac{\partial v_y}{\partial y} + \frac{\partial v_z}{\partial z} = 0 \tag{3.25c}$$

在研究平面流动时,常常使用极坐标系。图 3.7 所示为极坐标的微分体。径向速度为 v_r,切向速度为 v_θ。

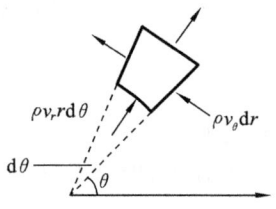

图 3.7　极坐标的微分体

微分体下表面的长度为 $r\mathrm{d}\theta$,流入下表面的流体质量为

$$\rho v_r r\,\mathrm{d}\theta$$

流出上表面的流体质量可表示为

$$\rho v_r r\,\mathrm{d}\theta + \frac{\partial}{\partial r}(\rho v_r r\,\mathrm{d}\theta)\mathrm{d}r$$

微分体右侧面的长度为 $\mathrm{d}r$,流入右侧面的流体质量为

$$\rho v_\theta \mathrm{d}r$$

流出左侧面的流体质量为

$$\rho v_\theta \mathrm{d}r + \frac{\partial}{\partial \theta}(\rho v_\theta \mathrm{d}r)\mathrm{d}\theta$$

仿照直角坐标系的推导办法,得到极坐标系的连续性方程为

$$\frac{\partial \rho}{\partial t} + \frac{1}{r}\left[\frac{\partial(\rho r v_r)}{\partial r} + \frac{\partial(\rho v_\theta)}{\partial \theta}\right] = 0 \qquad (3.26)$$

$$\frac{\partial(\rho r v_r)}{\partial r} + \frac{\partial(\rho v_\theta)}{\partial \theta} = 0 \quad （定常）$$

$$\frac{\partial(r v_r)}{\partial r} + \frac{\partial v_\theta}{\partial \theta} = 0 \quad （不可压）$$

例 3.2　水在矩形截面的渠道中定常流动,测得截面 1—1 的水深 $h_1 = 1.5$ m,平均速度 $v_1 = 2$ m/s。又测得截面 2—2 的水深 $h_2 = 1.2$ m,求该截面的水流平均速度 v_2。

解　设渠道宽度为 b。两个截面的流量相等,$v_1 h_1 b = v_2 h_2 b$。代入已知数据算得 $v_2 = 2.5$ m/s。

3.4　理想流体运动微分方程

对一个流体微团应用牛顿第二定律。在流场中取一个长为 $\mathrm{d}x$、高为 $\mathrm{d}y$、厚(垂直于纸面)为 $\mathrm{d}z$ 的微分体,其表面的压强如图 3.8 所示。设微分体中心点的压强为 p,则左侧面中心点的压强为 $p - \frac{1}{2}\frac{\partial p}{\partial x}\mathrm{d}x$。左侧面的面积为 $\mathrm{d}y\mathrm{d}z$,因此左侧面受到的压力为 $\left(p - \frac{1}{2}\frac{\partial p}{\partial x}\mathrm{d}x\right)\mathrm{d}y\mathrm{d}z$。同样的,右侧面的压力为 $\left(p + \frac{1}{2}\frac{\partial p}{\partial x}\mathrm{d}x\right)\mathrm{d}y\mathrm{d}z$。微分体在 x 方向受到的质量力为 $f_x\mathrm{d}x\mathrm{d}y\mathrm{d}z$。由牛顿第二定律,得

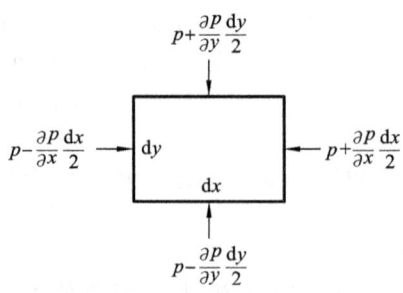

图 3.8　微元体表面的压强

$$\rho\,dxdydz\,a_x = \rho\,dxdydz\,f_x + \left(p - \frac{1}{2}\frac{\partial p}{\partial x}dx\right)dydz - \left(p + \frac{1}{2}\frac{\partial p}{\partial x}dx\right)dydz$$

化简,得

$$a_x = f_x - \frac{1}{\rho}\frac{\partial p}{\partial x} \tag{3.27a}$$

式(3.27a)就是 x 方向的运动微分方程,它表明,x 方向的加速度等于 x 方向的单位质量力减去 x 方向的压强梯度乘以密度的倒数。用同样的方法,可得到 y 方向和 z 方向运动微分方程,即

$$a_y = f_y - \frac{1}{\rho}\frac{\partial p}{\partial y} \tag{3.27b}$$

$$a_z = f_z - \frac{1}{\rho}\frac{\partial p}{\partial z} \tag{3.27c}$$

式(3.27)就是理想流体运动的微分方程,式中的加速度表达式参见式(3.6)。这组微分方程是由欧拉首先提出来的,因此又称为欧拉运动方程。加速度的表达式很复杂,属于非线性方程,因此式(3.27)是一组非常复杂的微分方程,一般情况下很难求出其解析解。

3.5　伯努利方程

伯努利方程是运动微分方程的一种积分式。

1. 伯努利方程的推导

现在考察流体沿流线的运动微分方程。设 s 为一条流线,s 的方向与速度方向一致,如图 3.9 所示。沿流线取一个微分柱体,长为 ds,截面积为 dA。在重力和压力(不计黏性力)的作用下微分体的运动方程为

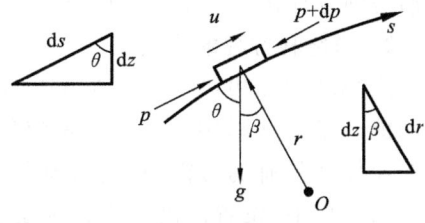

$$\rho\,dsdA\,a_s = \rho\,dsdA\,f_s + p\,dA - (p+dp)dA$$

化简,得

图 3.9　沿流线的运动

$$a_s = f_s - \frac{1}{\rho}\frac{\partial p}{\partial s} \tag{3.28a}$$

这就是沿流线方向的运动微分方程,其形式与式(3.27)一致。

如果流动定常,速度仅与坐标 s 有关,加速度的只有对流加速度,即

$$a_s = \frac{\partial u}{\partial t} + u\frac{\partial u}{\partial s} = u\frac{\partial u}{\partial s} = \frac{\partial}{\partial s}\left(\frac{u^2}{2}\right) \tag{3.28b}$$

式中,u 是流体运动的速度。由图 3.9 可看出,重力在流线正向的投影可表示为

$$f_s = -g\cos\theta = -g\frac{\partial z}{\partial s}$$

如果流体不可压缩,密度不变化,则有

$$-\frac{1}{\rho}\frac{\partial p}{\partial s}=-\frac{\partial}{\partial s}\left(\frac{p}{\rho}\right)$$

这样,式(3.28)可以写成

$$\frac{\partial}{\partial s}\left(gz+\frac{p}{\rho}+\frac{u^2}{2}\right)=0$$

沿流线积分,得

$$gz+\frac{p}{\rho}+\frac{u^2}{2}=C$$

各项遍除 g,得

$$z+\frac{p}{\rho g}+\frac{u^2}{2g}=C \tag{3.29}$$

式(3.29)是由伯努利于 1738 年提出来的,称为**伯努利方程**,是流体力学很重要的方程。

从上面的推导过程可看出,伯努利方程成立的条件是:

(1) 流动定常;

(2) 不计黏性力的影响,即为理想流体;

(3) 密度为常数,即流体不可压缩;

(4) 质量力仅为重力;

(5) 方程仅沿流线成立。

尽管上面的五个条件要求很严,但在许多工程问题中,这些条件都容易满足,因此伯努利方程在实际中得到广泛应用。

2. 伯努利方程的意义

式(3.29)左边第一项 z 是单位重量流体的重力势能,第三项是单位重量流体的动能。第二项则称为单位重量流体的压强势能。因此,伯努利方程表示,单位重量的流体所具有的势能、压能和动能之和(称为总机械能),沿着流线是一个常数。

在工程中,位置高度 z 也称为**位置水头**, $p/\rho g$ 表示测压管水柱的高度,称为**压强水头**, $u^2/(2g)$ 称为**速度水头**。因此,伯努利方程又表示,在同一条流线上,流体的位置水头、压强水头、速度水头之和称为**总水头**,记作 H,总水头是一个常数。流体在运动时,沿流线各点,高度、压强、速度是不断变化的,因而位置水头、压强水头、速度水头都是变化的,但总水头保持不变。如果以基准面为起点,作一条竖直线,其高度等于总水头 H,如图 3.10 所示,则流线上各

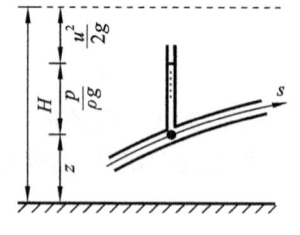

图 3.10　总水头线

点的总水头高度 H 相同,它们顶点的连线是一条与基准面平行的水平线,称为总水头线,如图 3.10 中的虚线所示。

重力对气体流动的影响比较小,因此气体的伯努利方程常常省略重力势能而简

化为

$$p + \frac{1}{2}\rho u^2 = C \tag{3.30}$$

$\frac{1}{2}\rho u^2$ 具有压强的量纲,称为动压。p 是测点的压强,称为静压。静压与动压之和称为总压。式(3.30)表示,气体运动时,沿着流线,气体的动压与静压之和保持为常数。

伯努利方程中的位置高度 z 可从任何一个基准面起算。另外,压强 p 既可以采用绝对压强,也可以采用相对压强,工程中常常采用相对压强。在同一条流线上各点应用伯努利方程时,基准面、压强的规定必须统一不变。

3.6　压强沿流线法向的变化

3.5 节研究了流线上流体的压强与速度、位置高度的相互关系,本节将研究沿着流线的法向压强与这些参数的相互关系。

在图 3.9 中,流线上某处的曲率中心为 O,曲率半径为 r,沿 r 方向的运动方程(推导略)为

$$a_r = f_r - \frac{1}{\rho}\frac{\partial p}{\partial r} \tag{3.31}$$

在自然坐标中,a_r 就是向心加速度,且

$$a_r = -\frac{u^2}{r}$$

由图 3.9 可看出,重力在曲率半径方向的投影可表示为

$$f_r = -g\cos\beta = -g\frac{\partial z}{\partial r}$$

因而式(3.31)可表示为

$$-\frac{u^2}{r} = -\frac{\partial}{\partial r}\left(gz + \frac{p}{\rho}\right) \tag{3.32}$$

这就是沿着流线法向,压强 p 与高度 z、速度 u 的微分关系。

特别地,在流场某区域,如果流线的曲率半径很大,则式(3.32)左边的向心加速度趋于零,于是,沿着流线的法向,有

$$\frac{\partial}{\partial r}\left(gz + \frac{p}{\rho}\right) = 0$$

故

$$z + \frac{p}{\rho g} = C$$

这说明,当流线的曲率半径相当大时,沿着流线的法向,流体的压强分布近似地服从静止压强的分布规律。

在实际流动中,如果流线的曲率半径相当大,流线比较平直,这种流动称为**渐变**

流。特别地,如果流线的曲率半径无限大,流线平直,这种流动称为**均匀流**。如果流线的曲率半径比较小,流线弯曲,这种流动称为**急变流**。曲率半径达到什么程度才算渐变流,一般没有定量标准,通常视实际问题所要求的计算精度而定。

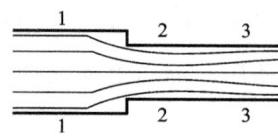

图 3.11　渐变流和急变流

流动是属于渐变流还是急变流,往往与流动边界形状有关。在同一流场中,往往某处属于渐变流,另一处则属于急变流。例如,图 3.11 所示为管道截面突然缩小而引起的渐变流和急变流。截面突缩的上游截面 1—1 和下游远处截面 3—3,流线比较平直,属于渐变流。截面变化处,流线弯曲,属于急变流。在截面突然缩小处,流线急剧弯曲,在截面 2—2 处过流截面最小,称为喉部。喉部 2—2 的流线曲率半径很大,属于渐变流。而截面 1—1 与截面 2—2 之间的区域以及截面 2—2 与截面 3—3 之间的区域都属于急变流。在截面 1—1 的上游,或截面 3—3 的下游,流线平直,属于均匀流。

3.7　总流的伯努利方程

在一些工程问题中,流动往往有固定的边界,例如液体或气体在管道中的流动,水在渠道中的流动。这种流动是由许多微小流束组成的,这些流束的全体称为**总流**。

现在研究图 3.12 过流截面 1—1 和截面 2—2 之间的总流。总流是由许多流束组成的。对于任一微小流束,伯努利方程和连续方程为

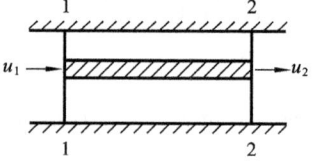

图 3.12　两截面间的流束和总流

$$z_1 + \frac{p_1}{\rho g} + \frac{u_1^2}{2g} = z_2 + \frac{p_2}{\rho g} + \frac{u_2^2}{2g}$$

$$u_1 \, dA_1 = u_2 \, dA_2$$

将两式相乘,并在整个截面上积分,得

$$\int_{A_1} \left(z_1 + \frac{p_1}{\rho g} + \frac{u_1^2}{2g} \right) u_1 \, dA_1 = \int_{A_2} \left(z_2 + \frac{p_2}{\rho g} + \frac{u_2^2}{2g} \right) u_2 \, dA_2 \tag{3.33}$$

分析各项积分,如果两个截面都处在渐变流中,则 $z + \dfrac{p}{\rho g} =$ 常数,于是

$$\int_A \left(z + \frac{p}{\rho g} \right) dq = \left(z + \frac{p}{\rho g} \right) q \tag{3.34}$$

过流截面上的点速度分布是不均匀的。为简单起见,用截面平均速度 v 表示速度水头的积分,有

$$\int_A \frac{u^2}{2g} u \, dA = \alpha \frac{v^2}{2g} v A \tag{3.35}$$

式中,α 称为**动能修正系数**,它反映截面上的点速度分布的不均匀程度,其定义为

$$\alpha = \frac{1}{A} \int_A \left(\frac{u}{v} \right)^3 dA$$

将式(3.34)、式(3.35)代入式(3.33),得

$$\left(z_1+\frac{p_1}{\rho g}+\alpha_1\frac{v_1^2}{2g}\right)q_1=\left(z_2+\frac{p_2}{\rho g}+\alpha_2\frac{v_2^2}{2g}\right)q_2$$

对于不可压缩流体的定常运动,$q_1=q_2$,故有

$$z_1+\frac{p_1}{\rho g}+\alpha_1\frac{v_1^2}{2g}=z_2+\frac{p_2}{\rho g}+\alpha_2\frac{v_2^2}{2g} \tag{3.36}$$

式(3.36)称为**总流的伯努利方程**,它表示两个截面上的机械能的守恒关系。式中的位置高度 z 和压强 p 可在截面上任一点取值。动能修正系数 α 的值由实验确定。对于绝大多数的工程实际问题,α 接近于 1。在实际计算中,可取 $\alpha=1$。总流的伯努利方程与流线上的伯努利方程式(3.29)的形式相同,所包含的物理意义也相同。总流的伯努利方程表示两个截面上平均的机械能关系,而流线的伯努利方程则表示流线某两点的机械能关系。总流的伯努利方程中的速度水头用截面平均速度 v 表示,流线的伯努利方程中的速度水头用点速度 u 表示。在解决实际问题中,如果要计算点速度,则可利用流线伯努利方程。如果要计算截面平均速度,就使用总流伯努利方程。

　　从式(3.36)的推导过程可看出,总流伯努利方程成立的条件,除了流动定常、无黏性、不可压缩、质量力为重力等四项之外,还要满足第五个条件,即两个截面必须处在渐变流当中。当然,两个截面之间可以出现急变流。

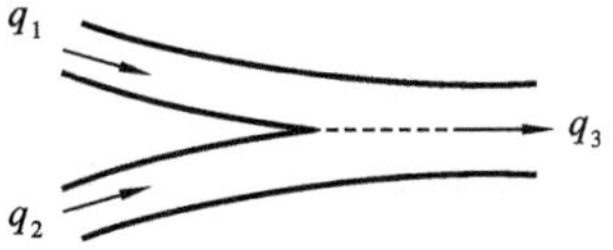

　　式(3.36)也可以推广到若干支总流的分流或汇流。对于图 3.13 所示的汇合流动,两股流动汇合成一股,连续性方程为 $q_1+q_2=q_3$,可以把汇流 q_3 分成两部分,每一部分应用伯努利方程,则有

图 3.13　两支总流的汇合

$$z_1+\frac{p_1}{\rho g}+\alpha_1\frac{v_1^2}{2g}=z_3+\frac{p_3}{\rho g}+\alpha_3\frac{v_3^2}{2g}$$

$$z_2+\frac{p_2}{\rho g}+\alpha_2\frac{v_2^2}{2g}=z_3+\frac{p_3}{\rho g}+\alpha_3\frac{v_3^2}{2g}$$

每个方程都表示单位重量流体的机械能关系。

3.8　伯努利方程的应用

1. 小孔定常出流

　　在水箱的侧壁开一个小孔,孔口中心与水面的高差为 h,如图 3.14 所示。如果水深 h 恒定不变(小孔出流时需往水箱不断加水),则小孔的出流是恒定的。画出水流的大致图案,水面上的流线应为竖直方向。出口以后流线应为水平方向。在孔口附近,过流截面线收缩后扩张,并形成喉部。可以看出水面 0—0 和小孔出口最小截面 1—1(喉部)流线的曲率半径非常大,属于渐变流,可以应用伯努利方

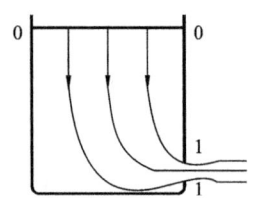

图 3.14　小孔出流

程。水面的流速 v_0 很小,该处速度水头可以忽略。截面 1—1 中心的压强近似等于大气压强,取 $p_1 = p_a$。对截面 0—0 和截面 1—1 应用伯努利方程,有

$$z_0 + \frac{p_a}{\rho g} = z_1 + \frac{p_a}{\rho g} + \alpha_1 \frac{v_1^2}{2g}$$

取 $\alpha = 1$,则　　　　　　　　　　$v_1 = \sqrt{2gh}$ 　　　　　　　(3.37)

式(3.37)称为托里拆利公式。

例 3.3　水箱水面密封气体的相对压强 $p_0 - p_a = 3$ kPa。在侧壁处开设收缩管嘴(见图 3-15),管嘴的水深 $h = 0.5$ m。管嘴截面 1—1 的直径 $d_1 = 0.15$ m,截面 2—2 的直径 $d_2 = 0.12$ m,截面 1—1 和截面 2—2 的距离 $l = 0.08$ m。设 h 保持恒定不变,试求管嘴截面 1—1 和截面 2—2 处的流体加速度。

解　对水箱水面和管嘴出口截面应用伯努利方程,有

$$h + \frac{p_0}{\rho g} = \frac{p_a}{\rho g} + \frac{v_2^2}{2g}$$

出口截面的流速为

$$\frac{v_2^2}{2g} = h + \frac{p_0 - p_a}{\rho g} = 0.806 \text{ m}$$

解得　　　　　　　　　　$v_2 = 3.976$ m/s

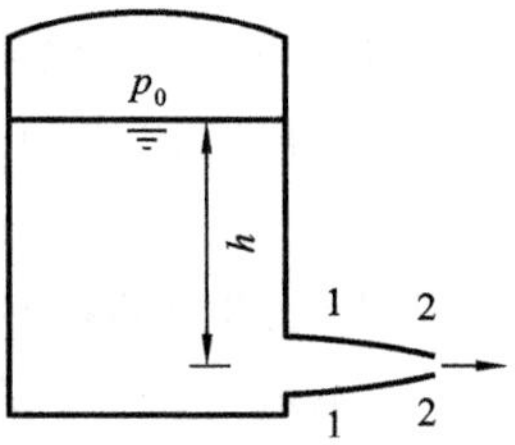

图 3.15　例 3.3 图

设管嘴的轴线为 x 轴,起点在截面 1—1 上,收缩管嘴的直径 d 是 x 的函数,有

$$d = d_1 - kx, \quad k = 3/8$$

根据定义计算加速度,有

$$A = \frac{\pi d^2}{4}, \quad v = \frac{v_2 A_2}{A}$$

$$\frac{\mathrm{d}v}{\mathrm{d}x} = -\frac{v_2 A_2}{A^2} \frac{\mathrm{d}A}{\mathrm{d}x} = \frac{v_2 A_2}{A^2} \frac{\pi d}{2} k = \frac{v_2 A_2}{A} \frac{2k}{d}$$

$$a = v \frac{\mathrm{d}v}{\mathrm{d}x} = \left(\frac{v_2 A_2}{A}\right)^2 \frac{2k}{d} = v_2^2 \left(\frac{d_2}{d}\right)^4 \frac{2k}{d}$$

在截面 1—1,有　　　　　　　　$x = 0, \quad d = d_1$

$$a_1 = v_2^2 \left(\frac{d_2}{d_1}\right)^4 \frac{2k}{d_1} = 32.38 \text{ m/s}^2$$

在截面 2—2,有　　　　　　　　$x = l, \quad d = d_2$

$$a_1 = v_2^2 \left(\frac{d_2}{d_2}\right)^4 \frac{2k}{d_2} = 98.80 \text{ m/s}^2$$

2. 毕托管测速原理

下面先了解总压管和静压管。如图 3.16 所示,水在管道中流动。在管壁上开设

两个孔,其中一个孔接竖直测压管,另一个孔接 L 形测压管,并使 L 形测压管管口正对流向。可以看到,L 形测压管的水柱高于竖直测压管的水柱。考察一条流向 L 形测压管的流线。在该流线的点 1,速度为 v,压强为 p。在 L 形测压管管口的点 0,速度为零,压强为 p_0。对于同一条流线上的点 1 和点 0 应用沿流线的伯努利方程,有

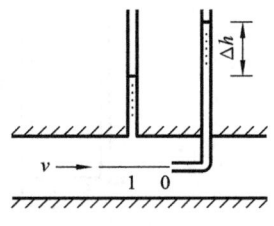

图 3.16　总压管和静压管

$$z_1 + \frac{p}{\rho g} + \frac{v^2}{2g} = z_0 + \frac{p_0}{\rho g}$$

由于 $z_1 = z_0$,因此

$$v = \sqrt{\frac{2}{\rho}(p_0 - p)} \tag{3.38}$$

压差 $p_0 - p$ 可用水柱高差表示,则有

$$v = \sqrt{2g\Delta h}$$

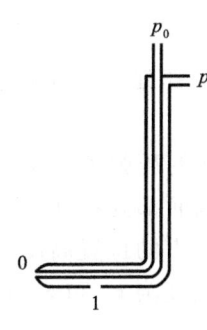

图 3.17　毕托管

L 形测压管称为**总压管**,竖直测压管称为**静压管**。总压管的管口截面与流线垂直,静压管口的截面与流线相切。很明显,测量总压与静压的差值,就可以求出流体速度。

在实际应用中,把总压管和静压管套在一起,构成毕托管,如图 3.17 所示。L 形测压管的外面套一个外管,两管隔绝。总压孔就是 L 形测压管管口。静压管则开设在套管侧壁上,其截面与流线相切。总压 p_0 和静压 p 引至测压计。毕托管的速度计算公式就是式(3.38)。

例 3.4　用毕托管测量气流的速度。将毕托管的总压 p_0 和静压 p 接到 U 形压差计上。压差计的工作液体是酒精,其密度 $\rho' = 800\ \text{kg/m}^3$,读得 U 形压差计两边酒精面的高差 $\Delta h = 12\ \text{mm}$。已知空气的密度 $\rho = 1.205\ \text{kg/m}^3$,求气流的速度 v。

解　压差为　　　　　　　　$p_0 - p = \rho' g \Delta h = 94.147\ \text{Pa}$

由式(3.38),有　　　　　　　$v = \sqrt{\frac{2}{\rho}(p_0 - p)} = 12.5\ \text{m/s}$

3. 文丘里流量计

文丘里流量计是一种测量管道流量的仪器,与待测管道接通。它由收缩段、喉部和扩散段组成,如图 3.18 所示。收缩段从直径为 d_1 的截面 1—1 光滑地收缩至直径为 d_2 的喉部,然后进入扩散段。收缩段比较短,扩散段比较长。文丘里流量计强制性地改变了过流截面的面积,于是改变了流速分布,也改变了压强分布。应用伯努利方程,就会得到截面平均速度和管道流量。

截面 1—1(管道截面)和截面 2—2(喉部截面)都处在渐变流中,取 $\alpha = 1$,有

$$z_1 + \frac{p_1}{\rho g} + \frac{v_1^2}{2g} = z_2 + \frac{p_2}{\rho g} + \frac{v_2^2}{2g} \tag{3.39}$$

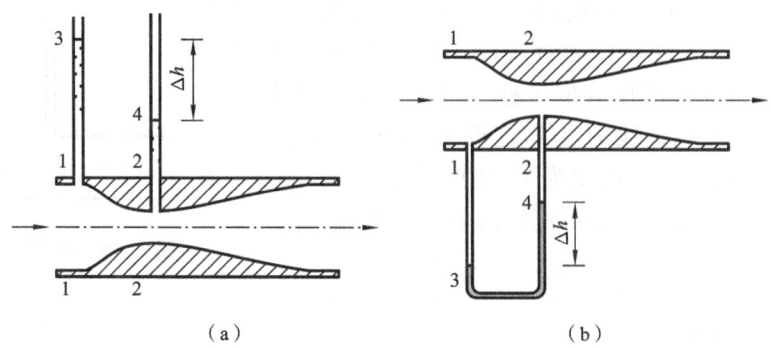

（a）　　　　　　　　　　　　　（b）

图 3.18　文丘里流量计的压强差

利用连续性方程,有

$$\frac{v_2^2}{2g}\Big[1-\Big(\frac{d_2}{d_1}\Big)^4\Big]=z_1+\frac{p_1}{\rho g}-\Big(z_2+\frac{p_2}{\rho g}\Big) \tag{3.40}$$

由式(3.40)可看出,只要测出两个截面的压强差,就可以计算速度。压强差的测量方法有很多种,现举两个例子。

图 3.18(a)表示用竖直测压管测量输水管道的文丘里流量计的压强差。截面 1—1 和截面 2—2 的压强不同,测压管的水柱高度不同。这两个截面都处在渐变流中,截面各点的压强服从静压公式。设截面 1—1 和截面 2—2 中心点的位置高度分别为 z_1 和 z_2,压强分别为 p_1 和 p_2。两条测压管水柱的液面位置高度为 z_3 和 z_4,则两截面中心点的压强分别为

$$p_1=p_a+\rho g(z_3-z_1),\quad p_2=p_a+\rho g(z_4-z_2)$$

两式相减,得压强差为

$$p_1-p_2=\rho g(z_3-z_1-z_4+z_2)$$

将上式代入式(3.40),得

$$\frac{v_2^2}{2g}\Big[1-\Big(\frac{d_2}{d_1}\Big)^4\Big]=z_3-z_4=\Delta h$$

所以

$$v_2=\sqrt{\frac{2g\Delta h}{1-(d_2/d_1)^4}}$$

流量等于速度乘以面积。考虑到流体黏性影响以及制造工艺等因素,两个截面并不严格满足伯努利方程的应用条件,因此流量需加修正,修正公式为

$$q=\mu A_2 v_2=\mu\,\frac{\pi d_2^2}{4}\sqrt{\frac{2g\Delta h}{1-(d_2/d_1)^4}} \tag{3.41}$$

式中,μ 为文丘里流量计的流量系数,可用实验方法测定。制作工艺良好的文丘里管,流量系数达到 0.98 以上。

图 3.18(b)表示用 U 形压差计测量输水管道的文丘里流量计的压强差。U 形

压差计的工作液体(例如水银)的密度为 ρ'。用静压公式计算压强差,有

$$p_1 + \rho g(z_1 - z_3) = p_2 + \rho g(z_2 - z_4) + \rho' g(z_4 - z_3)$$

即
$$\frac{p_1 - p_2}{\rho g} + z_1 - z_2 = (z_3 - z_4) + \frac{\rho'}{\rho}(z_4 - z_3) = \left(\frac{\rho'}{\rho} - 1\right)\Delta h$$

将上式代入式(3.40),得

$$\frac{v_2^2}{2g}\left[1 - \left(\frac{d_2}{d_1}\right)^4\right] = \left(\frac{\rho'}{\rho} - 1\right)\Delta h$$

所以
$$v_2 = \sqrt{\frac{2g(\rho'/\rho - 1)\Delta h}{1 - (d_2/d_1)^4}}$$

此时流量为

$$q = \mu\,\frac{\pi d_2^2}{4}\sqrt{\frac{2g(\rho'/\rho - 1)\Delta h}{1 - (d_2/d_1)^4}} \tag{3.42}$$

可以看出,测量压强差的方法不一样,文丘里流量计的计算式也不一样。

3.9　非定常流动的伯努利方程

工程中存在许多非定常流动问题,非定常流动要考虑局部加速度 $\partial u/\partial t$ 的影响。一般来说,非定常问题非常复杂,只有一些简单的情况可以求解。下面举例说明。

1. 沿流线非定常流动的伯努利方程

对于不可压缩流体沿流线的非定常流动,沿流线的运动方程(3.28b)表达为

$$\frac{\partial u}{\partial t} + u\,\frac{\partial u}{\partial s} = -g\,\frac{\partial z}{\partial s} - \frac{1}{\rho}\,\frac{\partial p}{\partial s}$$

整理,得

$$\frac{\partial u}{\partial t} + \frac{\partial}{\partial s}\left(gz + \frac{p}{\rho} + \frac{u^2}{2}\right) = 0 \tag{3.43}$$

从流线上的点 1 到点 2 积分,有

$$\int_{s_1}^{s_2} \frac{\partial u}{\partial t}\mathrm{d}s + g(z_2 - z_1) + \frac{p_2 - p_1}{\rho} + \frac{u_2^2 - u_1^2}{2} = 0 \tag{3.44}$$

这就是沿流线非定常流动的伯努利方程。

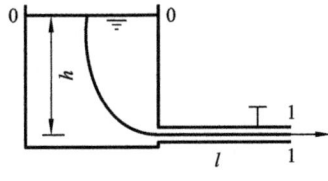

图 3.19　旁管非定常出流

2. 容器旁管的非定常出流

如图 3.19 所示,容器的水面下 h 深处有一条长度为 l 的出水管,当打开水管阀门时,水的出流速度 u 从零开始逐渐增加。对于图示的从水面到管口的流线,容器内水流速度视为零,管内的速度为 u。由式(3.44)得

$$l\frac{\partial u}{\partial t}-gh+\frac{u^2}{2}=0$$

当 $t=0$ 时，$u=0$，于是

$$l\int_0^u\frac{\mathrm{d}u}{gh-u^2/2}=\int_0^t\mathrm{d}t$$

对于左边的积分，作变量代换

$$u=\sqrt{2gh}\tanh x,\quad \mathrm{d}u=\sqrt{2gh}\,\mathrm{sech}^2 x\mathrm{d}x$$

$$gh-\frac{u^2}{2}=gh(1-\tanh^2 x)=gh\,\mathrm{sech}^2 x\mathrm{d}x$$

由于当 $u=0$ 时，$x=0$，代入积分式，得

$$l\frac{\sqrt{2gh}}{gh}x=t$$

即

$$x=\frac{\sqrt{2gh}}{2l}t$$

得到非定常的速度为

$$u=\sqrt{2gh}\tanh\left(\frac{\sqrt{2gh}}{2l}t\right)$$

显然，当 $t=\infty$ 时，$u=\sqrt{2gh}$，这就是定常速度表达式。如果设 $h=1$ m，$l=0.2$ m，则速度

$$u=\sqrt{2gh}\tanh(11t)$$

当 $t=0.2$ s 时，算得 $u=0.98\sqrt{2gh}$，与定常解仅差 2%。可见，旁管出流从开始到定常运动的变化过程是极为短暂的。

3. U 形管中液体的振荡

如图 3.20 所示，液体在 U 形管内振荡。设两支管与水平线的夹角分别为 α 和 β，管中液柱的长度为 l，初始时刻液面在同一水平面上。振荡时，左液面下移距离 x，右液面上移距离 x，应用式(3.44)，得

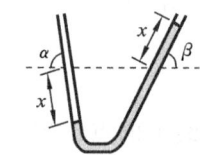

图 3.20 U 形管中液体
的振荡

$$l\frac{\partial u}{\partial t}=-gx(\sin\alpha+\sin\beta)$$

由于速度是位移的导数，$u=x'$，故有

$$x''+\frac{g(\sin\alpha+\sin\beta)}{l}x=0$$

这就是振动方程，其解为

$$x=x_0\sin\omega t$$

式中，ω 为圆频率，$\omega=\sqrt{\dfrac{g(\sin\alpha+\sin\beta)}{l}}$。

3.10　动量方程和动量矩方程及其应用

在工程实际中,常常需要求出物体受到的流体作用力或者力矩。解决这种问题的方法有两种。一种是微分方法,利用流体运动微分方程,根据边界条件求出压强分布,再求物体受到的作用力,即压强的合力。求解流体运动微分方程困难很大。另一种是积分方法,利用积分形式的动量方程,求出物体受到的作用力。积分方法不需要知道流动的细节,只根据边界上的流动状况就可以解决问题。工程上普遍采用积分方法。

3.10.1　动量方程和动量矩方程

理论力学关于质点的动量方程是,作用在质点上的外力等于质点动量对时间的变化率,其矢量形式为

$$\frac{\mathrm{d}(m\boldsymbol{u})}{\mathrm{d}t} = \boldsymbol{F} \tag{3.45}$$

对于质点系,动量方程为

$$\frac{\mathrm{d}}{\mathrm{d}t}\sum m_i \boldsymbol{u}_i = \boldsymbol{F} \tag{3.46}$$

这两个方程可写成一个通式

$$\frac{\mathrm{d}\boldsymbol{K}}{\mathrm{d}t} = \boldsymbol{F} \tag{3.47}$$

式中,矢量 $\boldsymbol{K}$ 表示质点或质点系的动量。

对于流体,质点系是一个系统,动量方程为

$$\frac{\mathrm{d}\boldsymbol{K}}{\mathrm{d}t} = \frac{\mathrm{d}}{\mathrm{d}t}\int_V \rho \boldsymbol{u}\,\mathrm{d}V = \boldsymbol{F} \tag{3.48}$$

即作用在流体系统上的外力 $\boldsymbol{F}$ 等于系统的动量对时间的变化率。

下面利用图 3.5 所示的系统和控制体,仿照连续性方程的方法,推导流体力学动量方程的具体表达式。

设时刻 t,系统的位置在截面 1—1 和截面 2—2 之间,其体积为 $V(t)$。此时系统的动量为

$$\boldsymbol{K}(t) = \int_{V(t)} \rho \boldsymbol{u}\,\mathrm{d}V$$

过了时间 Δt 之后,系统到了新的位置 $1'$—$1'$ 和 $2'$—$2'$,其体积为 $V(t+\Delta t)$。此时系统的动量为

$$\boldsymbol{K}(t+\Delta t) = \int_{V(t+\Delta t)} \rho \boldsymbol{u}\,\mathrm{d}V$$

系统的动量对时间变化率为

$$\frac{\mathrm{d}\boldsymbol{K}}{\mathrm{d}t} = \frac{\mathrm{d}}{\mathrm{d}t}\int_V \rho\boldsymbol{u}\,\mathrm{d}V = \lim_{\Delta t \to 0}\frac{\boldsymbol{K}(t+\Delta t) - \boldsymbol{K}(t)}{\Delta t} \tag{3.49}$$

两处的动量分成两部分计算,即

$$\boldsymbol{K}(t+\Delta t) = \boldsymbol{K}_{1'1'2'2'} = \boldsymbol{K}_{1'1'22}(t+\Delta t) + \boldsymbol{K}_{222'2'}(t+\Delta t)$$

$$\boldsymbol{K}(t) = \boldsymbol{K}_{1122} = \boldsymbol{K}_{1'1'22}(t) + \boldsymbol{K}_{111'1'}(t)$$

当 Δt 趋于零时,体积 $1'1'22$ 趋于体积 1122,因此

$$\lim_{\Delta t \to 0}\frac{\boldsymbol{K}_{1'1'22}(t+\Delta t) - \boldsymbol{K}_{1'1'22}(t)}{\Delta t} = \int_V \frac{\partial(\rho\boldsymbol{u})}{\partial t}\mathrm{d}V \tag{3.50}$$

体积 $111'1'$ 是由截面 1—1 的移动引起的。该体积内的流体动量为

$$\boldsymbol{K}_{111'1'}(t) = \int_{A_1} \rho\boldsymbol{u}u_1\Delta t\,\mathrm{d}A \tag{3.51}$$

式中,$u_1\Delta t$ 是截面 1—1 的点位移,$u_1\Delta t\mathrm{d}A$ 是微体积,$\rho\boldsymbol{u}u_1\Delta t\mathrm{d}A$ 是微体积的流体动量(矢量)。同样的,对于体积 $222'2'$,有

$$\boldsymbol{K}_{222'2'}(t+\Delta t) = \int_{A_2} \rho\boldsymbol{u}u_2\Delta t\,\mathrm{d}A \tag{3.52}$$

将式(3.50)~(3.52)代入式(3.49),得

$$\frac{\mathrm{d}}{\mathrm{d}t}\int_V \rho\boldsymbol{u}\,\mathrm{d}V = \int_V \frac{\partial(\rho\boldsymbol{u})}{\partial t}\mathrm{d}V + \int_{A_2}\rho\boldsymbol{u}u_2\,\mathrm{d}A - \int_{A_1}\rho\boldsymbol{u}u_1\,\mathrm{d}A \tag{3.53}$$

式(3.53)表明,流体系统的动量的增量,用于系统内部动量的增量以及纯流出的动量通量。考虑到截面 2—2 的外法向速度就是 u_2,即 $u_2 = v_{2n}$,截面 1—1 的外法向速度与 u_1 反向,即 $u_1 = -v_{1n}$,因此,式(3.53)表面上的点速度可以写成表面外法向速度的形式,即

$$\frac{\mathrm{d}}{\mathrm{d}t}\int_V \rho\boldsymbol{u}\,\mathrm{d}V = \int_V \frac{\partial(\rho\boldsymbol{u})}{\partial t}\mathrm{d}V + \int_A\rho\boldsymbol{u}v_n\,\mathrm{d}A \tag{3.54a}$$

式(3.20)和式(3.54a)可以写成一个通式,即

$$\frac{\mathrm{d}}{\mathrm{d}t}\int_V \Phi\,\mathrm{d}V = \int_V \frac{\partial(\Phi)}{\partial t}\mathrm{d}V + \int_A\Phi v_n\,\mathrm{d}A \tag{3.54b}$$

显然,当 $\Phi = \rho$ 时,式(3.54b)就是式(3.20)。由此得到流体系统的动量方程

$$\boldsymbol{F} = \int_V \frac{\partial(\rho\boldsymbol{u})}{\partial t}\mathrm{d}V + \int_A\rho\boldsymbol{u}v_n\,\mathrm{d}A \tag{3.55}$$

很明显,$\rho\boldsymbol{u}\mathrm{d}V$ 表示微体积内的流体动量,式(3.55)右边第一项表示系统体积内部的流体动量对时间的变化率。式(3.55)右边的 $\rho v_n\mathrm{d}A$ 表示单位时间内流出微面积 $\mathrm{d}A$ 的流体质量,$\rho\boldsymbol{u}v_n\mathrm{d}A$ 则表示单位时间内流出系统表面的流体动量,或称动量通量。式(3.55)的物理意义是:作用在流体系统上的外力 $\boldsymbol{F}$,等于系统体积 V 内部的动量对时间的变化率以及纯流出系统表面的动量的通量。

　　与连续性方程的推导相似,欧拉法采用控制体的概念,不采用系统的概念。现在选择的控制体就是某瞬间流体系统的体积。这样,控制体的动量方程表述为:作用在

控制体内的流体的外力(包括表面力和质量力),等于控制体内部流体的动量对时间的变化率以及单位时间内从控制体表面流出去的流体动量的和。

对于定常流动,动量方程式(3.55)可以写成

$$F = \int_A \rho \boldsymbol{u} v_n \mathrm{d}A \tag{3.56}$$

习惯上将动量通量分别写成流出和流入的形式,即

$$F = \int_{A_2} \rho \boldsymbol{u} v_2 \mathrm{d}A - \int_{A_1} \rho \boldsymbol{u} v_1 \mathrm{d}A \tag{3.57}$$

式中,A_2 表示有流体流出控制体的表面,A_1 表示有流体流入控制体的表面。为了简化计算,工程中常常用截面平均速度 v 表示动量通量,即

$$F = (\beta \rho q v)_{流出} - (\beta \rho q v)_{流入} \tag{3.58}$$

式中,β 为截面动量通量修正系数,即

$$\beta = \frac{1}{A} \int_A \left(\frac{u}{v} \right)^2 \mathrm{d}A$$

式中,u 是截面上某点的流速,v 是截面平均速度。点速度 u 分布越不均匀,β 越偏离1,点速度 u 分布越均匀,β 越接近 1。β 的值通常用实验方法测定,对于多数工程实际问题,动量通量修正系数 β 接近于 1。因此,通常取 $\beta = 1$。

外力和动量都是矢量,都可以对某点或某轴取矩,即

$$\boldsymbol{r} \times \boldsymbol{F} = (\beta \rho q \boldsymbol{r} \times \boldsymbol{v})_{流出} - (\beta \rho q \boldsymbol{r} \times \boldsymbol{v})_{流入}$$

这就是流体力学的动量矩方程,其意义是:在定常流动中,作用在控制体内的流体的外力对于某轴的矩,等于单位时间内流出控制体表面的动量矩减去流入控制体表面的动量矩。

运用动量方程或动量矩方程时,要注意以下几点。

(1) 动量方程和动量矩方程都是矢量方程,为方便计算,应选择一个适宜的坐标系,写出方程式各项的投影式。

(2) 选择一个合适的控制体,控制体表面上的流动参数越简单越好。

(3) 方程的未知数比较多,要联立连续性方程和伯努利方程才能求解。

(4) 绝大多数的工程流动问题,黏性切应力的影响比较小,可以略去。

表面力只有压力。由于实际物体都暴露在大气中,因此在计算中只使用相对压强。例如,为了求出图 3.21 所示的射流对平板的冲击力,取截面 0—0、截面 1—1、截面 2—2 所围的控制体,应用动量方程可以求得平板对射流的反作用力 $\boldsymbol{F}$。射流对平板的冲击力 $\boldsymbol{F}'$ 与平板对射流的反作用力大小相等,方向

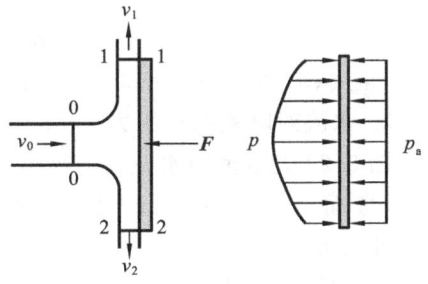

图 3.21　射流冲击平板

相反。在计算平板受力时,由于平板左边受水流的压强 p,右边受大气压强 p_a,平板受到的水流作用力 $\boldsymbol{F}'$ 应等于水流的相对压强的积分,即

$$\boldsymbol{F}' = \int_A (p - p_a)\boldsymbol{n}_0 \, \mathrm{d}A$$

于是,对于控制体的动量方程为

$$\begin{cases} -F + (p_0 - p_a)A_0 = -\rho q_0 v_0 \\ -(p_1 - p_a)A_1 + (p_2 - p_a)A_2 = \rho q_1 v_1 - \rho q_2 v_2 \end{cases}$$

3.10.2 动量方程和动量矩方程的应用

1. 水流对弯管的作用力

如图 3.22 所示的弯管,截面 1—1 和截面 2—2 的参数分别用下标 1 和 2 表示,管壁对水流的作用力的水平分量 F_x 和竖直分量 F_y 的方向如图所示。对于两截面之间的控制体,动量方程、连续方程、伯努利方程为

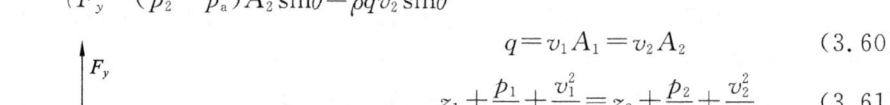

$$\begin{cases} -F_x + (p_1 - p_a)A_1 - (p_2 - p_a)A_2\cos\theta = \rho q(v_2\cos\theta - v_1) \\ F_y - (p_2 - p_a)A_2\sin\theta = \rho q v_2 \sin\theta \end{cases} \quad (3.59)$$

$$q = v_1 A_1 = v_2 A_2 \quad (3.60)$$

$$z_1 + \frac{p_1}{\rho g} + \frac{v_1^2}{2g} = z_2 + \frac{p_2}{\rho g} + \frac{v_2^2}{2g} \quad (3.61)$$

这里有 4 个方程,可以解 4 个未知数。

例 3.5 水平放置的弯管,已知水的流量 $q = 0.08 \text{ m}^3/\text{s}$,管道直径 $d_1 = 0.3 \text{ m}$,$d_2 = 0.2 \text{ m}$,转角 $\theta = 30°$,截面 1—1 的相对压强 $p_1 - p_a = 12 \text{ kPa}$,求管道壁面对水流的作用力。

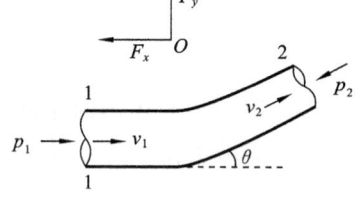

图 3.22 水流对弯管的作用力

解 利用式(3.60)计算流速,得

$$v_1 = q/A_1 = 1.132 \text{ m/s}, \quad v_2 = q/A_2 = 2.546 \text{ m/s}$$

利用式(3.61)计算截面 2—2 中心的压强,得

$$p_2 - p_1 = \frac{\rho}{2}(v_1^2 - v_2^2) = -2600 \text{ Pa}$$

$$p_2 - p_a = 9400 \text{ Pa}$$

最后,由式(3.59)得 $F_x = 506.7 \text{ N}$,$F_y = 249.5 \text{ N}$。

2. 水流对喷嘴的作用力

图 3.23 表示消防水龙头的喷嘴。高压水流经过喷嘴射入大气中。管嘴截面积从 A_1 收缩至 A_2,设截面 1—1 中心的相对压强为 $p_1 - p_a$,出口通大气,求水流对管嘴的冲击力。

分析截面 1—1 和截面 2—2 所围的水体的受力。截面 1—1 的相对压强已知,截面 2—2 的相对压强为零,管嘴的锥形壁面给水流的合力为水平向左。动量方程为

$$-F+(p_1-p_a)A_1=\rho q(v_2-v_1) \tag{3.62}$$

为了求出 F，需联立连续性方程和伯努利方程，即

$$\begin{cases} v_1 A_1 = v_2 A_2 \\ p_1 + \dfrac{1}{2}\rho v_1^2 = p_a + \dfrac{1}{2}\rho v_2^2 \end{cases} \tag{3.63}$$

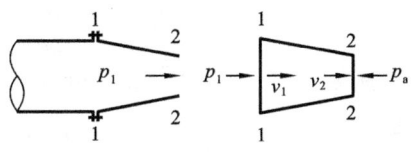

图 3.23　喷嘴

例 3.6　喷嘴截面 1—1 的直径 $d_1=0.06$ m，截面 2—2 的直径 $d_2=0.03$ m，截面 1—1 的相对压强 $p_1-p_a=50$ kPa，求喷嘴给予水流的作用力。

解　由式(3.63)有

$$p_1-p_a=\frac{1}{2}\rho(v_2^2-v_1^2)=\frac{1}{2}\rho v_2^2\left[1-\left(\frac{d_2}{d_1}\right)^4\right]$$

故速度为　　　　　　　　　$v_2=10.328$ m/s，　$v_1=2.582$ m/s

流量为　　　　　　　　　$q=v_1 A_1=0.0073$ m³/s

将速度、流量值代入式(3.62)得

$$F=84.82 \text{ N}$$

3. 水流对水坝的作用力

溢流坝是水电工程的水工建筑物。坝体上压强分布很复杂，下面用动量方程求水流对坝体的作用力。

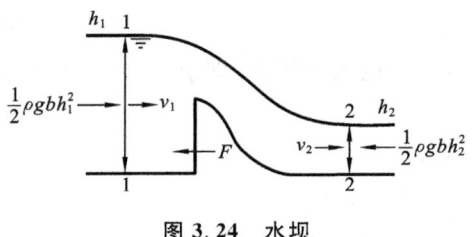

图 3.24　水坝

如图 3.24 所示的坝体，在坝体的上游、下游分别取截面 1—1 和截面 2—2，可以认为这两个截面处在渐变流中，截面上的动水压强服从静力学的压强分布规律。截面 1—1 和截面 2—2 上的总水压力按静水总压力计算，坝体给水流的作用力 F 指向上游。对于截面 1—1 和截面 2—2 所围的水体应用动量的方程，有

$$-F+\frac{1}{2}\rho g b(h_1^2-h_2^2)=\rho q(v_2-v_1) \tag{3.64}$$

对于截面 1—1 和截面 2—2 应用连续性方程和伯努利方程，即

$$v_1 h_1 b = v_2 h_2 b \tag{3.65}$$

$$h_1+\frac{p_a}{\rho g}+\frac{v_1^2}{2g}=h_2+\frac{p_a}{\rho g}+\frac{v_2^2}{2g} \tag{3.66}$$

联立 3 个方程可以解 3 个未知数。

例 3.7　已知溢流坝上、下游的水深 $h_1=40$ m，$h_2=10$ m，坝体长度 $b=800$ m，求水流给予水坝的作用力。

解　由式(3.65)和式(3.66)，有

$$\frac{v_2^2-v_1^2}{2g}=\frac{v_2^2}{2g}\left[1-\left(\frac{h_2}{h_1}\right)^2\right]=h_1-h_2=30 \text{ m}$$

故速度为　　　　　　　　$v_2=25.053 \text{ m/s}, \quad v_1=6.263 \text{ m/s}$

流量为　　　　　　　　　$q=v_2 h_2 b=200423 \text{ m}^3/\text{s}$

将速度、流量值代入式(3.64)得

$$F=2.118\times10^6 \text{ kN}$$

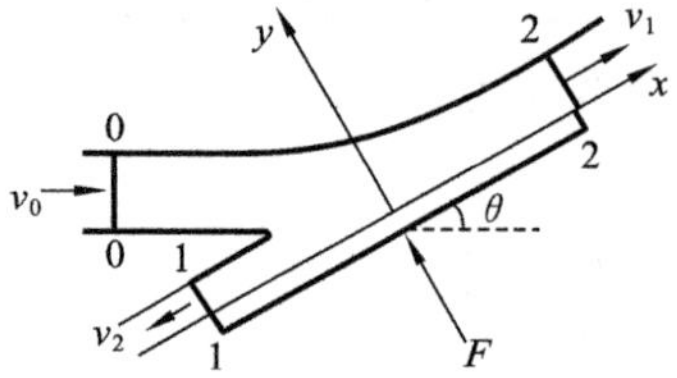

图 3.25　射流对平板的冲击

4. 射流对平板和叶片的作用力

图 3.25 所示为射流对平板的冲击。设有平面射流射向倾斜平板,平板宽度为 b(垂直于纸面),射流的流量为 q_0,速度为 v_0,不计重力影响,求射流对平板的作用力。

取图示的三个截面 0—0、1—1、2—2 所围的水体为控制体。流体对平板的压强与板面垂直,平板对控制体内的流体的作用力则垂直于板面并指向流体。取图示的坐标系,对控制体应用动量方程,有

$$(p_0-p_a)A_0\cos\theta+(p_1-p_a)A_1-(p_2-p_a)A_2=\rho q_1 v_1-\rho q_2 v_2-\rho q_0 v_0\cos\theta$$

$$(3.67)$$

$$F-(p_0-p_a)A_0\sin\theta=\rho q_0 v_0\sin\theta \tag{3.68}$$

$$q_0=q_1+q_2 \tag{3.69}$$

射流暴露在大气中,三个界面上的压强近似等于当地大气压强,即 $p_0=p_1=p_2=p_a$。不计重力影响,由伯努利方程得 $v_0=v_1=v_2$。于是

$$F=\rho q_0 v_0\sin\theta$$

$$q_1=\frac{1+\cos\theta}{2}q_0, \quad q_2=\frac{1-\cos\theta}{2}q_0$$

在水力发电中,用高速水流冲击水轮机的叶片。图 3.26 所示为射流对固定叶片的冲击。设有水流从固定的管嘴射出,冲击一个固定叶片。水流射出管嘴的速度为 v_0,射流截面面积为 A_0。冲击叶片后,水流的偏转角度为 θ,求射流对叶片的冲击力。取叶片上水射流进口和出口截面所围的水体为控制体。两截面中心高程之差很小,可以忽略不计。两截面暴露在大气中,相对压强为零。根据伯努利方程,两截面上的速度大小相等。但速度改变了方向。设叶片对射流的作用力的水平分量 F_x 和竖直分量 F_y 如图 3.26 所示。射流对叶片的冲击力则与叶片对射流的作用力大小相等,方向相反。根据连续性方程,两截面的流量相等。由控制体的动量方程,容易得到叶片对射流的作用力为

$$\begin{cases} F_x=\rho A_0 v_0^2(1-\cos\theta) \\ F_y=\rho A_0 v_0^2\sin\theta \end{cases} \tag{3.70}$$

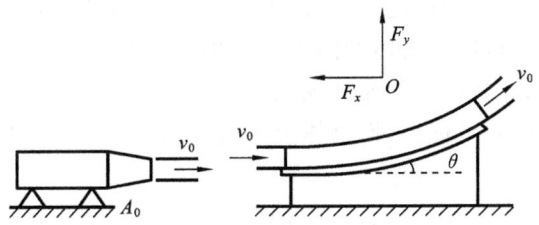

图 3.26　射流对固定叶片的冲击

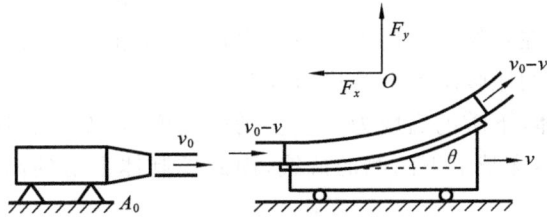

图 3.27　射流对匀速运动叶片的冲击

在水力发电工程中,用一束高速射流冲击水轮发电机的运动叶片。图 3.27 所示为固定管嘴射出的水流对一个匀速运动叶片的冲击。设水流从固定管嘴射出的速度为 v_0,射流截面积为 A_0。冲击叶片后,水流的偏转角为 θ。叶片固定在小车上,并跟随小车以匀速度 v 向右运动。取图示的控制体,很明显,这是一种运动控制体。在小车上建立一个运动坐标系,显然这是一个惯性坐标系。流体力学的方程对于这个惯性坐标系仍然成立。站在运动坐标上观察水流,将看到射流的相对速度为 v_0-v,过流截面的面积仍然为 A_0。应用动坐标的动量方程,容易得到

$$\begin{cases} F_x = \rho A_0 (v_0-v)^2 (1-\cos\theta) \\ F_y = \rho A_0 (v_0-v)^2 \sin\theta \end{cases} \tag{3.71}$$

由于叶片沿水平方向运动,因此射流对叶片所产生的功率为

$$P = F_x v = \rho A_0 v (v_0-v)^2 (1-\cos\theta) \tag{3.72}$$

5. 流体对绕流物体的作用力

在工程中,常常见到流体对绕流物体的作用力,例如桥墩受到水流的作用力,建筑物受到风的作用力,汽车受到空气的阻力。流体对绕流物体的作用力,可以用图 3.28 来表示。

设流体以匀速 v_0 流动,在这个匀速流场中放置一个物体,流体绕过物体之后,速度不再均匀分布,而且物体下游的速度变小。这种现象称为物体尾流的亏损。为了使物体固定不动,必须对此物体施加一个力,这个力将抗衡流体

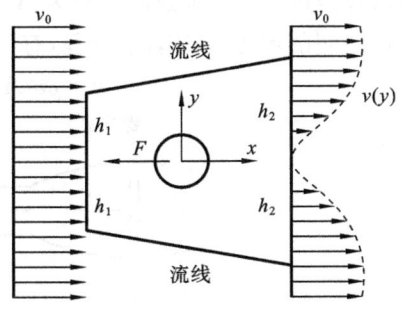

图 3.28　流体对绕流物体的作用力

对物体的作用力。另外一种情况,如果流体静止不动,使物体以匀速 v_0 运动,也必须对运动物体施加一个力,抗衡流体的阻力。如果站在建立在运动物体上的动坐标观察流体,也会看到图 3.28 所示的流动现象。

建立图 3.28 所示的坐标系,设物体上游的流体速度 v_0 均匀分布,物体下游的速度分布为

$$v(y) = \begin{cases} v_0 \sin \dfrac{\pi y}{2h_2}, & 0 \leqslant |y| \leqslant h_2 \\ v_0, & |y| \geqslant h_2 \end{cases} \tag{3.73}$$

这个速度分布表明,在物体尾流的 $2h_2$ 高度内,速度呈正弦分布。实验还表明,在绕流物体的周围,流场的压强基本上为均匀分布。

取图示的控制体,下游的高度为 $2h_2$,上游的高度为 $2h_1$。控制体的上、下两侧为流线。由于没有流体穿越上下两侧的流线,因此控制体上游的高度 $2h_1$ 应满足连续性方程

$$2v_0 h_1 = 2 \int_0^{h_2} v \, dy$$

将速度分布 $v(y)$ 代入上式,得

$$h_1 = \frac{2}{\pi} h_2$$

对图示的控制体应用动量方程

$$-F = 2 \int_0^{h_2} \rho v^2 \, dy - 2\rho v_0^2 h_1$$

式中,F 是物体对流体的反作用力。将速度分布 $v(y)$ 代入上式,得

$$F = \left(\frac{4}{\pi} - 1 \right) \rho v_0^2 h_2 \tag{3.74}$$

6. 螺旋桨推进器和喷气推进器

图 3.29(a)表示船舶的螺旋桨推进器的工作原理。螺旋桨旋转时压迫流体,使流体的压强升高,速度加大。设推进器入口的流体速度为 v_1,横截面面积为 A_1,出口的流体速度为 v_2,横截面面积为 A_2。推进器对流体的作用力为 F。对推进器进口和出口之间的流体应用动量方程,有

$$F = \rho v_2^2 A_2 - \rho v_1^2 A_1 = \rho q (v_2 - v_1) \tag{3.75}$$

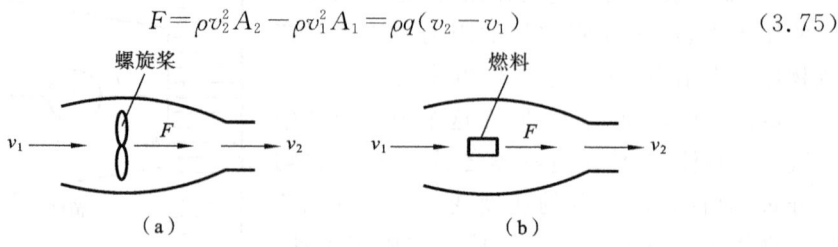

图 3.29　推进器的工作原理

式中，F 是推进器的螺旋桨、外壳对流体的作用力。流体对推进器的反作用力大小与 F 相等，方向朝左。

图 3.29(b)表示飞机的喷气推进器的工作原理。推进器内部有燃烧室。燃料燃烧时产生高压，使气体从出口高速喷出。由于燃烧室将燃料加入气流中，因此推进器的出口和进口的气体质量流量不相等。对推进器的流体应用动量方程，有

$$F = \rho_2 q_2 v_2 - \rho_1 q_1 v_1 \tag{3.76}$$

例 3.8　喷气式飞机的航行速度 $v_1 = 900$ km/h，从飞机尾部的排气管喷出的气流速度 $v_2 = 420$ m/s，吸入的空气质量流量为 30 kg/s，加入的燃料为吸气量的 3%。求飞机对气流的作用力。

解　显然，入口的质量流量 $\rho_1 q_1 = 30$ kg/s，出口的质量流量 $\rho_2 q_2 = 1.03\rho_1 q_1 = 30.9$ kg/s。又已知 $v_1 = 900$ km/h $= 250$ m/s，由式(3.76)得 $F = 5478$ N。

7. 叶轮机械的欧拉方程

离心式水泵、水轮机等利用流体作为能量转换介质的机械称为叶轮机械，这种机械的特点都是叶片对水流做功或者水流对叶片做功。

叶轮是叶轮机械的主要部件。叶轮由圆板和固定在圆板上的弯曲肋条组成。圆板称为叶轮机械的盖板，肋条称为叶片。图 3.30(a)、(b)分别表示水轮机和水泵的叶轮。

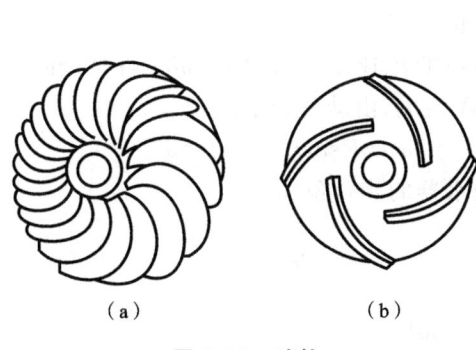

（a）　　　　　　　（b）

图 3.30　叶轮

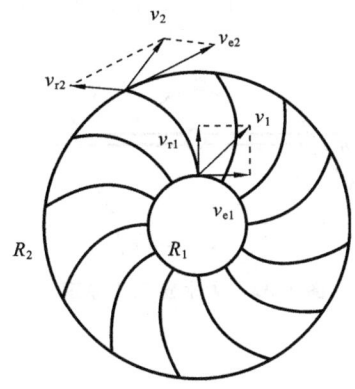

图 3.31　叶轮机械内的流动

下面利用动量矩方程研究水泵的叶轮内部的流动。图 3.31 表示流体在叶轮内部的流动。叶轮的外圆半径为 R_2，内圆半径为 R_1，圆板上设置 12 片叶片。流体在叶片之间的通道的流动由牵连运动和相对运动组成。流体对叶片的运动称为相对运动，相对速度记为 v_r，叶轮的等角速度旋转运动称为牵连运动，牵连速度 $v_e = r\omega$。根据速度合成定理，流体的绝对速度等于牵连速度与相对速度的矢量和，即

$$\boldsymbol{a}_a = \boldsymbol{a}_e + \boldsymbol{a}_r$$

通道进口的绝对速度、牵连速度和相对速度分别用 v_1、v_{e1}、v_{r1} 表示，绝对速度 v_1 与内

圆周切线的夹角记为 α_1。通道出口的绝对速度、牵连速度和相对速度分别用 v_2、v_{e2}、v_{r2} 表示，绝对速度 v_2 与外圆周切线的夹角记为 α_2。选取内轮和外轮之间的环形空间为控制体。作为一种近似，可以认为内圆、外圆上的流体速度均匀分布。忽略重力的影响，动量矩方程为

$$M = \rho q (v_2 R_2 \cos\alpha_2 - v_1 R_1 \cos\alpha_1)$$

式中，M 是叶片作用在流体上的力对转轴的力矩。叶片对流体所产生的功率为

$$P = M\omega = \rho q (v_2 R_2 \omega \cos\alpha_2 - v_1 R_1 \omega \cos\alpha_1)$$

设计水泵时，总是力图使内圆周上的绝对速度与圆周垂直，即 $\alpha_1 = 90°$。因此，流体从叶片那里获得的功率为

$$P = \rho q v_2 R_2 \omega \cos\alpha_2$$

单位重量的流体所获得的功率（或能量）记为 H，且

$$H = \frac{P}{\rho g q} = \frac{1}{g} v_2 R_2 \omega \cos\alpha_2$$

对于离心泵，H 称为扬程。

8. 洒水器的转速

如图 3.32 所示，洒水器的转臂在水流的反力的作用下发生转动。设流量为 $2q$ 的水从转轴流入转臂，再经喷嘴流出。喷嘴与半径方向的夹角为 θ，喷嘴的横截面面积为 A。当水流喷出时，水流的反作用力使洒水器的转臂发生转动。不计摩擦力的影响，转臂所受到的力矩为零。根据动量矩定理，水流的动量矩也为零。

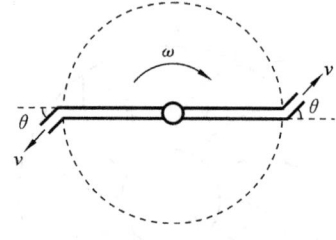

流出喷嘴的流速由牵连速度 ωR（切向）和相对速度 $v = q/A$ 组成，由动量矩定理

$$2\rho q (vR\sin\theta - \omega R^2) = 0$$

可以求得洒水器的旋转角速度

图 3.32 洒水器工作原理

$$\omega = \frac{v}{R} \sin\theta$$

选 择 题

1. 欧拉法研究_____的变化情况。
   A. 每个质点的速度   B. 每个质点的轨迹
   C. 每个空间点的流速   D. 每个质点的加速度

2. _____的流动称为二元流动。
   A. 流动参数与三个坐标有关   B. 流动参数只与两个坐标有关
   C. 流动参数仅与一个坐标有关   D. 流线为空间曲线

3. 在定常流动中，_____。

　　A. 加速度为零　　　　　　　　　　　B. 流动参数不随时间的变化而变化

　　C. 流动参数随时间的变化而变化　　　D. 速度为常数

4. 流线的特点是_____。

　　A. 流线的切线与流速方向相同　　　　B. 流线总是与迹线重合

　　C. 不同时刻的流线形状都是相同的　　D. 同一条流线上的各点的速度相等

5. 流量等于_____。

　　A. 速度与流程长度的乘积　　　　　　B. 管道面积与管道长度的乘积

　　C. 曲面面积与切向速度的乘积　　　　D. 平均速度与横截面面积的乘积

6. 连续性方程表示_____守恒。

　　A. 能量　　　　　　B. 动量　　　　　　C. 流量　　　　　　D. 质量

7. 理想流体的伯努利方程表示_____流体的机械能保持不变。

　　A. 沿任一条直线　　　　　　　　　　B. 沿任一条曲线

　　C. 沿一条流线　　　　　　　　　　　D. 沿一条迹线

8. 动能修正系数 α 表示过流截面上_____分布的不均匀程度。

　　A. 速度　　　　　　B. 加速度　　　　　C. 压强　　　　　　D. 质量力

9. 毕托管用来测量流体的_____。

　　A. 流量　　　　　　B. 加速度　　　　　C. 速度　　　　　　D. 压强

10. 文丘里管用来测量流体的_____。

　　A. 流量　　　　　　B. 加速度　　　　　C. 速度　　　　　　D. 压强

11. 总流的伯努利方程表示两个过流截面的能量关系。应用伯努利方程时,这两个截面必须处在_____中。

　　A. 渐变流　　　　　B. 急变流　　　　　C. 非定常流　　　　D. 可压缩流

12. 速度水头 $v^2/(2g)$ 的计算单位是_____。

　　A. m　　　　　　　B. m/s　　　　　　C. m^2/s　　　　　D. m^3/s

13. 单位时间内,控制体内部由于密度增加而引起的质量增量,等于从控制面_____。

　　A. 流出的流体动量　　　　　　　　　B. 流入的流体动量

　　C. 流出的流体质量　　　　　　　　　D. 流入的流体质量

14. 在定常流动中,作用在控制体内的流体的作用力,等于单位时间内,从控制面_____。

　　A. 纯流出的流体动量　　　　　　　　B. 纯流入的流体动量

　　C. 纯流出的流体质量　　　　　　　　D. 纯流入的流体质量

15. 在_____流动中,伯努利方程不成立。

　　A. 定常　　　　　　B. 理想流体　　　　C. 不可压缩　　　　D. 可压缩

16. 渐变流的含义是_____。

A. 速度渐渐变化 　　　　　　　　　B. 压强渐渐变化

C. 流线的曲率半径很大 　　　　　　D. 流线的曲率半径很小

17. 应用动量方程可以求解运动流体对物体的作用力。在计算控制面的作用力时,控制面上的压强使用_____。

A. 绝对压强　　　B. 相对压强　　　C. 真空压强　　　D. 大气压强

18. 水在一条变截面管道中流动,如果两管段的直径比 $d_1/d_2=2$,则速度比 $v_1/v_2=$_____。

A. 2　　　　　　B. 4　　　　　　C. 1/2　　　　　D. 1/4

19. 理想流体的伯努利方程表示,沿着流线,各点的总水头线是_____。

A. 水平线　　　B. 竖直线　　　C. 倾斜线　　　D. 波浪线

20. 控制体是_____。

A. 包含固定质量的流体体积 　　　　B. 跟随流体一起运动的体积

C. 中心点固定,但形状不断变化的体积　D. 在流场中固定的空间体积

习　题

3.1　已知定常流动的速度分布为 $v_x=x^2y$、$v_y=-3y$、$v_x=2z^2$,求点$(1,2,3)$处的流体加速度的三个分量。

3.2　已知平面非定常流动的速度分布为 $v_x=x^2y\cos t$、$v_y=xy^2\sin t$,求时刻 $t=1$、点$(1,2)$处的流体加速度的两个分量。

3.3　定常平面流场的速度分布为 $v_x=x$、$v_y=-y$、$v_x=2z$,求流线方程。

3.4　平面非定常流动的速度分布为 $v_x=2yt+t^3$、$v_y=2xt$,求时刻 $t=2$ 经过点$(0,1)$的流线。

3.5　如图 3.33 所示,已知管道截面上的速度分布为

$$u=u_{\max}\left(1-\frac{r}{R}\right)^n$$

式中,u 为点速度;$u_{\max}$ 为管道轴线上的速度;R 为管道半径;r 为点到管道轴线的距离;n 为常数,对一般的流动,$n=0.10\sim0.18$。求管道截面上的平均速度 v,并用 n、$u_{\max}$ 表达 v。

3.6　如图 3.34 所示,矩形截面渠道的水流速度分布式为

$$u=u_0\left(2\frac{y}{h}-\frac{y^2}{h^2}\right)$$

式中,u 为点流速,u_0 为水面的流速,h 为渠道的水深,y 为点到渠底的距离。试求过流截面上的平均速度 v,并求点流速等于平均流速的点的 y 坐标。

3.7　如图 3.35 所示,直径为 d 的柱塞以 $v_0=50$ mm/s 的速度挤入一个直径为 D 的盛满油液的同心油缸,如果 $d=0.9D$,求环形间隙的油液泄出的速度 v。

3.8　如图 3.36 所示,一个直径 $d=0.5$ m 的圆盘浮在液面上,液深 $h=5$ mm,如果圆板以速度 $v_0=0.1$ m/s 向下挤压,试求圆盘边缘处液体的挤出速度 v。

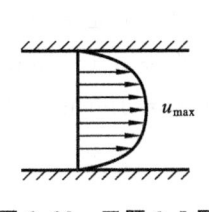

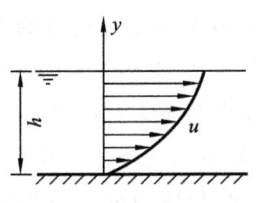

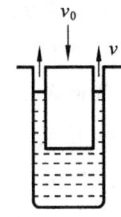

图 3.33　习题 3.5 图　　　　图 3.34　习题 3.6 图　　　　图 3.35　习题 3.7 图

3.9　证明:变截面管道中流体流动的连续性方程为

$$\frac{\partial \rho}{\partial t}+\frac{1}{A}\frac{\partial(\rho uA)}{\partial x}=0$$

3.10　变截面管道,直径从截面 1—1 的 d_1 收缩至截面 2—2 的 d_2,已知截面 1—1 的直径 $d_1=100$ mm,流速 $v_1=0.8$ m/s,如果使截面 2—2 的流速达到 2 m/s,直径 d_2 应该等于多少?

3.11　如图 3.37 所示,水从管道 1 流入水箱,从管道 2 流出水箱。已知管道 1 的直径 $d_1=50$ mm,流速 $v_1=2.4$ m/s,管道 2 的直径 $d_2=80$ mm,流速 $v_2=1.2$ m/s。为了使水箱的水面高程保持不变,应该从管道 3 向水箱补充的水流量 q 等于多少?

3.12　用图 3.38 所示的装置测量输气管道的气流速度 v。测压计的工作液体是水,其密度 $\rho_1=1000$ kg/m³,管道中的气体密度 $\rho=1.2$ kg/m³,测得测压计的水柱高差 $h=60$ mm,求气流速度 v。

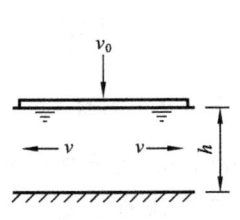

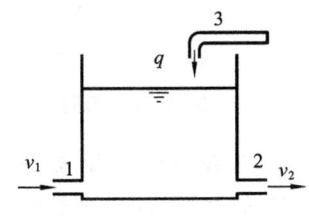

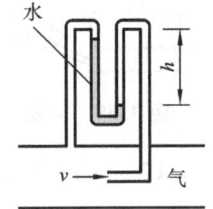

图 3.36　习题 3.8 图　　　　图 3.37　习题 3.11 图　　　　图 3.38　习题 3.12 图

3.13　如图 3.39 所示,用毕托管和倾斜微压计测量气流速度。已知气体的密度 $\rho=1.2$ kg/m³,微压计内的工作液体酒精的密度 $\rho'=800$ kg/m³,斜管的水平倾角 $\theta=30°$,斜管液柱长度读数 $l=120$ mm,求气流速度 v。

3.14　用图 3.18(b) 的文丘里流量计和 U 形水银压差计测量输油管道的体积流量 q。已知管道截面 1—1 的直径 $d_1=150$ mm,文丘里管的喉道截面 2—2 的直径 $d_2=75$ mm。石油密度 $\rho=850$ kg/m³。水银压差计左、右水银面高差 $\Delta h=46$ mm。水银密度 $\rho'=13600$ kg/m³。

（1）求截面 1—1 中心和截面 2—2 中心的压强差。

（2）用连续性方程和理想流体的伯努利方程计算这两个截面的平均流速；

（3）文丘里流量计的流量系数 $\mu=0.96$，试计算流量 q。

3.15 如图 3.40 所示，用四支测压管连成的复式压差计测量文丘里管的管道截面和喉部截面的压差。已知管道直径 $d_1=16$ mm，喉部截面直径 $d_2=8$ mm。四支测压管的水柱高度（从管道轴线起算）分别为 $h_1=393$ mm，$h_2=190$ mm，$h_3=300$ mm，$h_4=273$ mm。测得管道的水流量 $q=1.079\times10^{-4}$ m³/s。

（1）求文丘里管的管道截面和喉部截面的压强差；

（2）求文丘里流量计的流量系数。

3.16 如图 3.41 所示，文丘里管接于竖直管道中，以便测量管道中的水流量 q。已知水管的直径 $d_1=100$ mm，文丘里管喉部截面直径 $d_2=60$ mm。用水银压差计测量管道截面 1—1 和文丘里管喉部截面 2—2 的压差，读得两边水银柱的高差 $h=50$ mm。水银密度 $\rho'=13600$ kg/m³。

（1）不计损失，求管道截面 1—1 和喉部截面 2—2 的水流速度；

（2）文丘里管的流量系数 $\mu=0.97$，求水管的流量 q。

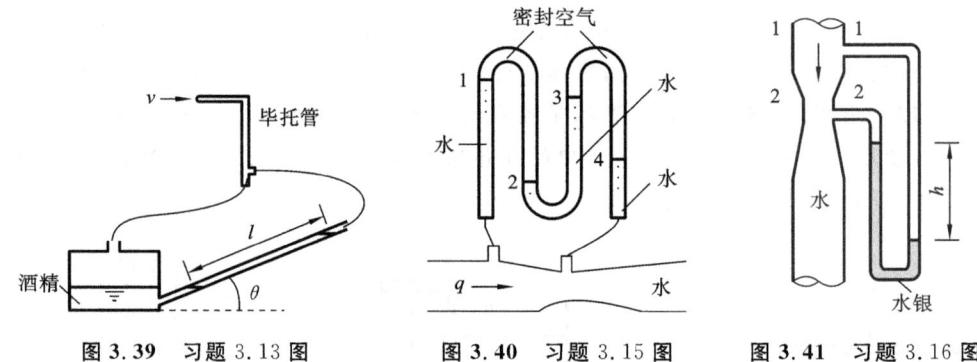

图 3.39　习题 3.13 图　　　　图 3.40　习题 3.15 图　　　　图 3.41　习题 3.16 图

3.17 输油管道上设置文丘里流量计。管道直径 $d_1=260$ mm，文丘里管喉部的直径 $d_2=180$ mm。用图 3.42 的缸套、活塞装置测量压差。已知油的密度 $\rho=850$ kg/m³，活塞的直径 $D=300$ mm。固定住活塞所需施加的力 $F=75$ N。求管道中油的流量 q。

3.18 如图 3.43 所示，为了测量矿山排风管道的空气流量 q，在排风管的出口前段某处安装一支测压管，测压管的下端插入水中。已知管道截面的直径 $d=600$ mm，测压管中水柱上升的高度 $h=45$ mm，空气的密度 $\rho=1.25$ kg/m³。求排风管道的空气流量 q。

3.19 如图 3.44 所示，水池的水深 $h=4$ m，池壁开有一小孔，水面与孔口中心的高差为 y。

（1）如果要求从孔口射出的水流到达地面的水平射程 $x=2$ m，求 y 的值。

（2）如果要求水平射程 x 最大，求此时 x 和 y 的值。

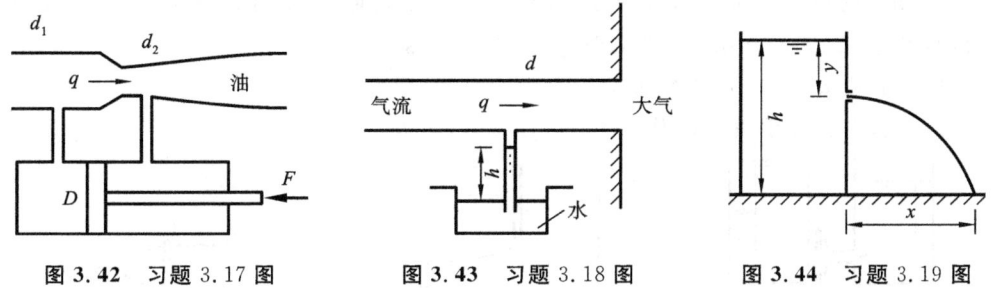

图 3.42　习题 3.17 图　　　　图 3.43　习题 3.18 图　　　　图 3.44　习题 3.19 图

3.20　如图 3.45 所示的消防水枪的喷嘴，直径从 $d_1=120$ mm 收缩至 $d_2=40$ mm。水管截面 1—1 的相对压强 $p_1-p_a=2\times10^5$ Pa，喷嘴轴线与水平线的夹角 $\theta=60°$。

（1）求喷嘴出口截面 2—2 的水流速度；

（2）求水枪射流到达最高点的高度 h 以及射流的水平射程 l。

3.21　如图 3.46 所示，用软管连通两个相同的杯子。软管的直径 $d=5$ mm，长度 $l=200$ mm，杯子的直径 $D=40$ mm。向杯子和软管注水。初始时刻，杯子里的水深 $h=40$ mm。如果使杯中的水发生振荡，求振荡周期。

3.22　如图 3.47 所示，水流从水库流出，经过一条长度 $l=1000$ m，直径 $d=1.2$ m 的水平管道，流入水轮发电机。为了减弱管流的压力波动，管道尾部设置一个直径 $D=3.6$ m 的调压井。管流不振荡时，调压井的水深（与水库水深相同）$h=50$ m。求调压井水面发生振荡时的振荡周期。

3.23　如图 3.48 所示，水池侧壁 h_1 深处开设一个孔口。水流从此孔口射出，冲击一块无重的平板，该平板盖住了另一个水池壁面的一个水位为 h_2 的孔口。两个孔口的面积相同。如果左边水池流出的射流对平板的冲击力恰好等于平板右边受到的静水总压力，求水深比 h_1/h_2。

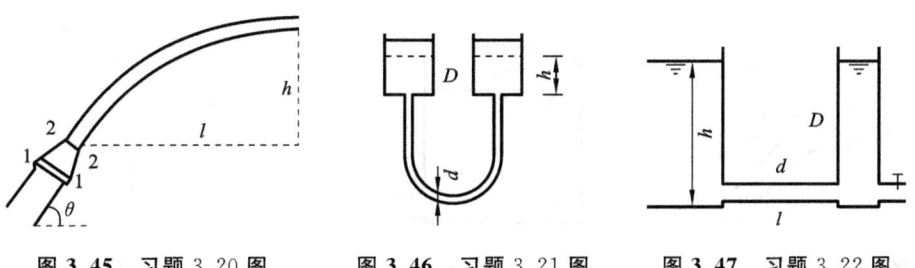

图 3.45　习题 3.20 图　　　　图 3.46　习题 3.21 图　　　　图 3.47　习题 3.22 图

3.24　如图 3.49 所示，矩形截面水渠设置一块平板闸门。闸门开启时，上游水深 $h_1=2$ m，下游水深 $h_2=0.8$ m，闸门宽度 $b=1$ m。

（1）求水流量 q；

（2）求水流对闸门的作用力。

3.25 消防水龙头喷嘴如图 3.50 所示。水管截面 1—1 的直径 $d_1=150$ mm，喷嘴出口的直径 $d_2=50$ mm。水流量 $q=0.06$ m³/s。

（1）求截面 1—1 的相对压强；

（2）求水流对于喷嘴的作用力。

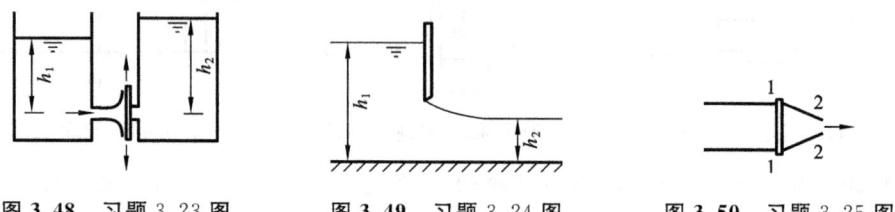

图 3.48　习题 3.23 图　　　　图 3.49　习题 3.24 图　　　　图 3.50　习题 3.25 图

3.26 如图 3.51 所示，水平放置的输水管路在某处分叉成两支，主干管的直径 $d_1=500$ mm，流量 $q_1=0.35$ m³/s。两支分叉管的直径 $d_2=400$ mm，$d_3=300$ mm，流量 $q_2=0.2$ m³/s，$q_3=0.15$ m³/s。夹角 $\alpha=45°$，$\beta=30°$，主干管在分叉处的相对压强为 8000 Pa。

（1）求分叉后管 2 和管 3 的相对压强；

（2）试求水流对于此分叉段的作用力。

3.27 如图 3.52 所示，水从压力水箱的喷嘴射出，密封水箱水面上的相对压强 $p_0-p_a=98$ kPa，水位 $h=3$ m，水管直径 $d_1=100$ mm，喷嘴出口直径 $d_2=50$ mm。

（1）求喷嘴出口的水流速度 v_2；

（2）求截面 1—1 的相对压强 p_1-p_a；

（3）求水流对喷嘴的作用力。

3.28 如图 3.53 所示，一块与射流方向垂直的平板将水射流截成两股，如果射流速度 $v_1=30$ m/s，三股射流的流量分别是 $q_1=36$ L/s，$q_2=24$ L/s，$q_3=12$ L/s，求偏转角和水流对于平板的作用力。

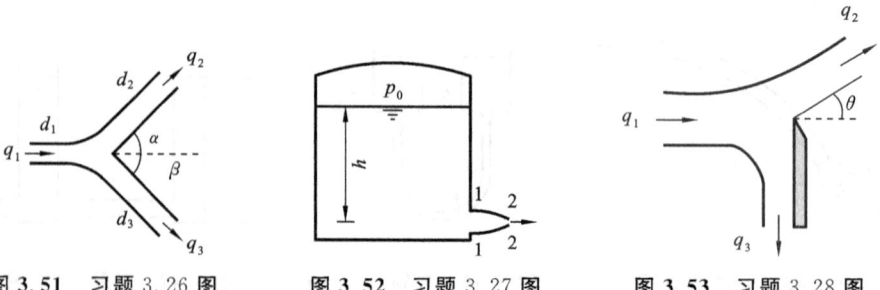

图 3.51　习题 3.26 图　　　　图 3.52　习题 3.27 图　　　　图 3.53　习题 3.28 图

3.29 如图 3.54 所示，两股水射流，速度大小都是 v，方向则相反。这两股射流对撞后成伞状散开，设两股射流的直径分别为 d_1 和 d_2，试求散开角 θ 与 d_1 和 d_2 的关系。如果 $d_2 = 0.7d_1$，则 θ 是多少? 不计重力作用。

3.30　如图 3.55 所示,直径为 d、流量为 q 的水射流冲击一个对称叶片,射流冲击叶片后的方向转角为 θ。如果叶片以速度 v 远离射流而去,求射流对叶片所做的功率 P。当 v 为多少时,功率 P 最大?

3.31　气体混合室的进口和出口都是矩形截面。如图 3.56 所示,进口、出口的高度分别为 $2h_1$ 和 $2h_2$。进口截面 1—1 的相对压强为 $p_1 - p_a$,出口截面 2—2 通大气。气体的密度为 ρ。两股气流进入进口,速度为 v_0 和 $2v_0$ 的气流所占高度均为 h_1。两股气流混合后,出口截面的速度分布为

$$v_2 = v_{max}\left(1 - \frac{|y|}{h_2}\right)^{0.2}$$

(1) 求证 v_{max} 与 v_0 的关系为

$$v_{max} = 1.8v_0\frac{h_1}{h_2}$$

(2) 求证气流对于混合室的作用力为

$$F = 2h_1b(p_1 - p_a) + \rho v_0^2 h_1 b\left(5 - 4.629\frac{h_1}{h_2}\right)$$

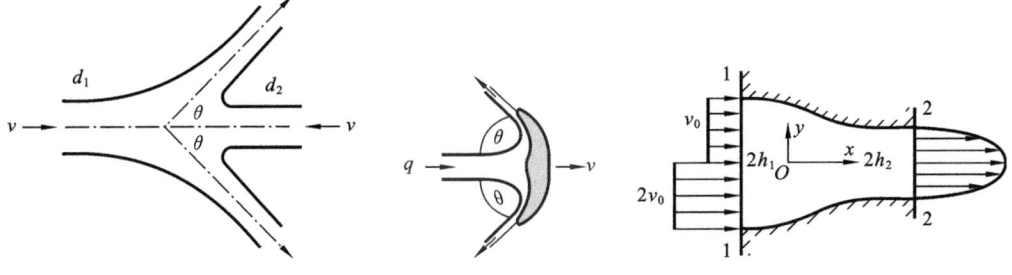

图 3.54　习题 3.29 图　　　　图3.55　习题 3.30 图　　　　图 3.56　习题 3.31 图

3.32　如图 3.57 所示,一块单位宽度(垂直于纸面)的平板放在气流中,气流速度方向与平板展向相同。平板上游的气流速度分布均匀,下游的速度分布为

$$v = \begin{cases} v(y), & |y| \leqslant h \\ v_0 & |y| \geqslant h \end{cases}$$

如果上、下游的气体压强都相同,试证明,平板受到的气流作用力为

$$F = 2\int_0^h \rho v(v_0 - v)\mathrm{d}y$$

3.33　偏心管接头如图 3.58 所示。管道直径为 d,管距为 $2h$,设管内流体密度为 ρ,速度为 v,为防止管接头转动需加多大的力矩?

3.34　如图 3.59 所示,旋转洒水器两臂的长度不相等,$l_1 = 1.2$ m,$l_2 = 1.5$ m。若喷口直径 $d = 25$ mm,每个喷口的水流量 $q = 3 \times 10^{-3}$ m³/s。不计摩擦影响,求洒水器的转速。

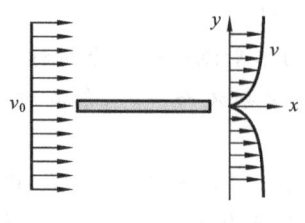

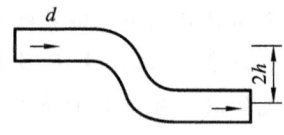

图 3.57　习题 3.32 图　　　　　　　　图 3.58　习题 3.33 图

3.35　图 3.60 所示的洒水器，旋转半径 $R=200$ mm，喷口直径 $d=10$ mm，喷射角度 $\theta=45°$，每个喷口的水流量 $q=0.3\times10^{-3}$ m³/s。

（1）如果旋转时的摩擦阻力矩为 0.2 N·m，求洒水器的转速。

（2）若喷水时不让洒水器转动，需施加多大的力矩？

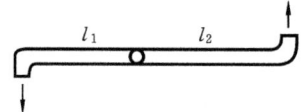

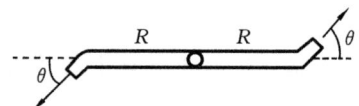

图 3.59　习题 3.34 图　　　　　　　　图 3.60　习题 3.35 图

第4章 不可压缩黏性流体的一元流动

不可压缩黏性流体的一元流动也称**黏性管流**,主要研究液体、低速运动的气体在管道中的流动。这种流动,在机械工程、水利工程、化学工程、给水排水工程、环境工程中应用非常广泛。对于不可压缩流体在管道中的黏性流动,工程上关心的主要是管道中的流速、流量,管段的压强差等有关问题。

由于黏性的存在,流体流动时受到黏性阻力的作用,流体运动过程中要克服黏性阻力而耗散一定的机械能。因此,与理想流体相比,黏性流体的伯努利方程多了一项能量损失,或称水头损失。水头损失的机理比较复杂,至今尚未完全清楚。研究水头损失主要依靠实验。本章将用较多篇幅介绍层流和紊流、水头损失等有关实验结果。此外,本章也用一定的篇幅介绍工程上常见的孔口与管嘴出流、串联管路、并联管路、虹吸管、管网等有关黏性流动的计算方法。

4.1 黏性流体的伯努利方程

实际流体都具有黏性。对流体应用牛顿第二定律时,除了考虑质量力、压力的影响之外,还要考虑黏性摩擦力的影响。

如图 4.1 所示,沿着一条流线取一个长度为 $\mathrm{d}s$、截面半径为 r 的微元柱体。沿着流线方向,作用在此微元体上的力有:左端面的压力 $p\pi r^2$,右端面的压力 $(p+\mathrm{d}p)\pi r^2$,作用在微元体侧面上的黏性阻力 F_t(F_t 等于黏性切应力 τ 与柱体侧面积

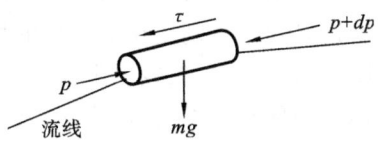

图 4.1 作用在流体上的力

的乘积,即 $F_\mathrm{t}=\tau 2\pi r\mathrm{d}s$),柱体受到的重力为 mg(柱体质量 m 等于流体密度与体积的乘积 $m=\rho\pi r^2\mathrm{d}s$)。对微元柱体应用牛顿第二定律,有

$$\rho\pi r^2\mathrm{d}s a_s = \rho\pi r^2\mathrm{d}s f_s - \pi r^2\mathrm{d}p - \tau 2\pi r\mathrm{d}s \tag{4.1}$$

化简,得

$$a_s = f_s - \frac{1}{\rho}\frac{\mathrm{d}p}{\mathrm{d}s} - \frac{F_\mathrm{t}}{m} \tag{4.2}$$

仿照 3.5 节的分析,上式可写成

$$\frac{\mathrm{d}}{\mathrm{d}s}\left(z+\frac{p}{\rho g}+\frac{u^2}{2g}\right)+\frac{F_\mathrm{t}}{mg}=0 \tag{4.3}$$

沿着流线从点 1 到点 2 积分,得

$$z_2 - z_1 + \frac{p_2 - p_1}{\rho g} + \frac{u_2^2 - u_1^2}{2g} + \int_{s_1}^{s_2}\frac{F_\mathrm{t}}{mg}\mathrm{d}s = 0 \tag{4.4}$$

式(4.4)的最后一项具有长度的量纲,它表示微元柱体从点 1 运动到点 2,单位重量

的流体克服黏性切力所耗散的机械能,称为微元柱体的水头损失,记作 h_w'。式(4.4)可写成

$$z_1 + \frac{p_1}{\rho g} + \frac{u_1^2}{2g} = z_2 + \frac{p_2}{\rho g} + \frac{u_2^2}{2g} + h_w' \qquad (4.5)$$

这就是**黏性流体沿流线的伯努利方程**。该式表示,下游点 2 的机械能总是比上游点 1 的机械能有所减小,单位重量流体的机械能减小量就是 h_w'。由于黏性存在,流体的机械能沿流线不再是常数,而是沿程减小,被耗散掉的机械能不可逆转地转变成热能。

使用类似于 3.7 节的推导方法,利用式(4.5)沿总流的过流截面积分,就得到黏性总流的伯努利方程,即

$$z_1 + \frac{p_1}{\rho g} + \alpha_1 \frac{v_1^2}{2g} = z_2 + \frac{p_2}{\rho g} + \alpha_2 \frac{v_2^2}{2g} + h_w \qquad (4.6)$$

式中,h_w 是 h_w' 在整个过流截面上的平均值,称为总流的**水头损失**。总流的两个截面的水头损失 h_w 等于上游截面的总水头 H_1 减去下游截面的总水头 H_2。

水头损失与黏性力密切相关。黏性产生的原因是什么?黏性对流体流动有什么样的影响?这些都是流体力学的疑难问题。黏性流体运动比理想流体运动更为复杂,从理论上求解会遇到很大困难,工程流体力学将采用半理论、半经验的方法研究水头损失问题。

水头损失 h_w 可以分成两种类型:局部水头损失和沿程水头损失。

局部水头损失是指发生在流程局部的机械能损失。流体在运动中,如果遇到因流动边界发生急剧变化而形成的局部障碍(如阀门、管道截面突变),流线形状会发生急剧变形,并产生无数多个大大小小的旋涡,这将耗散流体的机械能,所产生水头损失称为局部水头损失,记作 h_j,其一般表达式为

$$h_j = \zeta \frac{v^2}{2g} \qquad (4.7)$$

式中,ζ 称为**局部损失因数**。局部水头损失 h_j 和局部损失因数 ζ 的具体值都是依靠实验研究的方法得到。

沿程水头损失是指流体在运动中克服黏性摩擦力而引起的水头损失。流程越长,克服摩擦力而耗散的机械能就越多,水头损失就越大。沿程水头损失因此而得名。

沿程水头损失用 h_f 表示。对于不可压缩黏性流体在管道中的流动,理论和实验都表明,沿程水头损失 h_f 与流程长度 l 成正比,与管道直径成反比,也与当地的速度水头成正比,比例系数 λ 称为**沿程损失因数**,即

$$h_f = \lambda \frac{l}{d} \frac{v^2}{2g} \qquad (4.8)$$

下面以管道均匀流为例,推导沿程水头损失与黏性切应力的关系。

考察不可压缩黏性流体在无限长的圆截面管道中的定常流动。对于这种流动，除了在管道的进口和出口处流线出现弯曲之外，管道内的流线将是平行直线，属于典型的均匀流。当流体在管内作定常流动时，速度与时间无关，也与流程坐标无关，流体的加速度为零。

下面分析图 4.2 所示水平管道的截面 1—1 和截面 2—2 之间的流体运动，由于流体的加速度为零，因此作用在流体上的力达到平衡。设管道的直径为 d，截面 1—1 和截面 2—2 中心的压强分别为 p_1 和 p_2，壁面的黏性切应力为 τ_0，则力的平衡方程是

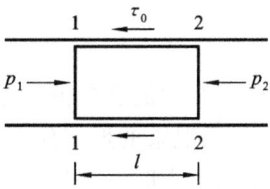

图 4.2　作用在流体上的力

$$(p_1 - p_2)\frac{\pi d^2}{4} - \tau_0 \cdot \pi d \cdot l = 0 \qquad (4.9)$$

此外，对于截面 1—1 和截面 2—2 应用伯努利方程，有

$$\frac{p_1}{\rho g} + \alpha \frac{v_1^2}{2g} = \frac{p_2}{\rho g} + \alpha \frac{v_2^2}{2g} + h_f \qquad (4.10)$$

联立式(4.9)和式(4.10)，得到沿程水头损失 h_f 与壁面黏性切应力 τ_0 的关系为

$$h_f = \frac{4l}{\rho g d}\tau_0 \qquad (4.11)$$

利用式(4.8)不难得到

$$\tau_0 = \frac{\lambda}{8}\rho v^2 \qquad (4.12)$$

式(4.11)和式(4.12)表明，沿程水头损失 h_f 和沿程损失因数 λ 与壁面黏性切应力密切相关。

4.2　流体运动的两种流态

黏性的存在，使流体运动呈现出两种不同的流动状态。

1. 雷诺实验

19 世纪初，许多研究者发现圆管水流的水头损失与速度大小有一定的关系。当速度比较小的时候，水头损失与速度的一次方成正比；当速度比较大的时候，水头损失与速度的二次方成正比。为了揭示问题的实质，1883 年，英国科学家雷诺(O. Reynolds)用实验表明，水头损失与速度的关系之所以不同，是因为流体的流动存在着两种不同的流态。

图 4.3 所示为雷诺实验装置。水箱盛有水，设置让水位保持恒定。水箱下部有水平管道。水在管道的流动为定常流动。管道上设置两支测压管，根据伯努利方程，两支测压管水柱的高差就是管道水流的沿程水头损失。为了观察水流的形态，将一种有颜色(红色)的液体注入管流中。管道尾部有一个阀门，控制水流。

试验时，打开阀门，使管道的水流速度由小慢慢变大。当水流速度较小时，可以

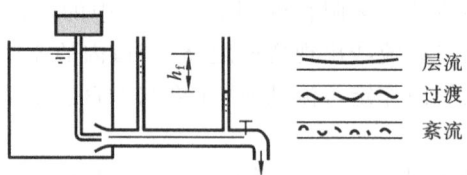

图 4.3　雷诺实验

观察到管中的有色液体呈直线状。有色液体和无色的水在流动中都是以一种规律相同、互不混杂的形式作分层流动,这种流动状态称为**层流**。当阀门逐渐开大,水流速度逐渐增大时,可以看到有色液线逐渐发生波动、弯曲。当阀门继续开大时,随着速度的增加,有色液线的波动越来越激烈,以致发生破裂,有色液体变成许多大大小小的旋涡。此时,有色液体与周围的水互相混杂、掺和,这种流动状态称为**紊流**(也称湍流)。

　　由此看出,流动有两种流态:层流和紊流。流体作层流运动时,流体的质点互不混杂;流体作紊流运动时,各流层的流体质点互相混杂。此外,实验还表明,层流和紊流并没有明确的分界。从层流变为紊流,流态有一个逐渐变化的过程,这个过程呈现出来的流态称为**过渡流态**。过渡流态极不稳定。有色液线时而出现,时而消失。

2. 沿程水头损失 h_f 与平均速度 v 的关系

　　利用图 4.3 的装置,还可以测量沿程水头损失。运用黏性流体的伯努利方程,很容易看出,图 4.3 中的两支测压管的水柱高差,就是这两支测压管对应的管段的沿程水头损失。当调节图 4.3 的水管阀门时,可以看到两支测压管的水柱高差也在改变。也就是说,沿程水头损失 h_f 与平均速度 v 存在着一定的关系。

　　图 4.4 是笔者所做实验的结果。实验管段的直径 $d=15$ mm,管道水流的平均速度 $v=0.1\sim0.5$ m/s,测得的沿程水头损失的范围 $h=2\times10^{-3}\sim25\times10^{-3}$ m,因此,曲线图的横坐标取为 $\lg(10v)$,纵坐标取为 $\lg(100h_f)$。

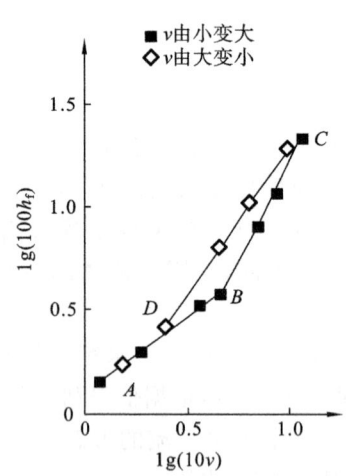

图 4.4　速度与水头损失的关系

　　实验时,先使速度由小变大。随着速度 v 的增大,沿程水头损失 h_f 也逐渐增大。实验点落在曲线 ABC 上。其中,速度比较小时,实验点落在斜线 AB 上,其斜率约为 1。这说明 h_f 与 v 的一次方成正比。这时,管流中的有色液线清晰可见,流态为层流。当速度继续加大时,有色液线发生破裂,逐渐消失,流态表现为紊流。这时,实验点落在曲线 BC 段,其斜率为 $1.75\sim2.0$。这说明,h_f 与 v 的 $1.75\sim2.0$ 次方成正比。

　　当阀门开至最大,速度增至最大后,逐渐关小阀门,速度随之变小。这时的实验点沿着另一斜线 CD 变化。CD 段的斜率也是 1.75～2.0,但与 BC 不重合,此时的流态仍然为紊流,有色液线仍消失在水流中。接着,继续关小阀门,速度继续变小,这时的实验点落在 DA 段,有色液线重新出现,流态呈现为层流。

　　综上所述,当速度从小变大时,流态从层流逐渐变为紊流。实验点落在曲线 ABC 上。其中,点 B 是从层流变为紊流的分界点。当速度从大变小时,流态从紊流逐渐变为层流。实验点落在曲线 CDA 上。其中,点 D 是从紊流变为层流的分界点。同时还可以看到,层流时,h_f 与 v 的一次方成正比。紊流时,h_f 与 v 的 1.75～2.0 次方成正比。

3. 雷诺数

　　图 4.4 所示实验曲线的点 B 和点 D 都是层流和紊流的分界点,其对应的速度称为临界速度,记作 v_c。雷诺对不同的流体(水、油等)进行过实验,选用的管道直径 d 也有好几种。实验表明,临界速度 v_c 与流体的黏度 μ 成正比,与流体的密度 ρ 和管道直径 d 成反比,比例系数称为**临界雷诺数**,记作 Re_c。临界速度与临界雷诺数的关系为

$$v_c = Re_c \frac{\mu}{\rho d} \quad \text{或} \quad Re_c = \frac{\rho v d}{\mu}$$

可见,流体的黏度越大,临界速度就越大,流体从层流变为紊流的困难也就越大。而管道直径越大,管壁的黏性切应力对于整个管流的约束和限制作用就越小,临界速度也就越小。

　　同为层流和紊流的分界点,图 4.4 中的点 B 表示从层流变为紊流的临界点,点 D 表示从紊流变为层流的分界点。点 B 的速度大,其速度称为上临界速度。点 D 的速度比较小,其速度称为下临界速度。速度有上、下临界速度之分,临界雷诺数也有上临界雷诺数和下临界雷诺数之分。众多实验表明,下临界雷诺数比较稳定,约为 2300。至于上临界雷诺数,不同学者得到的值不尽相同,即使同一台设备,得到的上临界雷诺数也不相同。上临界雷诺数是一个不稳定的值。目前得到的上临界雷诺数的最大值达 40000。

　　在管道流动中,定义雷诺数的表达式为

$$Re = \frac{\rho v d}{\mu} = \frac{v d}{\nu}$$

式中,ρ 为流体的密度,v 为管道流动的截面平均速度,d 为管道直径,μ 为流体的动力黏度,ν 为流体的运动黏度。雷诺数是一个量纲一(无量纲)的特征数,以后将会看到,雷诺数表征惯性力与黏性力的比值。

　　在工程实践中,通常认为当管道流动的雷诺数 $Re > 2300$,管流的流态就属于紊流。当 $Re < 2300$,管流的流态就属于层流。

例 4.1　直径 $d=200$ mm 的圆管通过的流体的体积流量 $q=0.025$ m³/s。试就以下两种流体判别流态：

（1）管内的流体为水，其运动黏度 $\nu=1.141\times10^{-6}$ m²/s；

（2）管内的流体为石油，其运动黏度 $\nu=10^{-4}$ m²/s。

解　由流量计算流速，有

$$v=\frac{4q}{\pi d^2}=0.796 \text{ m/s}$$

（1）管内为水，$Re=vd/\nu=139526$，流态为紊流。

（2）管内为石油，$Re=vd/\nu=1592$，流态为层流。

例 4.2　水的运动黏度 $\nu=10^{-6}$ m²/s，有一条直径 $d=50$ mm 的水管，欲使管中的水流保持为层流状态，最大流量应为多少？

解　由

$$Re=\frac{vd}{\nu}<2300$$

得

$$v<2300\ \frac{\nu}{d}=0.046 \text{ m/s}$$

故

$$q=v\ \frac{\pi d^2}{4}<9.032\times10^{-5} \text{ m}^3/\text{s}$$

4.3　圆管中的层流

黏性流体在圆截面管道中流动时，横截面上的速度分布是不均匀的。在管壁上，由于黏附作用，流体的速度为零，越离开管壁，速度越大，在管轴线上速度最大。本节研究黏性层流在管道截面上的速度分布、流量、截面平均速度、沿程水头损失以及沿程损失因数等问题。

1. 圆管流动的切应力

为简单起见，考虑黏性流体在半径为 r_0 的无限长水平圆管中的层流运动。如图 4.5 所示，取一个以管轴线为中心的圆柱微元体。建立圆柱坐标系 Orx（轴对称问题，不需 θ 轴）。设此圆柱形微元体长度为 $\mathrm{d}x$，半径为 r。作用在其左、右两端的压强分别是 p 和 $p+\mathrm{d}p$。作用在其表面的黏性切应力为 τ。管道截面沿流程不变，速度 v 沿流程也保持不变，流体的加速度为零，作用在圆柱微元体上的外力等于零，即

$$p\pi r^2-(p+\mathrm{d}p)\pi r^2-\tau 2\pi r\mathrm{d}x=0$$

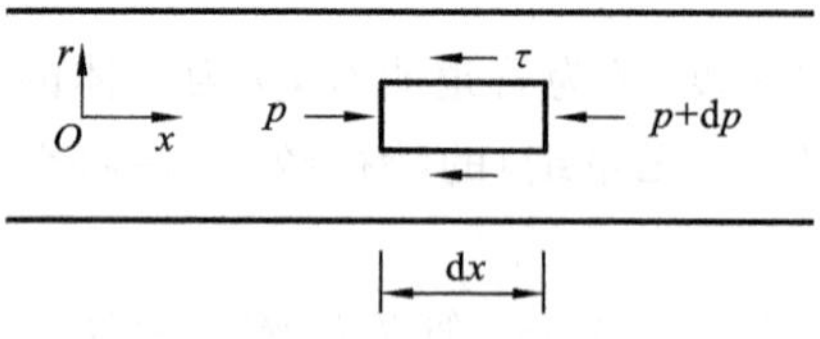

图 4.5　圆管微元体

由此得到黏性切应力的表达式，即

$$\tau=-\frac{\mathrm{d}p}{\mathrm{d}x}\frac{r}{2} \tag{4.13}$$

式中，$-\mathrm{d}p/\mathrm{d}x$ 表示管道轴线上压强的下降率，对于无限长管道，压强沿轴线的下降率为常数。由式（4.13）可看出，管流的黏性切应

力的大小与测点到轴线的距离 r 成正比。在壁面上切应力最大,在管道轴线处切应力最小。

2. 速度分布

黏性切应力的大小等于流体的动力黏度与速度梯度的乘积。对于管道流动,黏性层流的切应力(紊流的切应力问题后面再作介绍)表达式为

$$\tau = -\mu \frac{\mathrm{d}v_x}{\mathrm{d}r} \tag{4.14}$$

在管流中,轴线上的速度最大,管壁上的速度最小,沿 r 增长的方向速度变小,因此,切应力表达式(4.14)出现负号。利用式(4.13)和式(4.14)就可以求出速度分布,即

$$\frac{\mathrm{d}v_x}{\mathrm{d}r} = \frac{\mathrm{d}p}{\mathrm{d}x} \frac{r}{2\mu}$$

积分,得

$$v_x = \frac{1}{4\mu} \frac{\mathrm{d}p}{\mathrm{d}x} (r^2 + C)$$

当 $r = r_0$(管道壁面上)时,速度为零,故积分常数 $C = -r_0^2$,因此

$$v_x = -\frac{1}{4\mu} \frac{\mathrm{d}p}{\mathrm{d}x} (r_0^2 - r^2) \tag{4.15}$$

当 $r = 0$ 时(轴线上)速度最大,记为 $v_{\max}$,即

$$v_{\max} = -\frac{1}{4\mu} \frac{\mathrm{d}p}{\mathrm{d}x} r_0^2$$

于是速度分布式(4.15)也可以用最大速度 $v_{\max}$ 表示,即

$$v_x = v_{\max} \left(1 - \frac{r^2}{r_0^2}\right) \tag{4.16}$$

3. 流量和截面平均速度

由速度分布可以计算截面上的流量,即

$$q = \int_0^{r_0} v_x \cdot 2\pi r \mathrm{d}r = \frac{1}{2} \pi r_0^2 v_{\max} \tag{4.17}$$

流量除以面积便得到截面平均速度 v,即

$$v = \frac{1}{2} \pi r_0^2 v_{\max} / \pi r_0^2 = \frac{v_{\max}}{2}$$

可见,截面平均速度等于管轴线上流速的一半。这样,截面上的速度分布也可以用平均速度表示,即

$$v_x = 2v \left(1 - \frac{r^2}{r_0^2}\right) \tag{4.18}$$

层流的动能修正系数和动量修正系数分别为

$$\alpha = \frac{1}{\pi r_0^2} \int_0^{r_0} 2\pi r \left(\frac{v_x}{v}\right)^3 \mathrm{d}r = 2, \quad \beta = \frac{1}{\pi r_0^2} \int_0^{r_0} 2\pi r \left(\frac{v_x}{v}\right)^2 \mathrm{d}r = \frac{4}{3}$$

4. 黏性层流的水头损失因数

由速度分布式(4.18)很容易计算壁面切应力,即

$$\tau = -\mu \frac{\mathrm{d}v_x}{\mathrm{d}r} = 4\mu v \frac{r}{r_0^2}$$

令 $r = r_0$,得壁面切应力为

$$\tau_0 = \frac{4\mu v}{r_0} \tag{4.19}$$

将式(4.19)代入式(4.11),有

$$\frac{\lambda}{8}\rho v^2 = \frac{4\mu v}{r_0}$$

通常用管道直径 d 取代半径 r_0,于是

$$\lambda = \frac{64\mu}{\rho v d} = \frac{64}{Re} \tag{4.20}$$

式(4.20)表明,管道黏性层流的沿程损失因数 λ 与管流雷诺数 Re 成反比,比例系数为 64。

将层流沿程损失因数的表达式(4.20)代入式(4.7),得到层流的水头损失的表达式,即

$$h_\mathrm{f} = \lambda \frac{l}{d}\frac{v^2}{2g} = \frac{32\mu l v}{\rho g d^2} \tag{4.21}$$

由此看出,在层流情况下,沿程水头损失与速度的一次方成正比。

例 4.3　设有长度 $l = 1000$ m、直径 $d = 150$ mm 的水平输油管道,管段出口的压强为大气压强 p_a,进口的相对压强 $p_1 - p_\mathrm{a} = 1.8 \times 10^5$ Pa,管内的油的密度 $\rho = 920$ kg/m³,动力黏度 $\mu = 0.368$ Pa·s,试求管道中油的流速 v。

解　由压强差可以求出管道的沿程水头损失,即

$$h_\mathrm{f} = \frac{p_1 - p_2}{\rho g} = 19.95 \text{ m}$$

根据式(4.8),沿程水头损失与 λ 有关,而 λ 又与流态有关。假设管中油的流态为层流,由式(4.21)得

$$v = \frac{\rho g d^2}{32\mu l}h_\mathrm{f} = 0.344 \text{ m/s}$$

雷诺数为

$$Re = \frac{\rho v d}{\mu} = 129$$

验算表明,雷诺数小于临界雷诺数,答案正确。

例 4.4　液体在圆管中作层流运动,如果管道上两个截面的直径比 $d_1/d_2 = 1.2$,试求这两个截面的轴线上的速度比。

解　由连续性方程知,速度与面积反比。于是

$$\frac{v_1}{v_2}=\frac{A_2}{A_1}=\frac{d_2^2}{d_1^2}=\frac{1}{1.44}$$

由于轴线速度为平均速度的 2 倍,因此

$$\frac{v_{2\max}}{v_{1\max}}=1.44$$

例 4.5　油管直径 $d=30$ mm,长度 $l=30$ m,油的运动黏度 $\nu=1.2\times10^{-4}$ m^2/s,油的流量 $q=0.03$ m^3/s,求管流的沿程水头损失。

解　水头损失与流态有关。先计算平均流速,有

$$v=\frac{q}{A}=\frac{4q}{\pi d^2}=0.424 \text{ m/s}$$

雷诺数为
$$Re=\frac{vd}{\nu}=1060$$

可见流态为层流,按层流计算。沿程损失因数为

$$\lambda=\frac{64}{Re}=0.0604$$

沿程水头损失
$$h_f=\lambda\frac{l}{d}\frac{v^2}{2g}=0.055 \text{ m}$$

4.4　紊流的特性

在 4.2 节曾述及,紊流运动中各流层之间的流体质点互混杂。紊流还有很多特性,与层流有着本质的区别。下面介绍紊流的两个特征。

1. 紊流物理量的时均值和脉动值

流体作紊流运动时,其物理量(速度、压强、密度等)的大小都发生随机性的变化。下面以速度为例说明紊流物理量的随机变化特征。

图 4.6 表示用热线风速仪测得的紊流流场中某点的速度 u。每隔 0.001 s 测一次速度。由图看出,每次测得的速度大小都不相同,分布也没有什么规律。但是,这些速度都在平均值为 10 m/s 的水平线上波动,波幅一般小于 1 m/s。各瞬时速度的平均值称为**时均速度**,记作 $\bar{u}$,瞬时速度与时均速度的差值称为**脉动速度**,记作 u'。紊流的瞬时速度等于时均速度与脉动速度之和,即

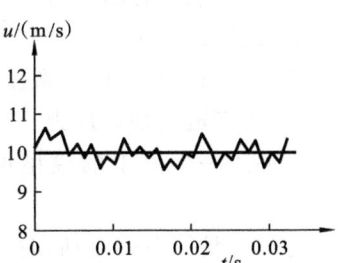

图 4.6　点的紊流速度

$$u=\bar{u}+u' \tag{4.22}$$

如果测量的总时长为 T(如 $T=1$ s),则时均速度的表达式为

$$\bar{u}=\frac{1}{T}\int_0^T u\mathrm{d}t \tag{4.23}$$

在不产生混淆的情况下,时均速度符号上方的横线可以省略。

对于层流运动,几乎测量不到脉动速度。当雷诺数超过一定值之后,就出现脉动速度。雷诺数越大,脉动越强烈,脉动速度的波动越大。

紊流的其他流动参数也都具有脉动的特征,任何流动参数的瞬时值等于时均值与脉动值之和。例如,压强和密度的瞬时值可分别表示为

$$p = \bar{p} + p', \quad \rho = \bar{\rho} + \rho'$$

从以上分析可看出,紊流的流动参数都是时间的参数,严格来说,紊流的流动都是非定常流动。但对紊流的时均值来说,情况就不一样了。在某些紊流中,时均值与时间无关,通常把这种紊流称为**定常紊流**。如果紊流时均值与时间有关,则这种紊流称为**非定常紊流**。

紊流的脉动值是紊流最重要的特征。紊流的特性与紊流脉动值的特性密切相关。要全面、深入地研究紊流,就得研究脉动值的特性。目前的研究表明,在紊流中存在许多大大小小的旋涡,这些旋涡忽隐忽现,产生的原因、运动的规律十分复杂。旋涡直接导致脉动速度产生。紊流的旋涡运动是一种非常复杂的流动,紊流脉动值的产生、变化规律至今尚未完全清楚。从理论上研究紊流的特性,从数学上准确描述紊流,都是十分困难的。紊流问题至今仍是尚未解决的物理学难题。目前,紊流的研究主要依靠实验方法。

2. 紊流切应力

在1.4节中曾述及,流体黏性产生的原因是流体的分子内聚力和分子之间的动量交换。也就是说,黏性与流体分子的物理性质有关,这种黏性又称为分子黏性。

在紊流中,分子的这些性质仍然存在,紊流中仍然存在分子黏性。此外,紊流中出现脉动速度,这些脉动速度会驱使流体分子从一个速度层进入另一个速度层,从而引起动量交换。因此,紊流切应力产生的原因就有三个:一是流体分子之间存在内聚力,二是流体的分子运动引起不同流体层的动量交换,三是紊流的脉动速度所引起的动量交换。第三种原因是紊流特有的,紊流的脉动速度引起的动量交换所产生的切应力,称为**紊流附加切应力**。

下面用一个简单的模型说明脉动速度引起的动量交换所产生的紊流附加切应力。

考虑一种简单的流动:时均速度为水平方向,竖直方向只有脉动速度,没有时均速度。这种流动通常称为简单紊流剪切流动。

如图4.7所示,在紊流剪切流中任取一块流层,此流层的底面积为 dA,底面上的流动为紊流,水平方向的瞬时速度等于时均速度与脉动速度之和,竖直方向的紊流速度则只有脉动速度。现在仅仅考虑由于脉动速度引起的动量交换问题。

流层下表面的法向速度为 v'_y,单位时间内,从下表面进入此流层的质量为 $\rho v'_y dA$,水平方向的脉动速度为 v'_x,根据动量定理,作用在控制体上的力等于流出与

流入的动量的差值,即

$$dF = 0 - \rho v'_y dA v'_x \tag{4.24}$$

式中的 dF 就是紊流切向力,它除以面积就得到切应力。

不过瞬间切应力没有什么使用价值,通常取时均切应力为

$$\bar{\tau_t} = -\rho \overline{v'_x v'_y} \tag{4.25}$$

这里的切应力符号添加了下标 t,意为紊流附加切应力。

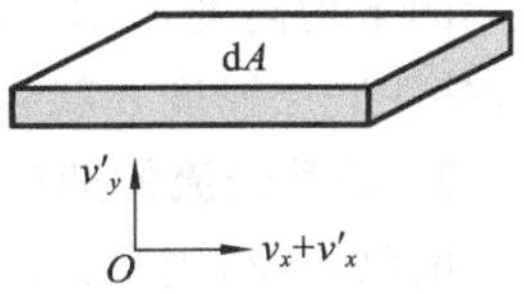

图 4.7　脉动速度引起的
动量交换示意图

由上面的分析可知,紊流的切应力由分子黏性切应力和紊流附加切应力等两部分组成,一般表达式为

$$\tau = \mu \frac{dv_x}{dy} - \rho \overline{v'_x v'_y} \tag{4.26}$$

在不同的流态中,分子黏性切应力和紊流附加切应力在总的切应力所占的份额不一样。在低雷诺数时,流态为层流,没有脉动速度,紊流附加切应力不存在,切应力只有分子黏性切应力。在高雷诺数时,紊流附加切应力所占的份额常常超过 95%,分子黏性切应力可以忽略不计。为简单起见,学术上就认为,紊流情况下的切应力只有紊流附加切应力。

4.5　圆管紊流

圆管紊流是紊流研究最多的一种实际流动。下面介绍圆管紊流研究的一些半理论、半实验的研究成果。

1. 圆管紊流结构

当管流雷诺数超过临界值时,管流就表现为紊流。但是,并非整个管流全部都达到紊流状态。工程实际管道的壁面并不是绝对光滑的,而是粗糙的。壁面总有凸凸凹凹的粗糙元存在。用 Δ 表示粗糙元的平均凸起高度,称为粗糙度。在壁面附近的薄层内,由于粗糙元的存在,流体的速度比较小,流态表现为层流,这个薄层称为紊流的黏性底层。用 δ 表示黏性底层的厚度(见图 4.8)。

当 $\Delta < \delta$,壁面粗糙元的高度小于黏性底层的厚度时,粗糙元并未深入紊流区域中,紊流运动不受壁面粗糙元的影响,这种紊流称为水力光滑紊流。当 $\Delta > \delta$,壁面粗糙元的高度大于黏性底层的厚度时,粗糙元深入紊流区域中,紊流的流动参数(如速度)受到壁面粗糙元高度 Δ 的影响,这种紊流称为水力粗糙紊流。

黏性底层的厚度 δ 与管流的雷诺数有关。研究表明,雷诺数越大,黏性底层厚度 δ 越小。对于同一条管道,壁面粗糙元的平均高度 Δ 是不变的。当流速比较小,雷诺数比较小时,黏性底层厚度 δ 就会大于壁面粗

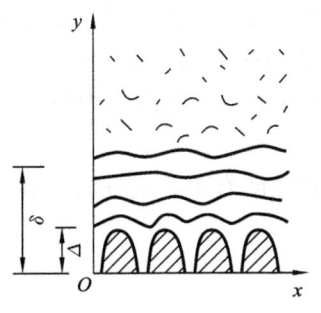

图 4.8　近壁紊流结构

糙元的平均高度 Δ，流动表现为水力光滑紊流。反之，当流速比较大，雷诺数比较大时，黏性底层厚度 δ 就会小于壁面粗糙元的平均高度 Δ，流动表现为水力粗糙紊流。

2. 圆管紊流的速度分布

前已述及，当管流的雷诺数超过临界值时，流动表现为紊流。这时，除了壁面附近的薄层（黏性底层）之外，管流的绝大部分区域都是紊流，这部分紊流称为紊流核心区。而在壁面附近，流速比较小，流态表现为层流。

层流区很薄，黏性切应力变化不大，可视为常量，记作 τ_0。层流的切应力为分子黏性力，根据黏性切应力的表达式(1.11)，有

$$\tau_0 = \mu \frac{\mathrm{d}v_x}{\mathrm{d}y}$$

积分，得

$$v_x = \frac{\tau_0}{\mu} y \tag{4.27}$$

式(4.27)表明，黏性底层的速度为线性分布。壁面切应力可用另外一种方法表示，即 $\tau_0 = \rho v_*^2$。习惯上称 v_* 为**摩擦速度**。这样，式(4.27)可写成

$$\frac{v_x}{v_*} = \frac{v_* y}{\nu} \tag{4.28}$$

下面研究紊流区的速度分布。

无论是层流还是紊流，切应力的表达式都是式(4.13)，它表明，管流的切应力与半径坐标 r 成正比。显然，壁面上的切应力 τ_0 最大，且

$$\tau_0 = -\frac{\mathrm{d}p}{\mathrm{d}x} \frac{r_0}{2} \tag{4.29}$$

于是，切应力的表达式(4.13)也可以写成

$$\tau = \tau_0 \frac{r}{r_0} \tag{4.30}$$

在层流中切应力与速度的导数存在严格的数学关系。紊流切应力的表达式则为式(4.25)，这是一个与脉动速度关联的表达式。人们自然想到，脉动速度 v_x' 和 v_y' 是否也与速度导数存在某种数学关系？脉动速度是一个复杂的物理量，用纯理论的办法研究脉动速度和紊流切应力是非常困难的，紊流的机理至今尚未弄清楚。下面介绍研究脉动速度和紊流切应力的普朗特假说。普朗特是德国的著名学者，他在1903年提出的边界层理论和1926年提出的混合长假说闻名于世，至今仍影响整个学术界。

普朗特认为，空间某点的脉动速度与该处时均速度的梯度有关。x 方向的脉动速度与时均速度的梯度成正比，即

$$v_x' = l_1 \frac{\mathrm{d}v_x}{\mathrm{d}y}$$

这里省略了时均速度符号上面的横杠。式中的 l_1 为具有长度的量纲，普朗特把它称

为混合长。同样,y 方向的脉动速度也可以写成

$$v_y' = l_2 \frac{\mathrm{d}v_x}{\mathrm{d}y}$$

把脉动速度的混合长表达式代入紊流切应力的表达式(4.25),有

$$\tau = -\rho \overline{v_x' v_y'} = \rho l_1 l_2 \left(\frac{\mathrm{d}v_x}{\mathrm{d}y}\right)^2 \tag{4.31}$$

这里出现了两个混合长的未知量 l_1 和 l_2,可以合并成一个新的混合长未知量 l,于是紊流切应力的混合长表达式为

$$\tau = \rho l^2 \left(\frac{\mathrm{d}v_x}{\mathrm{d}y}\right)^2 \tag{4.32}$$

下面研究紊流的速度分布。采用管道的壁面坐标 Oxy,其中 x 沿着管道壁面,y 沿着管道壁面的法向。管流切应力分布式(4.30)采用了 r 坐标,很明显,两者的关系为 $r_0 = r + y$。

根据实验测量资料,普朗特认为,圆管紊流的混合长具有如下的形式:

$$l = ky\sqrt{1 - \frac{y}{r_0}} \tag{4.33}$$

式中,l 为混合长;k 为卡门实验常数,$k = 0.4$;y 为壁面法向坐标,参见图 4.8;r_0 为管道的半径。将式(4.30)和式(4.32)联立,得

$$\tau = \tau_0 \left(1 - \frac{y}{r_0}\right) = \rho (ky)^2 \left(1 - \frac{y}{r_0}\right) \left(\frac{\mathrm{d}v_x}{\mathrm{d}y}\right)^2$$

化简,得

$$\tau_0 = \rho (ky)^2 \left(\frac{\mathrm{d}v_x}{\mathrm{d}y}\right)^2 \tag{4.34}$$

前面曾用摩擦速度来表示壁面切应力,即 $\tau_0 = \rho v_*^2$,于是,式(4.34)可以写成

$$\frac{\mathrm{d}v_x}{v_*} = \frac{\mathrm{d}y}{ky} \tag{4.35}$$

积分,得紊流速度分布的一般表达式为

$$\frac{v_x}{v_*} = \frac{1}{k}\ln y + C \tag{4.36}$$

这是一个对数表达式。大量的实验资料表明,紊流速度分布的对数式与测量结果相符。式中的积分常数要根据流动的具体情况确定。对于水力光滑紊流,速度分布的表达式为

$$\frac{v_x}{v_*} = 2.5\ln\frac{v_* y}{\nu} + 5.5 \tag{4.37}$$

对于水力粗糙紊流,速度分布表达式为

$$\frac{v_x}{v_*} = 2.5\ln\frac{y}{\Delta} + 8.5 \tag{4.38}$$

由式(4.28)和式(4.37)还可以求出黏性底层厚度的表达式。

当 $y=\delta$（层流和紊流区的分界点）时，式（4.28）和式（4.37）应该相等，即

$$\frac{v_* \delta}{\nu} = 2.5\ln \frac{v_* \delta}{\nu} + 5.5 \qquad (4.39)$$

利用牛顿迭代法可以求解方程（4.39）。迭代式为

$$x = x_0 - \frac{f(x_0)}{f'(x_0)}$$

式中的函数方程及其导数分别为

$$f(x) = 2.5\ln x + 5.5 - x, \quad f'(x) = \frac{2.5}{x} - 1$$

由于 $f(11)=0.5$，$f(12)=-0.3$，方程的解介于 11 和 12 之间。设初值 $x_0=11.5$，二次迭代后得 $x=11.63505667$，误差为 4×10^{-10}，足够精确。因此

$$\frac{v_* \delta}{\nu} = 11.635$$

故

$$\delta = 11.635 \frac{\nu}{v_*} \qquad (4.40)$$

在 4.1 节曾经说明沿程损失因数与壁面切应力有直接关系。将 $\tau_0=\rho v_*^2$ 代入式（4.11），得

$$\left(\frac{v_*}{v}\right)^2 = \frac{\lambda}{8} \qquad (4.41)$$

于是，式（4.40）可以写成

$$\delta = 11.635 \frac{\nu}{vd}\mathrm{d}\frac{v}{v_*} = 11.635\frac{\nu}{vd}\mathrm{d}\sqrt{\frac{8}{\lambda}}$$

化简，得

$$\delta = 32.9\frac{d}{Re\sqrt{\lambda}} \qquad (4.42)$$

这就是黏性底层厚度的公式。

紊流速度分布的对数形式比较复杂，应用起来很不方便。为方便工程应用，普朗特用幂指数形式表示紊流速度分布，即

$$\frac{v_x}{v_{\max}} = \left(\frac{y}{r_0}\right)^n = \left(1-\frac{r}{r_0}\right)^n \qquad (4.43)$$

式中，$v_{\max}$ 是管轴线上的速度，r_0 是管道半径，y 是测点到壁面的距离，r 是测点到管轴线的距离。n 的值与雷诺数有关（见表 4.1）。利用紊流速度的指数式（4.43），根据定义容易算出截面平均速度、动能修正系数 α 和动能修正系数 β，它们的表达式为

$$\begin{cases} \dfrac{v}{v_{\max}} = \dfrac{2}{(n+1)(n+2)} \\[2mm] \alpha = 2\left[\dfrac{(n+1)(n+2)}{2}\right]^3\dfrac{1}{(3n+1)(3n+2)} \\[2mm] \beta = 2\left[\dfrac{(n+1)(n+2)}{2}\right]^2\dfrac{1}{(2n+1)(2n+2)} \end{cases} \qquad (4.44)$$

表 4.1 列出各种雷诺数的计算结果。

表 4.1　紊流的平均速度、动能修正系数 α 和动能修正系数 β

Re	4×10^3	2.3×10^4	1.1×10^5	1.1×10^6	$>2\times10^6$
n	1/6	1/6.6	1/7	1/8.8	1/10
$v/v_{\max}$	0.791	0.807	0.817	0.850	0.866
α	1.077	1.065	1.058	1.039	1.031
β	1.027	1.023	1.020	1.013	1.011

4.6　沿程损失因数的经验公式

4.5 节导出了水力光滑紊流的速度分布表达式(见式(4.37))和水力粗糙紊流的速度分布表达式(见式(4.38)),这两个公式属于经验公式,都是对数分布式根据实验资料修正的结果。下面利用速度分布式导出沿程损失因数的经验公式。

从式(4.41)看出,只要算出平均速度,就可计算沿程损失因数。

截面平均速度的计算式为

$$v = \frac{1}{\pi r_0^2}\int_0^{r_0} v_x \cdot 2\pi r dr$$

经计算,水力光滑紊流平均速度 v 的表达式为

$$\frac{v}{v_*} = 2.5\ln\frac{v_* r_0}{\nu} + 1.75 \tag{4.45}$$

将式(4.41)代入式(4.45),得

$$\sqrt{\frac{8}{\lambda}} = 2.5\ln\frac{vr_0}{\nu}\sqrt{\frac{8}{\lambda}} + 1.75$$

将上式换成以 10 为底的对数并化简,得

$$\frac{1}{\sqrt{\lambda}} = 2.035\lg(Re\sqrt{\lambda}) - 0.913$$

经实验修正,得水力光滑紊流的沿程损失因数的经验公式,即

$$\frac{1}{\sqrt{\lambda}} = 2\lg(Re\sqrt{\lambda}) - 0.8 \tag{4.46}$$

同样的,利用水力粗糙的速度分布表达式,可以计算截面平均速度,进而导出沿程损失因数。计算的结果为

$$\frac{1}{\sqrt{\lambda}} = 2.035\lg\frac{r_0}{\Delta} + 1.679$$

经实验修正,得水力粗糙紊流的沿程损失因数的经验公式,即

$$\frac{1}{\sqrt{\lambda}} = 2\lg\frac{d}{2\Delta} + 1.74 \tag{4.47}$$

4.7　沿程损失因数的实验研究

　　1933 年,德国学者尼古拉兹(J. Nikuradse)发表了一篇著名的论文《粗糙管道里的流动规律》,介绍了关于沿程损失因数的实验结果。

　　尼古拉兹使用三种不同直径 d 的管子,在管道的内壁涂抹上一层中国产的漆(漆树漆),然后将三种颗粒直径为 Δ 的砂子贴在管壁上,得到了人工粗糙管道。砂子颗粒直径 Δ 称为管壁粗糙度,Δ 与管道直径 d 之比 Δ/d 称为管壁的相对粗糙度,其倒数 d/Δ 则称为相对光洁度。尼古拉兹选用相对光洁度 d/Δ 为 30、61、120、252、504、1014 的六种管道进行实验,雷诺数的变化范围是 $600 \sim 10^6$,并将实验结果绘制在的 $\lambda\text{-}Re$ 对数坐标上,得到六条实验曲线,称为尼古拉兹曲线,如图 4.9 所示。

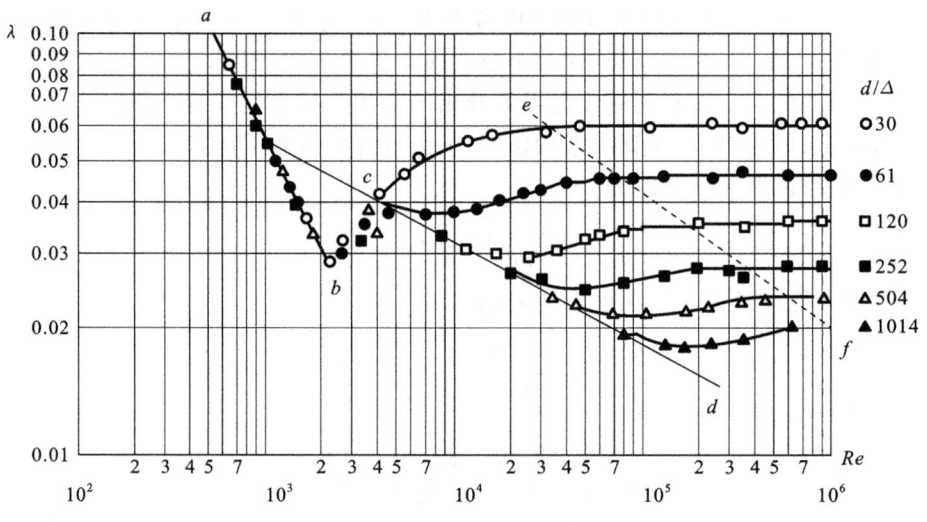

图 4.9　尼古拉兹曲线

　　尼古拉兹的六条实验曲线以 d/Δ 为参数,每条曲线不尽相同,但形状相似。现对这六条曲线的变化情况说明如下:

　　(1) 当 $Re < 2300$ 时,六条曲线的实验点都落在同一条直线 ab 上,这说明层流时沿程损失因数 λ 仅与雷诺数 Re 有关,与粗糙度无关。直线 ab 表示层流的沿程损失因数的理论公式 $\lambda = 64/Re$。点 b 的雷诺数就是临界雷诺数 2300。

　　(2) 当 $2300 < Re < 4000$ 时,流态从层流向紊流过渡,流动很不稳定,实验点落在 b、c 之间,分布很凌乱。

　　(3) 当 $Re > 4000$ 时,流态变为紊流,λ 与 Re 和 d/Δ 都有关系。例如,对于 $d/\Delta = 120$ 的管流,实验点先沿着斜线 cd 下滑一段距离,然后逐渐抬升。当雷诺数 Re 很大时,实验点落在水平线上,λ 与 Re 无关,仅与 d/Δ 有关。其他六条曲线也具有大致相同的变化规律。

为方便起见，人们将尼古拉兹曲线分为四个不同的区域。

层流区，即直线 ab。在此区域，不管粗糙度如何，λ 只与雷诺数 Re 有关。层流到紊流的过渡区，即 b、c 之间的区域。在此区域，流动不稳定，实验点很凌乱。

水力光滑区。六条实验曲线，都有一部分实验点落在斜线 cd 上。管壁越光滑，落在 cd 上的实验点越多，延伸的距离越长。斜线 cd 称为水力光滑区。当实验点落在水力光滑区时，紊流的黏性底层的厚度大于管壁粗糙物的高度，管壁粗糙物对紊流没有影响，λ 与粗糙度 Δ/d 无关，仅与雷诺数 Re 有关。

过渡粗糙区，即直线 cd 和 ef 所夹的区域。当实验点落在过渡粗糙区时，黏性底层和管壁粗糙物的高度大小相当。雷诺数越大，层流底层的厚度越小，管壁粗糙物凸入紊流区域的高度就越大，流动阻力越大，沿程损失因数也就越大。

水力粗糙区，即直线 ef 右边的区域。当实验点落在水力粗糙区时，壁面粗糙物完全凸入紊流区，层流底层的厚度变得很小。影响阻力损失的因素只有壁面粗糙度，λ 只与 Δ/d 有关，与雷诺数无关，实验曲线变成水平线。

根据尼古拉兹和其他学者的实验资料，人们提出许多沿程损失因数的经验公式，主要有：

层流区　$Re<2300$，经验公式为

$$\lambda=\frac{64}{Re}\quad(\text{理论})$$

水力光滑区　$4000<Re<80\dfrac{d}{\Delta}$，经验公式为

$$\lambda=\frac{0.3164}{Re^{0.25}},\quad Re=4000\sim10^{5}\quad(\text{勃拉修斯公式})\tag{4.48a}$$

$$\frac{1}{\sqrt{\lambda}}=2\lg(Re\sqrt{\lambda})-0.8,\quad Re=5\times10^{4}\sim5\times10^{6}\quad(\text{普朗特公式})\tag{4.48b}$$

过渡粗糙区　$80\dfrac{d}{\Delta}<Re<4160\times\left(\dfrac{d}{2\Delta}\right)^{0.85}$，经验公式为

$$\frac{1}{\sqrt{\lambda}}=-2\lg\left(\frac{\Delta}{3.7d}+\frac{2.51}{Re\sqrt{\lambda}}\right)\quad(\text{柯列勃洛克公式})\tag{4.49}$$

水力粗糙区　$Re>4160\left(\dfrac{d}{2\Delta}\right)^{0.85}$，经验公式为

$$\frac{1}{\sqrt{\lambda}}=2\lg\frac{d}{2\Delta}+1.74\quad(\text{尼古拉兹公式})$$

尼古拉兹的实验结果有很高的理论价值。但是工业管道的粗糙度与尼古拉兹的人工粗糙管有很大的差别，因此尼古拉兹的人工粗糙管的实验资料不能直接应用于工程实际。1939 年，美国工程师柯列勃洛克（C. F. Colebrook）用工业管道进行实验，

并比对尼古拉兹曲线,得出了各种工业管道的管壁粗糙度 Δ,如表 4.2 所示。

表 4.2　工业管道的管壁粗糙度

管道材料		Δ/mm
玻璃管		0.001
无缝钢管	新	0.014
	旧	0.20
焊接钢管	新	0.06
	旧	1.0
镀锌铁管	新	0.15
	旧	0.50
铸铁管	新	0.3
	旧	1.0~1.2
水泥管		0.5

柯列勃洛克还做了一件有意义的工作,他把水力光滑紊流的沿程损失因数的公式改写为

$$\frac{1}{\sqrt{\lambda}} = -2\lg\left(\frac{2.51}{Re\sqrt{\lambda}}\right)$$

又把水力粗糙紊流的尼古拉兹公式改写为

$$\frac{1}{\sqrt{\lambda}} = -2\lg\left(\frac{\Delta}{3.7\Delta}\right)$$

为了同时考虑管壁粗糙度和雷诺数的影响,柯列勃洛克把这两个式子简单地加在一起,得到

$$\frac{1}{\sqrt{\lambda}} = -2\lg\left(\frac{\Delta}{3.7\Delta} + \frac{2.51}{Re\sqrt{\lambda}}\right)$$

这个式子称为柯列勃洛克公式。后来的工程实践表明,柯列勃洛克公式对于工业管道的紊流过渡粗糙区和水力粗糙区还比较适用,因此,目前工程上广泛使用柯列勃洛克公式。为了方便计算,1944 年美国工程师莫迪(L. F. Moody)将柯列勃洛克公式绘制成曲线,称为莫迪图(见图 4.10)。在实际使用中,沿程损失因数可以在莫迪图上查取,也可以用柯列勃洛克公式迭代计算。

上述介绍的实验结果和经验公式,反映了 20 世纪的实验研究成果。当时的管道多为铸铁管和钢管。目前,工程上使用的管道中的很大部分是塑料管。塑料管比较光滑,沿程水头损失因数比较小,上面介绍的经验公式不适用。工程上的管道流动多数属于水力光滑紊流。有人进行过相应的实验研究,所得到的塑料管沿程损失因数的经验公式为

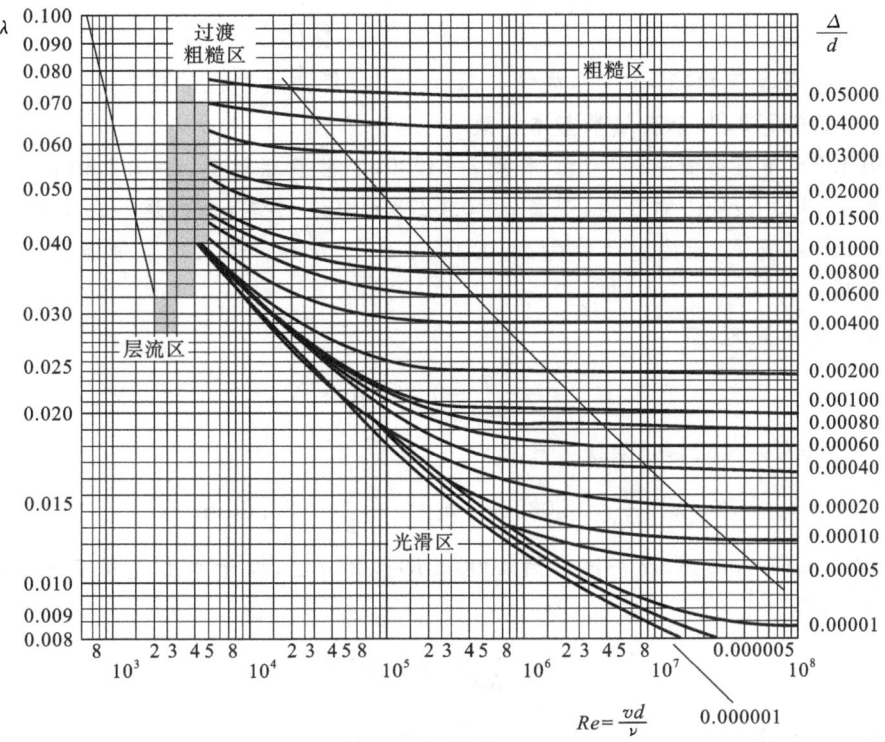

图 4.10　莫迪图

$$\lambda = \frac{0.88}{Re^{1/3}} \tag{4.50}$$

例 4.6　已知水管的直径 $d = 100$ mm,水流量 $q = 0.01$ m³/s,水的运动黏度 $\nu = 10^{-6}$ m²/s,管壁的相对粗糙度 $\Delta/d = 0.001$。求沿程损失因数 λ。

解　用查表法和计算法求 λ 的值。先求流速,有

$$v = \frac{4q}{\pi d^2} = 1.273 \text{ m/s}$$

雷诺数为

$$Re = \frac{vd}{\nu} = 127324$$

由雷诺数查莫迪图,得 $\lambda = 0.022$。

本题也可以用柯列勃洛克公式计算。根据已知数据,柯列勃洛克公式可以写为

$$\frac{1}{\sqrt{\lambda}} = -2\lg\left(a + \frac{b}{\sqrt{\lambda}}\right)$$

式中,$a = 2.7 \times 10^{-4}$,$b = 2 \times 10^{-5}$。设 $x = 1/\sqrt{\lambda}$,则有

$$f(x) = x + 2\lg(a + bx) = 0$$

用牛顿迭代法求方程的解,迭代式为

$$x = x_0 - \frac{f(x_0)}{f'(x_0)}, \quad f'(x) = 1 + \frac{2}{\ln 10} \cdot \frac{b}{a + bx}$$

对于一般的管道流动，$\lambda \approx 0.03$，故设初解 $x_0 = 6$。经两次迭代后得到 $x = 6.783647$，因此，$\lambda = 0.02173$，与查表结果基本一致。

例 4.7　用直径 $d = 200$ mm、长度 $l = 3000$ m、管壁粗糙度 $\Delta = 0.2$ mm 的管道输送密度 $\rho = 900$ kg/m^3 的石油，流量 $q = 0.0278$ m^3/s。冬季，油的运动黏度 $\nu = 1.092 \times 10^{-4}$ m^2/s，夏季，油的运动黏度 $\nu = 0.355 \times 10^{-4}$ m^2/s。试求这条输油管的沿程水头损失 h_f。

解　先求流速，有

$$v = \frac{4q}{\pi d^2} = 0.885 \text{ m/s}$$

冬季，$Re = vd/\nu = 1621$，属层流。于是

$$\lambda = \frac{64}{Re} = 0.0395, \quad h_f = \lambda \frac{l}{d} \frac{v^2}{2g} = 23.66 \text{ m}$$

夏季，$Re = vd/\nu = 4986$，属紊流。因 $4000 < Re < 80d/\Delta$，属于水力光滑紊流，由勃拉修斯公式，得

$$\lambda = \frac{0.3164}{Re^{1/4}} = 0.0377$$

故沿程水头损失为

$$h_f = \lambda \frac{l}{d} \frac{v^2}{2g} = 22.58 \text{ m}$$

例 4.8　某水管为塑料管，直径 $d = 250$ mm，长度 $l = 1000$ m，水温为 20 ℃，水流量 $q = 0.05$ m^3/s。求此段水管的沿程水头损失。

解　流速为

$$v = \frac{4q}{\pi d^2} = 1.019 \text{ m/s}$$

查表 1.1 得到 20 ℃时水的运动黏度 $\nu = 1.007 \times 10^{-6}$ m^2/s。雷诺数为

$$Re = \frac{vd}{\nu} = 252979$$

按式(4.50)计算塑料管的沿程损失因数为

$$\lambda = \frac{0.88}{Re^{1/3}} = 0.0139$$

故沿程水头损失为

$$h_f = \lambda \frac{l}{d} \frac{v^2}{2g} = 2.943 \text{ m}$$

4.8　局部水头损失

在不可压缩流体的一元流动中，当流体流经某种局部障碍，或是流动边界形状发

生突变、弯曲,就会出现旋涡,引起机械能的损失。这种发生在局部的水头损失称为**局部水头损失**。

1. 局部水头损失产生的原因

局部水头损失出现在壁面形状发生突变,或者是流向急剧变化的地方。局部损失和沿程损失一样,对不同的流态呈现出不同的规律。工程上的流态绝大部分为紊流,因此,这里只讨论紊流状态的局部损失。

壁面形状发生突变,会产生大量的旋涡,耗散流体的机械能,这是局部水头损失的一个重要原因。如图 4.11 所示,流体流经阀门、截面突扩、管道弯曲等边界形状发生变化的管段时,会出现边界层的分离现象(边界层及其分离的概念详见第 6 章),产生无数大大小小的旋涡。这些旋涡互相摩擦,激烈碰撞,消耗了流体的机械能。被消耗的机械能不可逆地变成了热能。

图 4.11　边壁形状变化的旋涡区　　　　　　　　　　图 4.12　二次流

局部水头损失产生的另一个原因是二次流。如图 4.12 所示,流体流经弯道时,流线弯曲。受到离心力的作用,流体向弯道外侧运动,到达外侧边缘时,沿着截面中线返折,形成横截面上的环形运动,称为二次流。这种二次流耗散了主流的机械能,产生局部水头损失。

2. 局部水头损失因数

局部水头损失产生的机理十分复杂,目前仍然不能用严格的理论分析方法确定局部水头损失因数的值,只能用实验方法测量各种局部水头损失,总结出一些局部水头损失因数的经验公式。局部水头损失用式(4.7)表示,式中的速度水头,是指局部损失下游的速度水头。这里有一个特例:如果下游的速度为零(例如水从水管出口流入水池,水管出口处有局部水头损失,且水管出口下游的流速,即水池的流速为零),这种情况下局部水头损失公式(4.7)则用上游的速度水头。

下面介绍常见的局部水头损失因数的经验公式。

1)截面突然扩大

图 4.13 所示的截面突然扩大的管道称为突扩管。研究表明,突扩管的局部水头损失等于其上、下游速度差的水头,即

$$h_j = \frac{(v_2 - v_1)^2}{2g} \qquad (4.51)$$

局部水头损失一般用下游的速度 v_2 表示,即

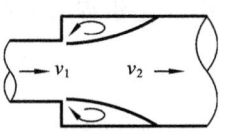

图 4.13　突扩管

$$h_j = \left(\frac{A_2}{A_1} - 1\right)^2 \frac{v_2^2}{2g} = \zeta \frac{v_2^2}{2g}$$

$$\zeta = \left(\frac{A_2}{A_1} - 1\right)^2 \tag{4.52}$$

如果下游的速度 v_2 等于零,例如水从水管出口流入水池,则局部水头瞬时用上游的速度 v_1 表示,即

$$h_j = \zeta \frac{v_1^2}{2g}, \quad \zeta = 1$$

2)截面逐渐扩大

图 4.14 所示的在一定的长度内截面逐渐扩大的管道称为渐扩管。渐扩管的水头损失包含流程的沿程水头损失。局部水头损失的经验公式为

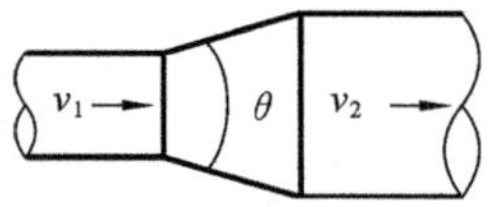

图 4.14　渐扩管

$$h_j = \zeta \frac{v_2^2}{2g} \tag{4.53}$$

$$\zeta = k\left(\frac{A_2}{A_1} - 1\right)^2 + \frac{\lambda}{8}\cot\frac{\theta}{2}\left[\left(\frac{A_2}{A_1}\right)^2 - 1\right]$$

式中,λ 是沿程水头损失因数。k 的值与扩散角度 θ 有关:

θ	8°	10°	12°	15°	20°	25°
k	0.14	0.16	0.22	0.30	0.42	0.62

3)截面突然缩小

图 4.15 所示的截面突然缩小的管道称为突缩管。在突缩处的下游会出现很大的旋涡区。突缩管的局部损失因数为

$$\zeta = 0.5\left(1 - \frac{A_2}{A_1}\right) \tag{4.54}$$

4)截面逐渐缩小

图 4.16 的在一定长度内截面逐渐缩小的管道称为渐缩管。渐缩管的水头损失也包含沿程水头损失,经验公式为

$$h_j = \zeta \frac{v_2^2}{2g}$$

$$\zeta = k\left(\frac{1}{\varepsilon} - 1\right)^2 + \frac{\lambda}{8}\cot\frac{\theta}{2}\left[1 - \left(\frac{A_2}{A_1}\right)^2\right] \tag{4.55}$$

$$\varepsilon = 0.57 + \frac{0.043}{1.1 - A_2/A_1}$$

式中,λ 是沿程水头损失因数。k 的值与扩散角度 θ 有关:

θ	10°	20°	40°	80°	100°	140°
k	0.40	0.25	0.20	0.30	0.40	0.60

5)圆管弯管

图 4.17 所示为圆管弯管,其局部水头损失因数与曲率半径 R 和管道的直径 d

以及弯角 θ 有关：

$$\zeta_\theta = \alpha \zeta_{90^\circ}$$

$$\zeta_{90^\circ} = [0.20 + 0.001 \times (100\lambda)^3] \sqrt{\frac{d}{R}} \tag{4.56}$$

$$\alpha = \begin{cases} \sin\theta, & \theta < 90^\circ \\ 0.7 + 0.35\dfrac{\theta}{90^\circ}, & \theta > 90^\circ \end{cases}$$

局部损失的形式很多，这里只提到几种，其他的局部损失因数的经验公式请参阅有关的计算手册。

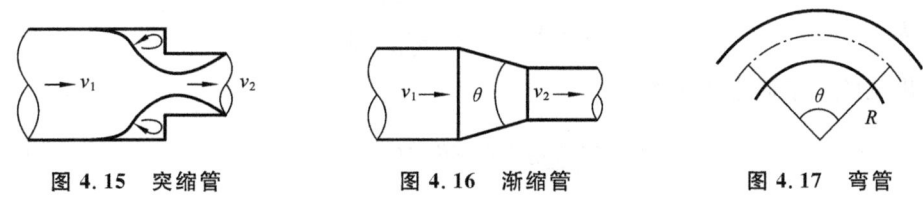

图 4.15　突缩管　　　　　图 4.16　渐缩管　　　　　图 4.17　弯管

4.9　工程应用举例

现将工程中的一元黏性流动（管流）归纳为几种典型流动，应用连续性方程、伯努利方程计算流动参数。

1. 孔口和管嘴出流

如图 4.18(a)所示，水箱侧面下方开一个直径为 d 的小孔，水面到孔口中心的高差 h 称为孔口的作用水头。设 h 保持不变，下面研究孔口出流的速度和流量。

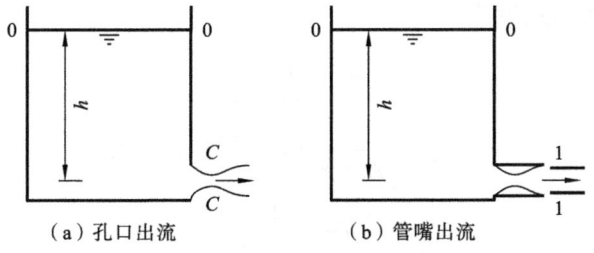

（a）孔口出流　　　　　（b）管嘴出流

图 4.18　孔口和管嘴出流

求速度的有效办法是应用总流的伯努利方程。对总流的两个截面应用伯努利方程时，这两个截面必须处在渐变流中，而且已知参数尽量地多。从图 4.18 看出，水面 0—0 是一个过流截面，流线竖直，流线的曲率半径无限大，其压强为大气压，其速度很小，可视为零。此外，水流流经孔口，过流截面先流线型地收缩，然后流线型地扩散。最小截面 C—C 的流线曲率半径很大，可视为渐变流。可见，截面 0—0 和 C—C 都处在渐变流中。最小截面 C—C 的面积 A_C 比孔口的面积 A 小。比值 $\varepsilon = A_C/A$ 称

为孔口出流的面积收缩系数。流体流出孔口时,出现局部水头损失。对水面 0—0 和截面 C—C 应用伯努利方程,则有

$$z_0 + \frac{p_0}{\rho g} + \alpha \frac{v_0^2}{2g} = z_C + \frac{p_C}{\rho g} + (\alpha + \zeta) \frac{v_C^2}{2g}$$

式中, z_C 是截面 C—C 中心点的高程(基准面可取为任一水平面), $z_0 - z_C = h$, p_C 是截面 C—C 中心点的压强。由于截面 C—C 的尺度不大,其中心点的压强近似等于大气压, $p_C = p_a$,因此,孔口出流的速度为

$$v_C = \sqrt{\frac{2gh}{\alpha + \zeta}}$$

流量为
$$q = A_C v_C = \varepsilon A \sqrt{\frac{2gh}{\alpha + \zeta}}$$

孔口出流的流量通常表示为

$$q = \frac{\varepsilon}{\sqrt{\alpha + \zeta}} A \sqrt{2gh} = \mu A \sqrt{2gh} \tag{4.57}$$

$$\mu = \frac{\varepsilon}{\sqrt{\alpha + \zeta}}$$

式中, μ 为孔口出流的流量系数。根据实验,孔口出流的流量系数 $\mu = 0.62$ 。

图 4.18(b)所示为管嘴出流。所谓管嘴,是指管道长度约为 5 倍直径的短管。管嘴出流时过流截面也是先收缩后扩散,管嘴出流的最小截面在管嘴内部。对水面 0—0 和管嘴出口截面应用伯努利方程,有

$$z_0 + \frac{p_0}{\rho g} + \alpha \frac{v_0^2}{2g} = z_1 + \frac{p_1}{\rho g} + (\alpha + \zeta) \frac{v_1^2}{2g}$$

由此算出管嘴出流的速度为

$$v_1 = \sqrt{\frac{2gh}{\alpha + \zeta}}$$

流量为
$$q = A v_1 = \frac{1}{\sqrt{\alpha + \zeta}} A \sqrt{2gh} = \mu A \sqrt{2gh} \tag{4.58}$$

$$\mu = \frac{1}{\sqrt{\alpha + \zeta}}$$

式中, A 是管嘴的横截面面积, μ 是管嘴出流的流量系数。根据实验, $\mu = 0.82$ 。孔口出流比管嘴出流的流量系数大些,这是因为管嘴出流的收缩截面在管嘴内部,会造成管嘴出现真空,有利于出流。

2. 串联管路和并联管路

串联管路是指各种不同直径的管道依次连接而成的管路。图 4.19 所示的出水管路

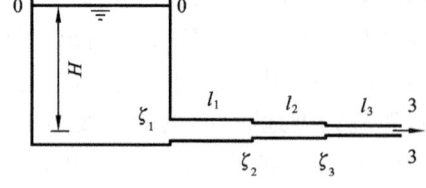

图 4.19　串联管路

由三段组成,属串联管路。对水面和管路出口截面 3—3 应用伯努利方程,有

$$z_0 + \frac{p_0}{\rho g} + \alpha \frac{v_0^2}{2g} = z_3 + \frac{p_3}{\rho g} + \alpha \frac{v_3^2}{2g} + h_w$$

基准面可以取为任一水平面,高差 $z_0 - z_3 = H$ 就是管路的作用水头。p_0 为当地大气压,v_0 可视为零。出口截面 3—3 上,p_3 可视为大气压。因此,上式可改写为

$$H = \frac{v_3^2}{2g} + \left(\lambda_1 \frac{l_1}{d_1} + \zeta_1\right)\frac{v_1^2}{2g} + \left(\lambda_2 \frac{l_2}{d_2} + \zeta_2\right)\frac{v_2^2}{2g} + \left(\lambda_3 \frac{l_3}{d_3} + \zeta_3\right)\frac{v_3^2}{2g}$$

利用连续性方程

$$q = v_1 A_1 = v_2 A_2 = v_3 A_3$$

得

$$H = \frac{v_3^2}{2g}\left[\left(\lambda_1 \frac{l_1}{d_1} + \zeta_1\right)\left(\frac{A_3}{A_1}\right)^2 + \left(\lambda_2 \frac{l_2}{d_2} + \zeta_2\right)\left(\frac{A_3}{A_2}\right)^2 + 1 + \lambda_3 \frac{l_3}{d_3} + \zeta_3\right]$$

从以上分析可看出,串联管路有如下特点:如果一条管路由 n 条管段串联而成,则管路的水头损失等于各条管段水头损失之和,管路中每条管段的流量都相等。用数学式表达如下:

$$h_w = h_{w1} + h_{w2} + \cdots + h_{wn}$$
$$q = q_1 = q_2 = \cdots = q_n$$

(4.59)

图 4.20 的管路,主干管在 A 处分叉成三路,在 B 处又汇合起来,构成并联管路。在工程实际中,如果管道很长,以致沿程水头损失远远大于局部水头损失,那么,局部水头甚至速度水头相对于沿程水头来说都很小,可以忽略不计,这种管路称为长管。通常,并联管路按长管处理。

并联管路的一个特点,是并联管路的每一支管的水头损失都相等,下面证明这个结论。

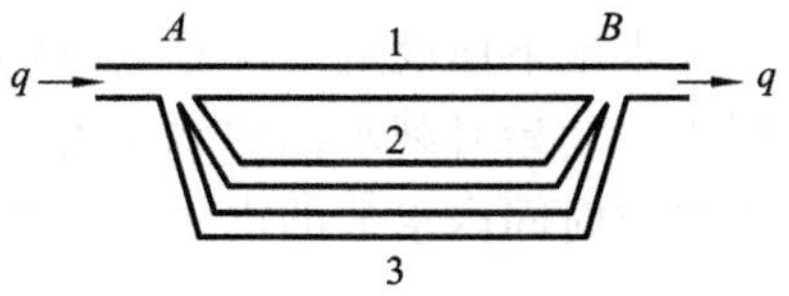

对于图 4.20 的支管 1 应用伯努利方程

$$z_A + \frac{p_A}{\rho g} + \alpha \frac{v_1^2}{2g} = z_B + \frac{p_B}{\rho g} + \alpha \frac{v_1^2}{2g} + h_{f1}$$

图 4.20　并联管路

得支管 1 的沿程水头损失为

$$h_{f1} = z_A - z_B + \frac{p_A - p_B}{\rho g}$$

同样,对支管 2 和支管 3 应用伯努利方程,得

$$h_{f2} = z_A - z_B + \frac{p_A - p_B}{\rho g}$$

$$h_{f3} = z_A - z_B + \frac{p_A - p_B}{\rho g}$$

可见三根支管的水头损失都相等。

如果一条管路由 n 条管段并联而成,则每条并联管段的水头损失都相等,管路的水头损失就等于其中一条并联管段的水头损失,管路的流量等于各条并联管段流量

的和。用数学式表达如下:

$$h_w = h_{w1} = h_{w2} = \cdots = h_{wn}$$
$$q = q_1 + q_2 + \cdots + q_n \tag{4.60}$$

3. 变水位出流

上面述及的出流水位均保持不变,属于定常出流。如果在出流过程中水位不断下降,则称之为变水位出流。变水位出流属于非定常出流,流体运动的加速度不为零。但如果水位的变化缓慢,流体的加速度很小可以略去不计。在这种情况下,定常的伯努利方程仍可使用。

先研究图 4.18(a) 的孔口变水位出流问题。设水池的底面面积为 A_0,孔口的截面积为 A。初始时刻,水池的水深为 H。孔口出流过程中,水位是随时间变化的,设某时刻的水位为 $h(t)$。孔口的流量为

$$q = \mu A \sqrt{2gh(t)}$$

孔口的流量等于单位时间内水池的水体积的减小量,即

$$q = \mu A \sqrt{2gh(t)} = -\frac{\mathrm{d}h}{\mathrm{d}t} A_0$$

由定积分

$$\int_0^T \mathrm{d}t = -\frac{A_0}{\mu A \sqrt{2g}} \int_H^0 \frac{\mathrm{d}h}{\sqrt{h(t)}}$$

得水池泄空的时间为

$$T = \frac{2A_0}{\mu A} \frac{\sqrt{H}}{\sqrt{2g}}$$

在水池下面设置出水管,管道截面积为 A,长度为 l,沿程损失因数为 λ,不计局部损失。初始时刻水池的水深为 H,出流时,某瞬间水池的水深为 $h(t)$。水管流量等于单位时间内水池的水体积的减小量,即

$$q = A \sqrt{\frac{2gh(t)}{1 + \lambda \dfrac{l}{d}}} = -\frac{\mathrm{d}h}{\mathrm{d}t} A_0$$

由定积分

$$\int_0^T \mathrm{d}t = -\frac{A_0}{A} \sqrt{\frac{1 + \lambda \dfrac{l}{d}}{2g}} \int_H^0 \frac{\mathrm{d}h}{\sqrt{h}}$$

得水池泄空的时间为

$$T = \frac{2A_0}{A} \frac{\sqrt{H}}{1} \sqrt{\frac{1 + \lambda \dfrac{l}{d}}{2g}}$$

例 4.9 如图 4.19 所示的串联出水管路由 3 根管段连接而成,各管段的长度分别为 $l_1 = 12$ m、$l_2 = 15$ m、$l_3 = 10$ m,直径分别为 $d_1 = 300$ mm、$d_2 = 250$ mm、$d_3 = 200$ mm,沿程损失因数分别为 $\lambda_1 = 0.022$、$\lambda_2 = 0.0234$、$\lambda_3 = 0.0245$。已知水位 $H = 5$ m,

求水管的流量 q。

解　用式(4.54)计算各处截面突然缩小的局部损失因数,得

$$\zeta_1 = 0.5$$

$$\zeta_2 = 0.5 \times \left(1 - \frac{A_2}{A_1}\right) = 0.153$$

$$\zeta_3 = 0.5 \times \left(1 - \frac{A_3}{A_2}\right) = 0.18$$

对于水池的水面和管道出口应用伯努利方程和连续性方程,有

$$H = \frac{v_3^2}{2g}\left[\left(\lambda_1 \frac{l_1}{d_1} + \zeta_1\right)\left(\frac{A_3}{A_1}\right)^2 + \left(\lambda_2 \frac{l_2}{d_2} + \zeta_2\right)\left(\frac{A_3}{A_2}\right)^2 + 1 + \lambda_3 \frac{l_3}{d_3} + \zeta_3\right] = 3.315 \frac{v_3^2}{2g}$$

$$v_3 = 5.439 \text{ m/s}$$

$$q = v_3 A_3 = 0.171 \text{ m}^3/\text{s}$$

例 4.10　如图 4.21 所示,用直径 $d=150$ mm 的水管将两个水池连接。两池水面高差 $H=4$ m,管道长度 $l=20$ m,沿程损失因数 $\lambda=0.037$,管道有多处局部损失,总的局部损失因数 $\zeta=4.28$,求管道的水流量。

解　对两水池的水面应用伯努利方程。水面上的压强为大气压,速度为零,因而高差 H 等于水头损失,即

$$H = \left(\lambda \frac{l}{d} + \zeta\right)\frac{v^2}{2g}$$

因此

$$v = \sqrt{\frac{2gH}{\lambda \dfrac{l}{d} + \zeta}} = 2.918 \text{ m/s}$$

$$q = \frac{\pi d^2}{4} v = 0.0516 \text{ m}^3/\text{s}$$

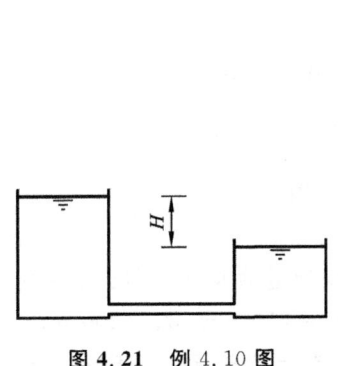

图 4.21　例 4.10 图

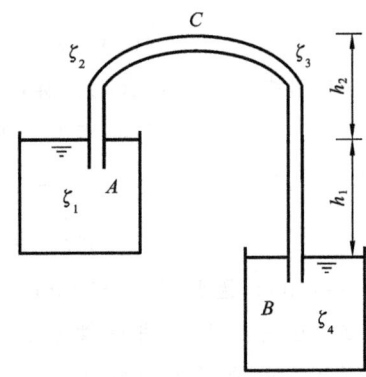

图 4.22　例 4.11 图

例 4.11　用图 4.22 的虹吸管将水从高位水池引入低位水池。虹吸管的直径 $d=100$ mm,总长度 $l=20$ m,其中 AC 段长度 $l_1=8$ m,CB 段长度 $l_2=12$ m。两个

水池的水面高差 $h_1 = 5$ m，虹吸管最高点 C 到高位水池水面的高差 $h_2 = 4$ m。管流的沿程损失因数 $\lambda = 0.04$，各处局部损失因数分别是 $\zeta_1 = 0.8, \zeta_2 = \zeta_3 = 0.9, \zeta_4 = 1$。试求虹吸管的流量，并求最高点 C 的真空压强。

解 对两池水面应用伯努利方程，有

$$h_1 = \left(\lambda \frac{l}{d} + \zeta_1 + \zeta_2 + \zeta_3 + \zeta_4\right)\frac{v^2}{2g} = 11.6\frac{v^2}{2g}$$

$$v = 2.908 \text{ m/s}$$

$$q = v\frac{\pi d^2}{4} = 0.02284 \text{ m}^3/\text{s}$$

对高位水池的水面和虹吸管最高截面 C 应用伯努利方程，有

$$\frac{p_a}{\rho g} = h_2 + \frac{p_C}{\rho g} + \frac{v^2}{2g} + \left(\lambda \frac{l_1}{d} + \zeta_1 + \zeta_2\right)\frac{v^2}{2g}$$

$$\frac{p_a - p_C}{\rho g} = h_2 + \left(1 + \lambda \frac{l_1}{d} + \zeta_1 + \zeta_2\right)\frac{v^2}{2g} = 6.543 \text{ m}$$

$$p_a - p_C = 64.17 \text{ kPa}$$

例 4.12 在图 4.21 中，两个水池水面高差 $H = 4$ m，管道长度 $l = 20$ m，沿程损失因数 $\lambda = 0.037$，总的局部损失因数 $\zeta = 4.28$，管道的设计流量 $q = 0.022$ m³/s。求管道的直径 d。

解 对两个水池的水面应用伯努利方程，有

$$H = \left(\lambda \frac{l}{d} + \zeta\right)\frac{1}{2g}\left(\frac{4q}{\pi d^2}\right)^2$$

代入数据，得

$$d^5 = (0.74 + 4.28d) \times 10^{-5}$$

设 $x = 10d$，则有

$$f(x) = x^5 - 0.428x - 0.74 = 0$$

方程 $f(x) = 0$ 用牛顿迭代法求近似解，有

$$f(x) = x^5 - 0.428x - 0.74 = 0$$

$$x = x_0 - \frac{f(x_0)}{f'(x_0)}$$

$$f'(x) = 5x^4 - 0.428$$

得近似解 $x = 1.034$，因此 $d = 103$ mm。

例 4.13 在图 4.20 的并联管路中，3 根并联管道的长度分别为 $l_1 = 500$ m、$l_2 = 800$ m、$l_3 = 1000$ m，直径分别为 $d_1 = 300$ mm、$d_2 = 250$ mm、$d_3 = 200$ mm，沿程损失因数分别为 $\lambda_1 = 0.028$、$\lambda_2 = 0.030$、$\lambda_3 = 0.032$。不计局部损失。已知主干管道的流量 $q = 0.28$ m³/s，求每根并联管的流量。

解 三根并联管道的水头损失相等，即

$$\lambda_1 \frac{l_1}{d_1} \frac{1}{2g} \left(\frac{4q_1}{\pi d_1^2} \right)^2 = \lambda_2 \frac{l_2}{d_2} \frac{1}{2g} \left(\frac{4q_2}{\pi d_2^2} \right)^2 = \lambda_3 \frac{l_3}{d_3} \frac{1}{2g} \left(\frac{4q_3}{\pi d_3^2} \right)^2$$

整理，得

$$\frac{q_2}{q_1} = \sqrt{\frac{\lambda_1 l_l}{\lambda_2 l_2} \left(\frac{d_2}{d_1} \right)^5} = 0.484$$

$$\frac{q_3}{q_1} = \sqrt{\frac{\lambda_1 l_l}{\lambda_3 l_3} \left(\frac{d_3}{d_1} \right)^5} = 0.240$$

利用连续性方程，得

$$q = q_1 + q_2 + q_3 = 1.724 q_1$$

$$q_1 = 0.58q = 0.1624 \ \text{m}^3/\text{s}$$

$$q_2 = 0.484 q_1 = 0.0786 \ \text{m}^3/\text{s}$$

$$q_3 = 0.24 q_1 = 0.039 \ \text{m}^3/\text{s}$$

例 4.14　水塔的输水管路如图 4.23 所示。管 1、2、3、4 的长度分别为 $l_1 = 800$ m、$l_2 = 400$ m、$l_3 = 600$ m、$l_4 = 500$ m，直径分别为 $d_1 = 100$ mm、$d_2 = 60$ mm、$d_3 = 80$ mm、$d_4 = 100$ mm。各管的沿程损失因数都是 $\lambda = 0.025$，不计局部损失。已知 $h = 20$ m，求各管道的水流量。

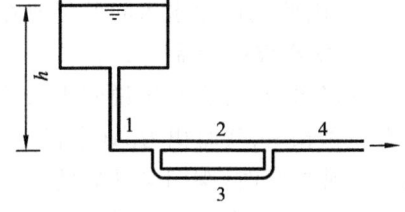

图 4.23　例 4.14 图

解　对水塔的水面和管路的出口截面应用伯努利方程，有

$$h = \frac{v_4^2}{2g} + h_{f1} + h_{f2} + h_{f4} \tag{1}$$

并联管路的水头损失相等，即

$$\lambda \frac{l_2}{d_2} \frac{1}{2g} \left(\frac{4q_2}{\pi d_2^2} \right)^2 = \lambda \frac{l_3}{d_3} \frac{1}{2g} \left(\frac{4q_3}{\pi d_3^2} \right)^2 \tag{2}$$

整理，得

$$\frac{q_3}{q_2} = \sqrt{\frac{l_2}{l_3} \left(\frac{d_3}{d_2} \right)^5} = 1.676$$

主干管的流量等于并联管道流量之和，有

$$q_1 = q_2 + q_3 = q_4 \tag{3}$$

由式(2)和式(3)得

$$q_1 = 2.676 q_2 = q_4 \tag{4}$$

由式(1)得

$$h = \frac{v_4^2}{2g} + h_{f4} \left(\frac{h_{f1}}{h_{f4}} + \frac{h_{f2}}{h_{f4}} + 1 \right)$$

$$= \frac{v_4^2}{2g} + h_{f4} \left[\frac{l_1}{l_4} \left(\frac{d_4}{d_1} \right)^5 \left(\frac{q_1}{q_4} \right)^2 + \frac{l_2}{l_4} \left(\frac{d_4}{d_2} \right)^5 \left(\frac{q_2}{q_4} \right)^2 + 1 \right]$$

$$= \frac{v_4^2}{2g} + 4.037 h_{f4} = (1 + 504.6) \frac{v_4^2}{2g}$$

$$v_4 = 0.88 \text{ m/s}$$
$$q_4 = v_4 A_4 = 6.912 \times 10^{-3} \text{ m}^3/\text{s}$$
$$q_2 = 0.374 q_1 = 2.585 \times 10^{-3} \text{ m}^3/\text{s}$$
$$q_3 = 1.676 q_2 = 4.332 \times 10^{-3} \text{ m}^3/\text{s}$$

4.10　管流中的水击

在工业管道中,为了调节流量,管道阀门常常需要开启或关闭。阀门的开启和关闭都有一个时间过程,这时,管内流体的速度、压强都会随着时间的变化而变化,形成非定常流动。本节研究阀门突然关闭时,管内液体的压强发生周期性变化,这种现象称为**水击**。发生水击现象时,液体的密度是变化的。前面各节所研究的都是不可压缩流体的运动,而本节要研究可压缩问题,与前面各章有明显的区别。但水击发生在管流中,因此我们把水击问题仍放在本章研究。

1. 水击波的传播

现以水池-管道系统说明水击的产生和传播的物理过程(见图 4.24)。设水池侧面有一条长 L、截面积为 A(半径为 r)的水平出流管道 MN。管道出口 N 处设有阀门。正常出流时,阀门是开启的,管内的水流速度处处为 v_0,压强为 p,水的密度处处为 ρ。水池的水很深。忽略阻力损失,管内各点的总水头线是一条与水池水面平齐的水平线。

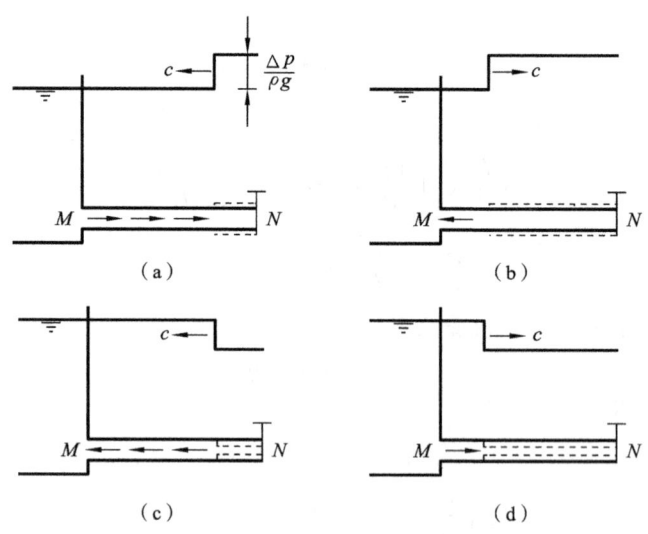

图 4.24　水击波的传播

(1) 如果初始时刻 $t=0$ 阀门突然关闭,则贴近阀门的流体立刻停止运动,速度从 v_0 变为零,压强从 p 升至 $p+\Delta p$,水的密度从 ρ 增大至 $\rho+\Delta\rho$,而且管壁发生膨胀,横截面面积从 A 增大至 $A+\Delta A$。此时,远离阀门的地方,流体仍然以速度 v_0 朝阀门方向运动,压强仍然维持为正常压强 p。随着时间的推移,受到压缩的区域,即高压区,逐渐向上游扩展。管内流体的压强突然升高的现象称为水击,高压区和常压区的分界面称为**水击波的波面**,水击波的波面扩展的速度称为**水击波传播速度**,记为 c,压强升高部分 Δp 称为水击压强,如图 4.24(a)所示。

(2) 在时刻 $t=L/c$,水击波到达管道入口 M 处。这时,整个管道的流速都为零,压强皆为高压 $p+\Delta p$。在截面 M 上,右方的压强高于左方的压强,在压差的驱动下,M 处的流体必然向左运动,速度为 v_0。由于流体作反向运动,M 处附近的区域的压强将从高压 $p+\Delta p$ 降至常压 p,流体密度将从 $\rho+\Delta\rho$ 降低至 ρ,管道横截面面积从 $A+\Delta A$ 恢复至 A。随着时间的推移,常压区逐渐向右方扩展,水击波以波速 c 向右方运动,如图 4.24(b)所示。

(3) 在时刻 $t=2L/c$,水击波到达阀门 N 处,此时整个管道的流体都以速度 v_0 向左运动。管内的压强、流体密度、管道横截面面积都恢复为常值 p、ρ、A。由于阀门 N 已经关闭,没有流体补充,N 处附近的流体被迫停止倒流,于是阀门附近流体密度从 ρ 减小至 $\rho-\Delta\rho$,压强立刻降下来,从 p 降至 $p-\Delta p$,管壁也收缩,截面积 A 减小至 $A-\Delta A$。随着时间的推移,低压区逐渐向左扩展,水击波以速度 c 向左传播,如图 4.24(c)所示。

(4) 在时刻 $t=3L/c$,水击波到达 M 处。这时,整个管道的流速皆为零,压强皆为低压 $p-\Delta p$,管道收缩,横截面面积为 $A-\Delta A$。在管道入口 M 处,左侧压强高于右侧压强,于是,流体以速度 v_0 向右运动。由于管流得到了来自水池的流体的补充,管道入口 M 的附近,密度恢复至 ρ,压强恢复至 p,横截面面积恢复至 A。随着时间推移,常压区逐渐向右方扩展,水击波以速度 c 向右传播,如图 4.24(d)所示。

在时刻 $t=4L/c$,水击波返回到了阀门 N 处。整个管道的流动恢复回初始状态。

由水击波的传播过程看出,管道任一截面上的压强忽高忽低,发生周期性的变化。

2. 水击压强 Δp 和水击波传播速度 c

水击波的传播过程是一个非定常问题。如果采用随波面一起运动的动坐标系,则在此动坐标上观察到的流动是定常流动。对于图 4.24(a)所示的水击波传播的第一阶段,水击波向左传播。波前,流体速度为 v_0,压强为 p,水的密度 ρ,管道横截面面积为 A;波后,流体速度为零,压强为 $p+\Delta p$,水的密度 $\rho+\Delta\rho$,管道横截面面积为 $A+\Delta A$。取图 4.25所示的波面动坐标系 Oxy,并取一个波面控制体(图中虚线所示)。站在波面上观察,流体以速度 $c+v_0$ 从表面1—1流入控制体,以速度 c 从表面2—2流出控

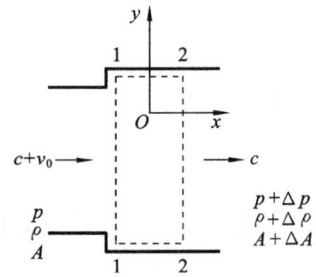

图 4.25　水击波面控制体

制体。

由连续性方程

$$\rho q = \rho(c + v_0)A = (\rho + \Delta\rho)c(A + \Delta A) \tag{4.61}$$

略去二阶微量,得

$$\frac{v_0}{c} = \frac{\Delta\rho}{\rho} + \frac{\Delta A}{A} \tag{4.62}$$

由动量方程

$$p(A + \Delta A) - (p + \Delta p)(A + \Delta A) = \rho q[c - (c + v_0)] \tag{4.63}$$

将 $\rho q = (\rho + \Delta\rho)c(A + \Delta A)$ 代入上式并化简,得

$$\Delta p = \left(1 + \frac{\Delta\rho}{\rho}\right)\rho c v_0$$

由于 $\Delta\rho/\rho \ll 1$,因此

$$\Delta p = \rho c v_0 \tag{4.64}$$

这就是水击压强的计算公式。

为了推导水击波传播速度 c 的公式,先研究连续性方程(4.62)中的 $\Delta\rho$ 和 ΔA 与 Δp 的关系。

密度变化必然引起压强变化。根据体积模量 K 的定义式(1.6),有

$$\frac{\Delta\rho}{\rho} = \frac{\Delta p}{K}$$

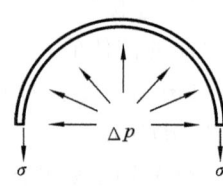

图 4.26　管壁受力

管道内流体压强的增大会使管壁膨胀,引起截面面积增大。截取单位长度管段进行受力分析。用一个经过管轴线的平面将管的横截面切开成两半,只进行水击压强 Δp 所对应的受力分析。如图 4.26 所示,管内作用着压强 Δp,管壁发生膨胀,于是管壁受拉伸,产生拉应力 σ。设管道直径为 D,管段长度为 l,管壁厚度为 δ,则静力平衡方程为

$$lD\Delta p = 2\sigma\delta l$$

另一方面,管壁受到的拉应力 σ 与管壁的应变有关,$\sigma = E\varepsilon$。E 是管壁材料的弹性模量,ε 是管壁的应变,即管道横截面的周长的伸长率。圆周长 $C = 2\pi r$,伸长率为

$$\varepsilon = \frac{\Delta C}{C} = \frac{\Delta r}{r}$$

圆面积 $A = \pi r^2$,半径变化势必引起截面面积变化,有

$$\frac{\Delta A}{A} = \frac{2\Delta r}{r} = 2\varepsilon$$

建立压强 Δp 与管道截面面积变化率的关系,有

$$D\Delta p = 2\sigma\delta = 2E\varepsilon\delta = E\delta\frac{\Delta A}{A}$$

$$\frac{\Delta A}{A}=\frac{D}{E\delta}\Delta p$$

于是,连续性方程(4.62)可以写成

$$\frac{v_0}{c}=\left(\frac{1}{K}+\frac{D}{E\delta}\right)\Delta p$$

将水击压强公式(4.64)代入,化简后就得到水击波传播速度,即

$$c=\sqrt{\frac{K/\rho}{1+\frac{KD}{E\delta}}} \tag{4.65}$$

式中,ρ 为流体密度,K 为流体的体积模量,E 为管壁材料的弹性模量,δ 为管壁的厚度,D 为管道直径。

例如,水的密度 $\rho=1000$ kg/m^3,体积模量 $K=2\times10^9$ Pa,设管壁材料为钢材,弹性模量 $E=19.6\times10^{10}$ Pa,管道直径 $D=0.3$ m,壁厚 $\delta=0.01$ m,则算得 $c=1237$ m/s。也就是说,压力波在水管中传播的速度是声音在空气中传播速度的3.5倍。当 D 变为无限大,就得到水击波在水域中的传播速度(约为 1400 m/s)。再设管道内水流的速度 $v_0=1.5$ m/s,则算得水击压强 $\Delta p=18.6\times10^5$ Pa,这相当于 18.5 atm。可见,水击压强很大,如不采取措施,将会引起管路系统的破坏。为了减轻水击的危害,工程上通常设置水击消除阀门,或延长阀门关闭延续时间,使关闭时间大于水击波周期 $T=4l/c$。

选　择　题

1. 沿程水头损失的单位是_____。
   A. m　　　　　　B. m/s　　　　　　C. m^2　　　　　　D. m^2/s

2. 圆管流动中,层流的临界雷诺数 $Re=$_____。
   A. 1　　　　　　B. 10　　　　　　C. 23　　　　　　D. 2300

3. 雷诺数表征_____之比。
   A. 速度与压强　　　　　　　　　　B. 加速度与压强
   C. 速度与加速度　　　　　　　　　D. 惯性力与黏性力

4. 层流的沿程损失因数与_____成反比。
   A. 压强　　　　B. 雷诺数　　　　C. 管道直径　　　D. 管道长度

5. 圆管流动中,雷诺数的表达式是_____。
   A. vd/μ　　　　B. $\rho vd/\mu$　　　　C. $\mu vd/\rho$　　　　D. $\mu v/d$

6. 在圆管流动中,如果两个截面的直径 $d_1/d_2=2$,则这两个截面上的雷诺数的比值 $Re_1/Re_2=$_____。
   A. 2　　　　　　B. 4　　　　　　C. 1/2　　　　　　D. 1/4

7. 紊流切应力产生的原因是_____。

    A. 分子运动引起的动量交换   B. 分子内聚力

    C. 脉动速度引起的动量交换   D. 压力和重力

8. 尼古拉兹图上,在_____,黏性底层厚度 δ 与壁面粗糙度 Δ 大小相当。

    A. 层流区   B. 紊流光滑区   C. 过渡粗糙区   D. 紊流粗糙区

9. 尼古拉兹图上,在_____,沿程损失因数不受雷诺数的影响。

    A. 层流区   B. 紊流光滑区   C. 过渡粗糙区   D. 紊流粗糙区

10. 紊流速度分布为_____分布。

    A. 线性   B. 二次函数   C. 对数   D. 正弦函数

11. 局部水头损失产生的原因,是流动的局部区域存在_____。

    A. 旋涡区和二次流   B. 速度梯度

    C. 压强梯度   D. 壁面黏性切应力

12. 同样条件下,管嘴出流流量大于孔口出流流量,是因为_____。

    A. 孔口处流线弯曲   B. 管嘴流线弯曲

    C. 孔口存在真空压强   D. 管嘴存在真空压强

13. 壁面切应力 τ_0 与沿程损失因数 λ 的关系是 $\tau_0=$_____。

    A. $\lambda/8$ B. $\lambda\rho v^2/8$ C. $8/\lambda$ D. $\rho v^2/2$

14. 长管是_____的管道。

    A. 管道长度大于 10 m   B. 沿程水头损失远大于局部水头损失

    C. 沿程损失因数大于 1   D. 沿程水头损失大于 10 m

15. _____是串联管路的计算式。

    A. $q=q_1+q_2+\cdots+q_n$ B. $q=q_1=q_2=\cdots=q_n$

    C. $v=v_1+v_2+\cdots+v_n$ D. $h_f=h_{f1}=h_{f2}=\cdots=h_{fn}$

16. _____是并联管路的计算式。

    A. $h_f=h_{f1}+h_{f2}+\cdots+h_{fn}$ B. $q=q_1=q_2=\cdots=q_n$

    C. $v=v_1+v_2+\cdots+v_n$ D. $h_f=h_{f1}=h_{f2}=\cdots=h_{fn}$

17. 虹吸管最高截面上的压强_____大气压。

    A. 高于   B. 等于   C. 低于   D. 不低于

18. 水击是_____。

    A. 水流对弯管的冲击力   B. 水流对管壁的压力

    C. 水射流对平板的冲击力   D. 管道阀门关闭引起的巨大压力

19. 分析水击现象时,_____是变化的。

    A. 水的密度   B. 水的温度   C. 管道长度   D. 水的黏度

20. 式_____表示水击压强。

    A. $\rho g h$ B. $\rho v_0^2/2$ C. $\rho c^2/2$ D. $\rho c v_0$

习　　题

4.1　设运动黏度 $\nu = 10^{-5}$ m²/s 的润滑油在直径 $d = 50$ mm 的圆管中流动,为保证流态为层流,最大流速为多少?

4.2　试求圆管层流中速度等于平均速度的点的位置。

4.3　运动黏度 $\nu = 8 \times 10^{-5}$ m²/s 的原油在圆管中作层流流动。圆管长度 $l = 15$ m,直径 $d = 60$ mm,设计流量 $q = 3 \times 10^{-3}$ m³/s,试求此管段两端所需的压差 Δp。

4.4　动力黏度 $\mu = 0.072$ Pa·s 的油在直径 $d = 100$ mm 的圆管中作层流流动,流量 $q = 3 \times 10^{-3}$ m³/s,已知油的密度 $\rho = 850$ kg/m³,试求壁面切应力 τ_0。

4.5　试证明:圆管紊流速度的分布式

$$\frac{v_x}{v_*} = \frac{1}{k} \ln y + c$$

用轴线上 $y = r_0$ 的速度 v_m 可以改写为

$$\frac{v_x - v_m}{v_*} = \frac{1}{k} \ln \frac{y}{r_0}$$

而平均速度 v 则可以表示为

$$v = v_m - 3.75 v_*$$

4.6　设圆管紊流的速度分布用一个水力光滑紊流和水力粗糙紊流都适用的普朗特公式

$$\frac{v_x}{v_*} = 2.5 \ln \frac{v_* y}{\nu} + 5.8 - 2.5 \ln \left(1 + 0.3 \frac{v_* \Delta}{\nu} \right)$$

表示,试用关系式 $(v_*/v)^2 = \lambda/8$ 推导沿程损失因数 λ 的计算式

$$\frac{1}{\sqrt{\lambda}} = 2 \lg \frac{Re \sqrt{\lambda}}{1 + 0.1 \frac{\Delta}{d} Re \sqrt{\lambda}} - 0.8$$

式中,$Re = vd/\nu$,v 为平均速度。

4.7　设相对粗糙度 $\Delta/d = 0.002$,试用经验公式

$$\frac{1}{\sqrt{\lambda}} = -2 \lg \left(\frac{\Delta}{3.7d} + \frac{2.51}{Re \sqrt{\lambda}} \right)$$

以及牛顿迭代法计算雷诺数 Re 分别等于 10^4 和 10^5 时的 λ 值。

4.8　水(运动黏度 $\nu = 10^{-6}$ m²/s)在直径 $d = 200$ mm、长度 $l = 20$ m 的圆管流动,流量 $q = 24 \times 10^{-3}$ m³/s,如果管壁粗糙度 $\Delta = 0.2$ mm,求沿程水头损失。

4.9　圆管直径 $d = 8$ mm,当流量很大,流动属于水力粗糙紊流时,沿程损失因数与雷诺数变化无关,其值为 $\lambda = 0.025$。试求管壁的粗糙度 Δ。

4.10　一条输水管直径 $d = 300$ mm,长度 $l = 1000$ m,设计流量 $q = 0.055$ m³/s,水的运动黏度 $\nu = 10^{-6}$ m²/s,如果要求此管段的水头损失 $h_f = 3$ m,应选择相对粗糙

度为多少的管道?

4.11　如图 4.27 所示,串联管路由两管段组成,其长度分别为 $l_1 = 500$ m、$l_2 = 400$ m,直径分别为 $d_1 = 300$ mm、$d_2 = 250$ mm,管壁的粗糙度 Δ 都是 0.6 mm,水位 $H = 10$ m,沿程损失因数按水力粗糙紊流处理,不计局部损失,试求流量 q。

4.12　一段水管,长度 $l = 150$ m,流量 $q = 0.12$ m³/s,该管段内总的局部损失因数 $\zeta = 5$,沿程损失因数为 $\lambda = 0.02/d^{0.3}$,式中 d 为管道直径。如果要求水头损失 $h_{\mathrm{w}} = 3.96$ m,试求管道直径 d。

4.13　如图 4.28 所示,水池的水经过一条水管排入大气,水深 H 保持不变。水管上设置两个阀门和两支测压管。测压管的水柱高度从水管轴线起算。求证:

(1) 当关小阀门 K_1,而阀门 K_2 的开度保持不变时,h_1,h_2 和 $h_1 - h_2$ 均变小;

(2) 当关小阀门 K_2,而阀门 K_1 的开度保持不变时,h_1 和 h_2 将增大,而 $h_1 - h_2$ 将变小。

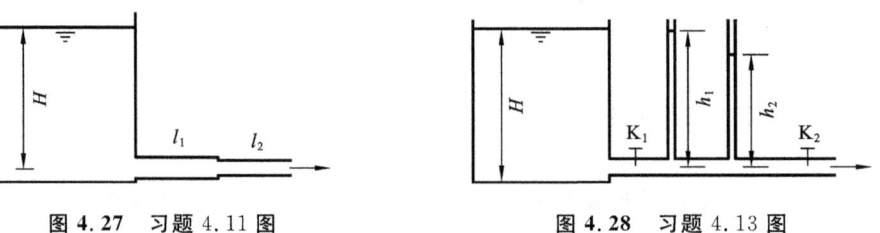

图 4.27　习题 4.11 图　　　　　　　　图 4.28　习题 4.13 图

4.14　有一条虹吸管(见图 4.29),上升段长度 $l_1 = 30$ m,下降段长度 $l_2 = 35$ m,两个水池的水面高差 $H_2 = 2.5$ m,虹吸管最高截面 C 的中心与高位水池水面高差 $H_1 = 3$ m,管道的沿程损失因数 $\lambda = 0.024$。局部损失因数 $\zeta_1 = 8.5$,$\zeta_2 = 3$,设计流量 $q = 0.016$ m³/s。试求虹吸管的直径 d 以及虹吸管最高截面 C 的真空压强。

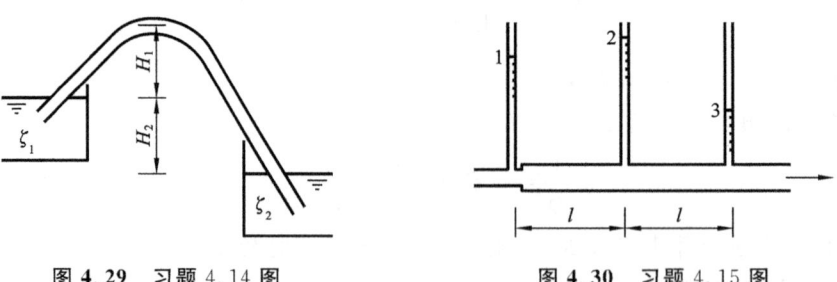

图 4.29　习题 4.14 图　　　　　　　　图 4.30　习题 4.15 图

4.15　为了测量截面突然扩大的局部损失因数 ζ 和管道的沿程损失因数 λ,在管道的三个截面上设置测压管。其中一支在扩大部位的紧邻上游,其余两支等距离地安装在下游(见图 4.30)。已知三支测压管的水柱高度(从管道轴线起算)分别为 $h_1 = 156.5$ mm、$h_2 = 163$ mm、$h_3 = 113$ mm,小管直径 $d_1 = 15$ mm,大管直径 $d_2 = 20$ mm,长度 $l = 1$ m,测得流量 $q = 2.65 \times 10^{-4}$ m³/s,求 ζ 和 λ 的值。

4.16 一条输油管道,直径 $d=250$ mm,长度 $l=6500$ m,管壁粗糙度 $\Delta=0.8$ mm,流量 $q=0.06$ m³/s,油的运动黏度 $\nu=2.4\times10^{-6}$ m²/s,试求沿程水头损失。如果要使沿程水头损失为 40 m(油柱),该选用的管壁粗糙度 Δ 为多少?

4.17 有一条水管,直径 $d=31.5$ mm,长度 $l=3$ m,流态为过渡粗糙紊流。通过不同的流量时,测得沿程水头损失 h_f 如下:

$q(10^{-3}$ m³/s)	0.585	0.837	1.188	1.540	1.905	2.322	2.740
h_f(cm)	5.9	12.2	21.2	35.0	53.0	74.2	104.2

试求与 v^n(平均速度 n 次方)关系式中的指数 n。

4.18 图 4.31 的串联水管,三个管段的长度分别为 $l_1=6$ m、$l_2=4$ m、$l_3=10$ m,直径分别为 $d_1=50$ mm、$d_2=70$ mm、$d_3=50$ mm,水位 $H=16$ m,管道的沿程损失因数 $\lambda=0.03$,阀门的局部损失因数 $\zeta=4$,求

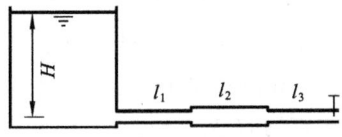

图 4.31　习题 4.18 图

(1) 管道截面变化引起的几处局部损失因数。

(2) 管道的流量 q。

4.19 并联管路由两管段组成,其直径、长度、沿程损失因数分别为 $d_1=d_2=75$ mm,$l_1=12$ m,$l_2=8$ m,$\lambda_1=\lambda_2=0.035$,总流量 $q=0.02$ m³/s,求各并联管的流量。

4.20 并联管路由三管段组成,其直径分别为 $d_1=300$ mm、$d_2=250$ mm、$d_3=400$ mm,长度分别为 $l_1=500$ m、$l_2=300$ m、$l_3=800$ m,沿程损失因数 $\lambda_1=\lambda_2=\lambda_3=0.025$,总流量 $q=0.25$ m³/s,求各并联管的流量。

4.21 两个水池用串联-并联管路连接,如图 4.32 所示。管 1、管 2、管 3 并联后与管 4 和管 5 串联。已知两个水池的水面高差 $H=25$ m,各管的长度分别为 $l_1=150$ m、$l_2=100$ m、$l_3=120$ m、$l_4=800$ m、$l_5=1000$ m,直径分别为 $d_1=100$ mm、$d_2=120$ mm、$d_3=90$ mm、$d_4=d_5=150$ mm,各管的沿程损失因数 $\lambda=0.025$,求各管的水流量。

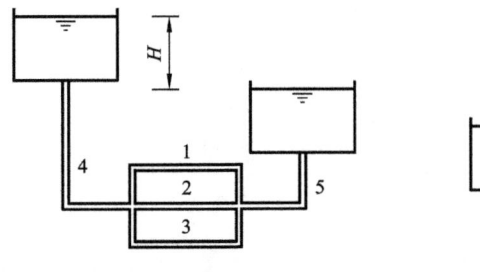

图 4.32　习题 4.21 图

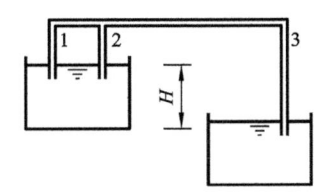

图 4.33　习题 4.22 图

4.22 如图 4.33 的并联-串联虹吸管路,两个水池水面高差 $H=40$ m,各管长度分别为 $l_1=200$ m、$l_2=100$ m、$l_3=500$ m,直径分别为 $d_1=200$ mm、$d_2=100$ mm、

$d_3=250$ mm,沿程损失因数 $\lambda_1=\lambda_2=0.02$,$\lambda_3=0.025$,求管 3 的流量。

4.23 一段输水管道,水流为水力粗糙紊流。当流量为 0.03 m³/s 时,沿程水头损失为 5 m。如果使流量增至 0.042 m³/s,沿程水头损失为多少?

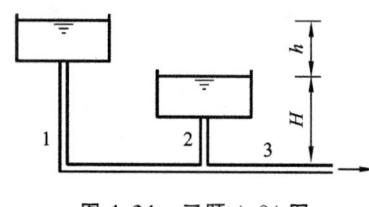

图 4.34 习题 4.24 图

4.24 两个水池的出流管道 1、2 汇合后连接主干管道 3。图 4.34 中,$h=3$ m,$H=7$ m。各管的长度分别为 $l_1=180$ m、$l_2=70$ m、$l_3=140$ m,直径分别为 $d_1=100$ mm、$d_2=80$ mm、$d_3=120$ mm,各管沿程损失因数相同,$\lambda=0.025$,不计局部损失,求主干管道 3 的流量 q。

4.25 一个柱形敞口水箱,截面面积为 3 m²,初始水深为 2 m。底部有一个直径 $d=20$ mm 的孔口,其流量系数 $\mu=0.6$。若打开孔口放水,试问:经过多长时间水箱的水深可降至 1 m?

4.26 一个球形容器,半径 $R=1$ m,上端有孔通大气,下端开设一个直径 $d=50$ mm 的孔口,其流量系数 $\mu=0.62$。初始时容器盛满水,试求泄空所用的时间。

4.27 一个圆柱形油槽,直径为 D,长度为 L。此油槽横放,轴线水平,槽内盛满油,顶部有一个小孔通大气,底部有一个卸油管嘴,其直径为 d,流量系数为 μ。试求泄空时间 T 的表达式。如果 $D=1.8$ m、$L=4$ m、$d=80$ mm、$\mu=0.8$,求 T 的值。

4.28 输水钢管直径 $d=1000$ mm,壁厚 $\delta=20$ mm,长度 $l=800$ m,钢的弹性模量 $E=20\times10^{10}$ Pa,水的体积模量 $K=2\times10^9$ Pa,正常放水时管内的水流速度 $v_0=1.2$ m/s,试求突然关闭阀门引起的水击压强 Δp 以及水击周期 T。

4.29 铸铁水管直径 $d=150$ mm,壁厚 $\delta=8$ mm,铸铁的弹性模量 $E=9.8\times10^{10}$ Pa,水的体积模量 $K=2\times10^9$ Pa,要求突然关闭阀门时的水击压强不超过 400 kPa,管内的水流量 q 应为多少?

4.30 输油钢管的直径 $d=600$ mm,壁厚 $\delta=12.5$ mm,钢的弹性模量 $E=20\times10^{10}$ Pa,油的密度 $\rho=880$ kg/m³,流量 $q=0.15$ m³/s,体积模量 $K=10^9$ Pa,求水击波速及水击压强。

第5章 不可压缩理想流体的平面势流

5.1 概述

流体力学研究流体在压力、重力、黏性力作用下的运动规律。

真实流体都具有黏性,黏性力是影响流体运动的一个重要作用力。黏性力的存在,使流体的运动变得很复杂,致使大部分的黏性流动问题无法求得解答。后来,人们经过长期的研究,发现在某些流动区域里,黏性力对流动的影响很弱,为简化问题,就认为流体的黏性力为零,即将流体视为无黏流体,或称理想流体。例如,流体在流场中运动时,只有在固体表面附近的一定范围内,黏性切应力对流体的运动才有显著的影响。而在远离固体表面的广阔区域里,黏性的影响很小,可以忽略不计,流体就可视为理想流体。这样,人们就把流体力学分成两个领域:黏性流体力学和理想流体力学。黏性流体力学研究物体表面附近的黏性流体的运动规律,理想流体力学研究远离固体表面的广大区域的无黏流体的运动规律。

本章研究理想流体的平面运动。

流体的平面流动,是指流体在运动的过程中,流体质点的轨迹始终在一个平面内,流体运动的流线是平面曲线。平面运动的流动参数(速度、压强等)仅与两个坐标变量有关,速度只有两个坐标分量。真实的流动都是空间流动,如果某个坐标方向的速度很小而可以略去不计,则这种流动就可以视为平面流动。

研究流体的运动,通常的方法是根据牛顿第二定律建立理想流体运动的动力学方程,然后求解方程里的速度、加速度、压强等流动物理量。然而流体动力学方程存在非线性函数,求解起来十分困难。本章采用的是另一种研究方法,即理想流体平面势流的研究方法。在研究理想流体的运动时,引进流函数、速度势函数、复位势的概念,求解流场的速度分布,得到了完整的流动图案。

采用理想流体平面势流的方法,避开了黏性的影响,用纯数学的方法就得到各种流动问题的解。这种研究方法在分析和计算翼型升力、叶栅动力等流体力学问题中起了重要作用,为飞机设计、航空涡轮机设计、船舶螺旋桨设计等动力工程问题提供了坚实的理论基础。

5.2 流体微团运动分析

流体微团是指包含有固定数量的流体质点、固定质量的体积微小的流体团。流体微团跟随主流运动,除了有位移运动之外,还有变形、旋转等运动。下面分析变形和旋转运动。

设有一个作平面运动的流体微团,边长分别为 Δx、Δy、Δz(垂直于纸面)。初始时刻,微团位于 $ABCD$ 的位置。设 A 点的速度为 v_x 和 v_y。流场是不均匀的,B、C、D 点的速度都不相同。

A 点速度是: $\qquad\qquad\qquad\qquad v_x, \qquad v_y$

B 点速度是: $\qquad\qquad v_x + \dfrac{\partial v_x}{\partial x}\Delta x, \qquad v_y + \dfrac{\partial v_y}{\partial x}\Delta x$

D 点速度是: $\qquad\qquad v_x + \dfrac{\partial v_x}{\partial y}\Delta y, \qquad v_y + \dfrac{\partial v_y}{\partial y}\Delta y$

C 点速度是: $\quad v_x + \dfrac{\partial v_x}{\partial x}\Delta x + \dfrac{\partial v_x}{\partial y}\Delta y, \qquad v_y + \dfrac{\partial v_y}{\partial x}\Delta x + \dfrac{\partial v_y}{\partial y}\Delta y$

经过时刻 Δt 之后,微团运动到了新的位置 $A'B'C'D'$。由于各点的速度不一样,各点的相互位置势必发生变化。微团不再是长方形,而是不规则的四边形。可以看出,微团在运动过程中,除了有位移运动之外,还有变形和旋转。

1. 线变形

由流体质点组成的线称为流体线。流体微团运动时,微团上的流体线会发生伸长或缩短。

定义　一条流体线在单位时间内的伸长率称为**线变形速度**。

先分析 x 方向的线变形速度。在图 5.1 中,AB 是一条 x 方向的流体线。初始时刻,此流体线 AB 的长度为 Δx。经过时间 Δt 之后,此流体线变为 $A'B'$。这是一条斜线,它在水平方向和竖直方向的投影分别为 $\Delta x + \dfrac{\partial v_x}{\partial x}\Delta x \Delta t$ 和 $\dfrac{\partial v_y}{\partial x}\Delta x \Delta t$。

根据定义,x 方向的线变形速度 ε_x 的表示式为

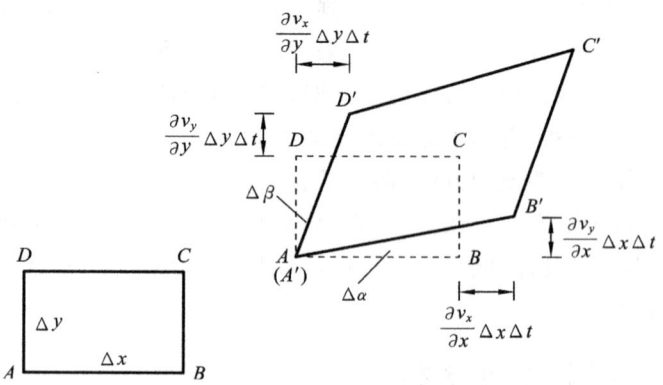

图 5.1　流体微团的运动和变形

$$\varepsilon_x = \frac{\left(\Delta x + \dfrac{\partial v_x}{\partial x}\Delta x\Delta t\right) - \Delta x}{\Delta x \Delta t}$$

化简得
$$\varepsilon_x = \frac{\partial v_x}{\partial x} \tag{5.1a}$$

同理得到 y 方向和 x 方向的线变形速度为

$$\varepsilon_y = \frac{\partial v_y}{\partial y} \tag{5.1b}$$

$$\varepsilon_z = \frac{\partial v_z}{\partial x} \tag{5.1c}$$

2. 角变形

流体微团运动时,微团上的任意两条流体线的夹角发生变化。

定义　两条初始垂直的流体线在单位时间内的夹角变化量的一半称为**角变形速度**。

在图 5.1 中,AB 和 AD 在初始时刻是互相垂直的,$\angle DAB = 90°$。经过时间 Δt 之后,这两条流体线的夹角变成了 $\angle D'A'B'$,夹角的减少量为 $\angle \alpha + \angle \beta$。变化角很小,用其正切值表示为

$$\Delta \alpha = \frac{\dfrac{\partial v_y}{\partial x}\Delta x\Delta t}{\Delta x} = \frac{\partial v_y}{\partial x}\Delta t$$

$$\Delta \beta = \frac{\dfrac{\partial v_x}{\partial y}\Delta y\Delta t}{\Delta y} = \frac{\partial v_x}{\partial y}\Delta t$$

根据定义,发生在 Oxy 平面上的角变形速度为

$$\theta_z = \frac{1}{2}\frac{\Delta \alpha + \Delta \beta}{\Delta t}$$

即

$$\theta_z = \frac{1}{2}\left(\frac{\partial v_y}{\partial x} + \frac{\partial v_x}{\partial y}\right) \tag{5.2a}$$

同样的,发生在 Oyz 平面和 Ozx 平面内的角变形速度为

$$\theta_x = \frac{1}{2}\left(\frac{\partial v_z}{\partial y} + \frac{\partial v_y}{\partial z}\right) \tag{5.2b}$$

$$\theta_y = \frac{1}{2}\left(\frac{\partial v_x}{\partial z} + \frac{\partial v_z}{\partial x}\right) \tag{5.2c}$$

3. 旋转

流体微团的任何一条流体线的方位在运动过程中都会发生变化,即旋转。

定义　流体微团的一条对角线在单位时间内转动的角度称为流体微团的**旋转角速度**。

图 5.1 中的流体微团的一条边 AB,在 Δt 时间内逆时针方向转动的角度为 $\Delta \alpha$,另一条边 DA 在 Δt 时间内顺时针转动的角度为 $\Delta \beta$。

根据定义,在 Oxy 平面上,流体微团对角线,即 $\angle DAB$ 的平分线,逆时针转动的角速度为

$$\omega_z = \frac{1}{2} \frac{\Delta \alpha - \Delta \beta}{\Delta t}$$

即

$$\omega_z = \frac{1}{2} \left(\frac{\partial v_y}{\partial x} - \frac{\partial v_x}{\partial y} \right) \tag{5.3a}$$

对于空间流动,在 Oyz 平面和 Ozx 平面上的流体微团旋转角速度分别为

$$\omega_x = \frac{1}{2} \left(\frac{\partial v_z}{\partial y} - \frac{\partial v_y}{\partial z} \right) \tag{5.3b}$$

$$\omega_y = \frac{1}{2} \left(\frac{\partial v_x}{\partial z} - \frac{\partial v_z}{\partial x} \right) \tag{5.3c}$$

角速度是矢量。式(5.3)表示角速度矢量的三个分量。

对于极坐标系,流体微团旋转角速度的表达式为

$$\omega_z = \frac{1}{2r} \left[\frac{\partial (r v_\theta)}{\partial r} - \frac{\partial v_r}{\partial \theta} \right] \tag{5.4}$$

4. 无旋流动

如果流体微团的旋转角速度为零,则这种流动称为**无旋流动**。反之,如果流体微团的旋转角速度不为零,则这种流动称为**有旋流动**。

判断流体运动是无旋流动还是有旋流动,唯一的根据就是看流体微团的旋转角速度是否为零。由式(5.3)可看出,流体流动为无旋流动的条件是

$$\begin{cases} \dfrac{\partial v_y}{\partial x} = \dfrac{\partial v_x}{\partial y} \\[2mm] \dfrac{\partial v_z}{\partial y} = \dfrac{\partial v_y}{\partial z} \\[2mm] \dfrac{\partial v_x}{\partial z} = \dfrac{\partial v_z}{\partial x} \end{cases} \tag{5.5}$$

需要指出的是,流体运动是否为无旋流动,是根据流体微团是否发生旋转运动,而不是根据流体微团的运动轨迹是直线还是曲线来判断的。例如,图 5.2(a)的流体微团的运动轨迹是圆周,但在圆周运动过程中,流体的任何一条流体线的方位角没有发生变化,即流体微团的旋转角速度等于零,因而流动为无旋流动。图 5.2(b)中的流体作直线运动,但流动却是有旋的,因为流体微团发生了旋转运动。

例 5.1　试判断下面的两个流场,哪个是有旋流动,哪个是无旋流动:

(1) $v_x = 2xy$,$v_y = x^2 - y^2$;

(2) $v_x = -2y$,$v_y = 3x$。

解　根据式(5.3)判断是否无旋。

(1) $\omega_z = \dfrac{1}{2}\left(\dfrac{\partial v_y}{\partial x} - \dfrac{\partial v_x}{\partial y}\right) = 0$，无旋流动。

(2) $\omega_z = \dfrac{1}{2}\left(\dfrac{\partial v_y}{\partial x} - \dfrac{\partial v_x}{\partial y}\right) = \dfrac{5}{2}$，有旋流动。

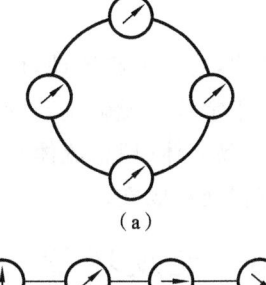

图 5.2　有旋流动和无旋流动

5. 无旋流动的伯努利方程

由第 3 章可知，在流动定常、不计黏性影响、密度不变、质量力为重力等条件下，伯努利方程沿着流线成立。下面分析无旋流动中的伯努利方程。

设有不可压缩流体平面流动，流体的运动方程式(3.27)的具体形式为

$$
\begin{cases}
v_x \dfrac{\partial v_x}{\partial x} + v_y \dfrac{\partial v_x}{\partial y} = -\dfrac{\partial}{\partial x}(gz) - \dfrac{1}{\rho}\dfrac{\partial p}{\partial x} \\[2mm]
v_x \dfrac{\partial v_y}{\partial x} + v_y \dfrac{\partial v_y}{\partial y} = -\dfrac{\partial}{\partial y}(gz) - \dfrac{1}{\rho}\dfrac{\partial p}{\partial y}
\end{cases}
\tag{5.6}
$$

如第 3 章所述，式(5.6)称为理想流体运动的欧拉方程。为了分离出流体微团的旋转角速度，改写加速度的表达形式，即

$$
v_x \frac{\partial v_x}{\partial x} + v_y \frac{\partial v_x}{\partial y} = v_x \frac{\partial v_x}{\partial x} + v_y \left(\frac{\partial v_x}{\partial y} - \frac{\partial v_y}{\partial x}\right) + v_y \frac{\partial v_y}{\partial x}
$$

$$
= -2 v_y \omega_z + \frac{1}{2}\frac{\partial}{\partial x}(v_x^2 + v_y^2) = -2 v_y \omega_z + \frac{\partial}{\partial x}\left(\frac{v^2}{2}\right)
$$

同理，有

$$
v_x \frac{\partial v_y}{\partial x} + v_y \frac{\partial v_y}{\partial y} = +2 v_x \omega_z + \frac{\partial v_x}{\partial y}\frac{v^2}{2}
$$

这样，流体运动微分方程就可以写成

$$
\frac{\partial}{\partial x}\left(gz + \frac{p}{\rho} + \frac{v^2}{2}\right) = 2 v_y \omega_z
$$

$$
\frac{\partial}{\partial y}\left(gz + \frac{p}{\rho} + \frac{v^2}{2}\right) = -2 v_x \omega_z
\tag{5.7}
$$

式(5.7)称为兰姆-葛罗米柯方程。此方程与欧拉方程在形式上有所不同，其特点是将流体微团的旋转角速度显示出来，便于分析有旋流动和无旋流动的运动特点。将式(5.7)写成全微分的形式，则有

$$
\mathrm{d}\left(gz + \frac{p}{\rho} + \frac{v^2}{2}\right) = \frac{\partial}{\partial x}\left(gz + \frac{p}{\rho} + \frac{v^2}{2}\right)\mathrm{d}x + \frac{\partial}{\partial y}\left(gz + \frac{p}{\rho} + \frac{v^2}{2}\right)\mathrm{d}y
$$

$$
= \omega_z(v_y \mathrm{d}x - v_x \mathrm{d}y)
$$

显然，对无旋流动，有

$$
\mathrm{d}\left(gz + \frac{p}{\rho} + \frac{v^2}{2}\right) = 0
$$

$$gz+\frac{p}{\rho}+\frac{v^2}{2}=C$$

这说明,对于无旋流动,伯努利方程处处成立。在流场中的任何一点,流体的总机械能等于常数。无旋流动的伯努利方程有很大的应用价值。在后面的章节中将会看到,无黏流体(理想流体)的运动大多数为无旋流动。因此,对于理想流体流动,伯努利方程处处成立。

5.3　速度环量

在研究不可压缩理想流体的有旋流动和无旋流动时,速度环量是一个重要的物理量。利用速度环量就可以比较方便地研究有旋流动和无旋流动的许多特性。

1. 速度环量

定义　速度沿着一条封闭曲线的积分称为该曲线的速度环量,记作 Γ。

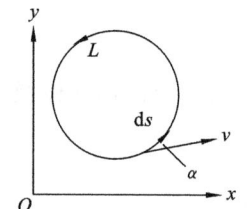

$$\Gamma=\oint_L \boldsymbol{v}\cdot\mathrm{d}\boldsymbol{s}=\oint_L v\cos\alpha\mathrm{d}s \tag{5.8}$$

式中,L 为封闭曲线,$\mathrm{d}s$ 为曲线微段,α 为速度 v 与微段 $\mathrm{d}s$ 的方向夹角。$v\cos\alpha$ 是速度矢量 $\boldsymbol{v}$ 在微弧矢量 $\mathrm{d}\boldsymbol{s}$ 的投影值。速度环量 Γ 规定的封闭曲线的积分方向为逆时针方向,也就是说,微弧矢量 $\mathrm{d}\boldsymbol{s}$ 指向曲线的逆时针方向,参见图 5.3。

图 5.3　封闭曲线的速度环量

例 5.2　不可压缩流体平面运动的速度分布为 $v_x=-6y,v_y=8x$,试求圆周 $x^2+y^2=1$ 上的速度环量。

解　积分曲线为半径等于 1 的圆周,宜采用极坐标,于是

$$x=\cos\theta,\quad y=\sin\theta$$
$$v_x=-6\sin\theta,\quad v_y=8\cos\theta$$
$$\boldsymbol{v}\cdot\mathrm{d}\boldsymbol{s}=v_x\mathrm{d}x+v_y\mathrm{d}y=(6\sin^2\theta+8\cos^2\theta)\mathrm{d}\theta$$
$$\Gamma=\oint_L \boldsymbol{v}\cdot\mathrm{d}\boldsymbol{s}=\oint_L v_x\mathrm{d}x+v_y\mathrm{d}y=\int_0^{2\pi}(6\sin^2\theta+8\cos^2\theta)\mathrm{d}\theta=14\pi$$

2. 旋涡强度

平面面积 A 与流体微团旋转角速度在此平面法线上的分量 ω_n 的乘积的 2 倍称为该面积的旋涡强度,记作 I,即 $I=2\omega_n A$。

如果在面积 A 上 ω_n 分布不均匀,则用积分表示面积 A 的旋涡强度,即

$$I=\iint_A 2\omega_n\mathrm{d}A \tag{5.9}$$

3. 斯托克斯定理

斯托克斯定理:任意面积上的旋涡强度等于面积周边上的速度环量,即

$$I = \iint_A 2\omega_n \mathrm{d}A = \int_L \boldsymbol{v} \cdot \mathrm{d}\boldsymbol{s} = \varGamma \tag{5.10}$$

斯托克斯定理在高等数学的教材中已有详细的证明。下面结合流体力学的概念再次证明这个定理。

先证明微元面积的斯托克斯定理。如图 5.4(a)所示,取一个边长为 Δx 和 Δy 的微元面积。设顶点 A 的速度分量为 v_x、v_y。我们计算周边 $ABCD$ 的速度环量。

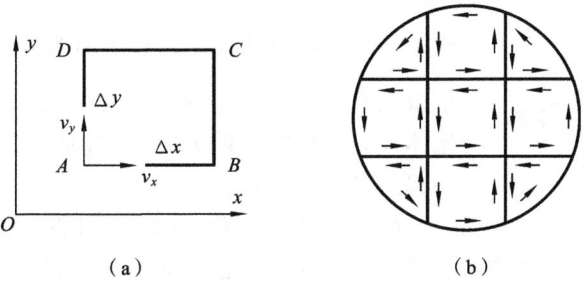

图 5.4　斯托克斯定理用图

AB 边,速度方向与积分路线方向一致,速度环量是 $v_x \Delta x$;

CD 边,速度与积分路线反向,速度环量为 $-\left[v_x \Delta x + \dfrac{\partial (v_x \Delta x)}{\partial y} \Delta y \right]$;

DA 边,速度方向与积分路线方向反向,速度环量是 $-v_y \Delta y$;

BC 边,速度与积分路线同向,速度环量为 $v_y \Delta y + \dfrac{\partial (v_y \Delta y)}{\partial x} \Delta x$。

周边 $ABCD$ 的速度环量等于 4 条边的速度环量的代数和,即

$$\Delta \varGamma = \left(\frac{\partial v_y}{\partial x} - \frac{\partial v_x}{\partial y} \right) \Delta x \Delta y = 2\omega_n \Delta A$$

这就是微元面积上的斯托克斯定理。

任一面积可以划分为若干微元面积,如图 5.4(b)所示。对每一个微元面积应用斯托克斯定理,然后用求和方法计算总面积的旋涡强度,即

$$\sum \Delta \varGamma = \sum 2\omega_n \Delta A$$

由图 5.4 可看出,在面积内部的任何一条分割线,速度环量的线积分都要进行两次,但积分路线相反,因此每条分割线上的速度环量的总量为零。也就是说,求和 $\sum \Delta \varGamma$ 实际上只在面积 A 的边界上进行。可见 $\sum \Delta \varGamma$ 就等于边界周线的速度环量,由此得到面积 A 上的斯托克斯定理。

4. 旋涡的变化

旋涡是工程上和自然界的一种常见的流动现象。夏季的台风就是典型的旋涡。人们常常关心的问题是,旋涡在什么条件下产生,产生后是变强还是变弱。直接研究旋涡的变化比较困难。斯托克斯定理揭示了速度环量与旋涡强度的关系,旋涡强度的变化规律也就是速度环量的变化规律。下面研究速度环量的变化问题。

对速度环量求时间导数:

$$\frac{\mathrm{d}}{\mathrm{d}t}\int_L \boldsymbol{v} \cdot \delta \boldsymbol{s} = \int_L \frac{\mathrm{d}(\boldsymbol{v})}{\mathrm{d}t} \cdot \delta \boldsymbol{s} + \int_L \boldsymbol{v} \cdot \frac{\mathrm{d}(\delta \boldsymbol{s})}{\mathrm{d}t}$$

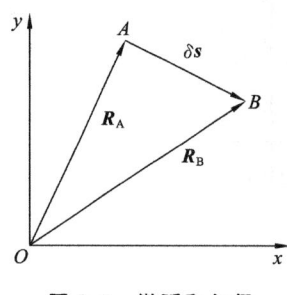

图 5.5　微弧和矢径

式中,$\boldsymbol{v}$ 为速度矢量,$\delta \boldsymbol{s}$ 为封闭曲线 L 上的微段,$\dfrac{\mathrm{d}(\delta \boldsymbol{s})}{\mathrm{d}t}$ 表示微弧对时间的变化率,参见图 5.5。封闭曲线是一条流体线,这个流体线随流体一起运动。微弧 $\delta \boldsymbol{s}$ 会随流体一起运动,也会变形。

研究微弧的变化,通常采用研究这段微弧起点和终点的位置变化。点的位置可用点的矢径表示。由图 5.5 可看出

$$\delta \boldsymbol{s} = \boldsymbol{R}_B - \boldsymbol{R}_A$$

$$\frac{\mathrm{d}(\delta \boldsymbol{s})}{\mathrm{d}t} = \frac{\mathrm{d}\boldsymbol{R}_B}{\mathrm{d}t} - \frac{\mathrm{d}\boldsymbol{R}_A}{\mathrm{d}t} = \boldsymbol{v}_B - \boldsymbol{v}_A = \delta \boldsymbol{v}$$

$$\int_L \boldsymbol{v} \cdot \frac{\mathrm{d}(\delta \boldsymbol{s})}{\mathrm{d}t} = \int_L \boldsymbol{v} \cdot \delta \boldsymbol{v} = \int_L \delta\left(\frac{v^2}{2}\right) = 0$$

可见

$$\frac{\mathrm{d}\Gamma}{\mathrm{d}t} = \frac{\mathrm{d}}{\mathrm{d}t}\int_L \boldsymbol{v} \cdot \delta \boldsymbol{s} = \int_L \boldsymbol{a} \cdot \delta \boldsymbol{s} \tag{5.11}$$

式(5.11)表明,速度环量对时间的变化率等于加速度的环量。

对于不可压缩理想流体的运动,加速度与质量力和压强梯度有关。根据欧拉方程(5.6),有

$$\frac{\mathrm{d}\Gamma}{\mathrm{d}t} = \int_L \boldsymbol{a} \cdot \delta \boldsymbol{s} = \int_L a_x \delta x + a_y \delta y$$

$$= \int_L \left[-\frac{\partial(gz)}{\partial x} - \frac{1}{\rho}\frac{\partial p}{\partial x}\right]\delta x + \left[-\frac{\partial(gz)}{\partial y} - \frac{1}{\rho}\frac{\partial p}{\partial y}\right]\delta y$$

$$= -\int_L \delta\left(gz + \frac{p}{\rho}\right)$$

由于 gz 和 p/ρ 都是单值函数,因此

$$\frac{\mathrm{d}\Gamma}{\mathrm{d}t} = 0 \tag{5.12}$$

式(5.12)表明:如果流体没有黏性,密度为常数,在重力作用下发生运动,速度环量将保持不变。如果流体从静止开始运动(初始无旋),则这种运动将是无旋的。反之,如

果流体具有黏性,或是密度发生改变,则运动将是有旋的。可以这样认为,理想流体的运动是无旋流动,黏性流体的运动总是有旋流动。

5. 速度环量守恒

设在面积 A_1 的外部区域,流动是无旋的,则包围该面积的任何一条封闭曲线的速度环量,就等于该面积的周线的速度环量。这称为无旋流动的速度环量守恒。利用这个结论,很容易计算任意封闭曲线的速度环量,判断某区域的流动是有旋还是无旋。下面证明这个结论。

如图 5.6 所示,面积 A_1 外部的区域为无旋流动区域,L_1 为面积 A_1 的边界,L 为包围面积 A_1 的任一条封闭曲线。在曲线 L 和 L_1 之间作一条割线。为方便起见,把割线的两侧记为 ab 和 $a'b'$。显然,$abcb'a'da$ 是一条位于无旋区域的封闭线。此区域的旋涡强度为零,因此,封闭曲线的速度环量也为零,即

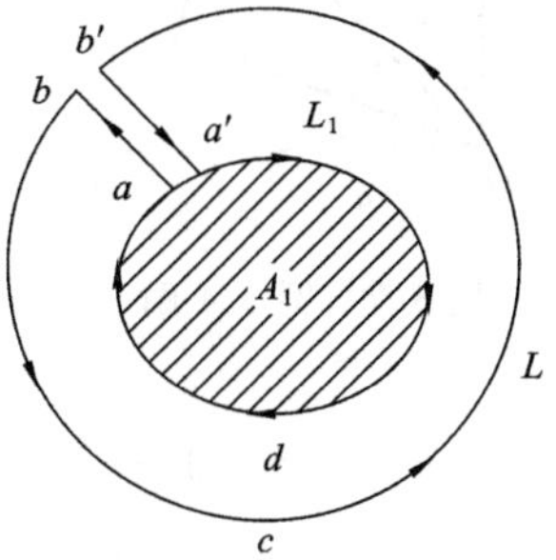

$$\int_{abcb'a'da} \boldsymbol{v} \cdot \mathrm{d}\boldsymbol{s} = 0$$

图 5.6　速度环量守恒用图

封闭曲线的积分可以分段计算,记作

$$\int_{abcb'a'da} \boldsymbol{v} \cdot \mathrm{d}\boldsymbol{s} = \int_{ab} \boldsymbol{v} \cdot \mathrm{d}\boldsymbol{s} + \int_{bcb'} \boldsymbol{v} \cdot \mathrm{d}\boldsymbol{s} + \int_{b'a'} \boldsymbol{v} \cdot \mathrm{d}\boldsymbol{s} + \int_{a'da} \boldsymbol{v} \cdot \mathrm{d}\boldsymbol{s} = 0$$

由于 ab 和 $a'b'$ 是同一条割线的两侧,积分方向相反,积分值互相抵消,因此

$$\int_{bcb'} \boldsymbol{v} \cdot \mathrm{d}\boldsymbol{s} + \int_{a'da} \boldsymbol{v} \cdot \mathrm{d}\boldsymbol{s} = 0$$

或

$$\int_{bcb'} \boldsymbol{v} \cdot \mathrm{d}\boldsymbol{s} = \int_{ada'} \boldsymbol{v} \cdot \mathrm{d}\boldsymbol{s}$$

这说明,封闭曲线 L 和 L_1 的速度环量相等。

例 5.3　龙卷风流场的速度分布为

$$v_r = 0$$

$$v_\theta = \begin{cases} ar, & r < r_0 \\ \dfrac{ar_0^2}{r}, & r \geqslant r_0 \end{cases}$$

式中,a 为常数。试用斯托克斯定理判断流场是否有旋。

解　在半径 $r < r_0$ 的圆周上,速度环量为

$$\Gamma = \int_0^{2\pi} v_\theta r \, \mathrm{d}\theta = 2a\pi r^2$$

特别的是,当 $r = r_0$ 时,$\Gamma = 2a\pi r_0^2$。可见,$r < r_0$ 为有旋流动区域。

在半径 $r \geqslant r_0$ 的圆周上,速度环量为

$$\Gamma = \int_0^{2\pi} v_\theta r \, \mathrm{d}\theta = 2a\pi r_0^2$$

根据速度环量守恒的特点可断定 $r \geqslant r_0$ 的区域为无旋流动区域。

　　例 5.4　试用斯托克斯定理导出极坐标下流体微团旋转角速度公式

$$\omega = \frac{1}{2}\left(\frac{\partial v_\theta}{\partial r} + \frac{v_\theta}{r} - \frac{\partial v_r}{r\partial \theta}\right)$$

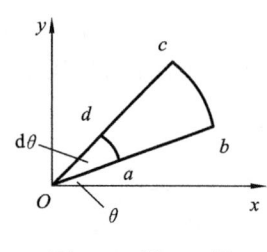

图 5.7　例 5.4 图

　　解　取图 5.7 所示的极坐标微元体,计算周边 $abcd$ 的速度环量。设点 a 的速度分量为 v_θ 和 v_r,则 ab 边的速度环量为 $v_r \mathrm{d}r$,cd 边的速度环量为 $-\left[v_r \mathrm{d}r + \frac{\partial(v_r \mathrm{d}r)}{\partial \theta}\mathrm{d}\theta\right]$,$da$ 边的速度环量为 $-v_\theta r \mathrm{d}\theta$,$bc$ 边的速度环量为 $v_\theta r \mathrm{d}\theta + \frac{\partial(v_\theta r \mathrm{d}\theta)}{\partial r}\mathrm{d}r$。

　　周边 $abcd$ 的速度环量为

$$\Gamma = v_r \mathrm{d}r - \left[v_r \mathrm{d}r + \frac{\partial(v_r \mathrm{d}r)}{\partial \theta}\mathrm{d}\theta\right] - v_\theta r \mathrm{d}\theta + \left[v_\theta r \mathrm{d}\theta + \frac{\partial(v_\theta r \mathrm{d}\theta)}{\partial r}\mathrm{d}r\right]$$

利用斯托克斯定理,得

$$\Gamma = \left[\frac{\partial(v_\theta r)}{\partial r} - \frac{\partial v_r}{\partial \theta}\right]\mathrm{d}\theta \mathrm{d}r = 2\omega r \mathrm{d}\theta \mathrm{d}r = I$$

$$\omega = \frac{1}{2r}\left[\frac{\partial(v_\theta r)}{\partial r} - \frac{\partial v_r}{\partial \theta}\right]$$

5.4　速度势函数和流函数

　　不可压缩理想流体运动问题的解法,是先求出速度分布,然后根据伯努利方程求解压强分布。求解平面流动速度分布的有效方法,就是确定流场的速度势函数和流函数。下面介绍速度势函数和流函数的定义和特性。

　　1. 速度势函数

　　在平面流动中,如果是无旋流动,则流体微团旋转的角速度等于零,即

$$\frac{\partial v_y}{\partial x} - \frac{\partial v_x}{\partial y} = 0 \tag{5.13}$$

通过数学分析证明,无旋条件成立的充要条件是,存在一个函数 $\varphi(x, y)$ 满足

$$\begin{cases} v_x = \dfrac{\partial \varphi}{\partial x} \\[2mm] v_y = \dfrac{\partial \varphi}{\partial y} \end{cases} \tag{5.14}$$

这个函数 $\varphi(x, y)$ 就称为**速度势函数**,简称**速度势**或**势函数**。

　　在极坐标中,流体微团的旋转角速度的表达式为

$$\omega = \frac{1}{2r}\left[\frac{\partial(rv_\theta)}{\partial r} - \frac{\partial v_r}{\partial \theta}\right]$$

容易看出,速度势函数 $\varphi(r,\theta)$ 与速度的关系为

$$
\begin{cases}
v_r = \dfrac{\partial \varphi}{\partial r} \\[2mm]
v_\theta = \dfrac{\partial \varphi}{r \partial \theta}
\end{cases}
\tag{5.15}
$$

由速度势函数的引入看出如下两点:一是无旋条件式(5.13)成立时才存在速度势函数,有旋流动不存在速度势函数;二是速度势函数与速度的数学关系为式(5.14),也就是说,速度势沿某方向的导数等于该方向的速度。

2. 速度势函数的性质

速度势函数除了直接给出速度分布之外,还能描绘流场的一些特性。

(1)从速度势的引入看出,速度势函数对某个坐标的偏导数就等于该坐标方向的速度,即

$$
v_s = \frac{\partial \varphi}{\partial s}
$$

(2)任一曲线上的速度环量等于曲线终点、起点的速度势函数值的差。

速度环量表示速度在曲线上的线积分,即

$$
\Gamma = \int_1^2 \boldsymbol{v} \cdot \mathrm{d}\boldsymbol{s} = \int_1^2 v_x \mathrm{d}x + v_y \mathrm{d}y = \int_1^2 \frac{\partial \varphi}{\partial x} \mathrm{d}x + \frac{\partial \varphi}{\partial y} \mathrm{d}y
$$

$$
= \int_1^2 \mathrm{d}\varphi = \varphi_2 - \varphi_1
\tag{5.16}
$$

由此看出,无旋流动中,曲线上的速度环量只与曲线终点、起点的速度势函数的差值有关,而与曲线的形状无关。有了速度势函数,速度环量就容易算出。特别地,封闭曲线的起点和终点是重合的。如果速度势函数是单值函数,则封闭线的速度环量为零;如果速度势函数是多值函数,封闭线的速度环量就不为零。

(3)不可压缩流体的无旋运动,速度势函数满足拉普拉斯方程。

将速度势函数代入不可压缩流体的连续性方程,则有

$$
\frac{\partial v_x}{\partial x} + \frac{\partial v_y}{\partial y} = \frac{\partial}{\partial x}\left(\frac{\partial \varphi}{\partial x}\right) + \frac{\partial}{\partial y}\left(\frac{\partial \varphi}{\partial y}\right) = 0
$$

$$
\frac{\partial^2 \varphi}{\partial x^2} + \frac{\partial^2 \varphi}{\partial y^2} = 0
\tag{5.17}
$$

式(5.17)表示速度势函数 $\varphi(x,y)$ 对 x 的二阶导数与 $\varphi(x,y)$ 对 y 的二阶导数之和等于零。这种方程称为拉普拉斯方程。对于拉普拉斯方程,数学上有成熟的解法。

3. 流函数

不可压缩流体平面运动的连续性方程为

$$
\frac{\partial v_x}{\partial x} + \frac{\partial v_y}{\partial y} = 0
$$

由数学分析知,这个方程成立的充要条件是,存在一个函数 $\psi(x,y)$,满足

$$
\begin{cases}
v_x = \dfrac{\partial \psi}{\partial y} \\
v_y = -\dfrac{\partial \psi}{\partial x}
\end{cases}
\tag{5.18}
$$

这个函数 $\psi(x,y)$ 就称为**流函数**。

在极坐标中,不可压缩流体平面运动的连续性方程为

$$\frac{\partial(rv_r)}{\partial r} + \frac{\partial v_\theta}{\partial \theta} = 0$$

容易看出,极坐标下的流函数 $\psi(r,\theta)$ 与速度的关系式为

$$
\begin{cases}
v_r = \dfrac{\partial \psi}{r\partial \theta} \\
v_\theta = -\dfrac{\partial \psi}{\partial r}
\end{cases}
\tag{5.19}
$$

流函数也是描述不可压缩平面流动的一种函数。由流函数的引入看出,只要是不可压缩的平面流动,就存在流函数。

4. 流函数的性质

(1) 流线上的流函数等于常数。

在第 3 章里曾经提到,流线的微分方程为

$$\frac{\mathrm{d}x}{v_x} = \frac{\mathrm{d}y}{v_y} \quad 或 \quad v_y\mathrm{d}x - v_x\mathrm{d}y = 0$$

将流函数代入,有

$$-\frac{\partial \psi}{\partial x}\mathrm{d}x - \frac{\partial \psi}{\partial y}\mathrm{d}y = 0$$

$$\mathrm{d}\psi = 0$$

$$\psi(x,y) = C$$

可见,同一条流线上各点的流函数值等于常数。反过来,流函数等于常数表示一条曲线,这条曲线正是流线。

(2) 通过一条曲线上的流量等于这条曲线的终点和起点的流函数值的差。

平面流动是一种特殊的空间流动。图 5.8 所示的一条曲线其实是一个曲面,这个曲面的厚度(垂直于纸面)可视为单位 1。考察图 5.8 上流体穿越曲线微段 ds 从左边流入右边的体积流量。$v_x\mathrm{d}y$ 表示从左到右的流量,而 $v_y\mathrm{d}x$ 表示从右到左的流量。

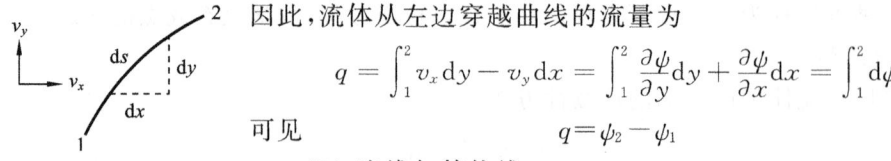

图 5.8 曲线上的流量

因此,流体从左边穿越曲线的流量为

$$q = \int_1^2 v_x\mathrm{d}y - v_y\mathrm{d}x = \int_1^2 \frac{\partial \psi}{\partial y}\mathrm{d}y + \frac{\partial \psi}{\partial x}\mathrm{d}x = \int_1^2 \mathrm{d}\psi$$

可见

$$q = \psi_2 - \psi_1$$

(3) 流线与等势线。

由流线的微分方程 $v_y\mathrm{d}x - v_x\mathrm{d}y = 0$ 得到流线的切线的斜

率为

$$k_1 = \frac{\mathrm{d}y}{\mathrm{d}x} = \frac{v_y}{v_x}$$

速度势函数等于常数 $\varphi = C$ 表示一条曲线,称为**等势线**。等势线方程取微分,有

$$\frac{\partial \varphi}{\partial x}\mathrm{d}x + \frac{\partial \varphi}{\partial y}\mathrm{d}y = 0 \quad \text{或} \quad v_x \mathrm{d}x + v_y \mathrm{d}y = 0$$

显然等势线的切线的斜率为

$$k_2 = \frac{\mathrm{d}y}{\mathrm{d}x} = -\frac{v_x}{v_y}$$

可见,$k_1 k_2 = -1$,即流线与等势线正交。在流场中,等势线和流线构成的正交网格称为流网。流网能形象地反映流场的特征。

（4）在无旋流动中,流函数满足拉普拉斯方程。

对于无旋流动,有

$$\frac{\partial v_y}{\partial x} - \frac{\partial v_x}{\partial y} = 0$$

将式(5.18)代入,得

$$\frac{\partial^2 \psi}{\partial x^2} + \frac{\partial^2 \psi}{\partial x^2} = 0$$

由上面的分析看出,不可压缩流体的无旋运动,必定存在速度势函数和流函数。存在速度势函数和流函数的流动称为**势流**。速度势函数和流函数都满足拉普拉斯方程。满足拉普拉斯方程的函数称为调和函数,速度势函数和流函数就是一种调和函数。拉普拉斯方程在数学上有完备的解法,这给无旋流动问题的求解带来很大的方便。

拉普拉斯方程有两个特点:第一个特点是解的唯一性。解拉普拉斯方程,可以用调和函数法(解析法),也可以用分离变量法(级数法),这两种解的表达形式虽然不同,但结果是一样的。本章只介绍调和函数法。第二个特点是解的叠加性,即若干个调和函数的线性组合仍然为调和函数。也就是说,一个复杂的势流问题可以分解为若干简单的势流。简单势流的解相加就得到复杂势流的解。

例 5.5　已知平面流场的速度分布为:$v_x = x + 1$,$v_y = -y$。试验证流场是否满足无旋条件和满足不可压缩流体运动的连续性方程,如果是,则求出速度势或流函数。

解　无旋条件得到满足,即

$$\frac{\partial v_y}{\partial x} - \frac{\partial v_x}{\partial y} = 0 - 0$$

因而速度势存在。下面求 φ:

$$\frac{\partial \varphi}{\partial x} = v_x = x + 1$$

只对 x 进行积分（视 y 为常数），有

$$\varphi = \frac{x^2}{2} + x + f(y)$$

由于

$$\frac{\partial \varphi}{\partial y} = v_y = -y$$

因此

$$f'(y) = -y$$

$$f(y) = -\frac{y^2}{2}$$

$$\varphi = \frac{x^2 - y^2}{2} + x$$

另外，连续方程得到满足，即

$$\frac{\partial v_x}{\partial x} + \frac{\partial v_y}{\partial y} = 1 - 1$$

故流函数存在。下面求 ψ：

$$\frac{\partial \psi}{\partial y} = v_x = x + 1$$

只对 y 进行积分（视 x 为常数），有

$$\psi = xy + y + g(x)$$

由于

$$-\frac{\partial \psi}{\partial x} = v_y = -y$$

因此

$$g'(x) = 0$$

$$g(x) = 0$$

$$\psi = xy + y$$

例 5.6 已知平面流动的速度分布为

$$v_x = x^2 + 2x - 4y, \quad v_y = -2xy - 2y$$

(1) 验证此流场是否满足无旋条件，是否满足不可压缩流体运动的连续性方程。

(2) 速度势和流函数是否存在？如果存在，试求它们的表达式。

解 (1) 先验证无旋条件和连续性方程。

$$\frac{\partial v_y}{\partial x} - \frac{\partial v_x}{\partial y} = -2y + 4 \neq 0$$

$$\frac{\partial v_x}{\partial x} + \frac{\partial v_y}{\partial y} = 2x + 2 - 2x - 2 = 0$$

(2) 无旋条件不满足，不存在速度势。连续性方程得到满足，存在流函数。

$$\frac{\partial \psi}{\partial y} = v_x = x^2 + 2x - 4y$$

只对 y 进行积分（视 x 为常数），有

$$\psi = x^2 y + 2xy - 2y^2 + f(x)$$

由于
$$-\frac{\partial \psi}{\partial x} = v_y$$

因此
$$2xy + 2y + f'(x) = 2xy + 2y$$
$$f'(x) = 0, \quad f(x) = 0$$
$$\psi = x^2 y + 2xy - 2y^2$$

5.5　复位势

前面用速度势函数和流函数描述不可压缩理想流体的无旋流动,本节把速度势函数和流函数组合成一个新的函数——复位势。

自变量为复数的函数称为复变函数。一个复数确定平面上的一个点。复数可以表示为实部和虚部,也可以表示为模和辐角,即

$$z = x + iy = re^{i\vartheta}$$

复变函数适宜描述矢量场,因此常用来描述平面势流。

如果将速度势函数作为实部,以流函数作为虚部,组成一个以复数 $z = x + iy$ 为自变量的复变函数,这个复变函数称为**复位势函数**,简称**复位势**或**复势**,记作

$$w(z) = \varphi(x, y) + i\psi(x, y)$$

由式(5.14)和式(5.18)可看出,速度势和流函数存在以下关系:

$$\frac{\partial \varphi}{\partial x} = \frac{\partial \psi}{\partial y}, \quad \frac{\partial \varphi}{\partial y} = -\frac{\partial \psi}{\partial x} \tag{5.20}$$

按照复变函数的理论,式(5.20)表示**柯西-黎曼条件**。满足柯西-黎曼条件的复变函数是解析函数。复位势 $w(z)$ 是一个解析函数。

$w(z)$ 是一个解析函数,意味着 $w(z)$ 的导数存在而且唯一。与实变函数不同,复变函数有不同方向的导数。但只要满足柯西-黎曼条件,不同方向的导数都是相等的。

按照数学分析,复位势 $w(z)$ 的导数的定义是

$$\frac{dw}{dz} = \lim_{\Delta z \to 0} \frac{\Delta w}{\Delta z} = \lim_{\Delta z \to 0} \frac{\Delta \varphi + i\Delta \psi}{\Delta x + i\Delta y}$$

令 $\Delta z = \Delta x (\Delta y = 0)$ 或者 $\Delta z = i\Delta y (\Delta x = 0)$,都得到

$$\frac{dw}{dz} = v_x - iv_y \tag{5.21}$$

对于任一微分 $\Delta z = \Delta x + i\Delta y$,有

$$\Delta \varphi + i\Delta \psi = \frac{\partial \varphi}{\partial x}\Delta x + \frac{\partial \varphi}{\partial y}\Delta y + i\left(\frac{\partial \psi}{\partial x}\Delta x + \frac{\partial \psi}{\partial y}\Delta y\right)$$

$$= v_x(\Delta x + i\Delta y) - iv_y(\Delta x + i\Delta y)$$

仍然得到式(5.21)。这就说明解析函数任何方向的导数都相等。复位势的导数 $\dfrac{dw}{dz}$

称为**复速度**,其实部为 v_x,虚部为 $-v_y$。

复位势 $w(z)$ 有如下性质:

(1) 两点的复位势的差值是一个复数,其实部是两点连线上的速度环量,虚部是两点连线的流量;

(2) 复位势允许加任一常数而不改变它所代表的流场;

(3) 两个复位势之和仍然表示复位势。

利用速度势函数和流函数来解不可压缩无旋流动的数学方法是求拉普拉斯方程的解。这种方法适于求解边界简单的平面势流问题。对于边界复杂的平面势流,用拉普拉斯方程解的办法显得十分困难,这种情况下,复位势方法能显示出更强大的功能。这就是引入复位势的原因。

例 5.7   已知平面流动的速度分布为

$$v_x = 2x + 1, \quad v_y = -2y$$

(1) 验证速度势和流函数都存在,并求出它们的表达式;

(2) 求此流场的复位势 $w(z)$。

解   (1) 求速度势。

$$\frac{\partial v_y}{\partial x} - \frac{\partial v_x}{\partial y} = 0, \quad \varphi \ 存在$$

$$\frac{\partial \varphi}{\partial x} = v_x = 2x + 1$$

$$\varphi = x^2 + x + f(y)$$

因为

$$\frac{\partial \varphi}{\partial y} = v_y$$

所以

$$f'(y) = -2y, \quad f(y) = -y^2$$

$$\varphi = x^2 - y^2 + x$$

(2) 求流函数。

$$\frac{\partial v_x}{\partial x} + \frac{\partial v_y}{\partial y} = 2 - 2, \quad \psi \ 存在$$

$$\frac{\partial \psi}{\partial y} = v_x = 2x + 1$$

$$\psi = 2xy + y + g(x)$$

因为

$$-\frac{\partial \psi}{\partial x} = v_y$$

所以

$$-2y - g'(x) = -2y$$

$$g'(x) = 0, \quad g(x) = 0$$

$$\psi = 2xy + y$$

(3) 求复位势。

$$w(z) = \varphi + \mathrm{i}\psi = x^2 - y^2 + x + \mathrm{i}(2xy + y)$$
$$= (x^2 + 2\mathrm{i}xy - y^2) + x + \mathrm{i}y = z^2 + z$$

例 5.8　已知平面不可压缩无旋流动的速度分布为

$$v_x = 2x + x^2 - y^2, \quad v_y = -2y - 2xy$$

(1) 求此流场的复位势 $w(z)$；

(2) 求点 $(0,3)$ 与点 $(6,0)$ 的连线的速度环量和流量。

解　先验证复位势存在。

$$\frac{\partial v_x}{\partial x} + \frac{\partial v_y}{\partial y} = 2 + 2x - 2 - 2x = 0$$

$$\frac{\partial v_y}{\partial x} - \frac{\partial v_x}{\partial y} = -2y - (-2y) = 0$$

(1) 利用速度求复位势。

$$\frac{\mathrm{d}w}{\mathrm{d}z} = v_x - \mathrm{i}v_y = 2x + x^2 - y^2 + \mathrm{i}(2y + 2xy) = 2z + z^2$$

$$w(z) = z^2 + \frac{z^3}{3}$$

(2) 由 $w(6,0) - w(0,3)$ 求速度环量和流量。

$$w(6) = 108$$
$$w(6) - w(3\mathrm{i}) = 117 + 9\mathrm{i}$$
$$\Gamma = 117, \quad q = 9$$

5.6　基本平面势流

本节介绍几种简单的平面势流。利用这些基本势流可以组成很多复杂的势流。

1. 均匀流

均匀流的速度处处一样，流线平行。

图 5.9 所示为最简单的均匀流，速度大小处处为 v_0，方向水平。下面由速度分布求速度势和流函数。

$$v_x = v_0, \quad v_y = 0$$

$$\frac{\mathrm{d}\varphi}{\mathrm{d}x} = v_0, \quad \varphi = v_0 x$$

$$\frac{\mathrm{d}\psi}{\mathrm{d}y} = v_0, \quad \psi = v_0 y$$

$$w(z) = \varphi + \mathrm{i}\psi = v_0(x + \mathrm{i}y)$$

此得到水平均匀流的复位势为

$$w(z) = v_0 z \tag{5.22}$$

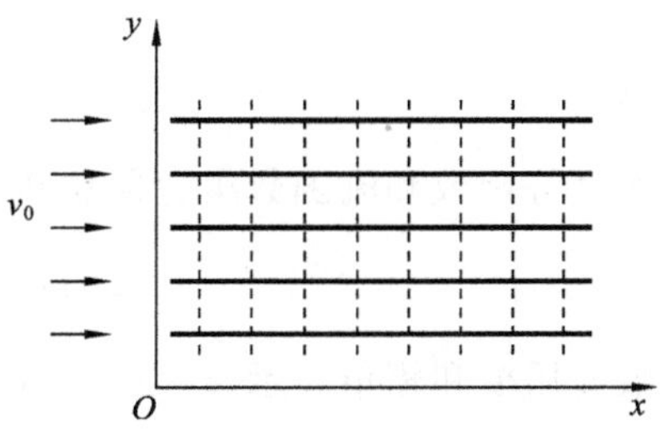

线性函数的复位势表示均匀流。

图 5.9　均匀流的流动图案

令流函数等于常数,就得到流线方程 $y=C_1$,它是平行于 x 轴的直线。再令速度势函数等于常数,得到等势线方程 $x=C_2$,这是一组平行于 y 轴的直线。等势线和流线组成流网,如图 5.9 所示。

2. 点源和点汇

设有一个半径为 r_0 的圆周,流体以体积流量 q 从圆内流出圆外。在圆周上没有切向速度 v_θ,径向速度则均匀分布,流动对称,而且 $v_r>0$。使半径 r_0 趋于零,小圆收缩成一个点,而流量 q 保持不变,这样的点就称为**点源**,通过此小圆的流量 q 称为点源强度。

设点源位于坐标原点。以原点为圆心作一个半径为 $r(>r_0)$ 的圆周,则在此圆周上,切向速度为零,$v_\theta=0$。径向速度 v_r 均匀分布。根据连续性方程,圆周上的流量等于点源强度 q,即 $q=2\pi r v_r$。可见,圆周上的速度分布为

$$\begin{cases} v_\theta=0 \\ v_r=\dfrac{q}{2\pi r} \end{cases}$$

由式(3.23)和式(5.4)可看出,这样的速度分布满足连续性方程,也满足无旋条件,因而存在速度势和流函数。

利用式(5.15)求速度势函数 φ,有

$$\frac{\partial \varphi}{r\partial \theta}=v_\theta=0$$

$$\frac{\partial \varphi}{\partial r}=v_r=\frac{q}{2\pi r}$$

所以　　　　　　　　　　　　$$\varphi=\frac{q}{2\pi}\ln r \qquad\qquad (5.23a)$$

利用式(5.19)求流函数 ψ,有

$$-\frac{\partial \psi}{\partial r}=v_\theta=0$$

$$\frac{\partial \psi}{r\partial \theta}=v_r=\frac{q}{2\pi r}$$

所以　　　　　　　　　　　　$$\psi=\frac{q}{2\pi}\theta \qquad\qquad (5.23b)$$

由速度势函数和流函数组建复位势,即

$$w(z)=\varphi+i\psi=\frac{q}{2\pi}(\ln r+i\theta)$$

复数 z 用模和辐角表示,$z=re^{i\theta}$,则

$$w(z)=\frac{q}{2\pi}\ln z \qquad\qquad (5.24)$$

式(5.24)表明,点源的复位势是对数函数,对数函数前面的系数是实数。

由式(5.23a)和式(5.23b)可看出,点源的流线方程为 $\theta=C_1$(过原点的射线),等势线方程为 $r=C_1$(圆周)。

如果流体沿径向汇入一个点,则构成**点汇**。对于点汇,径向速度指向圆心,为负值,$v_r<0$,因此点汇的流量为负值,q 称为点汇的强度。点汇的复位势为

$$w(z)=-\frac{q}{2\pi}\ln z$$

如果点源(点汇)不在坐标原点,而在点 z_0,则复位势可用一个通式表示为

$$w(z)=\pm\frac{q}{2\pi}\ln(z-z_0) \tag{5.25}$$

图 5.10 为点源和点汇的流动图案。

3. 点涡

设有一个半径为 r_0 的圆周,在此圆周上没有径向速度,$v_r=0$,而切向速度 v_θ 沿此圆周均匀分布。圆周上的速度环量为 $\Gamma=2\pi r_0 v_\theta$。使半径 r_0 趋于零,小圆收缩成一个点,而速度环量 Γ 保持不变,这样的点就称为**点涡**,通过此小圆的速度环量 Γ 称为点涡强度。图 5.11 为点涡的流动图案。

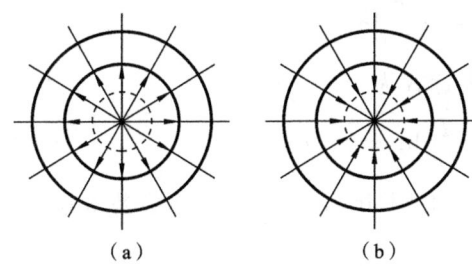

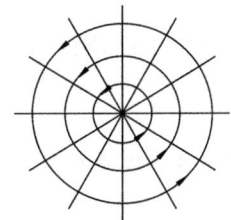

图 5.10　点源和点汇的流动图案　　　　　图 5.11　点涡的流动图案

设点涡位于坐标原点。以原点为圆心,作一个半径为 $r(>r_0)$ 的圆周,则在此大圆周上,径向速度为零,切向速度 v_θ 沿此大圆的圆周均匀分布。根据速度环量守恒原理,大圆周上的速度环量应该等于 Γ。可见,大圆周上的速度分布为

$$\begin{cases} v_r=0 \\ v_\theta=\dfrac{\Gamma}{2\pi r} \end{cases}$$

容易验证此速度分布满足无旋条件,满足连续性方程,速度势函数和流函数都存在。

下面求速度势函数 φ,有

$$\frac{\partial \varphi}{r\partial \theta}=v_\theta=\frac{\Gamma}{2\pi r}$$

$$\frac{\partial \varphi}{\partial r}=v_r=0$$

所以　　　　　　　　　　　　　　$$\varphi=\frac{\Gamma}{2\pi}\theta \tag{5.26a}$$

利用式(5.19)求流函数 ψ,有

$$-\frac{\partial \psi}{\partial r}=v_\theta=\frac{\Gamma}{2\pi r}$$

$$\frac{\partial \psi}{r\partial \theta}=v_r=0$$

所以　　　　　　　　　　　$\psi=-\frac{\Gamma}{2\pi}\ln r$ 　　　　　　　　　　(5.26b)

由速度势函数和流函数组建复位势,则

$$w(z)=\varphi+\mathrm{i}\psi=\frac{\Gamma}{2\pi}(\theta-\mathrm{i}\ln r)=\frac{\Gamma}{2\pi \mathrm{i}}(\ln r+\mathrm{i}\theta)$$

由于 $\ln r+\mathrm{i}\theta=\ln z$,因此

$$w(z)=\frac{\Gamma}{2\pi \mathrm{i}}\ln z \qquad\qquad (5.27)$$

如果点涡的切向速度为顺时针方向,即 $v_\theta<0$,则速度环量为负值。Γ 仍称为点涡强度。顺时针方向点涡的复位势是

$$w(z)=-\frac{\Gamma}{2\pi \mathrm{i}}\ln z$$

如果点涡位于点,则点涡复位势的一般表达式为

$$w(z)=\pm\frac{\Gamma}{2\pi \mathrm{i}}\ln(z-z_0) \qquad\qquad (5.28)$$

例 5.9　试分析复位势 $w(z)=2z+(1+\mathrm{i})\ln(z^2+4)$ 是由哪些基本势流叠加而成的。

解　此复位势函数可写为

$$w(z)=2z+(1+\mathrm{i})[\ln(z+2\mathrm{i})+\ln(z-2\mathrm{i})]$$

此复位势由下列基本复势叠加而成:

(1) 速度大小为 v_0,方向沿 x 正向的均匀流;

(2) 在点 $(0,2)$ 有强度 $q=2\pi$ 的点源和强度 $\Gamma=2\pi$ 的顺时针方向的点涡;

(3) 在点 $(0,-2)$ 有强度 $q=2\pi$ 的点源和强度 $\Gamma=2\pi$ 的顺时针方向的点涡。

例 5.10　设半径为 r_0 的圆周内有一个强制涡(台风、龙卷风都可以视作强制涡),测得流场的速度分布为

$$v_r=0$$

$$v_\theta=\begin{cases}\omega_0 r, & r\leqslant r_0 \\ \dfrac{\omega_0 r_0^2}{r}, & r\geqslant r_0\end{cases}$$

(1) 分析速度场的有旋、无旋性质。

(2) 试推证流场的压强分布为

$$p = p_\infty - \frac{\rho}{2}\left(\frac{\omega_0 r_0^2}{r}\right)^2, \quad r \geqslant r_0$$

$$p = p_\infty - \rho(\omega_0 r_0)^2 + \frac{\rho}{2}(\omega_0 r)^2, \quad r \leqslant r_0$$

式中，p_∞ 为距离强制涡无限远处的压强。

解　用式 (5.4) 计算流体微团的旋转角速度。

当 $r \leqslant r_0$ 时，有

$$\omega = \frac{1}{2r}\left[\frac{\partial(rv_\theta)}{\partial r} - \frac{\partial v_r}{\partial \theta}\right] = \frac{1}{2r}\frac{\partial(\omega_0 r^2)}{\partial r} = \omega_0$$

可见，在半径为 r_0 的圆周内，流体微团的角速度为 ω_0。圆内的流体像刚体圆盘一样旋转，因此得名强制涡。

当 $r \geqslant r_0$ 时，有

$$\omega = \frac{1}{2r}\left[\frac{\partial(rv_\theta)}{\partial r} - \frac{\partial v_r}{\partial \theta}\right] = 0$$

在半径为 r_0 的圆周之外，流体作无旋运动。

下面根据牛顿第二定律求压强的分布。如图 5.12 所示，取一个极坐标系的微元体，此微元体的角度为 $\mathrm{d}\theta$，两条正交边的长度为 $r\mathrm{d}\theta$ 和 $\mathrm{d}r$。设下边受到的压强为 p，上边受到的压强为 $p + \mathrm{d}p$，两条侧边受到的压强设为 p。考虑理想流体沿径向的运动方程，作用在 r 方向的力等于流体微团的质量乘以向心加速度，即

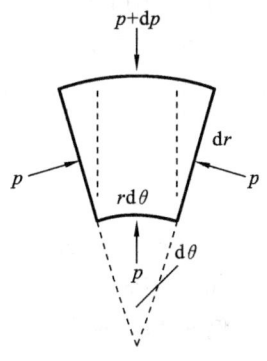

$$prd\theta - (p + \mathrm{d}p)(r + \mathrm{d}r)\mathrm{d}\theta + 2p\mathrm{d}r\sin\frac{\mathrm{d}\theta}{2} = -\rho r\mathrm{d}\theta\mathrm{d}r\frac{v_\theta^2}{r}$$

略去高阶微量，得

$$\frac{1}{\rho}\frac{\mathrm{d}p}{\mathrm{d}r} = \frac{v_\theta^2}{r}$$

图 5.12　微元体的受力

这是极坐标的运动微分方程。下面利用运动方程求无旋区域 $r \geqslant r_0$ 的压强分布，有

$$r \geqslant r_0, \quad v_\theta = \frac{\omega_0 r_0^2}{r}$$

$$\frac{\mathrm{d}p}{\mathrm{d}r} = \rho\frac{v_\theta^2}{r} = \rho\frac{(\omega_0 r_0^2)^2}{r^3}$$

所以

$$p = C - \frac{\rho}{2}\left(\frac{\omega_0 r_0^2}{r}\right)^2$$

当时 $r \to \infty$，$p \to p_\infty$，因此 $r \geqslant r_0$ 的区域的压强分布为

$$p = p_\infty - \frac{\rho}{2}\left(\frac{\omega_0 r_0^2}{r}\right)^2$$

这就是 $r \geqslant r_0$ 无旋区域的伯努利方程。

下面求有旋区域 $r \leqslant r_0$ 的压强分布,有

$$r \leqslant r_0, \quad v_\theta = \omega_0 r$$

$$\frac{\mathrm{d}p}{\mathrm{d}r} = \rho \frac{v_\theta^2}{r} = \rho \omega_0^2 r$$

所以

$$p = C_1 + \frac{\rho}{2} \omega_0^2 r^2$$

利用 $r = r_0, p = p_0$,确定积分常数 C_1,即

$$\begin{cases} p_0 = p_\infty - \dfrac{\rho}{2}(\omega_0 r_0)^2 \\ p_0 = C_1 + \dfrac{\rho}{2}(\omega_0 r_0)^2 \end{cases}$$

$$C_1 = p_\infty - \rho(\omega_0 r_0)^2$$

由此得到有旋区域 $r \leqslant r_0$ 的压强分布为

$$p = p_\infty - \rho(\omega_0 r_0)^2 + \frac{\rho}{2}(\omega_0 r)^2$$

例如,2014 年第 10 号台风"麦德姆"的中心附近风力为 14 级(42 m/s),中心最低气压为 95.5 kPa。由 $r = r_0$ 处的气流速度 $v_\theta = 42$ m/s 可以计算涡核边缘的压强 p_0 和中心 $r = 0$ 处压强 p_c,其表达式为

$$p_\infty - p_0 = \frac{\rho}{2}(\omega_0 r_0)^2 = \frac{\rho}{2} v_\theta^2 = 1076 \text{ Pa}$$

$$p_\infty - p_c = \rho(\omega_0 r_0)^2 = \rho v_\theta^2 = 2152 \text{ Pa}$$

由于中心 $r = 0$ 处压强 $p_c = 95.5$ kPa,因此,当地气压 $p_\infty = 97.5$ kPa,$r = r_0$ 处的气压 $p_0 = 96.5$ kPa。

例 5.11　试求复位势 $w(z) = z + \ln z$ 在平面上点 $(6,8)$ 的速度。

解
$$\frac{\mathrm{d}w}{\mathrm{d}z} = 1 + \frac{1}{z} = 1 + \frac{1}{6+8\mathrm{i}} = 1.06 - 0.08\mathrm{i} = v_x - \mathrm{i}v_y$$

$$v_x = 1.06, \quad v_y = 0.08$$

5.7　几种势流的叠加

基本势流叠加后可以得到较为复杂的势流。下面介绍几种势流的叠加。

1. 点源和平行均匀流的叠加

设在坐标原点有一个强度为 q 的点源,在点源前方有一个速度 v_∞ 的平行均匀流,两者叠加的复位势、速度势和流函数为

$$w(z) = v_\infty z + \frac{q}{2\pi} \ln z \tag{5.29a}$$

$$\varphi = v_\infty x + \frac{q}{2\pi} \ln r \tag{5.29b}$$

$$\psi = v_\infty y + \frac{q}{2\pi}\theta \qquad\qquad (5.29\mathrm{c})$$

流线能直观地反映流场特点。下面分析经过驻点的那条流线。所谓驻点,是指速度为零的点。复位势的导数等于复速度,驻点就是复速度等于零的点。

$$\frac{\mathrm{d}w}{\mathrm{d}z} = v_\infty + \frac{q}{2\pi z} = 0$$

$$z = x + \mathrm{i}y = -\frac{q}{2\pi v_\infty}$$

可见,驻点 A 位于 x 的负轴上,$y=0$,$\theta=\pi$。由式(5.29c)得到过驻点的流线方程为

$$\psi = v_\infty y + \frac{q}{2\pi}\theta = \frac{q}{2\pi}\pi$$

或

$$y = \frac{q}{2\pi v_\infty}(\pi - \theta) \qquad\qquad (5.30)$$

过驻点 A 的流线方程式(5.30)表明,此流线沿 x 坐标负轴,在驻点 A 分成上、下两个半支,然后延伸到下游远处。当 $\theta \to 0$ 时,$y \to q/2v_\infty$。在理论流体力学中,这条流线称为蓝金(Rankine)线。图 5.13 表示蓝金线以及其他流线。

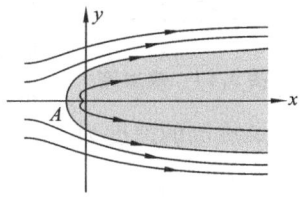

图 5.13　点源和均匀流叠加

我们知道,在流线上,流体的速度与流线相切。流体绕过物体流动时,物体表面上的流体速度也与物体表面相切,物体表面的轮廓线也是流线。如果将蓝金线看作物体的轮廓线(这个物体称为蓝金体),那么图 5.13 就表示,平行均匀流绕蓝金体的流动图案。蓝金体的绕流问题具有很多应用价值。城市废水(经过处理后)向江河排放时,废水与清水的分界线可视作蓝金线。飞机的飞行稳定器、桥梁的桥墩、水工建筑物的立柱等绕流问题与蓝金体绕流图案也有一定的相似性。

2. 螺旋流

设坐标原点有一个强度为 q 的点汇,一个强度为 Γ、逆时针方向的点涡,则叠加起来的流场称为螺旋流。螺旋流的复位势、速度势和流函数分别为

$$w(z) = -\frac{q}{2\pi}\ln z + \frac{\Gamma}{2\pi}\ln z \qquad\qquad (5.31\mathrm{a})$$

$$\varphi = -\frac{q}{2\pi}\ln r + \frac{\Gamma}{2\pi}\theta \qquad\qquad (5.31\mathrm{b})$$

$$\psi = -\frac{q}{2\pi}\theta - \frac{\Gamma}{2\pi}\ln r \qquad\qquad (5.31\mathrm{c})$$

令式(5.31b)为常数,即

$$-\frac{q}{2\pi}\ln r + \frac{\Gamma}{2\pi}\theta = \mathrm{const.}$$

得到等势线方程为

$$r = C_1 e^{\Gamma\vartheta/q}$$

令式(5.31c)为常数,即

$$-\frac{q}{2\pi}\theta - \frac{\Gamma}{2\pi}\ln r = \text{const.}$$

得到流线方程为

$$r = C_2 e^{-q\theta/\Gamma}$$

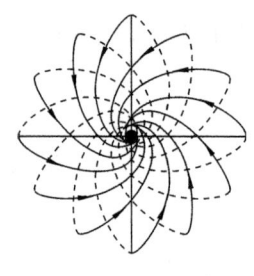

图 5.14　螺旋流

图 5.14 表示螺旋流的流动图案。等势线和流线都是对数螺旋线,故名螺旋流。图中的实线为流线,虚线为等势线。流线从四周向原点汇集,同时发生逆时针方向的旋转。旋风燃烧器和旋风除尘器的气流流动就属于图 5.14 所示的螺旋流。水泵叶轮里的水体运动,则是点源和点涡的叠加,水体从中心向外流动,同时受叶片的带动,水体还作圆周运动,形成螺旋流。为了使流动损失最小,旋风燃烧器、旋风除尘器、水泵、水轮机等的外壳都做成对数螺旋形,俗称蜗壳。

螺旋流的速度为

$$v_r = \frac{\partial\varphi}{\partial r} = -\frac{q}{2\pi r}$$

$$v_\theta = \frac{\partial\varphi}{r\partial\theta} = \frac{\Gamma}{2\pi r}$$

$$v^2 = \frac{\Gamma^2 + q^2}{(2\pi r)^2}$$

当半径 r 趋于无穷大时,螺旋流的速度为零,该处的压强记为 p_∞,可利用理想流体的伯努利方程就得到螺旋流的压强分布,即

$$p + \frac{\rho}{2}\frac{\Gamma^2 + q^2}{(2\pi r)^2} = p_\infty$$

3. 偶极流

考虑等强度的点源和点汇的叠加问题。如图 5.15 所示,设坐标原点有一个强度为 q 的点源,在邻点 Δz 有一个等强度的点汇。显然,从点源出发的流体全部都流入点汇。源汇叠加的复位势为

$$w(z) = \frac{q}{2\pi}\ln z - \frac{q}{2\pi}\ln(z - \Delta z)$$

式中,Δz 表示源、汇的坐标差,$\Delta z = \Delta r e^{i\theta}$,$\Delta r$ 是源、汇的距离,θ 是两点连线的幅角。现在让点汇沿着两点连线接近点源,则此时的复位势应该用极限表示,即

$$w(z) = \frac{q}{2\pi}\lim_{\Delta z \to 0}[\ln z - \ln(z - \Delta z)]$$

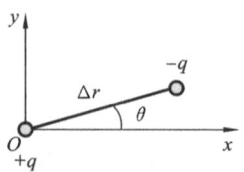

图 5.15　源、汇叠加

由于两点沿连线接近,因此,$\Delta z = \Delta r e^{i\theta}$ 中的角度 θ 保持不变,而使 $\Delta r \to 0$。这时,使 $q\Delta r$ 保持为一个不变常数 M,$q\Delta r = M$。在这种情况下,极限就表示为对数函数的导数,即

$$w(z) = \lim_{\Delta z \to 0} \frac{q\Delta r e^{i\theta}}{2\pi} \frac{\ln z - [\ln(z - \Delta z)]}{\Delta z} = \frac{M e^{i\theta}}{2\pi z} \tag{5.32}$$

无限靠近的等强度的点源和点汇形成的流场称为偶极流。点源(汇)强度与两点距离的乘积 $M = q\Delta r$ 称为偶极流的强度,从点源指向点汇的方向角 θ 称为偶极流的角度。从式(5.32)可看出,偶极流的复位势是倒数函数或反比函数。

下面分析一种简单的偶极流。令点源和点汇的连线呈水平态,方向角 $\theta = 0$。点源在坐标原点左侧,点汇在坐标原点的右侧。这个偶极流的复位势为

$$w(z) = \frac{M}{2\pi z} \tag{5.33a}$$

复数 z 包含实部和虚部,即

$$\frac{1}{z} = \frac{1}{x + iy} = \frac{x - iy}{x^2 + y^2}$$

因此偶极流的速度势和流函数分别为

$$\varphi = \frac{M}{2\pi} \frac{x}{x^2 + y^2} \tag{5.33b}$$

$$\psi = -\frac{M}{2\pi} \frac{y}{x^2 + y^2} \tag{5.33c}$$

令速度势函数等于常数 C_1,得等势线方程为

$$\varphi = \frac{M}{2\pi} \frac{x}{x^2 + y^2} = C_1$$

$$\left(x - \frac{M}{4\pi C_1}\right)^2 + y^2 = \left(\frac{M}{4\pi C_1}\right)^2$$

这是一族圆心在 x 的正轴或负轴上,且与 y 轴相切的圆周曲线。

令流函数等于常数 C_2,得流线方程为

$$\psi = \frac{M}{2\pi} \frac{y}{x^2 + y^2} = C_2$$

$$x^2 + \left(y - \frac{M}{4\pi C_2}\right)^2 = \left(\frac{M}{4\pi C_2}\right)^2$$

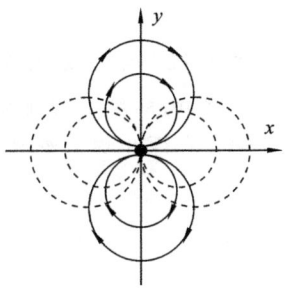

图 5.16　偶极流的流动图案

这是一族圆心在 y 轴上、且与 x 轴相切的圆周曲线。图 5.16 为偶极流的流动图案。其中实线为流线,流体从点源流向点汇。

4. 镜像原理

考察图 5.17(a),设在第一象限的点 (a, b) 上有一个强度为 q 的点源,而 x 轴为水平固体壁面。如果认为这种流场的复位势是

$$w(z) = \frac{q}{2\pi}\ln(z-a-ib)$$

那就不正确了。因为这时在 x 轴上还有 y 向速度分量，x 轴不是流线。如果使 x 轴是一条流线，必须在镜像点 $(a,-b)$ 添加一个强度也是 q 的点源，其复位势为

$$w(z) = \frac{q}{2\pi}\ln(z-a-ib) + \frac{q}{2\pi}\ln(z-a+ib)$$

这样一来，x 轴就是一条流线，而且在第一象限只有一个点源，因而上式就是图 5.17(a) 的问题的解。在镜像点布置点源（点涡），以保证固体壁面为一条流线，这种处理方法称为镜像法。图 5.17(b) 表示在第一象限的点 (a,b) 上有一个强度为 q 的点源，而 x 的正轴和 y 的正轴都是固体壁面。根据镜像原理，除了在 y 轴的对称点 $(a,-b)$ 和 x 轴的对称点 $(-a,b)$ 放置点源之外，还需在点 $(-a,-b)$ 放置一个点源。因此，图 5.17(b) 的复位势为

$$w(z) = \frac{q}{2\pi}\left[\ln(z-a-ib) + \ln(z-a+ib) + \ln(z+a-ib) + \ln(z+a+ib)\right]$$

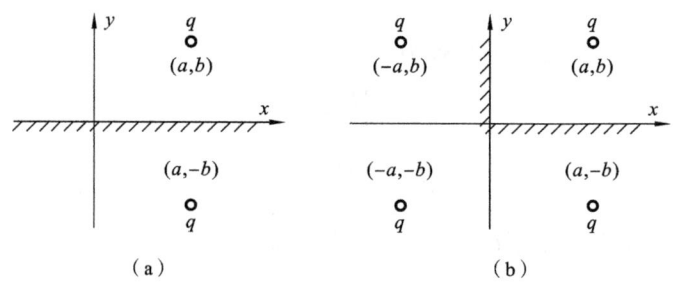

图 5.17　镜像

例 5.12　城市废水排入河道的流动可视作均匀流与点源的叠加。已知河水流速 $v_\infty = 3\ \text{m/s}$，废水的排放流量 $q = 1.2\ \text{m}^3/\text{s}$。求河道中废水区域的宽度。

解　点源和均匀流叠加后，零流线在下游远处的宽度为

$$y = \frac{q}{2\pi v_\infty}(\pi-\theta)\Big|_{\theta=0} = \frac{q}{2v_\infty}$$

$$h = 2y = \frac{q}{v_\infty} = 0.4\ \text{m}$$

例 5.13　设 y 轴为固体壁面。在点 $(2,3)$ 处有一个强度为 Γ 的逆时针方向的点涡。试求 y 轴上的速度分布，并求 y 轴上速度最大点的位置。

解　根据镜像原理，应该在镜像点 $(-2,3)$ 设置一个等强度的顺时针方向的点涡。流场的复位势为

$$w(z) = \frac{\Gamma}{2\pi i}\left[\ln(z-2-3i) - \ln(z+2-3i)\right]$$

复位势的导数等于复速度，即

$$\frac{\mathrm{d}w}{\mathrm{d}z}=\frac{\Gamma}{2\pi\mathrm{i}}\left[\frac{1}{z-2-3\mathrm{i}}-\frac{1}{z+2-3\mathrm{i}}\right]=v_x-\mathrm{i}v_y$$

在 y 轴上，$z=\mathrm{i}y$，则

$$\frac{\mathrm{d}w}{\mathrm{d}z}=\frac{\Gamma}{2\pi\mathrm{i}}\left[\frac{1}{y\mathrm{i}-2-3\mathrm{i}}-\frac{1}{y\mathrm{i}+2-3\mathrm{i}}\right]=\frac{\Gamma}{\pi}\frac{2\mathrm{i}}{4+(y-3)^2}$$

$$v_y=-\frac{\Gamma}{\pi}\frac{2}{4+(y-3)^2}$$

当 $y=3$ 时，速度最大，其值为

$$v_{y\mathrm{max}}=-\frac{\Gamma}{2\pi}$$

5.8　圆柱体绕流的复位势

如果一股平行均匀流以速度 v_∞ 流向一个空间固定物体，则在此物体附近所观察到的流动称为物体的**绕流**。本节用复位势研究圆柱体的绕流。

1. 圆柱体的无环量绕流

设有速度为 v_∞ 的均匀流与一个偶极流的叠加。此偶极流的强度为 M，方向角 $\theta=0$。叠加后的复位势为

$$w(z)=v_\infty z+\frac{M}{2\pi z} \tag{5.34a}$$

其速度势和流函数分别为

$$\varphi=\left(v_\infty r+\frac{M}{2\pi r}\right)\cos\theta=v_\infty x+\frac{M}{2\pi}\frac{x}{x^2+y^2} \tag{5.34b}$$

$$\psi=\left(v_\infty r-\frac{M}{2\pi r}\right)\sin\theta=v_\infty y-\frac{M}{2\pi}\frac{y}{x^2+y^2} \tag{5.34c}$$

先分析流线方程，以便了解式(5.34a)表示一种什么样的流动。令式(5.34c)等于常数就得到流线族的方程。如果 $\psi=0$，就得到一条特殊的流线，姑且称之为零流线。于是

$$v_\infty y-\frac{M}{2\pi}\frac{y}{x^2+y^2}=C=0$$

$$y\left(v_\infty-\frac{M}{2\pi}\frac{1}{x^2+y^2}\right)=0$$

也可以将零流线方程分解表示为

$$\begin{cases} y=0 \\ x^2+y^2=\dfrac{M}{2\pi v_\infty} \end{cases}$$

可以看出，零流线由 x 轴以及圆心在坐标原点、半径为 $r_0=\sqrt{\dfrac{M}{2\pi v_\infty}}$ 的圆周组成。流

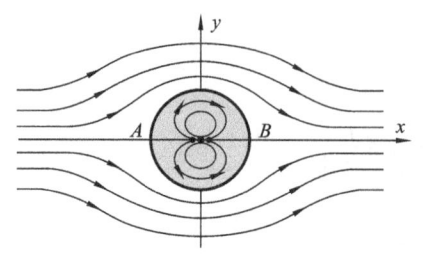

图 5.18　圆柱体无环量绕流

线沿着负 x 轴指向圆周,在圆周的点 A 分成上、下两支,沿圆的表面向下游延伸,在点 B 汇合后沿 x 的正轴继续延伸至下游远处。流线图案如图 5.18 所示。由于物体表面轮廓线是一条流线,因此可以认为零流线就是圆柱体的轮廓线。于是半径为 r_0 的圆柱体绕流的复位势、速度势、流函数分别为

$$w(z) = v_\infty \left(z + \frac{r_0^2}{z} \right) \tag{5.35a}$$

$$\varphi = v_\infty \left(r + \frac{r_0^2}{r} \right) \cos\theta \tag{5.35b}$$

$$\psi = v_\infty \left(r - \frac{r_0^2}{r} \right) \sin\theta \tag{5.35c}$$

流函数(5.35c)满足拉普拉斯方程,也满足圆柱体表面是一条流线的边界条件,因此是圆柱绕流的流函数。同理,式(5.35a)是圆柱绕流的复位势,式(5.35b)是圆柱绕流的速度势。图 5.18 中的 A、B 点分别是圆柱绕流的前驻点、后驻点。

利用速度势(也可以利用流函数)即可求出圆柱绕流的速度分布,即

$$v_r = \frac{\partial \varphi}{\partial r} = v_\infty \left(1 - \frac{r_0^2}{r^2} \right) \cos\theta$$

$$v_\theta = \frac{\partial \varphi}{r \partial \theta} = -v_\infty \left(1 + \frac{r_0^2}{r^2} \right) \sin\theta$$

在圆柱体表面,$r = r_0$,速度为 $v_r = 0$,$v_\theta = -2v_\infty \sin\theta$。也就是说,在圆柱表面上,没有法向速度,只有切向速度。沿圆柱体表面曲线的速度环量为

$$\Gamma = \int_0^{2\pi} v_\theta r_0 \, \mathrm{d}\theta = -\int_0^{2\pi} 2v_\infty r_0 \sin\theta \mathrm{d}\theta = 0$$

由于圆柱体外部的流动为无旋流动,因此,任何包围圆柱体的封闭曲线的速度环量都等于零。式(5.35)所表示的流动为圆柱体的无环量绕流。

下面分析圆柱体表面的压强分布以及圆柱体受到的合力。

设距离圆柱体无穷远处速度为 v_∞,压强为 p_∞。圆柱体表面的压强可根据理想流体运动的伯努利方程求得,即

$$p + \frac{1}{2}\rho(2v_\infty \sin\theta)^2 = p_\infty + \frac{1}{2}\rho v_\infty^2$$

$$p = p_\infty + \frac{1}{2}\rho v_\infty^2 (1 - 4\sin^2\theta) \tag{5.36}$$

工程上常用量纲一的特征数——压强系数 C_p 来表示圆柱体表面的压强分布,即

$$C_p = \frac{p - p_\infty}{\frac{1}{2}\rho v_\infty^2} = 1 - 4\sin^2\theta \tag{5.37}$$

图 5.19 中的谐波线表示压强系数分布。其中角度从圆
柱体的前驻点 A 算起。由图可看出,压强呈对称分布。
在前驻点 A,$\theta=0$,速度为零,压强最大,$C_p=1$。在圆柱
体的最高点,$\theta=90°$,速度最大,压强最小,$C_p=-3$。在
圆柱体的背风面,角度大于 $90°$ 后,速度逐渐减小,压强
升高,压强系数显著升高。到了后驻点,$\theta=180°$,$C_p=1$。
由于圆柱体表面的压强呈对称性分布,因此在水平方向
的合力(阻力)和竖直方向的合力(升力)都为零,即

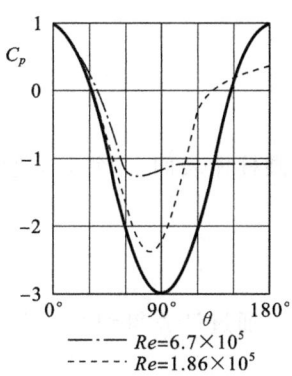

图 5.19　圆柱表面压强系数

$$F_x=\int_0^{2\pi}p\cos\theta r_0\,\mathrm{d}\theta=0$$

$$F_y=\int_0^{2\pi}p\sin\theta r_0\,\mathrm{d}\theta=0$$

　　流体绕圆柱体流动产生的阻力和升力都为零,与客观事实不相符,这是忽略黏性
影响所致。实际流体都具有黏性。黏性流体绕圆柱体流动时,圆柱体受到的压强分
布是不对称的。图 5.19 中的虚线表示绕流雷诺数 $Re=v_\infty d/\nu=1.86\times10^5$ 时的压
力系数分布的测量曲线。可见,在此雷诺数下,角度 $\theta<70°$ 时,测量值与理论值相差
不大,当角度 $\theta>70°$ 时,差别就很明显了。当雷诺数 $Re=v_\infty d/\nu=6.7\times10^5$ 时(图 5.
19 中的点画线),只在 $\theta<30°$ 的小范围内,测量值和理论值相差不大,其余地方差别
就很大,而且当角度 $\theta>90°$ 时,压强几乎不变,$C_p=-1.2$。这时因为,圆柱体表面形
成黏性边界层,并发生边界层的分离,使圆柱体背风区形成旋涡区,压强低而且压强
分布均匀。有关边界层概念将在第 6 章介绍。

2. 圆柱体的有环量绕流

据上面的分析,均匀流与偶极流的叠加,可以表示为圆柱体的绕流。那种绕流是
无环量的。下面,在坐标原点再叠加一个顺时针方向的点涡,其复位势、速度势和流
函数分别为

$$w(z)=v_\infty\left(z+\frac{r_0^2}{z}\right)-\frac{\Gamma}{2\pi\mathrm{i}}\ln z \tag{5.38a}$$

$$\varphi=v_\infty\left(r+\frac{r_0^2}{r}\right)\cos\theta-\frac{\Gamma}{2\pi}\theta \tag{5.38b}$$

$$\psi=v_\infty\left(r-\frac{r_0^2}{r}\right)\sin\theta+\frac{\Gamma}{2\pi}\ln r \tag{5.38c}$$

由式(5.38c)可看出,当 $r=r_0$ 时,流函数 $\psi=(\Gamma/2\pi)\ln r_0$,这就是说,圆柱体表面
是一条流线,因此,式(5.38)表示的流动也是绕圆柱体的流动,称为圆柱体有环量
绕流。

(1)分析有环量的绕流与无环量的绕流有什么区别。由速度势可以求出速度分
布,即

$$v_r = \frac{\partial \varphi}{\partial r} = v_\infty \left(1 - \frac{r_0^2}{r^2} \right) \cos\theta$$

$$v_\theta = \frac{\partial \varphi}{r \partial \theta} = -v_\infty \left(1 + \frac{r_0^2}{r^2} \right) \sin\theta - \frac{\Gamma}{2\pi r}$$

在圆柱体表面上 $r = r_0$，速度为

$$v_r = 0$$

$$v_\theta = -2 v_\infty \sin\theta - \frac{\Gamma}{2\pi r_0}$$

通过计算得到圆周上的速度环量为

$$\int_0^{2\pi} v_\theta r_0 \, \mathrm{d}\theta = \int_0^{2\pi} \left(-2 v_\infty r_0 \sin\theta - \frac{\Gamma}{2\pi} \right) \mathrm{d}\theta = -\Gamma$$

这表明圆柱体表面有速度环量，因此得名圆柱体的有环量绕流。

（2）分析过驻点的流线方程。设驻点在圆柱体表面上，令圆柱体表面速度为零，得到驻点的具体位置为

$$-2 v_\infty \sin\theta - \frac{\Gamma}{2\pi r_0} = 0$$

或

$$\sin\theta = -\frac{\Gamma}{4\pi r_0 v_\infty} \tag{5.39}$$

（3）讨论驻点的位置。

① 当 $\Gamma < 4\pi r_0 v_\infty$ 时，θ 的解有两个，两个驻点分别位于圆周的第三、第四象限。此时的流动图案如图 5.20(a)所示。

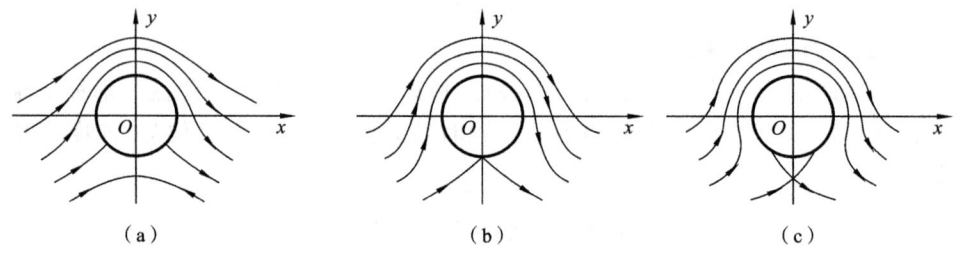

|（a）|（b）|（c）|

图 5.20　圆柱体有环量绕流

② 当 $\Gamma = 4\pi r_0 v_\infty$ 时，θ 只有一个解，如图 5.20(b)所示。

③ 当 $\Gamma > 4\pi r_0 v_\infty$ 时，在圆周上，θ 无解，即驻点不在圆柱体表面上，而在 y 的负轴上，如图 5.20(c)所示。驻点的具体位置为

$$\begin{cases} x = 0 \\ y = -\frac{\Gamma}{4\pi v_\infty} - \sqrt{\left(\frac{\Gamma}{4\pi v_\infty} \right)^2 - r_0^2} \end{cases}$$

圆柱体表面的压强分布可以由伯努利方程求得，即

$$p = p_\infty + \frac{1}{2}\rho v_\infty^2 - \frac{1}{2}\rho\left(2v_\infty\sin\theta + \frac{\Gamma}{4\pi r_0}\right)^2$$

利用压强分布,可以求得圆柱体受到的水平方向的合力 F_D(阻力)和竖直方向的合力 F_L(升力)分别为

$$F_D = \int_0^{2\pi} p\cos\theta \cdot r_0\,\mathrm{d}\theta = 0 \tag{5.40a}$$

$$F_L = -\int_0^{2\pi} p\sin\theta \cdot r_0\,\mathrm{d}\theta = \rho v_\infty\Gamma \tag{5.40b}$$

式(5.40a)表明阻力 F_D 为零与实际不符,这是因为流体有黏性存在。式(5.40b)表明,圆柱体的升力与速度环量成正比,这个结论已被事实所证明。

圆柱体的升力方向可根据绕流特点确定。例如图 5.21(a)所示情况,均匀流的方向从左到右,圆柱体的转动方向为顺时针方向。圆柱体上方,叠加的速度较大,压强较小。圆柱体下方,叠加的速度较小,压强较大。因此,升力朝上。其余的三种绕流图案和升力方向如图 5.21(b)、(c)、(d)所示。这四种流动的复位势分别为

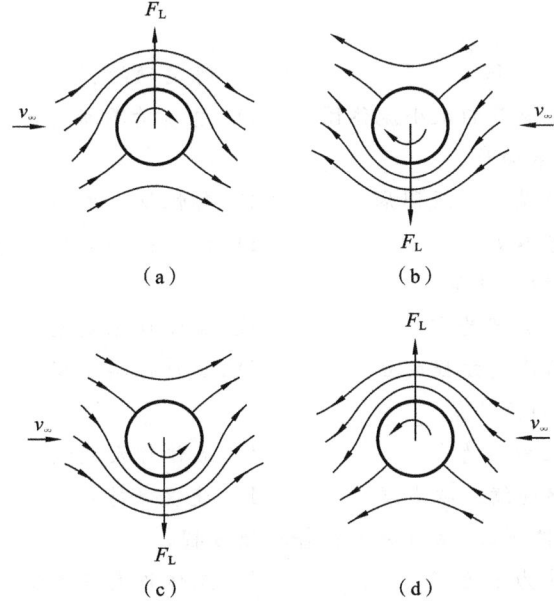

图 5.21　四种情况下的圆柱体扰流图案即升力方向

图 5.21(a)　　　　　$$w(z) = v_\infty\left(z + \frac{r_0^2}{z}\right) - \frac{\Gamma}{2\pi\mathrm{i}}\ln z$$

图 5.21(b)　　　　　$$w(z) = -v_\infty\left(z + \frac{r_0^2}{z}\right) - \frac{\Gamma}{2\pi\mathrm{i}}\ln z$$

图 5.21(c)　　　　　$$w(z) = v_\infty\left(z + \frac{r_0^2}{z}\right) + \frac{\Gamma}{2\pi\mathrm{i}}\ln z$$

图 5.21(d)　　　　　　$w(z) = -v_\infty \left(z + \dfrac{r_0^2}{z} \right) + \dfrac{\Gamma}{2\pi i} \ln z$

　　库塔和儒柯夫斯基将有环量的圆柱绕流升力(见式(5.40b))推广到任何物体的绕流问题上,他们指出:任意截面形状的物体绕流,只要存在速度环量,都会产生升力;升力的大小等于流体密度、气流速度以及速度环量的乘积,即 $F_L = \rho v \Gamma$;升力的方向为气流方向沿速度环量逆方向旋转 90°。这称为库塔-儒柯夫斯基定理。飞机产生升力的原理就是库塔-儒柯夫斯基定理。此外,汽轮机、水轮机、水翼船、螺旋桨的设计也主要依据库塔-儒柯夫斯基定理。19 世纪 50 年代,德国物理学家马格努斯发现飞行物体会受到与其运动方向垂直的作用力,从而改变了物体的飞行方向,这种现象称为马格努斯效应。马格努斯效应可以用上面的升力定理得到很好的解析。在球类运动中(足球、乒乓球等),当击球力不通过球心时,球在向前运动的同时还会发生旋转,产生横向力,使球体的轨迹成为弧线形。这些都是绕流物体升力的作用结果。

选　择　题

1. 流体微团是＿＿＿＿。
   A. 空间固定体积　　　　　　　　　B. 可运动的、形状不变的体积
   C. 包含一定质量的微小流体团　　　D. 总质量不断变化的微小流体团
2. 流体作有旋运动时,＿＿＿＿。
   A. 运动轨迹是曲线或圆周　　　　　B. 黏性切应力为零
   C. 速度保持不变　　　　　　　　　D. 流体微团的方位角发生变化
3. 速度势存在的条件是＿＿＿＿。
   A. 黏性切应力不为零　　　　　　　B. 流体作无旋流动
   C. 不可压缩连续方程成立　　　　　D. 速度保持不变
4. 流函数存在的条件是＿＿＿＿。
   A. 黏性切应力不为零　　　　　　　B. 流体作无旋流动
   C. 不可压缩连续方程成立　　　　　D. 速度保持不变
5. 在＿＿＿＿条件下,流函数满足拉普拉斯方程。
   A. 黏性切应力不为零　　　　　　　B. 流体作无旋流动
   C. 不可压缩连续方程成立　　　　　D. 速度保持不变
6. 在＿＿＿＿条件下,速度势满足拉普拉斯方程。
   A. 黏性切应力不为零　　　　　　　B. 流体作无旋流动
   C. 不可压缩连续方程成立　　　　　D. 速度保持不变
7. 复位势的导数称为复速度,其表达式为＿＿＿＿。
   A. $v_x - i v_y$　　　　B. $v_x + i v_y$　　　　C. $-v_x - i v_y$　　　　D. $-v_x + i v_y$
8. 两点之间的任意连线的速度环量等于＿＿＿＿。

A. 两点上的流函数的差值　　　　B. 两点上的速度势函数的差值

C. 两点上的复位势的差值　　　　D. 两点的速度是差值加上流函数差值

9. 两点之间的任意连线的流量等于_____。

A. 两点上的流函数的差值　　　　B. 两点上的速度势函数的差值

C. 两点上的复位势的差值　　　　D. 两点的速度是差值加上流函数差值

10. 复位势的虚部是_____。

A. 流量　　　　　B. 速度环量　　　　C. 速度势　　　　D. 流函数

11. 均匀流的复位势是_____。

A. 对数函数　　　B. 反比函数　　　　C. 线性函数　　　　D. 二次函数

12. 偶极流是由_____组成。

A. 两个无限接近的点源　　　　B. 两个无限接近的点汇

C. 两个无限接近的点涡　　　　D. 无限接近的点源和点汇

13. 圆柱体无环量绕流的势流由_____构成。

A. 均匀流和点源　　　　B. 均匀流和点汇

C. 均匀流和点涡　　　　D. 均匀流和偶极流

14. 等势线与流线_____。

A. 正交　　　　　B. 斜交　　　　　C. 重合　　　　　D. 平行

15. 飞行物体的升力与_____成正比。

A. 飞行速度的二次方　　　　B. 流体密度、飞行速度、速度环量

C. 流体黏度　　　　　　　　D. 飞行高度

习　　题

5.1　已知流场的速度分布为 $v_x = x^2 - 2y, v_y = y^2 - 2x$，求流体微团的角变形速度和旋转角速度。

5.2　给定下列流场的速度分布

(1) $v_x = x, v_y = -y$，

(2) $v_x = y, v_y = x$，

(3) $v_x = x^2 - y^2 + 2x, v_y = -2xy - 2y$，

试求各个流场的速度势函数和流函数。

5.3　已知平面流场的速度分量为

$$v_x = -\omega_0 r_0^2 \frac{y}{x^2 + y^2}, \quad v_y = \omega_0 r_0^2 \frac{x}{x^2 + y^2}, \quad r \geqslant r_0$$

$$v_x = -\omega_0 y, \quad v_y = \omega_0 x, \quad r \leqslant r_0$$

式中，ω_0 为常数，r_0 为半径。试求图 5.22 中三条封闭曲线 C_1、C_2、C_3 的速度环量，其中 C_1 是包围半径 r_0 的

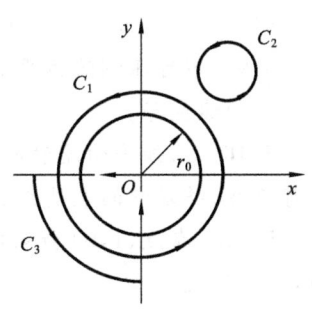

图 5.22　习题 5.3 图

基本圆的大圆周,C_2 在半径 r_0 的基本圆之外,C_3 是由四分之一圆周、x 负轴、y 负轴组成的封闭线。

5.4 已知平面流场的速度分量为 $v_x = -(x+y)$,$v_y = y$,试问:(1) 此流场是否有旋? (2) 沿图 5.23 所示的周线 $ABCD$ 的速度环量是多少?

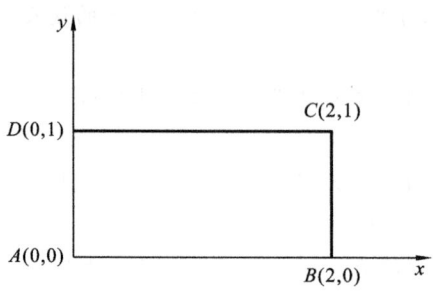

图 5.23　习题 5.4 图

5.5 已知平面流动的速度分量为 $v_x = x^2 + 2x - 4y$,$v_y = -2xy - 2y$,试问:流函数是否存在? 如果存在,试求出流函数。

5.6 已知两个不可压缩平面流场的速度势分别为

(1) $\varphi = A \ln r$,

(2) $\varphi = B \arctan \dfrac{y}{x}$,

其中,A 和 B 是实常数。试求流场的速度分布以及流函数的表达式。

5.7 已知不可压缩平面流动的流函数为

(1) $\psi = xy$,

(2) $\psi = x^2 - y^2$,

试问:流场是否存在速度势? 若存在速度势,求速度势的表达式。求经过点 $A(2,3)$ 和点 $B(4,7)$ 之间任意曲线的体积流量和速度环量。

5.8 试证明以下两个势流实际上是同一种流场:

(1) $\varphi = x^2 + x - y^2$;　(2) $\psi = 2xy + y$。

5.9 不可压缩流体平面运动的流函数 $\psi = xy + 2x - 3y$,试证明该流动无旋,并求相应的速度势。

5.10 已知平面流动的速度分量为 $v_x = -2xy$,$v_y = y^2 - x^2$,试验证该流场的复位势存在,并求它的表达式。

5.11 在点 $(1,0)$ 和点 $(-1,0)$ 各有一个强度为 4π 的点源,试求点 $(0,1)$ 和点 $(1,1)$ 的速度。

5.12 在点 $(a,0)$ 有一个强度为 $\Gamma = 4\pi$ 的逆时针方向的点涡,在点 $(-a,0)$ 有一个强度为 $\Gamma = 4\pi$ 的顺时针方向的点涡。

(1) 求流场的复位势 $w(z)$；

(2) 分别求圆周 $(x-a)^2+y^2=a^2$ 和圆周 $(x-a)^2+y^2=5a^2$ 的速度环量。

5.13 在点 $(2,3)$ 有一个强度为 6π 的点源，在点 $(-2,3)$ 有一个强度为 6π 的点汇，求点 $(4,0)$ 的速度。

5.14 已知不可压缩无旋流动的速度势 $\varphi=x^2-y^2$。

(1) 求驻点的位置；

(2) 已知流体密度 $\rho=1.2\ kg/m^3$，求点 $(6,8)$ 的压强与驻点压强的差值。

5.15 在点 $(0,1)$ 有一个强度 $\Gamma=4\pi$ 递时针方向的点涡，x 轴是固定壁面，试求 x 轴上的速度分布，并求最大速度值。

5.16 在点 $(a,0)$ 有一个强度为 q 的点源，点 $(-a,0)$ 有一个强度为 q 的点汇，试证明，叠加后的势流的流函数为

$$\psi=\frac{q}{2\pi}\arctan\frac{2ay}{x^2+y^2-a^2}$$

5.17 已知流场的复位势为

$$w(z)=5z+(2+3i)\ln(z^2+2)$$

(1) 此流动由什么基本势流组成？它们的位置、强度、方向如何？

(2) 分别求圆周 $x^2+(y-1)^2=1$ 和圆周 $x^2+y^2=9$ 上的流量和速度环量。

5.18 已知流场的复位势为

$$w(z)=2\ln\left(z-\frac{1}{z}\right)-3i\ln(z^2+1)$$

(1) 此流动由什么基本势流组成？它们的位置、强度、方向如何？

(2) 求圆周 $x^2+y^2=4$ 上的流量和速度环量。

5.19 将半径 $r_0=0.5\ m$ 的圆柱体没入水流中，没入长度 $l=1.2\ m$，水流速度 $v=2.5\ m/s$。设圆柱体以转速 $n=120\ r/min$ 绕自身轴线转动，求作用在圆柱体上的升力。

5.20 如图 5-24 所示，长度 $l=5\ m$，直径 $d=2\ m$ 的圆柱体立于汽车上。汽车行驶速度为 $v_1=90\ km/h$，圆柱体以 $n=120\ r/min$ 的速度绕轴线转动。汽车还受到速度 $v_2=15\ m/s$ 侧风的作用。已知空气的流体密度 $\rho=1.22\ kg/m^3$，求圆柱体受到的升力的大小以及升力方向与汽车速度 v_1 之间的夹角。

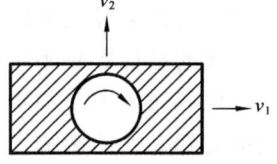

图 5.24 习题 5.20 图

第 6 章   不可压缩黏性流体的平面流动

真实流体都具有黏性,黏性力是影响流体运动的一个重要作用力。黏性流动问题一般都比较复杂,目前只有两种黏性流动问题的解法比较成熟:一种是管道、渠道、缝隙里的黏性层流流动,对于这种流动,人们用流体运动的基本方程给出解答,称为黏性层流基本解;另一种是黏性影响值集中在物体表面的薄层里,对于这种流动,人们用边界层理论给出了解答。

6.1   黏性流动概述

在第 2 章述及,流体黏性的具体表现是黏性切应力,黏性切应力与速度梯度(流体微团的角变形)有关。由于黏性的作用,流体运动时,速度快慢不同的流层互相牵制。速度较慢的流层受到速度较快的流层的拖曳力,产生加快运动的趋势;速度较快的流层受到速度较慢的流层的阻力,产生减慢速度的趋势。

物体壁面的存在是流体速度不均匀分布的一个重要原因。如果固体壁面静止不动,由于黏附作用,贴近物体表面的流体速度为零。于是物体表面附近必然产生速度梯度,流体微团发生变形,黏性切应力出现并影响流体的运动。由此可知,物体表面附近将出现黏性切应力,而远离物体表面,流体的黏性作用将逐渐减弱。

如果流场只是分布在有限的范围内,则整个流动区域都受到流体的黏性作用,整个流场的流动都属于黏性流体的运动。这种流动通常称为**内流**。边界比较复杂的黏性流动的解很难求出。对于边界比较简单的黏性流动,经过一定的简化,能够求出问题的解。本章将从牛顿第二定律出发,推导这类黏性流动的运动微分方程,并求出解析解。

如果物体边界以外的流动区域无限大,则这种流动称为**外流**。对于外流,由物体边界引起的黏性影响不可能扩展到无穷远,只有物体表面附近的区域受到黏性的影响。黏性区域的大小与雷诺数有关。如果雷诺数比较小,则物体表面附近比较大的区域都受到黏性的影响。如果雷诺数很大,则黏性的影响只集中在物体表面附近的薄层里,这个薄层称为**边界层**。在这个薄层之外的广大区域,流体的黏性影响很小,流动可视为理想流体的运动。

本章将研究一些黏性层流的精确解以及边界层理论。

6.2   黏性层流精确解

本节研究整个流场都受到黏性影响的流动问题,管道、渠道、缝隙等黏性流动就属于这种流动。利用流体微团的牛顿第二定律,可求解黏性流体运动微分方程。求解黏性流动问题十分困难,目前所得到的精确解只有 52 个。这些精确解有极高的理论价值。

流体运动微分方程中的加速度属于非线性函数,求解非线性函数的微分方程至今仍是数学上的难题。本节研究的层流精确解,属于流场的加速度项自动消失,或者能化为线性函数。

1. 平行平板间的黏性流动

设两块相距 $2h$ 的无限大的平行平板之间充满黏性流体,下板固定,上板以常速度 v_0 沿自身平面运动。下面研究这两块平板之间的黏性流体的速度分布。

取图 6.1(a)所示的坐标系 Oxy,坐标原点在两板距离的中间,x 轴沿板的延伸方向。y 方向的速度 v_y 很小而可以忽略。又因为平板无限大,除了平板两端之外,x 方向的速度 v_x 处处相同。因此,流体运动的速度没有改变,加速度应该为零。取图示的流体微团,长 $\mathrm{d}x$,高 $\mathrm{d}y$,厚度为单位 1(垂直于纸面)。对该微团应用 x 方向的牛顿第二定律 $F_x = ma_x$,有

$$\rho \mathrm{d}x\mathrm{d}y a_x = \rho \mathrm{d}x\mathrm{d}y f_x - \mathrm{d}p\mathrm{d}y - \mathrm{d}\tau\mathrm{d}x$$

$$a_x = f_x - \frac{1}{\rho}\left(\frac{\mathrm{d}p}{\mathrm{d}x} + \frac{\mathrm{d}\tau}{\mathrm{d}y}\right) \tag{6.1}$$

加速度和质量力为零,则

$$\frac{\mathrm{d}\tau}{\mathrm{d}y} = -\frac{\mathrm{d}p}{\mathrm{d}x}$$

由于平板无限大,在 x 方向,单位长度的压强变化率(压强梯度)$\mathrm{d}p/\mathrm{d}x$ 应该是常数,

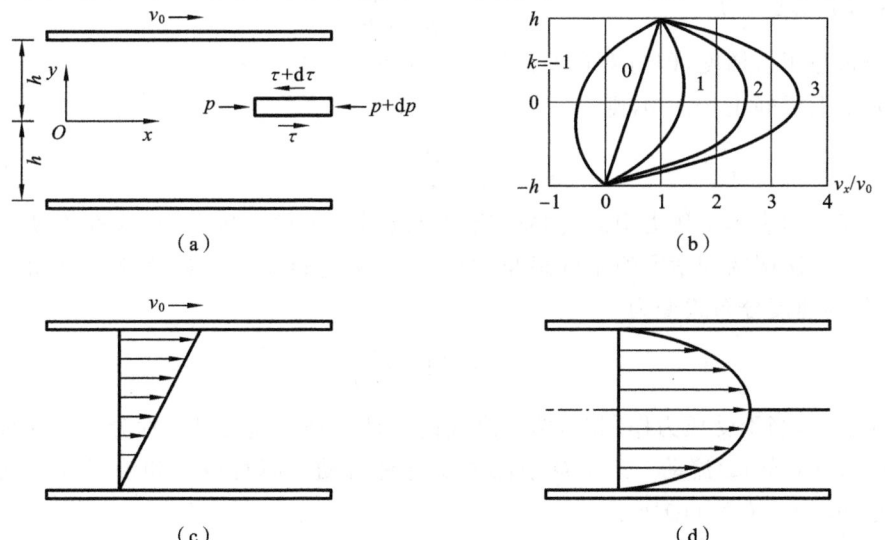

图 6.1　平板间的黏性流动

因此

$$\frac{\mathrm{d}\tau}{\mathrm{d}y} = -\mu \frac{\mathrm{d}^2 v_x}{\mathrm{d}y^2} = -\frac{\mathrm{d}p}{\mathrm{d}x} = \mathrm{const.}$$

积分,得速度分布为

$$v_x = \frac{1}{2\mu}\frac{\mathrm{d}p}{\mathrm{d}x}y^2 + C_1 y + C_2 \tag{6.2}$$

积分常数由边界条件确定,即

$$y = h, \quad v_x = v_0, \quad v_0 = \frac{1}{2\mu}\frac{\mathrm{d}p}{\mathrm{d}x}h^2 + C_1 h + C_2$$

$$y = -h, \quad v_x = 0, \quad 0 = \frac{1}{2\mu}\frac{\mathrm{d}p}{\mathrm{d}x}h^2 - C_1 h + C_2$$

解得

$$C_1 = \frac{v_0}{2h}, \quad C_2 = \frac{v_0}{2} - \frac{1}{2\mu}\frac{\mathrm{d}p}{\mathrm{d}x}h^2$$

$$v_x = \frac{v_0}{2}\left(1 + \frac{y}{h}\right) - \frac{h^2}{2\mu}\frac{\mathrm{d}p}{\mathrm{d}x}\left(1 - \frac{y^2}{h^2}\right) \tag{6.3}$$

式(6.3)表示的速度分布由线性函数和二次函数组成。通常将速度分布表达成如下无量纲的形式:

$$\frac{v_x}{v_0} = \frac{1}{2}\left(1 + \frac{y}{h}\right) - \frac{h^2}{2\mu v_0}\frac{\mathrm{d}p}{\mathrm{d}x}\left(1 - \frac{y^2}{h^2}\right)$$

或

$$\frac{v_x}{v_0} = \frac{1}{2}\left(1 + \frac{y}{h}\right) + k\left(1 - \frac{y^2}{h^2}\right) \tag{6.3a}$$

式中,k 的表达式为

$$k = -\frac{h^2}{2\mu v_0}\frac{\mathrm{d}p}{\mathrm{d}x}$$

速度分布与压力梯度,即与 k 有关。其分布如图 6.1(b)所示。

如果上板静止,$v_0 = 0$,则

$$v_x = -\frac{1}{2\mu}\frac{\mathrm{d}p}{\mathrm{d}x}(h^2 - y^2) \tag{6.3b}$$

式(6.3b)表示由压力引起的黏性流动呈现抛物型的速度分布,这种流动称为泊肃叶流动。法国物理学家泊肃叶最早(1840 年)进行过研究。如果这种流动不受压力作用,则速度分布式变为

$$v_x = \frac{v_0}{2}\left(1 + \frac{y}{h}\right) \tag{6.3c}$$

这表明,当不受压力作用时,两板之间的黏性流动的速度呈线性分布。这种流动称为库特(Couette)流动。第 1 章中已述及这种流动。库特流动和泊肃叶流动的速度分布如图 6.1(c)、(d)所示。

2. 圆管中的黏性流动

设流体在无限长的圆管或者环管中作定常流动。采用圆柱坐标系,x 轴取为管

道的轴线。如图 6.2(a)所示,以 x 轴为中心取一个圆筒体的流体微团,长 $\mathrm{d}x$,圆筒内半径为 r,厚度为 $\mathrm{d}r$。流体微团的加速度为零,作用在流体上的外力和等于零。作用在内表面的切力为 $\tau 2\pi r\mathrm{d}x$,作用在圆筒外表面的切力为 $\tau 2\pi r\mathrm{d}x+\dfrac{\partial(\tau 2\pi r\mathrm{d}x)}{\partial r}\mathrm{d}r$。设圆筒左侧面中心(在管道轴线上)的压强为 p,作用在圆筒右侧面中心点的压强为 $p+\dfrac{\partial p}{\partial x}\mathrm{d}x$。流体微团在 x 方向的运动方程为

$$\rho 2\pi r\mathrm{d}r\mathrm{d}x a_x=\rho 2\pi r\mathrm{d}r\mathrm{d}x f_x-\frac{\partial p}{\partial x}\mathrm{d}x 2\pi r\mathrm{d}r-\frac{\partial(\tau 2\pi r)}{\partial r}\mathrm{d}r\mathrm{d}x$$

$$a_x=f_x-\frac{1}{\rho}\left[\frac{\partial p}{\partial x}+\frac{\partial(r\tau)}{r\partial r}\right] \tag{6.4}$$

加速度和质量力为零,则

$$\frac{\partial(r\tau)}{r\partial r}=-\frac{\partial p}{\partial x}$$

管道无限长,单位长度的压强变化率(压强梯度)$\mathrm{d}p/\mathrm{d}x$ 应该是常数,因此

$$\frac{\mathrm{d}(r\tau)}{r\mathrm{d}r}=-\frac{1}{r}\frac{\mathrm{d}}{\mathrm{d}r}\left(r\mu\frac{\mathrm{d}v_x}{\mathrm{d}r}\right)=-\frac{\mathrm{d}p}{\mathrm{d}x}=\text{const.}$$

积分,得速度分布为

$$v_x=\frac{1}{4\mu}\frac{\mathrm{d}p}{\mathrm{d}x}r^2+C_1\ln r+C_2 \tag{6.5}$$

积分常数由边界条件确定。

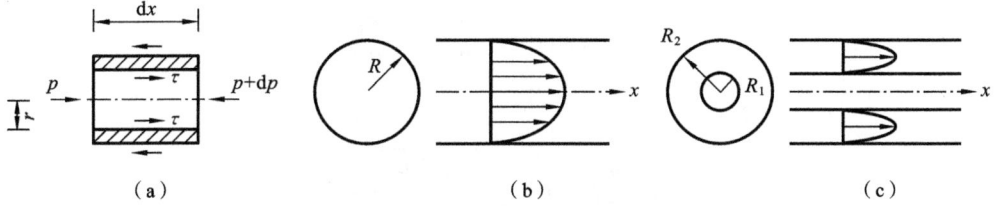

$$\begin{array}{ccc}\text{(a)} & \text{(b)} & \text{(c)}\end{array}$$

图 6.2　圆管和环管的黏性流动

对于圆管,在管轴线上速度不可能为无限大,即

$$r=0,\quad v_x \text{ 有限},\quad C_1=0$$

在管壁,流体速度为零,即

$$r=R,\quad v_x=0,\quad 0=\frac{1}{4\mu}\frac{\mathrm{d}p}{\mathrm{d}x}R^2+C_2$$

因此速度分布为

$$v_x=-\frac{1}{4\mu}\frac{\mathrm{d}p}{\mathrm{d}x}(R^2-r^2) \tag{6.6}$$

圆管黏性流体的速度分布为二次函数,这是在第 4 章得出的结论。

对于环管，即两条同心圆管之间的黏性流动，在两条管壁上流体的速度都为零。因此

$$r=R_1，\quad v_x=0，\quad 0=\frac{1}{4\mu}\frac{\mathrm{d}p}{\mathrm{d}x}R_1^2+C_1\ln R_1+C_2$$

$$r=R_2，\quad v_x=0，\quad 0=\frac{1}{4\mu}\frac{\mathrm{d}p}{\mathrm{d}x}R_2^2+C_1\ln R_2+C_2$$

解得

$$C_1=-\frac{1}{4\mu}\frac{\mathrm{d}p}{\mathrm{d}x}(R_2^2-R_1^2)\frac{1}{\ln R_2-\ln R_1}$$

$$C_2=-\frac{1}{4\mu}\frac{\mathrm{d}p}{\mathrm{d}x}R_1^2-C_1\ln R_1$$

环管内黏性流体的速度分布为

$$v_x=-\frac{1}{4\mu}\frac{\mathrm{d}p}{\mathrm{d}x}\left[R_1^2-r^2+(R_2^2-R_1^2)\frac{\ln(r/R_1)}{\ln(R_2/R_1)}\right] \tag{6.7}$$

圆管和环管的速度分布分别如图 6.2(b)、(c)所示。

3. 黏性流体沿斜面的流动

黏性液体沿着倾角为 θ 的无限长斜面在重力的作用下向下运动，如图 6.3 所示。建立图示的坐标系，其中 x 轴在斜面上并沿流程方向，y 轴与斜面垂直。流动稳定时，斜面上的液深 h 沿流程保持不变。取一个长为 $\mathrm{d}x$、高为 $\mathrm{d}y$ 的微元体，分析该微元体沿着 x 方向的运动。由于液深 h 沿程不变，流体的速度也沿程不变，加速度为零。作用在微团上的外力达到平衡。因此

$$\rho\mathrm{d}x\mathrm{d}ya_x=\rho\mathrm{d}x\mathrm{d}yg\sin\theta-\mathrm{d}p\mathrm{d}y+\mathrm{d}\tau\mathrm{d}x$$

$$a_x=g\sin\theta-\frac{1}{\rho}\frac{\mathrm{d}p}{\mathrm{d}x}+\frac{1}{\rho}\frac{\mathrm{d}\tau}{\mathrm{d}y} \tag{6.8}$$

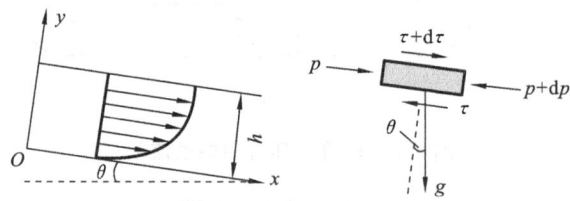

图 6.3　黏性液体沿斜面的流动

压强沿流程不变化，$\mathrm{d}p/\mathrm{d}x$ 应该等于零。速度沿流程不变化，加速度也为零。因此

$$\frac{\mathrm{d}\tau}{\mathrm{d}y}=\mu\frac{\mathrm{d}^2v_x}{\mathrm{d}y^2}=-\rho g\sin\theta$$

积分，得速度分布为

$$v_x=-\frac{\rho g\sin\theta}{2\mu}y^2+C_1y+C_2 \tag{6.9}$$

积分常数由边界条件确定。在斜面上，流体速度为零，即 $y=0$，$v_x=0$，因此，$C_2=0$。

在液面上,流体的切应力等于空气的切应力。空气的切应力很小可以忽略不计,因此液面上流体的切应力为零。因此

$$y=h, \quad \mu\frac{\mathrm{d}v_x}{\mathrm{d}y}=0, \quad -\frac{\rho g\sin\theta}{\mu}h+C_1=0$$

$$C_1=\frac{\rho g\sin\theta}{\mu}h$$

斜面上的液体的速度分布为

$$v_x=\frac{\rho g\sin\theta}{\mu}\left(hy-\frac{y^2}{2}\right)$$

4. 无限大平板的突然启动

前面介绍的三种黏性流动,最终的运动方程只有一个未知函数(速度),而且这个未知函数只含一个坐标变量。这种方程属于常微分方程,直接积分就可以求解。现在研究一种非定常运动,流体速度除了与坐标有关之外,还与时间有关。运动方程属于偏微分方程。求解偏微分方程的方法有分离变量法和级数法等。这里介绍一种求解偏微分方程的相似性法。相似性法的核心是引入新的自变量(相似性变量),使自变量减少一个,将偏微分方程化为常微分方程。

考察一块无限大的平板,其上方充满不可压缩的黏性流体。初始时刻,平板静止,流体也静止。$t>0$ 时,平板突然启动,以后保持速度不变。如图 6.4 所示,取一个边长为 dx 和 dy 的微元体,可认为作用在微元体左、右侧面的压强相等。下表面的切应力为 τ,方向与板的运动方向相同;上表面的切应力为 $\tau+\mathrm{d}\tau$,方向与板的运动方向相反。运用牛顿第二定律,x 方向的运动方程为

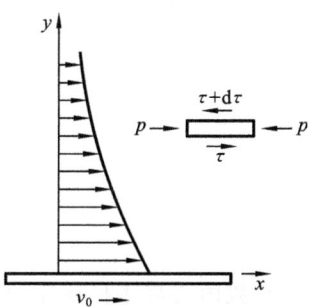

图 6.4　平板突然启动

$$\rho\mathrm{d}x\mathrm{d}ya_x=\tau\mathrm{d}x-(\tau+\mathrm{d}\tau)\mathrm{d}x$$

$$a_x=-\frac{1}{\rho}\frac{\mathrm{d}\tau}{\mathrm{d}y} \tag{6.10}$$

平板启动时,带动黏性流体作非定常运动。流体运动的对流加速度很小,可以略去,加速度只有局部加速度。运动方程(6.10)可以写成

$$\frac{\partial v_x}{\partial t}=-\frac{1}{\rho}\frac{\partial}{\partial y}\left(-\mu\frac{\partial v_x}{\partial y}\right)=\nu\frac{\partial^2 v_x}{\partial y^2} \tag{6.11}$$

其边界条件是

$$t=0, \quad y\geqslant0, \quad v_x=0$$

$$t>0, \quad y=0, \quad v_x=v_0$$

$$t>0, \quad y\to\infty, \quad v_x=0$$

速度 v_x 是时间和坐标的函数,$v_x=v_x(t,x)$,式(6.11)是 v_x 的偏微分方程。偏微分方程通常用分离变量法求解。这里介绍另一种方法——相似性解法。

将变量 t 和 z 组合成一个相似性变量 η，将速度 v_x 表示为 η 的函数，即

$$\eta = \frac{y}{2\sqrt{\nu t}}$$

$$\frac{v_x}{v_0} = f(\eta)$$

对 t 和 y 的导数换成对 η 的导数，即

$$\frac{\partial v_x}{\partial t} = v_0 f'(\eta)\frac{\partial \eta}{\partial t} = -v_0 \frac{\eta}{2t}f'(\eta)$$

$$\frac{\partial v_x}{\partial y} = v_0 f'(\eta)\frac{\partial \eta}{\partial y} = \frac{v_0}{2\sqrt{\nu t}}f'(\eta)$$

$$\frac{\partial^2 v_x}{\partial y^2} = \frac{v_0}{4\nu t}f''(\eta)$$

微分方程(6.11)及边界条件可表示为

$$\begin{cases} f''(\eta) + 2\eta f'(\eta) = 0 \\ f(0) = 1, \quad f(\infty) = 0 \end{cases} \tag{6.12}$$

式(6.12)已是常微分方程。可用一般的积分法求解，于是

$$\frac{\mathrm{d}f'}{\mathrm{d}\eta} + 2\eta f'(\eta) = 0$$

$$\frac{\mathrm{d}f'}{f'} = -2\eta \mathrm{d}\eta$$

$$\ln f' = -\eta^2 + \ln C_1$$

$$f'(\eta) = C_1 \mathrm{e}^{-\eta^2}$$

$$f(\eta) = C_1 \int_0^\eta \mathrm{e}^{-\eta^2} \mathrm{d}\eta + C_2$$

积分常数由边界条件确定，即

$$\eta = 0, \quad f(0) = 1, \quad C_2 = 1$$

$$\eta = \infty, \quad f(\infty) = 0, \quad C_1 \int_0^\infty \mathrm{e}^{-\eta^2} \mathrm{d}\eta + 1 = 0$$

注意到误差函数的值

$$\int_{-\infty}^\infty \mathrm{e}^{-\eta^2} \mathrm{d}\eta = \sqrt{\pi}$$

则有

$$\frac{v_x}{v_0} = f(\eta) = 1 - \frac{2}{\sqrt{\pi}}\int_0^\eta \mathrm{e}^{-\eta^2} \mathrm{d}\eta \tag{6.13}$$

式(6.13)表示，平板突然启动引起的黏性流动的速度分布是误差函数。误差函数的值可以在有关的数学手册中查阅。

6.3　黏性流体的运动微分方程及边界条件

上节在研究比较简单的黏性流动问题时，都从微元体的牛顿第二定律出发，导出

运动微分方程并求出其解。下面将介绍一般黏性流动的运动微分方程及其边界条件。

对于忽略黏性影响的流体运动,3.4 节导出的理想流体运动微分方程是

$$\frac{\partial v_x}{\partial t}+v_x\frac{\partial v_x}{\partial x}+v_y\frac{\partial v_x}{\partial y}+v_z\frac{\partial v_x}{\partial z}=f_x-\frac{1}{\rho}\frac{\partial p}{\partial x} \tag{6.14a}$$

$$\frac{\partial v_y}{\partial t}+v_x\frac{\partial v_y}{\partial x}+v_y\frac{\partial v_y}{\partial y}+v_z\frac{\partial v_y}{\partial z}=f_y-\frac{1}{\rho}\frac{\partial p}{\partial y} \tag{6.14b}$$

$$\frac{\partial v_z}{\partial t}+v_x\frac{\partial v_z}{\partial x}+v_y\frac{\partial v_z}{\partial y}+v_z\frac{\partial v_z}{\partial z}=f_z-\frac{1}{\rho}\frac{\partial p}{\partial z} \tag{6.14c}$$

对于黏性流体,应用微元体的牛顿第二定律时,要考虑黏性切应力的影响。关于流体微团的黏性切应力、黏性力与速度梯度的关系(本构关系)以及包含有黏性影响的运动微分方程,将在附录中作详细介绍。黏性流体运动微分方程是由法国学者纳维(Navier,1823)和英国学者斯托克斯(Stokes,1845)推导出来的,通常称为纳维-斯托克斯方程,简称 N-S 方程。下面直接给出黏性流体的运动微分方程和连续性微分方程。

直角坐标中的黏性流体运动方程是

$$\frac{\partial v_x}{\partial t}+v_x\frac{\partial v_x}{\partial x}+v_y\frac{\partial v_x}{\partial y}+v_z\frac{\partial v_x}{\partial z}=f_x-\frac{1}{\rho}\frac{\partial p}{\partial x}+\nu\left(\frac{\partial^2 v_x}{\partial x^2}+\frac{\partial^2 v_x}{\partial y^2}+\frac{\partial^2 v_x}{\partial z^2}\right) \tag{6.15a}$$

$$\frac{\partial v_y}{\partial t}+v_x\frac{\partial v_y}{\partial x}+v_y\frac{\partial v_y}{\partial y}+v_z\frac{\partial v_y}{\partial z}=f_y-\frac{1}{\rho}\frac{\partial p}{\partial y}+\nu\left(\frac{\partial^2 v_y}{\partial x^2}+\frac{\partial^2 v_y}{\partial y^2}+\frac{\partial^2 v_y}{\partial z^2}\right) \tag{6.15b}$$

$$\frac{\partial v_z}{\partial t}+v_x\frac{\partial v_z}{\partial x}+v_y\frac{\partial v_z}{\partial y}+v_z\frac{\partial v_z}{\partial z}=f_z-\frac{1}{\rho}\frac{\partial p}{\partial z}+\nu\left(\frac{\partial^2 v_z}{\partial x^2}+\frac{\partial^2 v_z}{\partial y^2}+\frac{\partial^2 v_z}{\partial z^2}\right) \tag{6.15c}$$

与式(6.14)相比,方程(6.15)多了黏性项。直角坐标系的连续性方程是

$$\frac{\partial v_x}{\partial x}+\frac{\partial v_y}{\partial y}+\frac{\partial v_z}{\partial z}=0 \tag{6.15d}$$

圆柱坐标系的运动方程和连续性方程分别是

$$\frac{\partial v_r}{\partial t}+v_r\frac{\partial v_r}{\partial x}+v_\theta\frac{\partial v_r}{r\partial\theta}-\frac{v_\theta^2}{r}+v_z\frac{\partial v_r}{\partial z}$$

$$=f_r-\frac{1}{\rho}\frac{\partial p}{\partial r}+\nu\left(\frac{\partial^2 v_r}{\partial r^2}+\frac{1}{r}\frac{\partial v_r}{\partial r}-\frac{v_r}{r^2}+\frac{\partial^2 v_r}{r^2\partial\theta^2}-\frac{2}{r^2}\frac{\partial v_\theta}{\partial\theta}+\frac{\partial^2 v_r}{\partial z^2}\right) \tag{6.16a}$$

$$\frac{\partial v_\theta}{\partial t}+v_r\frac{\partial v_\theta}{\partial r}+v_\theta\frac{\partial v_\theta}{r\partial\theta}+\frac{v_r v_\theta}{r}+v_z\frac{\partial v_\theta}{\partial z}$$

$$=f_\theta-\frac{1}{\rho}\frac{\partial p}{r\partial\theta}+\nu\left(\frac{\partial^2 v_\theta}{\partial r^2}+\frac{1}{r}\frac{\partial v_\theta}{\partial r}-\frac{v_\theta}{r^2}+\frac{\partial^2 v_\theta}{r^2\partial\theta^2}+\frac{2}{r^2}\frac{\partial v_r}{\partial\theta}+\frac{\partial^2 v_\theta}{\partial z^2}\right) \tag{6.16b}$$

$$\frac{\partial v_z}{\partial t}+v_r\frac{\partial v_z}{\partial x}+v_\theta\frac{\partial v_z}{r\partial\theta}+v_z\frac{\partial v_z}{\partial z}=f_z-\frac{1}{\rho}\frac{\partial p}{\partial z}+\nu\left(\frac{\partial^2 v_z}{\partial r^2}+\frac{1}{r}\frac{\partial v_z}{\partial r}+\frac{\partial^2 v_z}{r^2\partial\theta^2}+\frac{\partial^2 v_z}{\partial z^2}\right)$$

$$\tag{6.16c}$$

$$\frac{\partial v_r}{\partial r}+\frac{v_r}{r}+\frac{\partial v_\theta}{r\partial\theta}+\frac{\partial v_z}{\partial z}=0 \tag{6.16d}$$

球坐标系的运动方程及连续性方程分别为

$$\frac{\partial v_r}{\partial t}+v_r\frac{\partial v_r}{\partial r}+v_\theta\frac{\partial v_r}{r\partial\theta}+\frac{v_\beta}{r\sin\theta}\frac{\partial v_r}{\partial\beta}-\frac{v_\theta^2+v_\beta^2}{r}$$

$$=f_r-\frac{1}{\rho}\frac{\partial p}{\partial r}+\nu\left(\frac{\partial^2 v_r}{\partial r^2}+\frac{2}{r}\frac{\partial v_r}{\partial r}+\frac{\partial^2 v_r}{r^2\partial^2\theta}+\frac{\cot\theta}{r^2}\frac{\partial v_r}{\partial\theta}\right.$$

$$\left.+\frac{1}{r^2\sin^2\theta}\frac{\partial^2 v_r}{\partial\beta^2}-\frac{2v_r}{r^2}-\frac{2}{r^2}\frac{\partial v_\theta}{\partial\theta}-\frac{2v_\theta\cot\theta}{r^2}-\frac{2}{r^2\sin\theta}\frac{\partial v_\beta}{\partial\beta}\right) \tag{6.17a}$$

$$\frac{\partial v_\theta}{\partial t}+v_r\frac{\partial v_\theta}{\partial r}+v_\theta\frac{\partial v_\theta}{r\partial\theta}+\frac{v_\beta}{r\sin\theta}\frac{\partial v_\theta}{\partial\beta}+\frac{v_r v_\theta}{r}-\frac{v_\beta^2\cot\theta}{r}$$

$$=f_\theta-\frac{1}{\rho}\frac{\partial p}{r\partial\theta}+\nu\left(\frac{\partial^2 v_\theta}{\partial r^2}+\frac{2}{r}\frac{\partial v_\theta}{\partial r}+\frac{\partial^2 v_\theta}{r^2\partial^2\theta}+\frac{\cot\theta}{r^2}\frac{\partial v_\theta}{\partial\theta}\right.$$

$$\left.+\frac{1}{r^2\sin^2\theta}\frac{\partial^2 v_\theta}{\partial\beta^2}+\frac{2}{r^2}\frac{\partial v_r}{\partial\theta}-\frac{v_\theta}{r^2\sin^2\theta}-\frac{2\cos\theta}{r^2\sin^2\theta}\frac{\partial v_\beta}{\partial\beta}\right) \tag{6.17b}$$

$$\frac{\partial v_\beta}{\partial t}+v_r\frac{\partial v_\beta}{\partial r}+v_\theta\frac{\partial v_\beta}{r\partial\theta}+\frac{v_\beta}{r\sin\theta}\frac{\partial v_\beta}{\partial\beta}+\frac{v_\beta v_r}{r}+\frac{v_\theta v_\beta\cot\theta}{r}$$

$$=f_\beta-\frac{1}{\rho r\sin\theta}\frac{\partial p}{\partial\beta}+\nu\left(\frac{\partial^2 v_\beta}{\partial r^2}+\frac{2}{r}\frac{\partial v_\beta}{\partial r}+\frac{\partial^2 v_\beta}{r^2\partial^2\theta}+\frac{\cot\theta}{r^2}\frac{\partial v_\beta}{\partial\theta}\right.$$

$$\left.+\frac{1}{r^2\sin^2\theta}\frac{\partial^2 v_\beta}{\partial\beta^2}-\frac{v_\beta}{r^2\sin^2\theta}+\frac{2}{r^2\sin\theta}\frac{\partial v_r}{\partial\beta}+\frac{2\cos\theta}{r^2\sin^2\theta}\frac{\partial v_\theta}{\partial\beta}\right) \tag{6.17c}$$

$$\frac{\partial v_r}{\partial r}+\frac{\partial v_\theta}{r\partial\theta}+\frac{1}{r\sin\theta}\frac{\partial v_\beta}{\partial\beta}+\frac{2v_r}{r}+\frac{\cot\theta}{r}v_\theta=0 \tag{6.17d}$$

运动方程和连续性方程共有四个方程,未知数也是四个(三个是速度分量,一个是压强)方程数和未知数个数相等,方程是可以求解的。

微分方程需要满足一定的定解条件才能求解。定解条件包括初始条件和边界条件。

(1)初始条件。对于非定常流动,初始条件给出时刻 $t=0$ 的速度分布和压强分布。

(2)边界条件。边界条件给定流场边界的速度和压强分布。常见的边界条件有以下几种:

① 无穷远条件。物体绕流问题中,流场延伸到无穷远处。通常的无穷远条件就是没有受到物体绕流影响的状态。

② 固壁条件。流体流动时,接触固体壁面的流体速度就等于壁面的速度。这个条件称为黏附条件。

③ 液体自由面条件。液体与气体(包括大气)的接触面称为液体的自由面。液面边界条件为应力条件:在液面上,液体的应力等于界面上气体的应力。也就是说,

液体自由面上的压强等于气体的压强;液体的切应力等于零(严格地说应该是液面上液体的切应力等于气体的切应力,气体的切应力很小,可视为零)。

流体运动方程的加速度为非线性函数,求解十分困难。只有一些很简单的流动能够求出精确解。上节介绍的黏性流动精确解也可以用 N-S 方程求得。

例 6.1　用 N-S 方程求解图 6.3 的黏性液体沿着倾角为 θ 的斜面的定常流动问题。

解　平面运动的 N-S 方程和连续方程分别为

$$v_x \frac{\partial v_x}{\partial x} + v_y \frac{\partial v_x}{\partial y} = g\sin\theta - \frac{1}{\rho}\frac{\partial p}{\partial x} + \nu\left(\frac{\partial^2 v_x}{\partial x^2} + \frac{\partial^2 v_x}{\partial y^2}\right) \tag{1}$$

$$v_x \frac{\partial v_y}{\partial x} + v_y \frac{\partial v_y}{\partial y} = -g\cos\theta - \frac{1}{\rho}\frac{\partial p}{\partial y} + \nu\left(\frac{\partial^2 v_y}{\partial x^2} + \frac{\partial^2 v_y}{\partial y^2}\right) \tag{2}$$

$$\frac{\partial v_x}{\partial x} + \frac{\partial v_y}{\partial y} = 0 \tag{3}$$

液体沿斜面流动,y 方向速度很小,可以认为 $v_y = 0$。由式(3)看出,速度 v_x 对 x 的导数为零,因此 v_y 只是 y 的函数。这样,式(1)、式(2)分别化简为

$$0 = g\sin\theta - \frac{1}{\rho}\frac{\partial p}{\partial x} + \nu\frac{\partial^2 v_x}{\partial y^2} \tag{4}$$

$$0 = -g\cos\theta - \frac{1}{\rho}\frac{\partial p}{\partial y} \tag{5}$$

由式(5)求得压强分布为

$$p = -\rho g y\cos\theta + C$$

$$y = h, \quad p = p_a$$

$$p = p_a + \rho g(h - y)\cos\theta$$

由于 h 是常数,因而压强 p 对于 x 导数为零。再由式(4)积分,得速度分布为

$$\frac{\partial^2 v_x}{\partial y^2} = -\frac{\rho g\sin\theta}{\mu}$$

$$v_x = -\frac{\rho g\sin\theta}{\mu}\frac{y^2}{2} + C_1 y + C_2$$

在斜面上,$y = 0$,速度为零,$C_2 = 0$。在液体表面,$y = h$,流体的切应力为零。因此

$$y = h, \quad \mu\frac{\mathrm{d}v_x}{\mathrm{d}y} = 0, \quad -\frac{\rho g\sin\theta}{\mu}h + C_1 = 0$$

$$C_1 = \frac{\rho g\sin\theta}{\mu}h$$

$$v_x = \frac{\rho g\sin\theta}{\mu}\left(hy - \frac{y^2}{2}\right)$$

例 6.2　图 6.5 所示的两个同心圆筒半径分别为 R_1 和 R_2,两筒之间充满黏性流体。设外筒以匀角速度 ω_2 转动,内筒静止,求两筒之间的黏性流体的速度分布。

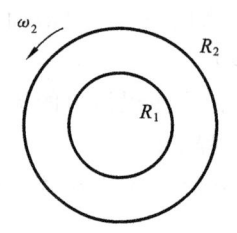

图 6.5　两同心圆筒之间的黏性流动

解　采用极坐标系研究问题。流体的径向速度很小，可视为零，$v_r = 0$。由式(6.16d)可看出

$$\frac{\partial v_\theta}{\partial \theta} = 0, \quad v_\theta = v_\theta(r)$$

方程(6.16a)和(6.16b)化简为

$$-\frac{v_\theta^2}{r} = -\frac{1}{\rho}\frac{\partial p}{\partial r} \tag{1}$$

$$0 = -\frac{1}{\rho}\frac{\partial p}{r\partial \theta} + \nu\left(\frac{\partial^2 v_\theta}{\partial r^2} + \frac{1}{r}\frac{\partial v_\theta}{\partial r} - \frac{v_\theta}{r^2}\right) \tag{2}$$

速度 v_θ 仅是 r 的函数，$v_\theta = v_\theta(r)$，由式(1)积分可知，压强仅与 r 有关。式(2)中压强对 θ 的导数应为零。于是式(2)化简为

$$\frac{\partial^2 v_\theta}{\partial r^2} + \frac{1}{r}\frac{\partial v_\theta}{\partial r} - \frac{v_\theta}{r^2} = 0 \tag{3}$$

式(3)是欧拉方程，其解为幂次函数，即

$$v_\theta = r^s$$

$$s(s-1)r^{s-2} + r^{-1}sr^{s-1} - r^{s-2} = 0$$

解得 $s = \pm 1$。又

$$v_\theta = C_1 r + \frac{C_2}{r}$$

积分常数由边界条件确定，即

$$r = R_2, \quad v_\theta = \omega_2 R_2, \quad \omega_2 R_2 = C_1 R_2 + \frac{C_2}{R_2}$$

$$r = R_1, \quad v_\theta = 0, \quad 0 = C_1 R_1 + \frac{C_2}{R_1}$$

所以

$$C_1 = \frac{R_2^2}{R_2^2 - R_1^2}\omega_2, \quad C_2 = \frac{(R_1 R_2)^2}{R_1^2 - R_2^2}\omega_2$$

$$v_\theta = \frac{R_2^2}{R_2^2 - R_1^2}\omega_2 r + \frac{(R_1 R_2)^2}{R_1^2 - R_2^2}\frac{\omega_2}{r}$$

6.4　边界层流动

1. 边界层的概念

6.3 节研究了管流、狭缝等黏性流动。这些流动属于小雷诺数的流动，流态为层流，整个流场都受到流体黏性的影响。工程中常见的流动都是大雷诺数的流动。例如，设管道中水流的平均速度 $v = 2$ m/s，管道直径 $d = 0.5$ m，水的运动黏度 $\nu = 10^{-6}$ m²/s，则水流的雷诺数 $Re = 10^6$。如此大的雷诺数，管道内流体运动的速度分布不再是式(6.6)所表示的二次抛物函数。又如，飞机、火箭、鱼雷等物体在静止的流体中作匀速运动，建立一个随物体一起运动的动坐标系，站在动坐标上，观察到周围的流体

以匀速流向物体,绕过物体之后继续朝下游运动,这种流动称为物体的**绕流**。绕流的流场无限广大,流体黏性的影响是否能扩展到无限广阔的区域呢?回答是否定的。实验表明,物体的绕流运动,只有在物体边界表面附近薄层里,流体才存在明显的快慢层,才出现速度梯度和流体微团的变形,流体的黏性才对运动有明显的影响。物体表面边界薄层以外的广阔区域,流体的速度几乎为均匀分布,黏性切应力几乎为零。也就是说,在大雷诺数流动中,流体黏性的影响只局限在物体表面附近的薄层内,这个薄层称为边界层。

　　边界层的概念是由德国学者普朗特(Prandtl)在 1904 年的海德堡国际学术会议上首次提出来的。普朗特认为,黏度比较小的流体(空气、水)绕过物体流动时,黏性切应力对流动的影响仅仅局限在物体表面的薄层内,而在此薄层以外,流体的黏性影响很小,流体可视为理想流体,流动可视为无旋流动(势流)。

　　下面看一个实验。将一块平板放在风洞里吹风,风速为 v_∞。测量得到的平板附近的速度分布如图 6.6 所示。当来流的雷诺数 Re 比较小的时候,板面附近的速度从零向外逐渐增加,直至很远处速度才增大为 v_∞,速度分布属于黏性层流精确解的线性分布。当来流的雷诺数 Re 比较大的时候,流体的速度变化仅仅局限在板面附近的薄层内。在这个薄层内,流体的速度从零很快地增长成来流速度 v_∞。在薄层之外,速度梯度比较小,流动可看作势流。人们把物体表面附近的黏性影响非常重要且速度梯度很大的薄层称为边界层。自从普朗特提出边界层的概念之后,人们对黏性的影响有了更清晰的认识:黏性仅仅局限在物体表面的边界层内,离开边界层,黏性影响很小,流动属于不可压缩理想流体的流动,可以用势流理论求解边界层以外的速度分布。1904 年以后,流体力学集中研究边界层的特征,每年发表的研究论文数以万计,研究的深度广度逐年扩大。边界层理论已经成为流体力学中比较成熟的分支。

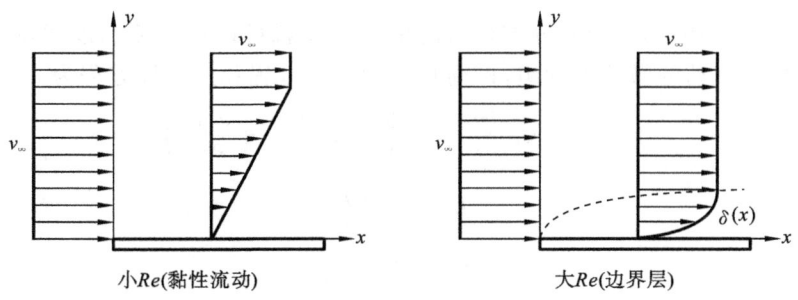

小Re(黏性流动)　　　　　　　大Re(边界层)

图 6.6　平板绕流

　　边界层和外部无黏势流区并无明显的分界。为了划分边界层和势流区,提出了边界层厚度的概念。我们知道,在边界层内流体的速度是由小到大增长变化的。把边界层内的速度达到外部势流速度 v_∞ 的 99% 的地方定义为边界层的外边界(边界层的内边界就是物体表面),边界层外边界到物体表面的距离称为边界层的厚度,记作 δ。图 6.6 中的虚线表示边界层的外边界。边界层的厚度沿流程变化。在平板的前端,边界层厚度很小,越向下游,边界层厚度越大。边界层的厚度通常只有物体表面长度的几千分之一。例如,飞机翼型的边界层厚度只有几毫米,巨型火箭表面的边界层厚度也不过只有几厘米。

2. 边界层方程

黏性流动有两种流态:层流和紊流。相应地,边界层也有层流边界层和紊流边界层两种。本节只研究层流边界层。严格地说,描述边界层内层流运动的微分方程就是纳维-斯托克斯方程。取如图 6.6 所示的坐标系,即 x 坐标轴与物体表面平行,y 坐标轴与物体表面法线方向一致。边界层内的速度分量 v_x 和 v_y 的大小有明显区别。实验表明,x 方向的速度远大于 y 方向的速度,$v_x \gg v_y$。此外,N-S 方程的各项的量级大小也是不同的。略去高阶微量之后,不计重力影响,N-S 方程简化为(详细的推导过程请见附录)

$$\begin{cases} v_x \dfrac{\partial v_x}{\partial x} + v_y \dfrac{\partial v_x}{\partial y} = -\dfrac{1}{\rho}\dfrac{\partial p}{\partial x} + \nu\left(\dfrac{\partial^2 v_x}{\partial y^2} + \dfrac{\partial^2 v_x}{\partial y^2}\right) \\ 0 = -\dfrac{1}{\rho}\dfrac{\partial p}{\partial y} \end{cases} \tag{6.18}$$

式(6.18)称为边界层微分方程。由式(6.18)可看出,x 方向的运动方程没有很大的简化。而 y 方向的运动方程中的惯性项(加速度)、黏性项因高阶微量而消失。由 y 方向的运动方程得到一个很重要的结论:边界层很薄,压强沿边界层的 y 方向保持不变,即边界层截面上各点的压强值相等。也就是说,边界层的压强与边界层外部的压强(势流压强)相等。设势流的速度用 U 表示,则势流的伯努利方程为

$$p + \frac{1}{2}\rho U^2 = \text{const.}$$

这样,式(6.18)中的第一个微分方程右边的压力项就可以用势流速度表示。下面列出描述边界层流动的微分方程组,即简化后的运动方程和连续性方程为

$$v_x \frac{\partial v_x}{\partial x} + v_y \frac{\partial v_x}{\partial y} = U\frac{\mathrm{d}U}{\mathrm{d}x} + \nu\left(\frac{\partial^2 v_x}{\partial x^2} + \frac{\partial^2 v_x}{\partial y^2}\right)$$

$$0 = -\frac{1}{\rho}\frac{\partial p}{\partial y} \tag{6.19}$$

$$\frac{\partial v_x}{\partial x} + \frac{\partial v_y}{\partial y} = 0$$

边界层微分方程组(6.19)的边界条件是:当 $y=0$(在物体表面上)时,$v_x=0$,$v_y=0$;当 $y=\delta$(或 ∞)时,$v_x=U(x)$。

与 N-S 方程相比,边界层方程(6.19)已得到很大的简化。尽管如此,边界层方程仍包含非线性的加速度项,无法求出方程的解析解。

3. 边界层方程的相似性解

对于平板边界层（即物体为一块平板）微分方程，普朗特的学生勃拉修斯（Blasius）提出一种相似性解法。

在速度为 v_∞ 的均匀流场中放置一块与流向平行的平板，如图 6.7 所示。按照边界层理论，边界层外部是势流区，速度分布由流函数或势函数的导数确定。平板绕流的速度分布是均匀的，速度值处处为 v_∞。根据伯努利方程，势流区的压强分布也是均匀的。因此，边界层内的压强处处相同。于是，平板边界层的微分方程和边界条件为

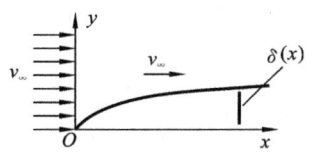

图 6.7　平板边界层

$$\begin{cases} v_x \dfrac{\partial v_x}{\partial x} + v_y \dfrac{\partial v_x}{\partial y} = \nu \dfrac{\partial^2 v_x}{\partial y^2} \\[2mm] \dfrac{\partial v_x}{\partial x} + \dfrac{\partial v_y}{\partial y} = 0 \\[2mm] y=0, \quad x \geqslant 0, \quad v_x=0, \quad v_y=0 \\[2mm] y=\infty, \quad v_x=v_\infty \end{cases} \tag{6.20}$$

不可压缩流动存在流函数。根据边界条件，勃拉修斯将坐标 x 和 y 组合成一个相似性复合变量 η，并将流函数 ψ 表示为 η 的函数。

$$\eta = y\sqrt{\frac{v_\infty}{\nu x}}, \quad \psi = \sqrt{\nu v_\infty x}\, f(\eta)$$

$$\frac{\partial \eta}{\partial x} = -\frac{1}{2x} y\sqrt{\frac{v_\infty}{\nu x}} = -\frac{\eta}{2x}$$

$$\frac{\partial \eta}{\partial y} = \sqrt{\frac{v_\infty}{\nu x}}$$

$$v_x = \frac{\partial \psi}{\partial y} = \sqrt{\nu v_\infty x}\, f'(\eta) \frac{\partial \eta}{\partial y} = v_\infty f'(\eta)$$

$$v_y = -\frac{\partial \psi}{\partial x} = \frac{1}{2}\sqrt{\frac{\nu v_\infty}{x}} (\eta f' - f)$$

$$\frac{\partial v_x}{\partial x} = -v_\infty \frac{\eta}{2x} f''$$

$$\frac{\partial v_x}{\partial y} = v_\infty \sqrt{\frac{v_\infty}{\nu x}} f''$$

$$\frac{\partial^2 v_x}{\partial y^2} = \frac{v_\infty^2}{\nu x} f'''$$

代入边界层方程，得到的常微分方程及边界条件为

$$\begin{cases} 2f''' + f f'' = 0 \\[2mm] f(0)=0, \quad f'(0)=0, \quad f'(\infty)=1 \end{cases} \tag{6.21}$$

式(6.20)是非线性的常微分方程,无法求出解析解,但可以用差分方法求出数值解。表 6.1 列出了霍华斯(Howarth)得到的数值解。

表 6.1 平板层流边界层数值解

$\eta = y\sqrt{\dfrac{v_\infty}{\nu x}}$	f	$f' = \dfrac{v_x}{v_\infty}$	f''	$\eta = y\sqrt{\dfrac{v_\infty}{\nu x}}$	f	$f' = \dfrac{v_x}{v_\infty}$	f''
0	0	0	0.33206				
0.2	0.00664	0.06641	0.33199	3.2	1.56911	0.87609	0.13913
0.4	0.02656	0.13277	0.33147	3.4	1.74696	0.89177	0.11788
0.6	0.05974	0.19894	0.33008	3.6	1.92954	0.92333	0.09809
0.8	0.10611	0.26471	0.32739	3.8	2.11605	0.94112	0.08013
1.0	0.16557	0.32979	0.32301	4.0	2.30576	0.95552	0.06424
1.2	0.23795	0.39378	0.31659	4.2	2.49806	0.96696	0.05052
1.4	0.32298	0.45627	0.30787	4.4	2.69238	0.97587	0.03897
1.6	0.42032	0.51676	0.29667	4.6	2.88826	0.98269	0.02948
1.8	0.52952	0.57477	0.28293	4.8	3.08534	0.98779	0.02187
2.0	0.65003	0.62977	0.26675	5.0	3.28329	0.99155	0.01591
2.2	0.78120	0.68132	0.24835	5.2	3.48189	0.99425	0.01134
2.4	0.92230	0.72899	0.22809	5.4	3.68094	0.99616	0.00793
2.6	1.07252	0.77246	0.20646	5.6	3.88031	0.99748	0.00543
2.8	1.23099	0.81152	0.18401	5.8	4.07990	0.99838	0.00365
3.0	1.39682	0.84605	0.16136	6.0	4.27964	0.99898	0.00240

由表 6.1 的数据,可以得到平板层流边界层的一些特征参数。

(1)边界层厚度。由表 6.1 可看出,当 $\eta = 5.0$ 时,$v_x/v_\infty = 0.99155$,符合边界层外边界的定义,因此边界层的厚度为

$$\delta(x) = 5.0\sqrt{\frac{\nu x}{v_\infty}} = 5.0\,\frac{x}{\sqrt{Re_x}}, \quad Re_x = \frac{v_\infty x}{\nu} \tag{6.22a}$$

(2)壁面切应力,即

$$\tau_0 = \mu\frac{\mathrm{d}v_x}{\mathrm{d}y}\bigg|_{y=0} = \mu v_\infty\sqrt{\frac{v_\infty}{\nu x}}f''(0) = 0.332\,\frac{\rho v_\infty^2}{\sqrt{Re_x}} \tag{6.22b}$$

(3)单位宽度平板上的摩擦阻力,即

$$F_D = \int_0^l \tau_0\,\mathrm{d}x = 0.664\,\frac{\rho v_\infty^2 l}{\sqrt{Re_l}}, \quad Re_l = \frac{v_\infty l}{\nu} \tag{6.22c}$$

（4）平板单面的阻力系数，即

$$C_f = \frac{F_D}{\frac{1}{2}\rho v_\infty^2 l} = \frac{1.328}{\sqrt{Re_l}} \tag{6.22d}$$

层流边界层的数值解与实验结果非常吻合。

6.5　边界层动量积分关系式

一般物体的表面为曲面，求解曲面层流边界层的解析解是非常困难的。下面介绍的边界层动量积分关系式，是对边界层的控制体应用动量定理，推导出边界层的一些重要参数（边界层速度、厚度、黏性切应力等）的相互关系，称为卡门边界层动量积分关系式。这个关系式在分析曲面边界层的特性时非常有用。

如图 6.8 所示，取一个边界层控制体 $ABCD$。AB 的长度为边界层的厚度 δ。CD 与 AB 相距 $\mathrm{d}x$，CD 的长度为 $\delta + \mathrm{d}\delta$。$BD$ 为固体壁面。AC 为边界层的外边界，其长度设为 $\mathrm{d}s$。值得注意的是，AC 边不是流线，流体可以穿越 AC。AC 边上的速度就是势流速度 $U(x)$。

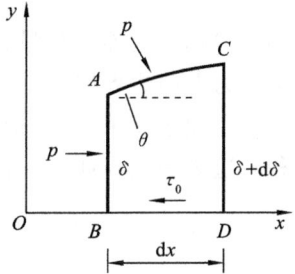

图 6.8　边界层控制体

（1）分析流量。单位时间内从 AB 边流入控制体的流体质量可用积分表示为

$$\int_0^\delta \rho v_x \mathrm{d}y$$

同时，从 CD 边流出的质量可用增量表示为

$$\int_0^\delta \rho v_x \mathrm{d}y + \mathrm{d}\left(\int_0^\delta \rho v_x \mathrm{d}y\right)$$

根据连续性方程，从 AC 边流入控制体的质量应为

$$\mathrm{d}\left(\int_0^\delta \rho v_x \mathrm{d}y\right)$$

（2）分析动量。单位时间内从 AB 边流入控制体的流体动量为

$$\int_0^\delta \rho v_x^2 \mathrm{d}y$$

同时，从 CD 边流出的动量可表示为

$$\int_0^\delta \rho v_x^2 \mathrm{d}y + \mathrm{d}\left(\int_0^\delta \rho v_x^2 \mathrm{d}y\right)$$

AC 边上的速度为势流速度 $U(x)$。从 AC 边流入控制体的质量已经算出。从 AC 边流入控制体的流体动量则为

$$U\mathrm{d}\left(\int_0^\delta \rho v_x \mathrm{d}y\right)$$

由此可知，单位时间内纯流出控制体的流体动量为

$$d\left(\int_0^\delta \rho v_x^2 \mathrm{d}y\right) - U\mathrm{d}\left(\int_0^\delta \rho v_x \mathrm{d}y\right)$$

（3）分析控制体的受力。AB 边所受到的压力方向朝右，压力大小为 $p\delta$。CD 边所受到的压力方向朝左，压力大小为 $p\delta + \mathrm{d}(p\delta)$。$BD$ 边与固体壁面接触，受到的摩擦力方向朝左，大小值为 $\tau_0 \mathrm{d}x$。AC 边的压强为 p，压力为 $p\mathrm{d}s$，此压力在 x 方向的投影值为 $p\sin\theta \mathrm{d}s$。$\sin\theta \mathrm{d}s$ 表示 AC 长度 $\mathrm{d}s$ 在 y 方向的投影，即 $\sin\theta \mathrm{d}s = \mathrm{d}\delta$。控制体 $ABCD$ 所受到的 x 方向的合力为

$$p\delta - \left[p\delta + \mathrm{d}(p\delta)\right] + p\mathrm{d}\delta - \tau_0 \mathrm{d}x = -\delta \mathrm{d}p - \tau_0 \mathrm{d}x$$

根据动量定理，控制体所受到的外力等于单位时间内流出控制体的动量减去流入控制体的动量，即

$$d\left(\int_0^\delta \rho v_x^2 \mathrm{d}y\right) - U\mathrm{d}\left(\int_0^\delta \rho v_x \mathrm{d}y\right) = -\delta \mathrm{d}p - \tau_0 \mathrm{d}x \tag{6.23}$$

式（6.23）称为边界层动量积分式，它是由德国学者卡门于 1921 年首次推导出来的，故又称为卡门边界层动量积分关系式。

为了便于使用，通常把式（6.23）改写成无量纲的形式。先把式（6.23）左边第二项和右边第一项作如下变换：

$$U\mathrm{d}\left(\int_0^\delta \rho v_x \mathrm{d}y\right) = \mathrm{d}\left(\int_0^\delta \rho U v_x \mathrm{d}y\right) - \mathrm{d}U\int_0^\delta \rho v_x \mathrm{d}y$$

$$\delta \mathrm{d}p = \mathrm{d}p\int_0^\delta \mathrm{d}y = -\rho U \mathrm{d}U\int_0^\delta \mathrm{d}y = -\mathrm{d}U\int_0^\delta \rho U \mathrm{d}y$$

于是，式（6.23）改写为

$$d\left(\int_0^\delta \rho(U v_x - v_x^2)\mathrm{d}y\right) + \mathrm{d}U\int_0^\delta \rho(U - v_x)\mathrm{d}y = \tau_0 \mathrm{d}x$$

或　　　　　$$d\left[\rho U^2 \int_0^\delta \frac{v_x}{U}\left(1 - \frac{v_x}{U}\right)\mathrm{d}y\right] + \rho U \mathrm{d}U\int_0^\delta \left(1 - \frac{v_x}{U}\right)\mathrm{d}y = \tau_0 \mathrm{d}x$$

引入位移厚度 δ^* 和动量损失厚度 δ^{**} 的概念，记

$$\delta^* = \int_0^\delta \left(1 - \frac{v_x}{U}\right)\mathrm{d}y$$

$$\delta^{**} = \int_0^\delta \frac{v_x}{U}\left(1 - \frac{v_x}{U}\right)\mathrm{d}y$$

则有　　　　　$$d(\rho U^2 \delta^{**}) + \rho U \delta^* \mathrm{d}U = \tau_0 \mathrm{d}x$$

于是就得到无量纲形式的边界层动量积分关系式，即

$$\frac{\mathrm{d}\delta^{**}}{\mathrm{d}x} + \frac{1}{U}\frac{\mathrm{d}U}{\mathrm{d}x}(2\delta^{**} + \delta^*) = \frac{\tau_0}{\rho U^2} \tag{6.24}$$

6.6　平板边界层的近似计算

边界层动量积分关系式（6.24）对于层流和紊流都是正确的，可以利用这个关系

式计算边界层的参数。对于平板边界层,势流为均匀流场,速度处处相等,$U = v_\infty$,因此平板边界层的动量积分式为

$$\frac{\mathrm{d}\delta^{**}}{\mathrm{d}x} = \frac{\tau_0}{\rho v_\infty^2} \tag{6.25}$$

式(6.25)中的未知数有边界层速度 $v_x(y)$、边界层厚度 $\delta(x)$、壁面黏性切应力 τ_0。求解方程(6.25)还需要补充两个方程。在实际计算中,通常根据实验结果,假设边界层速度 $v_x(y)$ 和壁面黏性切应力 τ_0 的表达式,进而求出边界层厚度 $\delta(x)$ 的表达式。下面分别研究层流边界层和紊流边界层。

1. 平板层流边界层的近似计算

前面曾经得到圆管层流速度呈二次抛物线分布,因此假设平板层流边界层的速度呈二次抛物线分布,即

$$v_x = C_0 + C_1 y + C_2 y^2$$

选择适当的系数,使得这个速度分布尽量符合实际。例如 $y = 0$ 时,速度应为零。在边界层的外边界 $y = \delta$,边界层的速度应该等于势流速度,而且切应力应该为零,即

$$y = 0, \quad v_x = 0, \quad C_0 = 0$$
$$y = \delta, \quad v_x = v_\infty, \quad C_1\delta + C_2\delta^2 = v_\infty$$
$$y = \delta, \quad \mu\frac{\mathrm{d}v_x}{\mathrm{d}y} = 0, \quad C_1 + 2C_2\delta = 0$$

由此得

$$C_0 = 0, \quad C_1 = \frac{2v_\infty}{\delta}, \quad C_2 = -\frac{v_\infty}{\delta^2}$$

$$\frac{v_x}{v_\infty} = 2\left(\frac{y}{\delta}\right) - \left(\frac{y}{\delta}\right)^2 \tag{6.26}$$

现在利用式(6.26)计算动量积分关系式中的参数:

$$\tau_0 = \mu\frac{\mathrm{d}v_x}{\mathrm{d}y}\bigg|_{y=0} = \mu\frac{2v_\infty}{\delta}$$

$$\delta^{**} = \int_0^\delta \frac{v_x}{v_\infty}\left(1 - \frac{v_x}{v_\infty}\right)\mathrm{d}y = \delta\int_0^1 (2\eta - \eta^2)(1 - 2\eta + \eta^2)\mathrm{d}\eta = \frac{2\delta}{15}$$

$$\frac{2}{15}\frac{\mathrm{d}\delta}{\mathrm{d}x} = \frac{2\mu}{\rho v_\infty \delta}$$

$$\delta\mathrm{d}\delta = 15\frac{\mu}{\rho v_\infty}\mathrm{d}x$$

$$\delta^2 = 30\frac{\mu}{\rho v_\infty}x$$

$$\delta = \frac{5.478x}{\sqrt{Re_x}} \tag{6.27}$$

式(6.27)的边界层厚度表达式与勃拉修斯精确解式(6.22a)只相差 9.6%。还可以假设层流边界层的其他形式的速度分布,代入动量积分关系式得到有关的参数。表

6.2列出了近似计算的结果。

表 6.2　层流边界层的近似解计算结果

序号	$\dfrac{v_x}{v_\infty}=f(\eta)$	$\delta\sqrt{\dfrac{v_\infty}{\nu x}}$	$\delta^*\sqrt{\dfrac{v_\infty}{\nu x}}$	$\delta^{**}\sqrt{\dfrac{v_\infty}{\nu x}}$	$\dfrac{\tau}{\mu v_\infty}\sqrt{\dfrac{\nu x}{v_\infty}}$	$C_l\sqrt{Re_l}$
1	η	3.46	1.732	0.577	0.289	1.155
2	$2\eta-\eta^2$	5.48	1.825	0.63	0.365	1.460
3	$\dfrac{3}{2}\eta-\dfrac{1}{2}\eta^3$	4.64	1.740	0.646	0.323	1.292
4	$2\eta-2\eta^3+\eta^4$	5.83	1.752	0.686	0.343	1.372
5	$\sin\left(\dfrac{\pi}{2}\eta\right)$	4.79	1.742	0.655	0.327	1.310
6	勃拉修斯解	5.0	1.729	0.664	0.332	1.328

注：$\eta=y/\delta$

　　由表 6.2 可看出，除了一次分布式外，其他的速度分布算出来的结果与勃拉修斯精确解比较，误差不足 10%。假设的速度分布式越接近于实际，误差越小。正因为这样，边界层动量积分法的确是进行近似计算的简便而精确的方法。

2. 平板紊流边界层的近似计算

　　管道紊流的速度分布常用幂指数的形式（见(4.43)）表示，因此人们也用 1/7 幂次形式近似地表示平板紊流边界层的速度分布，有

$$\frac{v_x}{v_\infty}=\left(\frac{y}{\delta}\right)^{1/7} \tag{6.28}$$

此外，对于管道紊流，有

$$\lambda=\frac{0.3164}{Re^{1/4}}$$

$$\frac{\tau}{\rho v^2}=\frac{\lambda}{8}=\frac{0.03955}{\left(\dfrac{vd}{\nu}\right)^{1/4}}=\frac{0.03326}{\left(\dfrac{vr_0}{\nu}\right)^{1/4}}$$

借用管道紊流的成果，并加以适当修正，平板紊流边界层的壁面切应力可近似表示为

$$\frac{\tau_0}{\rho v_\infty^2}=\frac{0.0233}{\left(\dfrac{v_\infty\delta}{\nu}\right)^{1/4}} \tag{6.29}$$

将式(6.28)和式(6.29)代入式(6.25)，得

$$\delta^{**}=\delta\int_0^1\eta^{1/7}(1-\eta^{1/7})\,\mathrm{d}\eta=\frac{7}{72}\eta$$

$$\frac{7}{72}\frac{\mathrm{d}\delta}{\mathrm{d}x}=\frac{0.0223}{\left(\dfrac{v_\infty\delta}{\nu}\right)^{1/4}}$$

积分,得

$$\delta^{5/4} = 0.3 \frac{x}{\left(\dfrac{v_\infty}{\nu}\right)^{1/4}}$$

$$\delta = 0.381 x Re_x^{-1/5}, \quad Re_x = \frac{v_\infty x}{\nu} \tag{6.30a}$$

由式(6.29)得壁面切应力为

$$\frac{\tau_0}{\rho v_\infty^2} = \frac{0.0233}{\left(\dfrac{v_\infty}{\nu} 0.381 \dfrac{x}{Re_x^{1/5}}\right)^{1/4}} = \frac{0.0296}{Re_x^{1/5}}, \quad Re_x = \frac{v_\infty x}{\nu} \tag{6.30b}$$

长度为 l 的平板的单面的阻力为

$$F_D = \int_0^l \tau_0 \,\mathrm{d}x = 0.0296 \rho v_\infty^2 l \frac{\nu}{v_\infty l} \int_0^l Re_x^{-1/5} \,\mathrm{d}Re_x = 0.037 \rho v_\infty^2 l Re_l^{-1/5} \tag{6.30c}$$

平板单面的阻力系数为

$$C_f = \frac{F_D}{\dfrac{1}{2}\rho v_\infty^2 l} = \frac{0.074}{\left(\dfrac{v_\infty l}{\nu}\right)^{1/5}} \tag{6.30d}$$

实验表明,在 $5\times10^5 < Re_l < 2.5\times10^7$ 的范围内,式(6.30d)与测量数据相符。对于更大的雷诺数,式(6.30d)表现出较大的误差。于是,许多学者对高雷诺数的紊流作进一步的探讨,提出一个适用于 $Re_l < 10^9$ 的半经验公式

$$C_f = \frac{0.455}{(\lg Re_l)^{2.58}} \tag{6.30e}$$

3. 混合边界层

实际的平板边界层,既不是全部为层流边界层,也不是全部为紊流边界层,而是混合型边界层。在平板前面部分为层流边界层,在层流部分的后边一直延伸到平板末尾为紊流边界层,如图 6.9 所示。图中的点 A 是层流区和紊流区的分界点,称为转捩点。层流区的长度记为 x_c。x_c 的值通常用转捩雷诺数 Re_{x_c} 的形式表示。转捩雷诺数 Re_{x_c} 的具体值与平板表面的

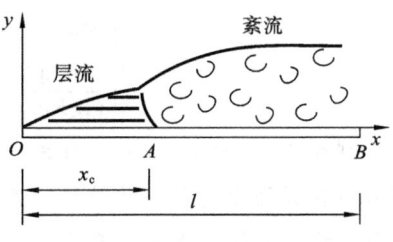

图 6.9 混合边界层

光滑程度等诸多因素有关,例如,对于表面比较粗糙的平板,有

$$Re_{x_c} = \frac{v_\infty x_c}{\nu} = 3\times10^5 \tag{6.31}$$

下面计算混合边界层的阻力。用上标 L 表示层流,T 表示紊流。图 6.9 中的 OA 段为层流边界层,其阻力是

$$F_{OA}^{L} = C_{fx_c}^{L} \frac{1}{2} \rho v_\infty^2 x_c$$

AB 段是紊流边界层。由于阻力系数公式都是从平板前缘 $x=0$ 起算的,因此,AB 段的阻力等于 OB 段的阻力减去 OA 段的阻力,即

$$F_{AB}^{T} = F_{OB}^{T} - F_{OA}^{T} = C_{fl}^{T} \frac{1}{2} \rho v_\infty^2 l - C_{fx_c}^{T} \frac{1}{2} \rho v_\infty^2 x_c$$

平板单面的阻力为

$$F_{AB}^{T} = F_{OB}^{T} - F_{OA}^{T} = C_{fl}^{T} \frac{1}{2} \rho v_\infty^2 l - C_{fx_c}^{T} \frac{1}{2} \rho v_\infty^2 x_c$$

$$F_D = F_{OA}^{L} + F_{AB}^{T} = \frac{1}{2} \rho v_\infty^2 l \left[C_{fl}^{T} - (C_{fx_c}^{T} - C_{fx_c}^{L}) \frac{x_c}{l} \right]$$

阻力系数为

$$C_f = \frac{F_D}{\frac{1}{2} \rho v_\infty^2 l} = C_{fl}^{T} - \frac{A}{Re_l} \tag{6.32a}$$

$$A = (C_{fx_c}^{T} - C_{fx_c}^{L}) Re x_c$$

A 的值如表 6.3 所示。

表 6.3　平板混合边界层阻力系数的 A 值

Re_{x_c}	3×10^5	5×10^5	10^6	3×10^6
A	1050	1700	3300	8700

阻力系数的具体表达式与平板雷诺数 Re_l 有关:

$$C_f = \begin{cases} \dfrac{0.074}{Re_l^{1/5}} - \dfrac{A}{Re_l}, & 5 \times 10^5 < Re_l < 10^7 \\[3mm] \dfrac{0.455}{(\lg Re_l)^{2.58}} - \dfrac{A}{Re_l}, & 5 \times 10^5 < Re_l < 10^9 \end{cases} \tag{6.32b}$$

例 6.3　一块矩形平板的宽度 $b=0.6$ m,长度 $l=50$ m,黏性流体以速度 $v_0 = 10$ m/s在板面上流动。流体的密度 $\rho=850$ kg/m³,运动黏度 $\nu=1.506 \times 10^{-5}$ m²/s。设混合边界层的转捩雷诺数 $Re_{x_c}=5 \times 10^5$。试确定:

(1)平板层流边界层的长度;

(2)平板单面的阻力。

解　(1)由转捩雷诺数确定层流区的长度为

$$x_c = \frac{\nu}{v_0} Re_{x_c} = 0.753 \text{ m}$$

(2)平板边界层属于混合边界层,于是

$$Re_{x_c} = 5 \times 10^5, \quad Re_l = \frac{v_0 l}{\nu} = 3.32 \times 10^7$$

$$A = 1700$$

$$C_f = \frac{0.455}{(\lg Re_l)^{2.58}} - \frac{A}{Re_l} = 2.445 \times 10^{-3}$$

$$F_D = C_f \frac{1}{2} \rho v_0^2 bl = 3117 \text{ N}$$

例 6.4　一块平板立于水中,平板长度 $l = 5$ m,宽度 $b = 3$ m。水流速度 $v_0 = 0.5$ m/s。已知水的密度 $\rho = 1000$ kg/m³,运动黏度 $\nu = 1.306 \times 10^{-6}$ m²/s。试按下面三种情况计算平板双面的阻力:

(1) 假设全板为层流边界层;

(2) 假设全板为紊流边界层;

(3) 设板面为混合边界层。

解　平板绕流的一些参数为

$$Re_{x_c} = 5 \times 10^5, \quad Re_l = \frac{v_0 l}{\nu} = 19.142 \times 10^5$$

(1) 全板为层流边界层,阻力按勃拉修斯公式计算,有

$$C_f = \frac{1.328}{Re_l^{1/2}} = 9.60 \times 10^{-4}$$

$$F_D = C_f \frac{1}{2} \rho v_0^2 2bl = 3.6 \text{ N}$$

(2) 全板为紊流边界层,阻力系数按式(6.30d)计算,有

$$C_f = \frac{0.074}{Re_l^{1/5}} = 4.1 \times 10^{-3}$$

$$F_D = C_f \frac{1}{2} \rho v_0^2 2bl = 15.4 \text{ N}$$

(3) 板面为混合边界层,有

$$C_f = \frac{0.074}{Re_l^{1/5}} - \frac{A}{Re_l} = 3.21 \times 10^{-3}$$

$$F_D = C_f \frac{1}{2} \rho v_0^2 2bl = 12.0 \text{ N}$$

6.7　边界层分离

工程上常见的物体表面都是曲面,其边界层为曲面边界层。曲面边界层与平面边界层有很大的不同。平板绕流的势流速度是均匀分布的,压强也是均匀分布,属于无压力梯度的边界层。曲面物体绕流的速度分布是不均匀的,在曲面边界层内存在压力梯度。这种压力梯度可能会导致边界层的分离。

现以圆柱体绕流为例说明物体表面的压强变化问题。如图 6.10 所示,点 A 是圆柱绕流的前驻点,速度为零,压强最大。最高点 C 的速度最大,压强最小。流体沿

着圆柱体表面从点 A 运动到点 C，压强逐渐变小。压强沿流程减小的分布形式称为顺压。顺压有利于流体向前运动，使流体不断加速。图中点 B 为后驻点，速度也为零，压强最大。流体从点 C 向点 B 运动时压强逐渐增大。压强沿程增大的分布形式称为逆压。逆压不利于流体向前运动，使流体不断减速。

　　飞机、汽车、叶轮机械的叶片表面为曲面。流体绕曲面物体流动时也会出现顺压和逆压。如图 6.11 所示的边界层，ABC 为顺压区，物体表面上的速度为零，离开物体表面，速度迅速变大。CDE 为逆压区，如果逆压足够强，则物体表面附近的流体有可能改变速度方向，出现回流。这时速度为零的点不在物体表面，而是离开了物体表面。图中顺流区和逆流区的分界线为曲线 DF。在逆压作用下，边界层离开了物体表面的现象称为边界层的分离。图中的点 D 称为边界层的分离点。曲线 DF 下游就是分离区，也称回流区。在分离点附近，回流的流体形成许多大大小小的旋涡，这些旋涡不断被主流带入下游，并破碎成更小尺度的旋涡，在物体的下游形成尾涡。

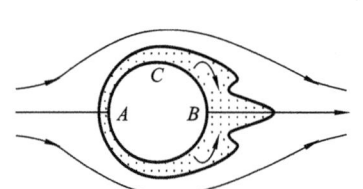 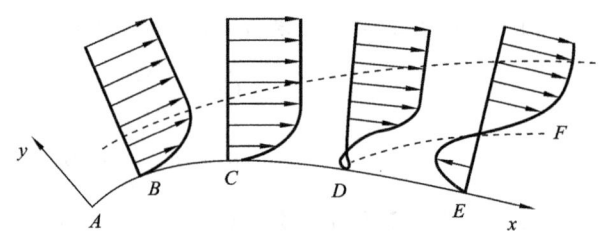

图 6.10　圆柱绕流及边界层分离　　　　图 6.11　曲面边界层分离

6.8　绕流物体的阻力

　　绕流物体的阻力就是物体表面的压力和黏性切应力在流体运动方向的合力。图

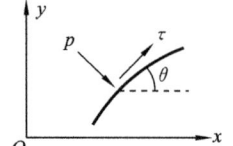

图 6.12　物体表面上
　　　　的应力

6.12 表示物体表面上的应力，包括压强 p 和表面切应力 τ。由表面切应力引起的阻力称为摩擦阻力，它产生的根源在于流体的黏性。摩擦阻力用积分表示如下：

$$F_{Df} = \int_A \tau dA \cdot \cos\theta \qquad (6.33a)$$

由压强引起的阻力为

$$F_{Dp} = \int_A p dA \cdot \sin\theta \qquad (6.33b)$$

当物体上游、下游的压强分布不均匀时，式(6.33b)的积分必然不为零。因此，由压强引起的阻力称为压差阻力。

　　绕流物体的阻力等于摩擦阻力和压差阻力的和。绕流物体的阻力常用阻力系数来描述。阻力系数 C_D 的定义为

$$C_D = \frac{F_D}{\frac{1}{2}\rho v_\infty^2 A} \tag{6.34}$$

式中：F_D 是物体阻力，等于摩擦阻力和压差阻力的和；v_∞ 是绕流的来流速度；A 是物体的迎风面积。

物体的阻力很难用理论分析的方法准确计算，通常都用实验方法测量出来。实验表明，虽然阻力由摩擦阻力和压差阻力两部分组成，但在实际的物体绕流问题中，摩擦阻力占总阻力的份额不足 5%，压差阻力则占 95% 以上的份额。

产生压差阻力的原因是边界层的分离。当曲面边界层受到逆压作用时，边界层离开物体表面。边界层从物体表面分离出来后，物体的后部形成尾涡区，布满大大小小的旋涡。尾涡区的压强分布很均匀，大约就等于分离点的压强。如果边界层的分离点在物体表面的最高点附近，例如图 6.11 中的点 D，该处的压强很低，于是整个尾涡区的压强也很低。绕流物体的上游和下游就形成强烈的压差，增加了物体的阻力，故名压差阻力。尾涡区越大，压差阻力就越大。把边界层分离点尽量向下游推移，减小尾涡的范围，是减小阻力的一个主要方法。图 6.13 为轿车风洞试验的流动图案。边界层的分离点出现在车顶靠后的位置。轿车的尾部为边界层分离后的尾涡区。尾涡区的大小跟车子的几何形状有关。20 世纪 70 年代以前的旧式车型，分离点靠前，尾涡区很大，阻力系数在 0.4～0.6 之间。现在好的车型的阻力系数已降低至 0.3～0.4。外形设计精良的小轿车的边界层分离点接近车尾，阻力系数降低至 0.26。

图 6.13　轿车绕流

边界层分离点的位置对阻力系数的影响的典型例子是圆柱体和圆球的绕流问题。图 6.14 是圆球和圆柱体阻力系数 C_D 的实验曲线。对圆柱体来说，当 $Re < 100$ 时，C_D 随 Re 的增大而变小。当 $10^3 < Re < 2.5 \times 10^5$ 时，C_D 变化不大，约为 1.2，这时摩擦阻力占总阻力的份额已不足 5%。Re 从 2.5×10^5 增大至 5×10^5 时，C_D 从 1.2 突然减小至 0.3。阻力突然变小的现象称为阻力危机。圆柱体阻力危机产生的原因是边界层分离点的后移。如图 6.15 所示，当 $Re = 2.5 \times 10^5$ 时，圆柱体表面边界层的分离点的角度 $\theta \approx 90°$（角度从前驻点起算），这时分离区很大，压差阻力大；当 $Re = 3.5 \times 10^5$ 时，边界层的分离点突然移至 $\theta = 110°$，这时分离区比较小，压差阻力小。这就是产生阻力危机的原因。对圆柱体或圆球绕流来说，$Re = 2 \times 10^5$ 称为临界雷诺数，$Re = 5 \times 10^5 \sim 10^6$ 称为超临界雷诺数，$Re > 10^6$ 称为高超临界雷诺数。

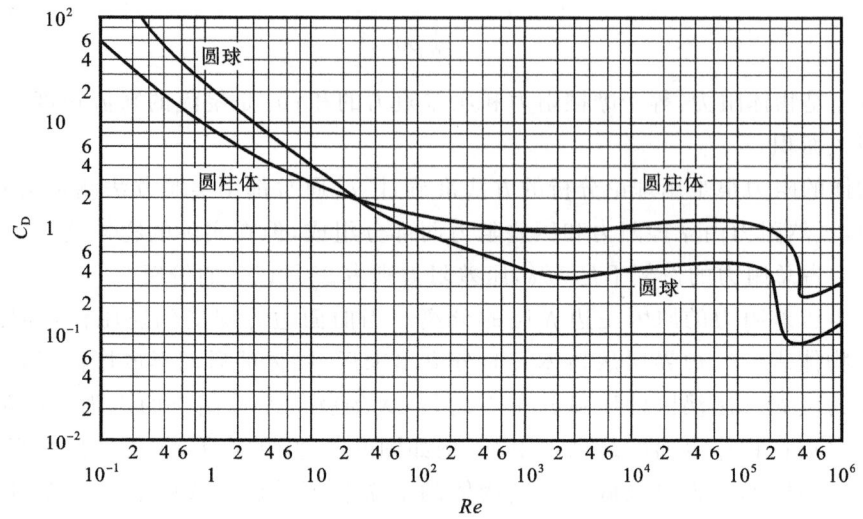

图 6.14　圆球和圆柱体的阻力系数

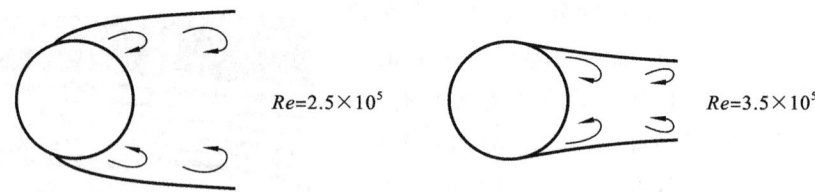

图 6.15　圆柱体边界层分离

圆球的阻力系数也有类似的变化。当 $Re=10^3 \sim 2.5 \times 10^5$ 时,阻力系数变化不大,$C_D=0.4 \sim 0.5$。阻力危机发生在 $Re=3 \times 10^5$ 时,圆球的阻力系数从 0.4 突然减小至 0.08。为了方便使用,根据实验曲线,人们提出了圆球阻力系数的经验公式,即

$$C_D=\begin{cases} \dfrac{24}{Re}, & Re<1(理论) \\[2mm] \dfrac{13}{\sqrt{Re}}, & Re=10 \sim 10^3 \\[2mm] 0.48, & Re=10^3 \sim 2 \times 10^5 \end{cases} \tag{6.35}$$

一般来说,物体具有圆滑的表面时,都会发生边界层分离点的后移,都会出现阻力危机。而具有尖角的物体的绕流的分离点就固定在尖角处,不会发生阻力危机。

常见物体的阻力系数如表 6.4 所示。

表 6.4　常见物体的阻力系数

绕流物体		特征尺寸	Re 的定义	Re	迎风面积 A	C_D	图示
二维物体	圆柱	直径 d	vd/ν	$10^4 \sim 10^5$	ld	1.2	→○
	半管	直径 d	vd/ν	4×10^4	ld	1.2	→C
	半管	直径 d	vd/ν	4×10^4	ld	2.3	→⊃
	方柱	边长 a	va/ν	3.5×10^4	la	2.0	→□
	平板	板宽 b	vb/ν	$10^4 \sim 10^6$	lb	1.98	→❘
	椭柱	短轴 a	va/ν	10^5	$2la$	0.46	→○
	椭柱	短轴 a	va/ν	2×10^5	$2la$	0.20	→⬭
三维物体	圆球	直径 d	vd/ν	$10^4 \sim 10^5$	$\pi d^2/4$	0.47	→○
	半球	直径 d	vd/ν	$10^4 \sim 10^5$	$\pi d^2/4$	0.42	→◗
	半球	直径 d	vd/ν	$10^4 \sim 10^5$	$\pi d^2/4$	1.17	→◖
	方块	边长 a	va/ν	$10^4 \sim 10^5$	a^2	1.05	→□
	方块	边长 a	va/ν	$10^4 \sim 10^5$	a^2	0.80	→◇
	矩形板(长/宽<5)	板宽 b	vb/ν	$10^4 \sim 10^5$	lb	0.80	→❘
	矩形板(长/宽>5)	板宽 b	vb/ν	$10^3 \sim 10^5$	lb	1.20	→❘

例 6.5　大气边界层的风速分布式为

$$\frac{v}{v_0}=\left(\frac{z}{h_0}\right)^{1/6}$$

式中，z 是测点距离地面的高度，h_0 是气象台观察点的高度。v_0 是在观察点高度 h_0 处测得的大风速度。在一次大风中测得高度 $h_0=10$ m 的风速为 $v_0=72$ km/h。空气的密度 $\rho=1.24$ kg/m³。一烟囱高度 $H=60$ m，半径 $R=6$ m。计算在这次大风中烟囱的底部受到的风压引起的剪力以及弯矩。

解　烟囱受到的风压可视为圆柱体绕流的阻力。查表 6.4，得 $C_D=1.2$。离地高度 z 的烟囱微段 $\mathrm{d}z$ 的阻力为

$$\mathrm{d}F=C_D\frac{1}{2}\rho v^2 2R\mathrm{d}z$$

用积分计算，烟囱底部的剪力和弯矩分别为

$$F=\int_0^H\mathrm{d}F=C_D\frac{1}{2}\rho v_0^2 2Rh_0\int_0^H\left(\frac{z}{h_0}\right)^{2/6}\mathrm{d}\left(\frac{z}{h_0}\right)=C_D\frac{1}{2}\rho v_0^2 2Rh_0\frac{(H/h_0)^{4/3}}{4/3}$$

$$M=\int_0^H z\mathrm{d}F=C_D\frac{1}{2}\rho v_0^2 2Rh_0^2\int_0^H\left(\frac{z}{h_0}\right)^{2/6}\left(\frac{z}{h_0}\right)\mathrm{d}\left(\frac{z}{h_0}\right)=C_D\frac{1}{2}\rho v_0^2 2Rh_0^2\frac{(H/h_0)^{7/3}}{7/3}$$

代入已知数据，得 $F=292019$ N，$M=10012064$ N·m。

例 6.6　炉膛内的高温烟气以速度 $v=0.45$ m/s 向上升腾，已知高温烟气的密度

$\rho = 0.234 \text{ kg/m}^3$，动力黏度 $\mu = 5.04 \times 10^{-5} \text{ Pa} \cdot \text{s}$，如果煤粉的密度 $\rho' = 1100 \text{ kg/m}^3$，试估算多大直径的煤粉将被烟气带走。

解 这是一个工业防尘问题。由于气流速度较小，可能属于低雷诺数绕流问题。将粉尘视为圆球，圆球直径为 d。气流携带圆球上升时，作用在圆球上的外力有重力 G、浮力 F_B 和气流阻力 F_D，这些力的表达式分别为

$$G = \frac{1}{6}\pi d^3 \rho' g$$

$$F_B = \frac{1}{6}\pi d^3 \rho g$$

$$F_D = \frac{1}{2}\rho v^2 C_D \frac{1}{4}\pi d^2$$

气流能带走粉尘，必有 $G < F_B + F_D$。此外，假设低雷诺数绕流，$Re < 1$，则阻力系数 $C_D = 24/Re$，因此 $F_D = 3\mu\pi dv$，故有

$$d \leqslant \sqrt{\frac{18\mu v}{(\rho' - \rho)g}} = 1.946 \times 10^{-4} \text{ m}$$

用此直径计算雷诺数得 $Re = vd/\nu = 0.407$，确实为低雷诺数流动。直径 $d < 0.1946$ mm 的粉尘将被气流带走。

例 6.7 考虑泥沙在静水中的沉降问题。设水中泥沙颗粒的直径 $d = 0.2$ mm，密度 $\rho' = 1600 \text{ kg/m}^3$，水的密度 $\rho = 1000 \text{ kg/m}^3$，运动黏度 $\nu = 10^{-6} \text{ m}^2/\text{s}$，求泥沙在静水中匀速沉降的速度 v。

解 泥沙匀速沉降时，重力、浮力、阻力达到平衡。阻力按低雷诺数计算，$Re < 1$，阻力系数 $C_D = 24/Re$，阻力 $F_D = 3\mu\pi dv$，于是

$$\frac{1}{6}\pi d^3 \rho' g = \frac{1}{6}\pi d^3 \rho g + 3\mu\pi dv$$

代入数据，得到泥沙匀速沉降的速度为 $v = 0.013 \text{ m/s}$。

例 6.8 轿车行驶的速度 $v = 90 \text{ km/h}$。已知轿车的阻力系数 $C_D = 0.32$，迎风面积 $A = 4.5 \text{ m}^2$，空气密度 $\rho = 1.22 \text{ kg/m}^3$，求车子的空气阻力以及克服阻力所需的功率。

解 用阻力系数计算轿车的阻力，有

$$F_D = C_D \frac{1}{2}\rho v^2 A = 549 \text{ N}$$

$$P = vF_D = 13.725 \text{ kW}$$

6.9 自由淹没射流

射流是指从孔口或喷嘴流出的一股高速流体。射流离开出口之后进入一个同种介质的流场，使流场内的部分流体产生的运动。射流和管道流动不同。管道流动有

固体边界,射流则是无边界的流场。由于流体具有黏性,射流迫使部分静止流体跟着发生运动。射流是一种特殊的黏性流动。

射流在许多工程技术领域得到应用。例如航天、航空工程的火箭和喷气式飞机,动力机械中的蒸汽泵、汽轮机、锅炉、燃烧室,化工工程的混合设备,机械加工的射流切割,矿冶的水力采掘,市政工程的民用消防,通风采暖,水利工程的高速水流消能,环境工程的排污、排气等。

如果流体从孔口流出,射入同种介质的无界流体,在整个射流流场上,压强处处相等,即等于环境流体的背压,这种射流称为**自由淹没射流**。工程上遇到的射流多为紊流射流。本节研究工程上常见的紊流射流。射流有两种形式:平面射流和轴对称射流。从一条无限长的狭缝中喷出的射流为**平面射流**。从圆管管口射出的射流为**轴对称射流**。

平面射流如图 6.16 所示。由于黏性作用,这股流体从出口 AB 射出后,与周围的流体发生掺混,进行质量和动量交换,带动周围的流体一起运动,使射流区域不断扩大。

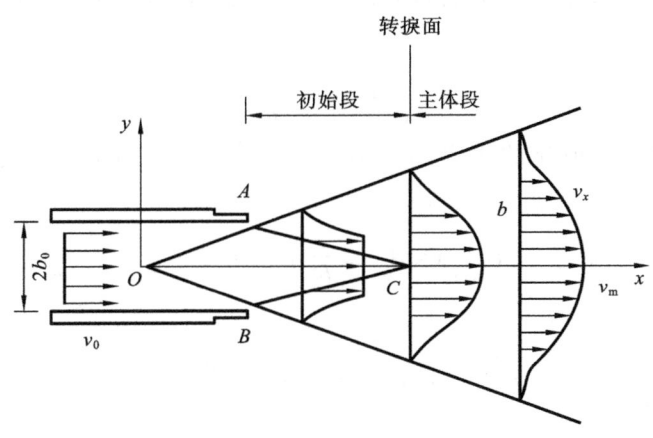

图 6.16　平面射流

设射流在出口截面 AB 上速度 v_0 均匀分布,离开出口之后仍然有一部分的流体速度保持为 v_0 不变,而射流边缘部分与静止流体不断掺混,速度变小。图 6.16 中的 ABC 区域的流体速度仍保持为 v_0,这一区域称为射流核心区。核心区的截面面积沿流程不断变小。到了 C 处,射流核心区的断面收缩成一点。射流核心区的消失截面 C 称为**转掼面**。转掼面上游的射流称为射流初始段,转掼面的下游称为射流主体段。在射流的主体段,射流区域逐渐扩大。射流中心轴线上的速度 v_m 沿流向逐渐变小。在许多工程实际问题中,射流主体段发生强烈的动量、热量、质量交换,因此人们特别关心射流主体段的参数。

对射流的实验资料进行分析后,人们发现射流有以下特征:

（1）射流边界基本上是直线；

（2）射流的横向 v_y 速度远小于轴向速度 v_x，近似地可视为 $v_y=0$；

（3）射流区的压强分布均匀，都等于周围流体的压强（环境压强）。根据这一特征，对射流两个截面之间的控制体应用动量方程，则射流任一界面上的动量等于出口处的流体动量，即

$$\int_A \rho v_x^2 \mathrm{d}A = \rho v_0^2 A_0 \tag{6.36}$$

（4）射流主体段的速度分布具有相似性。

对于图 6.16 所示的平面射流，设射流出口处的速度为 v_0，高度为 $2b_0$，狭缝的宽度（垂直于纸面）设为单位 1。射流主体段的边界的延长线相交于点 O。O 称为射流极点。以 O 为原点建立图示的坐标系。在射流主体段任一截面的宽度为 $2b$，轴线上的速度为 v_m，任一点的速度为 v_x。根据射流特征（3），有

$$2\int_0^\infty \rho v_x^2 \mathrm{d}y = 2\rho v_0^2 b_0 \tag{6.37a}$$

阿尔伯逊（Albertson）根据实验资料分析，认为射流主体段的速度可以用高斯分布式表示，即

$$\frac{v_x}{v_m} = \exp\left(-\frac{y^2}{b^2}\right) \tag{6.37b}$$

按照这个分布式，在射流的边界，$y=b$，$v_x/v_m=1/e=0.368$。将式（6.37b）代入式（6.37a）

$$v_m^2 \int_0^\infty \exp\left(-2\frac{y^2}{b^2}\right)\mathrm{d}y = v_0^2 b_0 \tag{6.37c}$$

注意到积分，则

$$\int_0^\infty \exp(-x^2)\mathrm{d}x = \frac{\sqrt{\pi}}{2}$$

则式（6.37c）积分，得

$$\frac{v_m^2 b}{2}\sqrt{\frac{\pi}{2}} = v_0^2 b_0$$

又根据射流特征（1），射流边界为直线，因此 $b=\varepsilon x$（斜率 ε 为常数）。因此

$$\left(\frac{v_m}{v_0}\right)^2 = 2\sqrt{\frac{2}{\pi}\frac{b_0}{\varepsilon x}} \tag{6.37d}$$

这说明截面最大速度 v_m 与 x 的二次方根成反比。

在转捩面 C，截面最大速度等于射流出口速度，$v_m=v_0$，因此，转捩面的位置是

$$x_C = 2\sqrt{\frac{2}{\pi}\frac{b_0}{\varepsilon}}$$

射流出口的 x 坐标为 $x_0=b_0/\varepsilon$，从射流出口到射流转捩面的距离为

$$x_C - x_0 = \frac{b_0}{\varepsilon}\left(2\sqrt{\frac{2}{\pi}} - 1\right) \tag{6.37e}$$

实验测出平面射流边界的斜率 $\varepsilon = 0.154$(阿尔伯逊,1950),因此

$$\frac{v_m}{v_0} = 2.276\sqrt{\frac{2b_0}{x}}$$

$$x_C - x_0 = 3.869b_0$$

对于轴对称射流,射流出口是半径为 r_0 的圆截面,射流主体段的截面也是圆截面。其动量方程为

$$\int_0^\infty \rho v_x^2 2\pi r \mathrm{d}r = \rho v_0^2 \pi r_0^2 \tag{6.38a}$$

射流主体段的速度分布式为

$$\frac{v_x}{v_m} = \exp\left(-\frac{r^2}{R^2}\right) \tag{6.38b}$$

式中,R 是主体段过流断面的半径,$R = \varepsilon x$。所得的结果为

$$\frac{v_m}{v_0} = \sqrt{2}\frac{r_0}{\varepsilon x}$$

$$x_C - x_0 = \frac{r_0}{\varepsilon}(\sqrt{2} - 1)$$

根据实验,轴对称射流边界的斜率 $\varepsilon = 0.114$(阿尔伯逊,1950),因此

$$\frac{v_m}{v_0} = 12.405\frac{r_0}{x}$$

$$x_C - x_0 = 3.634r_0$$

6.10　管道入口和弯管中的边界层

管道入口的边界层,无论是层流边界层还是紊流边界层,都是逐渐发展的,如图 6.17 所示。

先讨论层流的发展。设层流以均匀速度流入管道。由于黏性作用,管壁上的流体速度为零,管壁附近的速度梯度很大。在很长一段距离内,管道轴线附近的速度尚未受到管壁黏性的影响,速度仍保持匀速分布。由于满足连续性方程,管轴线速度大于入口的速度。也就是说,层流入口段的流动由两部分组成,一部分保持匀速分布,称为层流核心区。另一部分则有很大的速度梯度,这部分就是管道入口段的层流边界层。随着流程的增加,层流核心区逐渐缩小,层流边界层逐渐加厚,直到速度分布完全变成二次抛物型。从管口到层流核心区消失的断面的距离称为层流发展段,其长度记作 L。这个长度与雷诺数有关,一般认为 $L/d = 0.058Re$。

实验表明,紊流入口的发展段要短些,$L/d = 20\sim40$。紊流发展段的边界层分成两部分:靠近管道壁面为层流边界层,靠近核心区为紊流边界层。

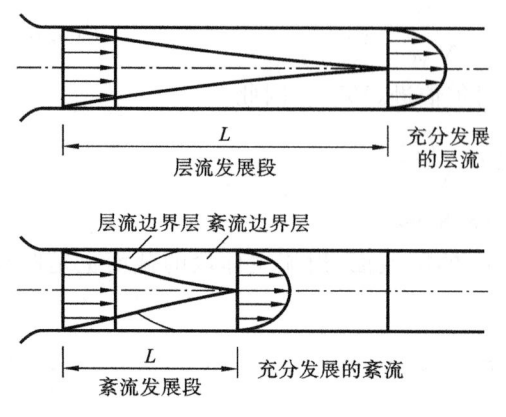

图 6.17　圆管入口的流动

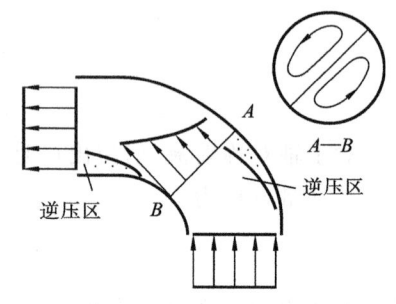

图 6.18　弯管流动

弯道的边界层比较复杂。如图 6.18 所示,在弯道的入口处管壁上有紊流边界层,主流的速度几乎是均匀分布的势流。在弯道内侧,曲率较小,速度较大。流体从点 B 朝下游运动,速度沿程变小,压强沿程增加。于是出现了图示的逆压区,引起边界层的分离。同样的,在弯道的外侧,曲率半径较大,速度较小。流体从弯道入口沿外侧向点 A 运动,速度逐渐变小,也出现逆压区,出现边界层的分离。

此外,由于离心力的作用,弯道外侧点 A 的压强高于内侧点 B 的压强,在压差的作用下,流体沿管道壁面从外侧的点 B 流向内侧的点 A,然后沿着直径从外侧的点 A 回流到内侧的点 B。这样就在弯道的横截面上形成一对旋涡。这种发生在于主流垂直的过流断面上的流动称为二次流。

弯道上的边界层分离而形成无数大小尺度的旋涡,以及因离心力而形成的二次流都会耗散流体的机械能。这就是第 4 章述及的局部水头损失产生的原因。

选　择　题

1. 描述不可压缩黏性流体运动的微分方程称为_____。
   　A. 欧拉方程　　　　　　　　　B. 纳维-斯托克斯方程
   　C. 能量守恒方程　　　　　　　D. 动量守恒方程

2. 黏性层流定常流动的速度分布都是_____。
   　A. 二次抛物线　　　　　　　　B. 对数分布
   　C. 正弦分布　　　　　　　　　D. 幂指数分布

3. 边界条件中的黏附条件是指_____。
   　A. 物体表面曲线为流线　　　　B. 物体表面的法向速度为零
   　C. 物体表面的压强为零　　　　D. 流体在物体表面上的速度等于物面的速度

4. 在_____情况下才会出现边界层。
   　A. 小雷诺数的物体绕流　　　　B. 理想流体的物体绕流

　　C. 大雷诺数的物体绕流　　　　D. 流体静止

5. 大雷诺数物体绕流的黏性影响_____。

　　A. 集中在边界层之内　　　　　B. 分布在边界层之外

　　C. 处处可以忽略　　　　　　　D. 分布在整个流场中

6. 实际存在的边界层是_____。

　　A. 层流边界层　　　　　　　　B. 前部为层流后部为紊流的混合边界层

　　C. 紊流边界层　　　　　　　　D. 前部为紊流后部为层流的混合边界层

7. 边界层分离出现在_____。

　　A. 顺压区　　　B. 恒压区　　　C. 静压区　　　D. 逆压区

8. 物体的压差阻力产生的根本原因是_____。

　　A. 边界层分离形成的尾流低压区　　　　B. 表面黏性切应力合成的阻力

　　C. 物体上游区域的速度大于下游的速度　　D. 流体黏性消失

9. 阻力系数的定义是_____。

　　A. $C_D = (p - p_\infty)/(0.5\rho v^2)$　　　B. $C_D = 0.5\rho v^2/(p - p_\infty)$

　　C. $C_D = F_D/(0.5\rho v^2)$　　　　　D. $C_D = F_D/(0.5\rho v^2 A)$

10. 圆柱绕流阻力突然减小产生的根本原因是_____。

　　A. 表面黏性切应力突然减少　　　B. 流场的压强突然降低

　　C. 边界层分离点突然后移　　　　D. 边界层突然消失

习　题

6.1　两块无限大平行平板,相距 h,与水平面的倾角为 θ,黏性流体充满两平板之间的空隙并在重力作用下作定常流动。建立图 6.19 所示的坐标系,求黏性流体的速度分布以及过流截面上的平均速度。

6.2　如图 6.20 所示,黏性不可压缩液体在重力作用下沿着倾角为 θ 的斜面向下定常流动。设液深 h 为常数,求:

(1) 液体的速度分布;(2) 截面上的平均速度;(3) 点速度等于平均速度的位置。

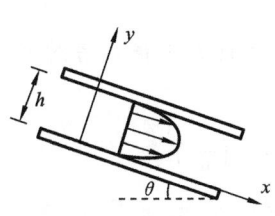 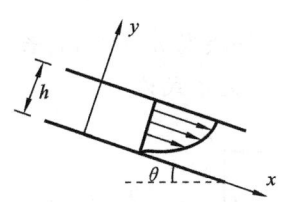 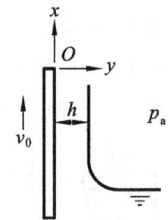

图 6.19　习题 6.1 图　　　　图 6.20　习题 6.2 图　　　　图6.21　习题 6.3 图

6.3　如图 6.21 所示,输送带从油液内以常速 v_0 向上运动,带表面带动一层厚度为 h 的油膜。油层在黏性力和重力作用下向上作定常运动。试确定油膜内的速度分布。

6.4 密度 $\rho = 850 \text{ kg/m}^3$、动力黏度 $\mu = 3 \times 10^{-3} \text{ Pa} \cdot \text{s}$ 的黏性油液在两个同心管道之间的环形管道中作定常流动，两管道的直径分别为 $d_1 = 300 \text{ mm}$ 和 $d_2 = 150 \text{ mm}$。如果单位长度的压强降等于 12 Pa/m，求油的流量以及截面平均速度。

6.5 设平板层流边界层内的速度分布为

$$\frac{v_x}{v_\infty} = 2\,\frac{y}{\delta} - \left(\frac{y}{\delta}\right)^2$$

试导出边界层厚度 δ 和摩擦阻力 C_f 的表达式。

6.6 设平板层流边界层内的速度分布为 $\dfrac{v_x}{v_\infty} = \sin\left(\dfrac{\pi y}{2\delta}\right)$，试导出边界层厚度 δ 和摩擦阻力 C_f 的表达式。

6.7 设平板紊流边界层内的速度分布为 $\dfrac{v_x}{v_\infty} = \left(\dfrac{y}{\delta}\right)^{1/9}$，并有 $\lambda = 0.185 Re^{-1/5}$，试导出边界层厚度 δ 的表达式。

6.8 空气密度 $\rho = 1.205 \text{ kg/m}^3$，运动黏度 $\nu = 15 \times 10^{-6} \text{ m}^2/\text{s}$，以速度 $v = 30 \text{ m/s}$ 流过平板，转捩雷诺数等于 5×10^5，求距离平板前缘 200 mm 处的边界层厚度。

6.9 将一块平板放在速度 $v = 2 \text{ m/s}$ 的匀速水流中，水温为 25 ℃。设转捩雷诺数为 5×10^5，求混合边界层转捩点的位置。

6.10 边长为 1 m 的正方形平板放置在速度 $v = 0.5 \text{ m/s}$ 的水流中，假设全板都是层流边界层，求平板双面所受到的摩擦阻力。

6.11 一块平板，长度 $l = 3 \text{ m}$，宽度 $b = 1.2 \text{ m}$，在水下以速度 $v = 1.2 \text{ m/s}$ 沿水平方向拖曳，水温为 10 ℃，求拖曳平板所需要的力。

6.12 一块长度 $l = 5 \text{ m}$、宽度 $b = 2 \text{ m}$ 的平板放置在水流中，水的密度 $\rho = 1000 \text{ kg/m}^3$，运动黏度 $\nu = 10^{-6} \text{ m}^2/\text{s}$，测得平板双面的摩擦阻力为 100 N，求水流的速度以及平板末端的边界层厚度。

6.13 平底船的底面可视为长度 $l = 50 \text{ m}$、宽度 $b = 10 \text{ m}$ 的平板，船速 $v = 4 \text{ m/s}$，水的运动黏度 $\nu = 10^{-6} \text{ m}^2/\text{s}$，如果混合边界层的转捩雷诺数为 5×10^5，求克服摩擦阻力所需的功率。

6.14 如图 6.22 所示，一块高 $h = 15 \text{ m}$、长 $l = 60 \text{ m}$ 的巨大平板广告牌竖立在大风中，风速随高度 y 变化的关系式为

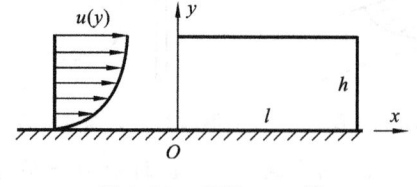

$$u = u_{\max}\left(\frac{y}{h}\right)^{1/7}$$

图 6.22　习题 6.14 图

式中，$u_{\max} = 20 \text{ m/s}$，空气密度 $\rho = 1.205 \text{ kg/m}^3$，运动黏度 $\nu = 15 \times 10^{-6} \text{ m}^2/\text{s}$，混合边界层的转捩雷诺数为 6×10^6，试求广告牌两侧面的边界层摩擦阻力。

6.15 潜艇的无线电天线由三节组成,每节长度 1 m,各节的直径分别为 $d_1=60$ mm、$d_2=40$ mm、$d_3=20$ mm,潜艇速度为 12 m/s。海水密度 $\rho=1020$ kg/m³,求水流阻力对于天线根部产生的力矩。

6.16 从飞机上投下重量为 45 kN 的物体,要求物体落地速度不超过 10 m/s。物体悬挂在一张阻力系数 $C_D=2.0$ 的降落伞下面。空气密度 $\rho=1.2$ kg/m³,不计伞重,求降落伞的直径。

6.17 汽车以 80 km/h 的速度行驶,其迎风面积 $A=2$ m²,阻力系数 $C_D=0.4$,空气的密度 $\rho=1.25$ kg/m³,求汽车克服空气阻力所耗散的功率。

6.18 用圆球在静止液体中的等速沉降运动测定液体的密度和黏度。实验使用两种小球。一个小球的直径 $d_1=3$ mm,密度 $\rho_1=2600$ kg/m³,匀速沉降的速度 $v_1=15$ cm/s,另一个小球的直径 $d_2=4.5$ mm,密度 $\rho_2=1400$ kg/m³,匀速沉降的速度 $v_2=6$ cm/s。求液体的密度和运动黏度。

6.19 炉膛的烟气以速度 $v=0.5$ m/s 向上升腾,气体的密度 $\rho=0.25$ kg/m³,动力黏度 $\mu=5\times10^{-5}$ Pa·s,粉尘的 $\rho'=1200$ kg/m³,试求此烟气能带走多大直径的粉尘。

6.20 一次沙尘暴把平均直径的 $d=10^{-4}$ m 的沙尘吹到 $H=1000$ m 的高空,当地的水平风速 $v_0=10$ m/s,已知沙粒的密度 $\rho'=2000$ kg/m³,空气的密度 $\rho=1.25$ kg/m³,动力黏度 $\mu=15\times10^{-5}$ Pa·s,试求沙尘落地时所飘移的水平距离。

第7章 可压缩流体动力学基础

可压缩流体在运动时,除了速度压强变化之外,密度、温度也会变化。可压缩流体的速度、压强、密度、温度等参数互相约束,其流动的基本方程比不可压缩流体运动方程复杂得多。本章将要介绍与可压缩流动有关的许多概念,如比热容、比熵、声速、马赫数等,介绍可压缩流体特有的流动现象,如等熵流动、激波等。

可压缩流动广泛存在于实际工程当中。飞机飞行中遇到的空气动力学问题,动力机械的汽轮机、涡轮机中的可压缩流动,化工装置中的输气管道的摩擦热效应问题,热力装置中的反应器、热交换器的气体流动问题,都属于可压缩流体动力学问题。

作为可压缩流体动力学的基础,本章重点介绍可压缩气体的一元运动以及激波等问题。

7.1 热力学基本公式

1. 状态方程

系统的状态由热力学参数确定,这些热力学参数的关系式称为状态方程。热力学的三个基本参数是压强 p、密度 ρ 和温度 T。状态方程的一般表达式为

$$f(p,\rho,T)=0$$

对于完全气体,状态方程是

$$p=\rho\frac{R_0}{M}T \quad 或 \quad p=\rho RT \tag{7.1}$$

式中:R_0 为普适气体常数,$R_0=8314.3$ J/(kg·K);M 为气体的相对分子质量;$R=R_0/M$ 为气体常数。空气的相对分子质量为 $M=28.966$ kg/(kg·mol),因此,空气的气体常数 $R=287$ J/(kg·K)。

2. 热力学第一定律

热力学第一定律是热现象的能量转换及守恒定律,即当热能与其他形式的能量进行转换时,能量的总量保持恒定。对于一个热力学系统,各项能量的关系式可以表示为

加入系统的热能＝内能的增加＋系统对外所做的功

用数学方法表示为

$$dQ=de+pdv=de+pd\left(\frac{1}{\rho}\right) \tag{7.2}$$

式中：dQ 为单位质量的气体所获得的热能；e 为单位质量的气体的内能；$v=1/\rho$ 为比体积，即单位质量气体的体积。

3. 比热容

热容是使气体温度升高 1 K（或 1 ℃）所需的热量。单位质量的流体，温度升高 1 K 所需的热量称为比热容。在加热过程中，气体的体积和压强都有可能发生变化，因此，对不同的加热过程，有着不同的比热容。

比定容热容是等容过程的比热容，其表达式为

$$c_V=\left(\frac{\mathrm{d}Q}{\mathrm{d}T}\right)_V \tag{7.3}$$

式(7.3)右边下标表示加热过程中容积 V 为常数。也就是说，如果加热过程中使气体的体积保持不变，则使单位质量的流体温度升高 1 K 所需的热量称为比定容热容。在等容加热过程中，气体不发生体积膨胀，压力不做功，加热量全部用于内能的增加。由式(7.2)可看出

$$c_V=\left(\frac{\mathrm{d}Q}{\mathrm{d}T}\right)_V=\frac{\mathrm{d}e}{\mathrm{d}T} \tag{7.3a}$$

在实际工程中，比定容热容 c_V 的值变化不大，近似为常量。内能包括气体分子运动的动能和宏观运动的动能。如果内能在热力学温度为零度时取值为零，则单位质量气体的内能可表示为

$$e=c_V T \tag{7.3b}$$

可见，内能仅与温度有关。

比定压热容是等压过程的比热容，其表达式为

$$c_p=\left(\frac{\mathrm{d}Q}{\mathrm{d}T}\right)_p \tag{7.4}$$

式(7.4)中的下标 p 表示加热过程中压强保持不变。在等压加热过程中，体积将发生变化，增加的热量用于内能的增加和压力对外所做的功。将式(7.2)代入，则有

$$c_p=\left(\frac{\mathrm{d}Q}{\mathrm{d}T}\right)_p=\frac{\mathrm{d}e}{\mathrm{d}T}+p\left(\frac{\mathrm{d}v}{\mathrm{d}T}\right)_p$$

由状态方程 $pv=RT$ 看出，当压强 p 为常数时，$p\left(\dfrac{\mathrm{d}v}{\mathrm{d}T}\right)_p=R$，因此有

$$c_p=c_V+R \tag{7.4a}$$

比定压热容 c_p 与比定容热容 c_V 的比值称为比热比，记作 γ，即

$$\gamma=c_p/c_V$$

于是，由式(7.4a)可以得到

$$c_V=\frac{1}{\gamma-1}R,\quad c_p=\frac{\gamma}{\gamma-1}R \tag{7.4b}$$

表 7.1 列出了常见气体的物理常数。

表 7.1　常见气体的物理常数(标准大气压,20℃)

气体名称	密度 $\rho/(kg/m^3)$	动力黏度 μ /(10^{-6} Pa · s)	气体常数 R /(J/(kg · K))	比定压热容 c_p /(J/(kg · K))	比定容热容 c_V /(J/(kg · K))	比热比 γ
空气	1.205	18	287	1003	716	1.40
氧	1.330	20	260	909	649	1.40
氮	0.160	17.6	297	1040	743	1.40
氢	0.0839	9	4120	14450	10330	1.40
一氧化碳	1.160	18.2	297	1040	743	1.40
二氧化碳	1.840	14.8	188	858	670	1.28
甲烷	0.668	13.4	520	2250	1730	1.30
水蒸气	0.747	10.10	462	1862	1400	1.33

4. 熵和焓

对于可压缩气体的许多方程式,内能 e 和 p/ρ 往往同时出现,为方便起见,将它们合并起来用一个新的热力学函数 h 表示,称为比焓,简称为焓,定义

$$h = e + \frac{p}{\rho} \tag{7.5}$$

利用状态方程以及内能的表达式,不难得到

$$h = c_V T + RT = c_p T \tag{7.5a}$$

比熵 s 也是一个热力学函数,比熵用微分形式定义如下:

$$ds = \frac{dQ}{T} \tag{7.6}$$

将式(7.2)代入,得

$$ds = \frac{de}{T} + \frac{p}{T} d\left(\frac{1}{\rho}\right)$$

将内能表达式代入,有

$$ds = c_V \frac{dT}{T} - \frac{p}{T}\frac{d\rho}{\rho^2} = c_V \frac{dT}{T} - R \frac{d\rho}{\rho} = c_V \left[\frac{dT}{T} - (\gamma - 1)\frac{d\rho}{\rho}\right]$$

积分,得熵的表达式为

$$s = c_V \ln \frac{T}{\rho^{\gamma-1}} + C \tag{7.6a}$$

利用气体的状态方程 $p = \rho RT$,得到熵的另一种表达式为

$$s = c_V \ln \frac{p}{\rho^{\gamma}} + C \tag{7.6b}$$

熵保持不变的热力学过程称为等熵过程。对于等熵过程,有

$$\frac{T}{\rho^{\gamma-1}} = C \quad 或 \quad \frac{p}{\rho^{\gamma}} = C \tag{7.7}$$

如果用 1 和 2 表示等熵过程中的两个状态,则等熵过程的关系式为

$$\frac{p_1}{p_2} = \left(\frac{\rho_1}{\rho_2}\right)^{\gamma}, \quad \frac{\rho_1}{\rho_2} = \left(\frac{T_1}{T_2}\right)^{\frac{1}{\gamma-1}}, \quad \frac{p_1}{p_2} = \left(\frac{T_1}{T_2}\right)^{\frac{\gamma}{\gamma-1}} \tag{7.7a}$$

绝热而且没有摩擦损失的流动的熵函数值保持不变,这种流动称为等熵流动。

7.2　绝热流动的能量方程

第 3 章述及的流体运动的连续性方程、运动方程和动量方程的一般形式同样适用于可压缩流体的运动。这里介绍绝热流动的能量方程。

单位时间内,加入系统的热能以及外力对系统所做的功,等于系统能量的增加量。

$$\frac{\mathrm{d}Q}{\mathrm{d}t} + \frac{\mathrm{d}W}{\mathrm{d}t} = \frac{\mathrm{d}E}{\mathrm{d}t} \tag{7.8}$$

先研究能量的变化。流体的能量包括分子运动的内能和宏观运动的动能。单位质量流体所具有的能量为 $e + v^2/2$。设系统的体积为 V,则系统的能量为

$$E = \int_V \rho \left(e + \frac{v^2}{2}\right) \mathrm{d}V$$

根据式(3.20)、式(3.54a)或式(3.54b),能量对时间的变化率可写成

$$\frac{\mathrm{d}E}{\mathrm{d}t} = \frac{\mathrm{d}}{\mathrm{d}t} \int_V \rho \left(e + \frac{v^2}{2}\right) \mathrm{d}V = \frac{\partial}{\partial t} \int_V \rho \left(e + \frac{v^2}{2}\right) \mathrm{d}V + \int_A \rho \left(e + \frac{v^2}{2}\right) v_n \mathrm{d}A$$

系统在运动的过程中,作用在系统上的重力和表面力都发生位移而做功。在可压缩流动中,通常忽略重力的影响。作用在系统表面上的力有压强和黏性切应力。黏性切应力没有位移而不做功,例如系统与固体壁面接触点有黏性切应力,但由于黏附条件,系统与固体壁面没有相对位移,所以黏性切应力不做功。在流体内部,与系统毗邻的流体界面存在黏性切应力,但系统与毗邻的流体质点也没有相对位移,黏性切应力也不做功。这样一来,作用在系统表面的力,只有压力做功。图 7.1 所示的系统表面积 $\mathrm{d}A$ 的压强 p 沿着表

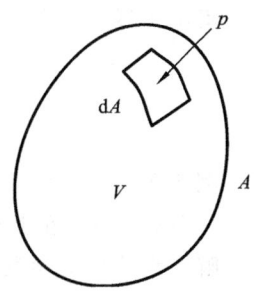

图 7.1　系统表面的压强

面的内法向。当系统表面的质点有法向速度 v_n 时,压强与法向速度反向,因此面积 $\mathrm{d}A$ 上的压力 $p\mathrm{d}A$ 所产生的功率为 $-pv_n\mathrm{d}A$。系统表面上的压力做功是

$$\frac{\mathrm{d}W}{\mathrm{d}t} = -\int_A pv_n \mathrm{d}A$$

于是,式(7.8)写成

$$\frac{\mathrm{d}Q}{\mathrm{d}t} - \int_A pv_n \mathrm{d}A = \frac{\partial}{\partial t} \int_V \rho \left(e + \frac{v^2}{2}\right) \mathrm{d}V + \int_A \rho \left(e + \frac{v^2}{2}\right) v_n \mathrm{d}A \tag{7.9}$$

对于绝热流动,没有热能加入系统,能量方程式(7.9)变成

$$\frac{\partial}{\partial t} \int_V \rho \left(e + \frac{v^2}{2}\right) \mathrm{d}V + \int_A \rho \left(e + \frac{v^2}{2}\right) v_n \mathrm{d}A + \int_A pv_n \mathrm{d}A = 0 \tag{7.9a}$$

对于定常流动,式(7.9a)左边第一项为零,于是

$$\int_A \rho \left(e + \frac{v^2}{2} + \frac{p}{\rho} \right) v_n \mathrm{d}A = 0 \tag{7.9b}$$

对于可压缩流体的一元流动,选取控制体为截面 A_1 和 A_2 之间的空间体,并利用热焓的概念,有

$$\rho_1 \left(h_1 + \frac{v_1^2}{2} \right) v_1 A_1 = \rho_2 \left(h_2 + \frac{v_2^2}{2} \right) v_2 A_2$$

利用定常流动的连续性方程 $\rho_1 v_1 A_1 = \rho_2 v_2 A_2$,有

$$h_1 + \frac{v_1^2}{2} = h_2 + \frac{v_2^2}{2}$$

这说明,在可压缩流体的一元定常流动中,过流截面上的热焓和动能之和为常数,即

$$c_p T + \frac{v^2}{2} = \mathrm{const.} \tag{7.10}$$

式(7.10)就是一元可压缩绝热流动的能量方程。对于绝热流动,不管是有摩擦还是无摩擦,方程(7.10)都成立。

例 7.1　一个大容器内部的空气温度为 27 ℃,容器内的气体经一个孔口流出至外部温度为 17 ℃ 的大气中,求孔口气流速度。

解　容器内的气体速度可视为零,温度 $T_0 = 300$ K。外部温度 $T = 290$ K,空气的比定压热容 $c_p = 1003$ J/(kg·K),于是

$$c_p T + \frac{v^2}{2} = c_p T_0$$

$$v = \sqrt{2c_p(T_0 - T)} = 141.63 \text{ m/s}$$

例 7.2　过热水蒸气在管道里作绝热流动,在截面 1 上测得温度 $t_1 = 100$ ℃,速度 $v_1 = 180$ m/s。在截面 2 上测得温度 $t_2 = 105$ ℃,求该处的气流速度 v_2。

解　水蒸气的参数为 $\gamma = 1.33, c_p = 1862$ J/(kg·K),于是

$$c_p T_1 + \frac{v_1^2}{2} = c_p T_2 + \frac{v_2^2}{2}$$

$$v_2 = \sqrt{2c_p(T_1 - T_2) + v_1^2} = 117.47 \text{ m/s}$$

7.3　微弱扰动波的传播　声速

1. 声速

在可压缩流体中,如果某处产生一个微弱的局部压力扰动(高压或低压源),这个压力扰动将以波面的形式在流体中传播,其传播速度记为 c。声波属于微弱扰动波,因此,微弱压力扰动波也称为**声波**,其传播速度称为**声速**。

下面用一个管道-活塞系统说明微弱扰动波的产生和传播过程,并推导声速的计算公式。

如图 7.2 所示,设有一条管道,管内充满静止的可
压缩气体,其压强、密度、温度分别为 p、ρ、T。管道右
端有一个活塞,设活塞突然以一个微小速度 v 向左运
动。下面分析管内气体的运动。由于活塞突然运动,
紧贴活塞表面的气体也随之以速度 v 向左运动。同
时,活塞表面附近的气体压强升高了,密度增大了,温

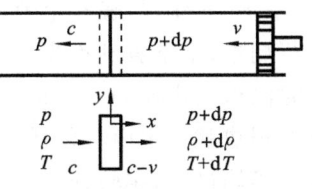

图 7.2　微弱压力扰动波

度也升高了,分别变为 $p+\mathrm{d}p$、$\rho+\mathrm{d}\rho$、$T+\mathrm{d}T$。由于压强升高量很小,管道可认为没
有发生膨胀,横截面面积没有发生变化。距离活塞远处,管道内的气体没有受到扰
动,速度仍然为零,压强、密度、温度仍为 p、ρ、T。受扰动和未受扰动的流体的分界面
称为**波面**。起初,波面在活塞附近。随着时间的推移,受扰动的区域不断扩大,波面
向管道的左端运动。波面运动的速度就是扰动波传播的速度,即声速 c。

下面研究声波传播的速度。声波在静止气体中传播时,会引起气体的运动。这
个运动是非定常的。例如,对管道某个固定点,当压力波尚未传播到该点时,速度为
零,当压力波传播到达该点时,该点的速度突然变为 v。可见流动是非定常的。如果
取一个固定在波面上的动坐标系 Oxy,站在此动坐标系上观察到的流动是定常的。

在波面上取一个动坐标的控制体,动坐标左侧的气体是静止的。但由于动坐标
以速度 c 向左运动,于是,站在运动控制体上面观察到气流以速度 c 向波面流过来,
以速度 $c-v$ 向波面的右方离去。可见,控制体左边的流体速度为 c,压强、密度、温度
分别为 p、ρ、T。而在控制体右侧,流体速度为 $c-v$,压强、密度、温度分别为 $p+\mathrm{d}p$、
$\rho+\mathrm{d}\rho$、$T+\mathrm{d}T$。控制体左右端的面积相等。对控制体应用连续性方程,有

$$\rho c A=(\rho+\mathrm{d}\rho)(c-v)A \tag{7.11a}$$

化简,得

$$v=\frac{\mathrm{d}\rho}{\rho+\mathrm{d}\rho}c \tag{7.11b}$$

对控制体应用动量方程,有

$$pA-(p+\mathrm{d}p)A=(\rho+\mathrm{d}\rho)(c-v)^2A-\rho c^2 A \tag{7.12}$$

将式(7.11b)代入式(7.12),得

$$c^2=\frac{\mathrm{d}p}{\mathrm{d}\rho}\left(1+\frac{\mathrm{d}\rho}{\rho}\right)$$

略去微量,得

$$c=\sqrt{\frac{\mathrm{d}p}{\mathrm{d}\rho}} \tag{7.13}$$

这说明,声速与压强和密度的变化率有关。由气体的状态方程可知,气体的压强、密
度、温度是互相影响的。密度变化时,压强、温度也变化,因此,压强对于密度的变化
率与气体变化的热力学过程有关。起初,人们认为微弱扰动波的传播过程是等温过
程。根据这种观点,由状态方程就可以得到声速的计算公式 $c=\sqrt{RT}$。对于空气,R
$=287$ J/(kg・K),当气温为 15 ℃,即 $T=288$ K 时,算得声音传播的速度为 287.5

m/s。1686 年,牛顿在伦敦靶场测量声速,在靶场的一端点燃火炮,在靶场的另一端进行测量,记下看到火光与听到炮声的时间差,根据距离就可以计算声音传播速度。当时测得的声速为 340 m/s。这个数字与按照等温过程算出的声速相差甚远,于是人们很快就否定声音传播过程是等温过程。1816 年,拉普拉斯提出,声波的传播过程是等熵过程,实验证实了拉普拉斯的看法。对于等熵过程,$p/\rho^{\gamma}=C$,此式两边取对数后再求微分,得

$$\ln p - \gamma \ln \rho = \ln C$$

$$\frac{\mathrm{d}p}{p} = \gamma \frac{\mathrm{d}\rho}{\rho}$$

因此,声速的计算公式为

$$c = \sqrt{\gamma R T} \qquad\qquad (7.13\mathrm{a})$$

利用气体的状态方程,声速公式也可以表示为

$$c = \sqrt{\gamma \frac{p}{\rho}} \qquad\qquad (7.13\mathrm{b})$$

式(7.13a)表明,声波的传播速度仅与一个热力学参数温度有关,当然也与气体的物理性质(比热比、气体常数)有关。如果流场各点的温度不同,则各点的声速也不相同。

2. 马赫数

流体运动时,流场中某一点的气流速度 v 与该点的声速 c 的比值称为马赫数,记作 Ma,即

$$Ma = \frac{v}{c} \qquad\qquad (7.14)$$

在可压缩流动中,马赫数是一个很重要的特征参数,它表征流体的惯性力与压缩弹性力之比。按照马赫数的大小,将可压缩流动分为三种类型:$Ma<1$ 为亚声速流动,$Ma \approx 1$ 为跨声速流动,$Ma>1$ 为超声速流动。

例 7.3　用管道输送甲烷,气流速度为 $v=50$ m/s,温度为 16 ℃,计算气流的马赫数。

解　甲烷的比热比 $\gamma=1.30$,气体常数 $R=520$ J/(kg·K),

$$c = \sqrt{\gamma R T} = 442 \text{ m/s}$$

$$Ma = \frac{v}{c} = 0.113$$

3. 微弱扰动波的传播

本节讨论扰动源和气流有相对运动时微弱扰动波的传播问题。

设气体静止不动,扰动源以速度 v 匀速向左运动。下面分四种情况讨论微弱扰动波的传播问题。

（1）设扰动源不动，$v=0$，即固定扰动源发出的声波在静止气体中的传播。在这种情况下，不同时刻发出的声波将以球面的形式向四周传播，所有的波面都是同心球面，球心就是扰动源，如图 7.3 所示。

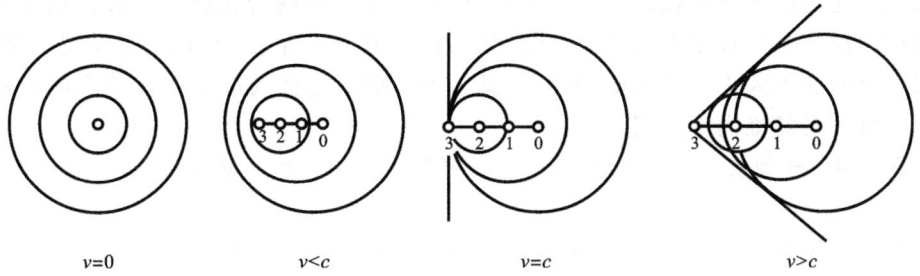

$v=0$ $v<c$ $v=c$ $v>c$

图 7.3   微弱扰动波的传播

（2）扰动源以小于声速的速度在静止气体中运动，$v<c$。设时刻 $t=0,1,2,3$ s 时扰动源在空间的位置点为点 0、1、2、3。显然这些点的间距都是 v。每到一个点，扰动源都在该处发出一个声波，此声波就以该点为中心，以球面的形式向四周传播。在点 0 发出的声波波面记为 C_0，球面的中心为点 0。同样的，在点 1、2、3 发出的声波波面分别记为 C_1、C_2、C_3。现在考察时刻 $t=3$ s 的情况。这时，扰动源的位置在点 3。扰动源在点 0 发出的声波已传播了 3 s，波面 C_0 的中心为点 0，半径为 $3c$。显然波面 C_0 已传播到了点 3 的上游，因为点 0 和点 3 的距离是 $3v$。C_1 是在点 1 发出的波面，此波面的中心为点 1，半径为 $2c$，显然波面 C_1 也传播到了点 3 的上游。同理，波面 C_2 也传播到了点 3 的上游。从点 3 发出的声波波面半径为零，即扰动波还没来得及向外传播。从上面分析看出，如果扰动源的运动速度小于声波传播的速度，$v<c$，则所有的声波波面都能传播到运动扰动源的上游，能传播到整个空间。

（3）扰动源在静止气体中运动的速度等于声速，$v=c$。这种情况下所有的波面都相切于经过扰动瞬间点 3 的垂直平面，也就是说，当 $v=c$ 时，声波只能传播到扰动源的下游半空间，不能传播到扰动源的上游半空间。

（4）扰动源以大于声速的速度在静止气体中运动，$v>c$。这时，扰动波也不能传播到扰动源的上游，而且，扰动波波面的包络是一个圆锥面，扰动波只能传播到这个圆锥面的内部空间。这个圆锥称为马赫锥，马赫锥的母线称为马赫线。马赫锥的顶点就是扰动源，马赫锥顶角的一半称为马赫角，记作 μ，由图可看出

$$\sin\mu=\frac{c}{v}=\frac{1}{Ma} \tag{7.15}$$

马赫锥外部的气体没有受到扰动的影响，通常称为扰动寂静区。例如，当飞机作超声速飞行时，人们在飞机的前方听不到飞机发出的轰隆声，只有飞机飞过头顶之后，才能听到飞机发出的响声。这时因为飞机发出的声音只能传播到马赫锥的内部空间。人站立在飞机的下方，如果人的位置没有落在马赫锥内部，就无法听到飞机发

出的声音。根据这个道理,将来科技无论多么发达,陆地上的车辆都不能做成超声速的,否则行人将听不到汽车发出的鸣笛声音。

扰动源与气流有相对运动的另一种情况是,扰动源静止不动,气流以速度 v 流经扰动源。这种情况下的扰动波传播现象,可以利用上面的分析结果得到。如果站在运动扰动源来观察扰动波的传播,就会观察到与图 7.3 情况一样的传播情况。例如,如果气流的速度大于声波传播的速度,即 $v>c$,则固定扰动源所发出的声波只能传播到下游的马赫锥内部空间。

例 7.4　子弹在 15 ℃ 的大气中飞行,测得子弹头部的马赫角为 40°,求子弹飞行的速度。

解　子弹飞行时,头部前缘为驻点,压强升高。因此,子弹头就是扰动源。扰动波传播的马赫角 $\mu=40°$。由马赫角定义得知子弹飞行的马赫数 $Ma=1/\sin\mu=1.556$。大气温度 $T=288$ K,因此

$$v=Ma\sqrt{\gamma RT}=530 \text{ m/s}$$

7.4　一元等熵流动的基本关系式

在热力学中,系统的绝热、可逆变化过程的熵函数保持不变。因而绝热、可逆的热力学过程为等熵过程。在可压缩流动中,无摩擦的变化过程是可逆性的。因此,绝热、无摩擦的可压缩流动为等熵流动,绝热、有摩擦的可压缩流动属于增熵流动。

一元等熵流动满足能量方程式(7.10)。当流体速度 v 发生变化时,温度 T 也随之变化。根据等熵关系式(7.7),则压强 p 和密度 ρ 也会发生变化。这些热力学参数的相互变化关系都可以表示为量纲一参数(旧称无量纲参数)的函数,称为一元等熵流动基本关系式,也称为气体动力学函数。

式(7.10)右边的常数表示总能量。这个总能量可以选取流场中某个参考点的参数表示。参考点选定的不同,就得到不同形式的能量方程。

1. 滞止状态

滞止状态是流体速度为零的热力学状态。例如,物体绕流时,驻点的速度为零,驻点的状态是滞止状态。又如,当气流从管道进入一个大容器时,容器内的气体速度可视为零,容器内的状态是滞止状态。值得注意的是,滞止状态只是一种计算能量的参考状态,在实际流场中可能存在,也可能不存在。滞止状态的参数,用下标"0"表示,如 p_0、ρ_0、T_0、c_0 等。根据滞止状态的速度为零的特点,能量方程(7.10)改写为

$$c_p T+\frac{v^2}{2}=c_p T_0 \tag{7.16}$$

式中:T_0 为滞止温度,又称总温;相应地,T 称为静温(即当地温度)。能量方程也可以用声速表示,即

$$c_p T+\frac{v^2}{2}=\frac{c^2}{\gamma-1}+\frac{v^2}{2}=c_p T_0 \tag{7.16a}$$

两边同除以 $c_p T$，得

$$\frac{T_0}{T} = 1 + \frac{\gamma - 1}{2} Ma^2 \tag{7.16b}$$

式(7.16b)表明可压缩绝热流动中滞止温度与当地温度比值的关系。如果流动等熵，根据等熵关系式(7.7)，有

$$\frac{\rho_0}{\rho} = \left(1 + \frac{\gamma - 1}{2} Ma^2\right)^{\frac{1}{\gamma - 1}} \tag{7.16c}$$

$$\frac{p_0}{p} = \left(1 + \frac{\gamma - 1}{2} Ma^2\right)^{\frac{\gamma}{\gamma - 1}} \tag{7.16d}$$

令 $Ma = 1$，就得到滞止参数和临界参数之比，即

$$\frac{T_0}{T_*} = \frac{\gamma + 1}{2}, \quad \frac{\rho_0}{\rho_*} = \left(\frac{\gamma + 1}{2}\right)^{\frac{1}{\gamma - 1}}, \quad \frac{p_0}{p_*} = \left(\frac{\gamma + 1}{2}\right)^{\frac{\gamma}{\gamma - 1}}$$

例如，对于空气，$\gamma = 1.4$，$T_0/T_* = 1.2$，$\rho_0/\rho_* = 1.577$，$p_0/p_* = 1.893$。

这里顺便讨论一下气流的压缩性问题。由式(7.16c)可看出，如果马赫数不大，$\frac{\gamma - 1}{2} Ma^2 < 1$，则式(7.16c)可按牛顿二项式定理展开成无穷级数，即

$$\frac{\rho_0}{\rho} = \left(1 + \frac{\gamma - 1}{2} Ma^2\right)^{\frac{1}{\gamma - 1}} = 1 + \frac{1}{2} Ma^2 + \frac{2 - \gamma}{8} Ma^4 + \cdots$$

以空气为例，$\gamma = 1.4$，则

$$\frac{\rho_0}{\rho} = 1 + 0.5 Ma^2 + 0.075 Ma^4 + \cdots$$

当 $Ma = 0.3$ 时，如果只取前三项，则 $\rho_0/\rho = 1.046$，密度变化不足 5%。因此，对于马赫数 $Ma < 0.3$ 的气流，通常不考虑流体的压缩性。前面几章的不可压缩流动的伯努利方程，同样适用于马赫数 $Ma < 0.3$ 的气体流动。

例 7.5　一元等熵空气气流在某点的流动参数为 $v = 150$ m/s，$T = 288$ K，$p = 130$ kPa，求此气流的滞止参数 p_0、ρ_0、T_0、c_0。

解　空气的参数为 $\gamma = 1.4$，$R = 287$ J/(kg·K)，$c_p = 1003$ J/(kg·K)，于是

$$c_p T_0 = c_p T + \frac{v^2}{2}$$

$$T_0 = T + \frac{v^2}{2c_p} = 299 \text{ K}$$

$$c_0 = \sqrt{\gamma R T_0} = 346.73 \text{ m/s}$$

$$\frac{p_0}{p} = \left(\frac{T_0}{T}\right)^{3.5} = 1.14$$

$$p_0 = 1.14 p = 148.2 \text{ kPa}$$

$$\rho_0 = \frac{p_0}{R T_0} = 1.732 \text{ kg/m}^3$$

例 7.6　空气作等熵流动,测得流场某点的压强 $p=130$ kPa,温度 $T=278$ K,速度 $v=100$ m/s,求该流场的滞止压强。

解　空气参数为 $\gamma=1.4$, $R=287$ J/(kg·K),于是

$$Ma=\frac{v}{\sqrt{\gamma RT}}=0.299$$

$$\frac{p_0}{p}=\left(1+\frac{\gamma-1}{2}Ma^2\right)^{\frac{\gamma}{\gamma-1}}=1.064$$

$$p_0=138.3\ \text{kPa}$$

2. 临界状态

临界状态是气流速度等于当地声速的流动状态,即马赫数 $Ma=1$ 的状态。临界状态的参数称为临界参数,用下标"$*$"表示,如 p_*、ρ_*、T_*、c_* 等。以临界参数表示的能量方程为

$$c_pT+\frac{v^2}{2}=c_pT_0=\frac{\gamma+1}{2(\gamma-1)}c_*^2 \tag{7.17}$$

两边同除以 c_pT_0 或 $\dfrac{\gamma+1}{2(\gamma-1)}c_*^2$,并引入速度系数 $\Lambda=\dfrac{v}{c_*}$,有

$$\frac{T}{T_0}=1-\frac{\gamma-1}{\gamma+1}\Lambda^2 \tag{7.18a}$$

如果流动等熵,则有

$$\frac{\rho}{\rho_0}=\left(1-\frac{\gamma-1}{\gamma+1}\Lambda^2\right)^{\frac{1}{\gamma-1}} \tag{7.18b}$$

$$\frac{p}{p_0}=\left(1-\frac{\gamma-1}{\gamma+1}\Lambda^2\right)^{\frac{\gamma}{\gamma-1}} \tag{7.18c}$$

速度系数 Λ 是气流速度 v 与临界声速 c_* 的比值,跟马赫数 Ma 一样,速度系数 Λ 也是可压缩流动的一个重要特征参数。

马赫数 Ma 与速度系数 Λ 存在函数关系。利用能量方程容易得

$$\frac{T}{T_0}=1-\frac{\gamma-1}{\gamma+1}\Lambda^2,\quad\frac{T_0}{T}=1+\frac{\gamma-1}{2}Ma^2$$

$$\left(1-\frac{\gamma-1}{\gamma+1}\Lambda^2\right)\left(1+\frac{\gamma-1}{2}Ma^2\right)=1$$

解此等式,得

$$\Lambda^2=\frac{\dfrac{\gamma+1}{2}Ma^2}{1+\dfrac{\gamma-1}{2}Ma^2} \tag{7.19}$$

$$Ma^2=\frac{\dfrac{2}{\gamma+1}\Lambda^2}{1-\dfrac{\gamma-1}{\gamma+1}\Lambda^2} \tag{7.20}$$

综上所述可知：当$Ma>1$时，有$\Lambda>1$；反之，当$Ma<1$时，有$\Lambda<1$。因此，由Λ是否大于1可判断是否为超声速流动，但是当$Ma\rightarrow\infty$时，Λ并不趋于无穷大，而是$\Lambda\rightarrow\sqrt{\dfrac{\gamma+1}{\gamma-1}}$。

3. 最大速度状态

最大速度状态是温度降至绝对零度，气流速度达到最大值$v_{\max}$时的一种极限状态。当气流达到这个极限状态时，能量全部化为动能。当然，这个极限状态是不可能达到的，但它有理论上的价值。

用最大速度$v_{\max}$表示的能量方程为

$$c_pT+\frac{v^2}{2}=c_pT_0=\frac{\gamma+1}{2(\gamma-1)}c_*^2=\frac{v_{\max}^2}{2} \tag{7.21}$$

两边同除以c_pT_0或$v_{\max}^2/2$，有

$$\frac{T}{T_0}=1-\left(\frac{v}{v_{\max}}\right)^2 \tag{7.22a}$$

对于等熵流动，还有下列关系式：

$$\frac{\rho}{\rho_0}=\left[1-\left(\frac{v}{v_{\max}}\right)^2\right]^{\frac{1}{\gamma-1}} \tag{7.22b}$$

$$\frac{p}{p_0}=\left[1-\left(\frac{v}{v_{\max}}\right)^2\right]^{\frac{\gamma}{\gamma-1}} \tag{7.22c}$$

以上三个参考状态，滞止状态使用较多。

例7.7　过热蒸汽在汽轮机内流动，某处的气流参数为：压强$p=500$ kPa，温度$T=400$ K，速度$v=500$ m/s。蒸汽绕叶片流动，在叶片前缘有一点的速度为零，称为驻点。求驻点的温度和压强。

解　水蒸气的参数为$\gamma=1.33$，$R=462$ J/(kg·K)，$c_p=1862$ J/(kg·K)，设流动等熵，则

$$T_0=T+\frac{v^2}{2c_p}=467.13 \text{ K}$$

$$\frac{p_0}{p}=\left(\frac{T_0}{T}\right)^{\frac{\gamma}{\gamma-1}}=1.869$$

$$p_0=934.5 \text{ kPa}$$

例7.8　空气作绝热无摩擦流动，流场某处的流动参数为：温度$T=333$ K，压强$p=207$ kPa，速度$v=152$ m/s，求临界参数。

解　绝热、无摩擦流动就是等熵流动。先求马赫数，再求其他参数。

$$Ma=\frac{v}{\sqrt{\gamma RT}}=0.416$$

$$\frac{T_0}{T}=1+\frac{\gamma-1}{2}Ma^2=1.035$$

$$\frac{T_0}{T_*} = 1 + \frac{\gamma - 1}{2} = 1.2$$

$$\frac{T_*}{T} = \frac{1.035}{1.2} = 0.863$$

$$T_* = 0.863T = 287 \text{ K}$$

$$\frac{p_*}{p} = \left(\frac{T_*}{T}\right)^{\frac{\gamma}{\gamma - 1}} = 0.594$$

$$p_* = 0.594p = 122 \text{ kPa}$$

$$\rho_* = \frac{p_*}{RT_*} = 1.481 \text{ kg/m}^3$$

例 7.9 空气的一元等熵流动,截面 1 上的流动参数为:压强 $p_1 = 140$ kPa,温度 $T_1 = 290$ K,速度 $v_1 = 80$ m/s,测得截面 2 的压强 $p_2 = 100$ kPa,求此截面的速度 v_2。

解 用等熵关系求温度 T_2,再由能量方程求 v_2。

$$\frac{T_2}{T_1} = \left(\frac{p_2}{p_1}\right)^{\frac{\gamma - 1}{\gamma}} = 0.908$$

$$T_2 = 0.908T_1 = 263 \text{ K}$$

$$c_p T_2 + \frac{v_2^2}{2} = c_p T_1 + \frac{v_1^2}{2}$$

$$v_2 = \sqrt{2c_p(T_1 - T_2) + v_1^2} = 246.09 \text{ m/s}$$

7.5 一元等熵气流在变截面管道中的流动

可压缩流体在管道中流动,研究截面平均速度沿流程的变化规律,这就是一元流动问题。

管道截面变化、管壁的黏性切应力以及壁面的热交换,都会对一元可压缩流体的流动产生影响。本节只考虑截面变化的影响,忽略摩擦效应和热交换两个因素,这种流动就是一元可压缩流体在变截面管道中的等熵流动。

1. 气流参数与管道截面面积的变化关系

一元等熵气流在管道中作定常流动时,若管道截面面积发生变化,则速度必然发生变化。于是,压强、密度和温度也随之变化。下面用连续性方程、运动方程研究它们的变化关系。

设管道轴线是一条直线,取为 x 轴。管道截面面积沿 x 轴而变,因而截面面积是 x 的函数,$A = A(x)$。同样的,压强、密度、温度也都是 x 的函数。

一元定常流动的积分形式的连续性方程为 $\rho v A = \text{const.}$。截面面积发生变化时,流体密度和速度也会变化。设坐标 x 有一个增量 $\mathrm{d}x$,则相应的密度、速度和截面面积的增量记为 $\mathrm{d}\rho$、$\mathrm{d}v$、$\mathrm{d}A$。将积分形式的连续性方程取对数再微分,就得到微分形式的连续性方程,即

$$\rho v A = C \tag{7.23a}$$

$$\frac{\mathrm{d}\rho}{\rho} + \frac{\mathrm{d}v}{v} + \frac{\mathrm{d}A}{A} = 0 \tag{7.23b}$$

等熵流动意味着忽略黏性摩擦的影响。忽略重力影响，理想流体一元定常流动的运动微分方程为

$$v \frac{\mathrm{d}v}{\mathrm{d}x} = -\frac{1}{\rho} \frac{\mathrm{d}p}{\mathrm{d}x} \tag{7.24a}$$

也可简化成

$$v \mathrm{d}v = -\frac{\mathrm{d}p}{\rho} \tag{7.24b}$$

由此得压强变化率为

$$\frac{\mathrm{d}p}{p} = -\frac{\rho v^2}{p} \frac{\mathrm{d}v}{v} = -\frac{\gamma v^2}{c^2} \frac{\mathrm{d}v}{v} = -\gamma Ma^2 \frac{\mathrm{d}v}{v} \tag{7.24c}$$

研究密度变化率，有

$$\frac{\mathrm{d}\rho}{\rho} = \frac{\mathrm{d}\rho}{\mathrm{d}p} \frac{\mathrm{d}p}{\rho}$$

由于气流作等熵流动，因此，压强对于密度的变化率等于声速的二次方，即

$$\frac{\mathrm{d}\rho}{\rho} = \frac{1}{c^2} \frac{\mathrm{d}p}{\rho}$$

再考虑到运动方程式(7.24b)，则有

$$\frac{\mathrm{d}\rho}{\rho} = \frac{1}{c^2} \frac{\mathrm{d}p}{\rho} = -\frac{v^2}{c^2} \frac{\mathrm{d}v}{v}$$

将这个密度变化率的表达式代入连续性方程(7.23b)，得

$$(Ma^2 - 1) \frac{\mathrm{d}v}{v} = \frac{\mathrm{d}A}{A} \tag{7.25}$$

这个方程建立了速度和截面面积的变化关系。从这个方程看出，变截面管道的一元等熵气流的速度变化除了与面积变化有关系之外，还与马赫数有关。超声速气流和亚声速气流所表现的变化规律不一样。

容易得到密度变化与面积变化的关系为

$$\frac{\mathrm{d}\rho}{\rho} = -\frac{Ma^2}{Ma^2 - 1} \frac{\mathrm{d}A}{A} \tag{7.26}$$

再利用式(7.25)求出 $\mathrm{d}v/v$，并代入式(7.24c)，则压强的变化率为

$$\frac{\mathrm{d}p}{p} = -\frac{\gamma Ma^2}{Ma^2 - 1} \frac{\mathrm{d}A}{A} \tag{7.27}$$

将状态方程 $p = \rho RT$ 两边取对数再求微分，就得到温度的变化关系式

$$\frac{\mathrm{d}T}{T} = \frac{\mathrm{d}p}{p} - \frac{\mathrm{d}\rho}{\rho} = -\frac{(\gamma-1)Ma^2}{Ma^2 - 1} \frac{\mathrm{d}A}{A} \tag{7.28}$$

从上面得到的几个关系式可看出，一元等熵气流的速度、密度、压强、温度的变化除了

与截面面积变化密切相关之外,还与马赫数有关。下面分别讨论亚声速气流和超声速气流的情况。

对于亚声速气流,$Ma<1$。由式(7.25)看出,dv 和 dA 反号。也就是说,亚声速气流在收缩管道内($dA<0$)作加速运动,在扩散管道内($dA>0$)作减速运动。

对于超声速气流,$Ma>1$。dv 和 dA 同号。超声速气流在收缩管道内($dA<0$)作减速运动,在扩散管道内($dA>0$)作加速运动。

收缩管道	收缩管道
$Ma<1$	$Ma>1$
$\dfrac{\mathrm{d}A}{\mathrm{d}x}<0$	$\dfrac{\mathrm{d}A}{\mathrm{d}x}>0$
$\dfrac{\mathrm{d}v}{\mathrm{d}x}>0$	$\dfrac{\mathrm{d}v}{\mathrm{d}x}<0$
$\dfrac{\mathrm{d}v}{\mathrm{d}x}<0$	$\dfrac{\mathrm{d}v}{\mathrm{d}x}>0$

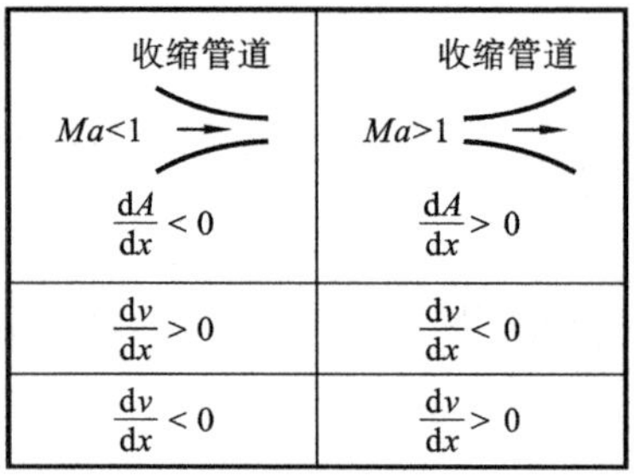

图 7.4 速度与面积变化关系

图 7.4 表示速度随截面面积的变化情况。

特别地,当 $Ma=1$ 时,必有 $dA=0$。也就是说,临界流动只可能出现在截面面积为极小值的地方。可见,亚声速气流在收缩管道中虽然能加速,但不可能加速到超声速,充其量也只能加速到声速。要想得到超声速气流,就得让气流在收缩管道中不断加速,在最小截面上达到临界状态,然后接着在扩散管道继续加速成为超声速气流。

此外,由式(7.26)、式(7.27)、式(7.28)可看出,亚声速气流在收缩管道中运动时,密度、压强、温度沿程减小,在扩散管道中则沿程增大。反之,超声速气流在收缩管道中流动时,密度、压强和温度沿程增大,在扩散管道中则沿程减小。

下面分析一元等熵气流的面积变化与气流马赫数的关系。由连续性方程(7.23a)得

$$\frac{A_2}{A_1}=\frac{\rho_1 v_1}{\rho_2 v_2}=\frac{\rho_1 c_1 Ma_1}{\rho_2 c_2 Ma_2}=\left(\frac{T_1}{T_2}\right)^{\frac{1}{\gamma-1}}\left(\frac{T_1}{T_2}\right)^{\frac{1}{2}}\frac{Ma_1}{Ma_2}$$

利用等熵流动的滞止状态公式

$$\frac{T_1}{T_2}=\frac{T_0}{T_2}\frac{T_1}{T_0}=\frac{1+\dfrac{\gamma-1}{2}Ma_2^2}{1+\dfrac{\gamma-1}{2}Ma_1^2}$$

有

$$\frac{A_2}{A_1}=\frac{Ma_1}{Ma_2}\left[\frac{1+\dfrac{\gamma-1}{2}Ma_2^2}{1+\dfrac{\gamma-1}{2}Ma_1^2}\right]^{\frac{\gamma+1}{2(\gamma-1)}} \tag{7.29a}$$

特别地,选取最小截面面积 A_* 为参考值,设该处的气流达到临界状态,$Ma=1$,则

$$\frac{A}{A_*}=\frac{1}{Ma}\left[\frac{1+\dfrac{\gamma-1}{2}Ma^2}{\dfrac{\gamma+1}{2}}\right]^{\frac{\gamma+1}{2(\gamma-1)}} \tag{7.29b}$$

图 7.5 为空气气流($\gamma=1.4$)截面面积与马赫数的关系曲线。由图可看出,临界状态

$Ma=1$ 出现在最小截面处。当 $Ma<1$ 时，截面面积 A 随马赫数 Ma 的增大而减小，这是收缩管。当 $Ma>1$ 时，截面面积 A 随马赫数 Ma 的增大而增大，这是扩散管。对于每一个截面面积比，有两个马赫数与之对应，一个是超声速，另一个是亚声速。具体计算时，要加以区别。

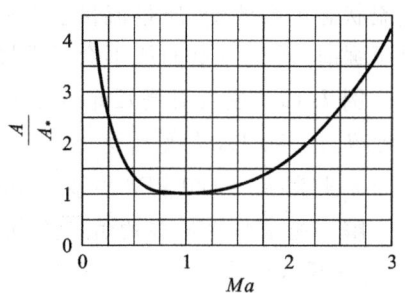

图 7.5　截面面积与马赫数的关系

2. 收缩喷管

气体从高压容器经过一个截面面积逐渐缩小的管道流出，这种收缩管道称为收缩喷管。收缩喷管的出口气流速度以及质量流量与出口压强有关。

设容器里的气体压强为 p_0，温度为 T_0。喷管出口的压强为 p，温度为 T，截面面积为 A。由能量方程(7.10)求得出口的气流速度为

$$v=\sqrt{2c_p(T_0-T)}$$

喷管的质量流量为

$$q_m=\rho vA=\rho_0\frac{\rho}{\rho_0}vA=\rho_0 A\left(\frac{T}{T_0}\right)^{\frac{1}{\gamma-1}}\sqrt{2c_pT_0\left(1-\frac{T}{T_0}\right)} \tag{7.30a}$$

由等熵关系，温度比可以用压强比表示：

$$q_m=\rho_0 A\left(\frac{p}{p_0}\right)^{\frac{1}{\gamma}}\sqrt{2c_pT_0\left[1-\left(\frac{p}{p_0}\right)^{\frac{\gamma-1}{\gamma}}\right]} \tag{7.30b}$$

可见，质量流量与出口温度有关，或者与出口压强有关。为了求质量流量的极大值，令 q_m 对 p 的导数为零，即 $\dfrac{dq_m}{dp}=0$，得

$$p=p_0\left(\frac{2}{\gamma+1}\right)^{\frac{\gamma}{\gamma-1}}=p_* \tag{7.31}$$

式(7.31)说明，当收缩喷管的出口压强为临界压强，或者说出口气流达到临界状态时，质量流量达到极大值 $q_m=\rho_* \cdot v_* \cdot A$。图 7.6 所示为空气气流在收缩喷管的质量流量的变化曲线。当喷管出口的压强等于容器内的滞止压强时，喷管没有气流，$q/q_{max}=0$。随着喷管出口压强的降低，质量流量逐渐增大。当出口压强 $p=0.528p_0$（临界压强）时，质量流量达到极大值，$q/q_{max}=1$。当喷管外部的压强（称为背景压强）进一步降低，低于临界压强时，由于出口达到临界状态，$Ma=1$，气流速度等于声波速度。管口的低压不能逆向传播到上游。此后无论喷管外部的背景压强如何降低，喷管出口的压强仍保持为临界压强，喷管内部的

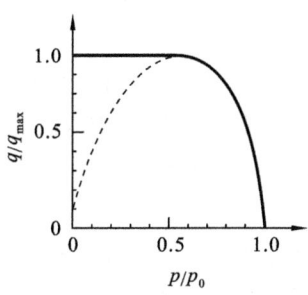

图 7.6　收缩喷管的质量流量曲线

气流状态不会改变,质量流量也不会改变。也就是说,当喷管外部的背景压强低于临界压强时,质量流量曲线不会沿着图 7.6 所示的虚线变化,只会保持为极大值。

例 7.10 空气自高压罐经由收缩喷管等熵流出,罐内的气体压强 $p_0 = 200$ kPa,温度 $T_0 = 330$ K,速度可视为零。喷管的出口面积 $A = 12$ cm²。求喷管外部的背景压强分别为 $p_e = 120$ kPa 和 $p_e = 100$ kPa 这两种情况下的质量流量。

解 先求临界压强的值。空气的参数为 $\gamma = 1.4, R = 287$ J/(kg·K), $c_p = 1003$ J/(kg·K),于是

$$p_* = p_0 \left(\frac{2}{\gamma+1}\right)^{\frac{\gamma}{\gamma-1}} = 105.7 \text{ kPa}$$

(1) 当背景压强 $p_e = 120$ kPa 时,出口气流未达到临界状态,出口压强等于背景压强,$p = p_e = 120$ kPa。出口的温度为

$$\frac{T}{T_0} = \left(\frac{p}{p_0}\right)^{1/3.5} = 0.864$$

$$T = 0.864 T_0 = 285.1 \text{ K}$$

计算出口的速度、密度和质量流量分别为

$$v = \sqrt{2c_p(T_0 - T)} = 300 \text{ m/s}$$

$$\rho = \frac{p}{RT} = 1.467 \text{ kg/m}^3$$

$$q_m = \rho v A = 0.528 \text{ kg/s}$$

(2) 当背景压强 $p_e = 100$ kPa 时,出口气流已达到临界状态,出口压强不等于背景压强,而是等于临界压强,即 $p = p_* = 105.7$ kPa。于是

$$\frac{T_*}{T_0} = \frac{2}{\gamma+1}$$

$$T_* = T_0/1.2 = 275 \text{ K}$$

$$c_* = \sqrt{\gamma R T_*} = 332.4 \text{ m/s}$$

$$\rho_* = \frac{p_*}{RT_*} = 1.339 \text{ kg/m}^3$$

$$q_m = \rho_* v_* A = 0.534 \text{ kg/s}$$

例 7.11 高压氮气从容器经收缩喷管等熵地流出。氮气的参数为 $\gamma = 1.4, R = 297$ J/(kg·K), $c_p = 1040$ J/(kg·K)。容器中的气体的压强 $p_0 = 160$ kPa,温度 $T_0 = 330$ K,喷管出口(最小)面积 $A = 8$ cm²,出口外部的背景压强 $p_e = 100$ kPa。

(1) 求喷管出口的气流速度及质量流量;

(2) 如果背景压强保持不变,容器内的气体温度仍为温度 $T_0 = 330$ K,当容器内的气体压强等于多少,出口的质量流量达到极大值?此极大质量流量等于多少?

解 临界压强为

$$p_* = p_0 \left(\frac{2}{\gamma+1} \right)^{\frac{\gamma}{\gamma-1}} = 84.5 \text{ kPa}$$

(1) 背景压强 $p_e = 100$ kPa,大于临界压强,说明喷管出口的气流没有达到临界状态,出口压强等于背景压强,$p = 100$ kPa。计算出口的温度、密度、速度和质量流量分别为

$$\frac{T}{T_0} = \left(\frac{p}{p_0} \right)^{\frac{1}{3.5}} = 0.874, \quad T = 0.874 T_0 = 288.5 \text{ K}$$

$$\rho = \frac{p}{RT} = 1.167 \text{ kg/m}^3$$

$$v = \sqrt{2c_p(T_0 - T)} = 293.8 \text{ m/s}$$

$$q_m = \rho v A = 0.274 \text{ kg/s}$$

(2) 要使质量流量达到极大值,则出口气流应达到临界状态。出口压强等于背景压强也等于临界压强,$p = p_* = 100$ kPa。滞止压强则为

$$p_0 = p_* \left(\frac{\gamma+1}{2} \right)^{\frac{\gamma}{\gamma-1}} = 189.3 \text{ kPa}$$

当容器压强升高至 $p_0 = 189.3$ kPa 时,喷管出口气流达临界状态。此时,出口的气流速度、密度和质量流量为

$$T_* = \frac{2}{\gamma+1} T_0 = 275 \text{ K}$$

$$v_* = \sqrt{\gamma R T_*} = 338.23 \text{ m/s}$$

$$\rho_* = \frac{p_*}{RT_*} = 1.224 \text{ kg/m}^3$$

$$q_m = \rho_* v_* A = 0.331 \text{ kg/s}$$

3. 缩放喷管——拉伐尔喷管

缩放喷管又称为拉伐尔喷管,以纪念它的发明人瑞典工程师拉伐尔(de Laval)。

拉伐尔喷管用来产生超声速气流,它由收缩段、喉部、扩散段等三部分组成。在设计工况下,气流在收缩段加速,在最小截面(喉部)上达到临界状态,然后在扩散段继续加速成为超声速气流。所谓设计工况,是指整个喷管的流动为等熵流动,管内不出现激波(激波的概念将在后面介绍)。

拉伐尔喷管的压强和马赫数沿管道轴线的分布如图 7.7 所示。当出口压强等于滞止压强时,管内没有流动。当出口压强下降至图 7.7(b)中的点 C 时,管内有流动。此时,气流在收缩段加速,但在最小截面上,马赫数没有达到 1。在扩散段,压强继续上升,出口压强达到 p_C。压强沿管道轴线的变化曲线为图 7.7(b)中的曲线 C。马赫数沿轴线的变化如图 7.7(c)中的曲线 C。当压强下降至图 7.7(b)中的点 B 时,气流在收缩段加速,在最小截面上达到临界状态。但由于出口压强不够低,气流在扩散段

仍为亚声速,压强逐渐升高,出口压强达到 p_B。此时马赫数沿轴线的变化如图 7.7(c)中的曲线 B。如果喷管压强足够低,则在收缩段气流压强沿流程降低,速度则增加,在最小截面上达到临界状态,然后在扩散段成为超声速气流,压强进一步降低,速度进一步增加,马赫数进一步变大。在喷管出口,压强降低至 p_A。拉伐尔喷管超声速气流的马赫数沿管道轴线变化如图 7.7(c)中的曲线 A 所示。

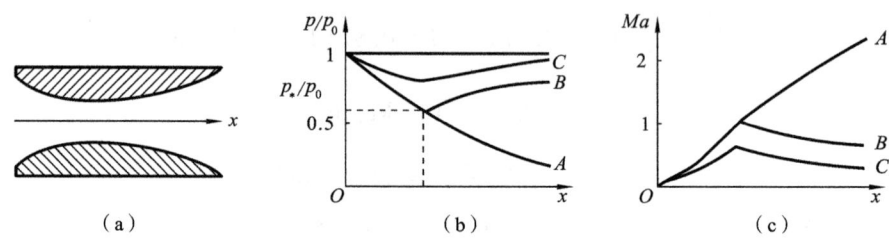

图 7.7　拉伐尔喷管的压强和马赫数分布

由上面的分析可见,要想得到超声速气流,出口压强必须降低至 p_A。p_A 就称为喷管超声速工况的出口压强。例如,如果空气气流的滞止压强为 $p_0=500$ kPa,出口马赫数等于 3,则出口压强与滞止压强相差 36.7 倍。喷管出口压强应为 $p_A=p_0/36.7=13.62$ kPa。

当拉伐尔喷管出口出现超声速气流时,喉部截面的气流必然为临界状态。计算拉伐尔超声速气流的质量流量时,就可以选择最小截面面积来计算,这时最小截面上的速度和密度都是临界值,即 $q_m=\rho_* v_* A_*$。

例 7.12　空气在拉伐尔喷管内流动,其流动滞止参数为 $p_0=1000$ kPa,$T_0=350$ K,出口面积 $A=0.001$ m²,喷管外部的背景压强 $p_e=930$ kPa。如果要求喉部的马赫数达到 $Ma_1=0.6$,试设计喉部面积 A_1。

解　利用出口和喉部的质量流量相等的原理设计喉部面积。喷管内的气流都是亚声速流,出口压强等于背景压强,即 $p=p_e=930$ kPa。出口的温度、速度、密度和质量流量分别为

$$T=T_0\left(\frac{p}{p_0}\right)^{1/3.5}=342.65 \text{ K}$$

$$v=\sqrt{2c_p(T_0-T)}=121.43 \text{ m/s}$$

$$\rho=\frac{p}{RT}=9.457 \text{ kg/m}^3$$

$$q_m=\rho v A=1.148 \text{ kg/s}$$

已知喉部的马赫数 $Ma_1=0.6$,就可以求喉部的温度、压强、密度、速度等参数,于是

$$\frac{T_0}{T_1}=1+0.2Ma_1^2=1.072,\quad T_1=T_0/1.072=326.49 \text{ K}$$

$$v_1=Ma\sqrt{\gamma R T_1}=217.32 \text{ m/s}$$

$$\frac{p_1}{p_0} = \left(\frac{T_1}{T_0}\right)^{3.5} = 0.784, \quad p_1 = 0.784 p_0 = 0.784 \text{ MPa}$$

$$\rho_1 = \frac{p_1}{R T_1} = 8.367 \text{ kg/m}^3$$

由质量流量相等确定喉部面积为

$$A_1 = \frac{q_m}{\rho_1 v_1} = 6.31 \times 10^{-4} \text{ m}^2$$

例 7.13　空气气流在拉伐尔喷管作等熵超声速流动，已知滞止压强 $p_0 = 1200$ kPa，出口面积与喉部面积的比值 $A/A_* = 2.5$，试求喷管出口的压强。

解　出口为超声速气流，喉部气流达临界状态。由式（7.29b），得

$$\frac{A}{A_*} = \frac{1}{Ma} \left(\frac{1 + 0.2 Ma^2}{1.2}\right)^3 = 2.5$$

设 $x = Ma$，则上式可改写为

$$f(x) = 4.32 x - (1 + 0.2 x^2)^3 = 0$$

用牛顿迭代法求解方程，得

$$f'(x) = 4.32 - 1.2 x (1 + 0.2 x^2)^2$$

$$x = x_0 - \frac{f(x_0)}{f'(x_0)}$$

以 $x = 2.4$ 作为初值，经二次迭代后得 $x = Ma = 2.443$。已知马赫数就可以求温度和压强了，于是

$$\frac{p_0}{p} = (1 + 0.2 Ma^2)^{3.5} = 15.63$$

$$p = p_0 / 15.63 = 76.77 \text{ kPa}$$

7.6　有摩擦和热交换的一元可压缩流动

1. 等截面绝热摩擦管流

设可压缩流体在等截面管道中作绝热有摩擦的定常流动。摩擦力耗散流体的能量，并转换成热能，从而改变了可压缩流体运动的参数。下面利用连续性方程、运动方程研究管道截面上的流动参数变化情况。

等截面管道的连续性方程的积分形式和微分形式分别为

$$\rho v = C \tag{7.32a}$$

$$\frac{d\rho}{\rho} + \frac{dv}{v} = 0 \tag{7.32b}$$

设可压缩流体在直径为 D 的圆管中作定常流动，取图 7.8 所示的长度为 dx 的管流微元体，作用在微元体左、右侧面中心的压强分别为 p 和 $p + dp$，作用在侧面的切应力为 τ_0。应用牛顿第二定律，有

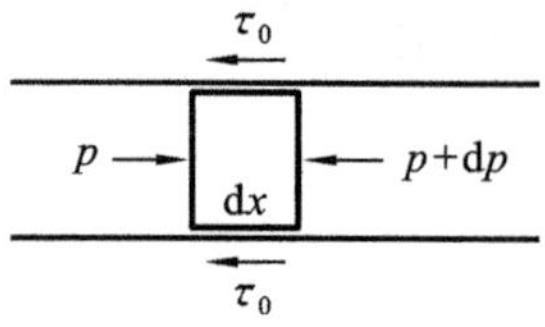

图 7.8　有摩擦一元流动

$$\rho \frac{\pi D^2}{4} \mathrm{d}xv \frac{\mathrm{d}v}{\mathrm{d}x} = -\frac{\pi D^2}{4}\mathrm{d}p - \pi D\mathrm{d}x\tau_0 \qquad (7.33\mathrm{a})$$

由 4.1 节知,壁面切应力可以用沿程损失因数表示,即

$$\tau_0 = \frac{\lambda}{8}\rho v^2$$

因此,运动方程(7.33a)写成

$$\frac{\mathrm{d}v}{v} + \frac{\mathrm{d}p}{\rho v^2} + \lambda \frac{\mathrm{d}x}{2D} = 0 \qquad (7.33\mathrm{b})$$

设法找到式(7.33b)左边第二项与速度的关系,即

$$\frac{\mathrm{d}p}{\rho v^2} = \frac{p}{\rho v^2}\frac{\mathrm{d}p}{p} = \frac{c^2}{\gamma v^2}\frac{\mathrm{d}p}{p} = \frac{1}{\gamma Ma^2}\frac{\mathrm{d}p}{p}$$

利用状态方程,将压强表示为密度和温度的函数,即

$$p = \rho RT \quad 或 \quad \frac{\mathrm{d}p}{p} = \frac{\mathrm{d}\rho}{\rho} + \frac{\mathrm{d}T}{T}$$

密度与速度的关系为式(7.32b),温度与速度的关系则用能量方程描述,对方程(7.10)求微分,有

$$c_p \mathrm{d}T + v\mathrm{d}v = 0$$

$$\frac{\mathrm{d}T}{T} = -\frac{v\mathrm{d}v}{c_p T} = -(\gamma - 1)Ma^2 \frac{\mathrm{d}v}{v}$$

于是压强的变化率为

$$\frac{\mathrm{d}p}{p} = -\frac{\mathrm{d}v}{v} - (\gamma - 1)Ma^2 \frac{\mathrm{d}v}{v}$$

式(7.33b)左边第二项与速度的关系为

$$\frac{\mathrm{d}p}{\rho v^2} = \frac{1}{\gamma Ma^2}[-1 - (\gamma - 1)Ma^2]\frac{\mathrm{d}v}{v} = -\left(\frac{1}{\gamma Ma^2} - \frac{1}{\gamma} + 1\right)\frac{\mathrm{d}v}{v}$$

于是运动方程(7.33b)简化为

$$\lambda \frac{\mathrm{d}x}{2D} = \frac{1 - Ma^2}{\gamma Ma^2}\frac{\mathrm{d}v}{v} \qquad (7.33\mathrm{c})$$

将式(7.33c)用速度系数 Λ 置换马赫数 Ma,有

$$Ma^2 = \frac{\dfrac{2}{\gamma + 1}\Lambda^2}{1 - \dfrac{\gamma - 1}{\gamma + 1}\Lambda^2}$$

$$\frac{1 - Ma^2}{\gamma Ma^2} = \frac{\gamma + 1}{2\gamma}\left(\frac{1}{\Lambda^2} - 1\right)$$

又

$$\frac{\mathrm{d}v}{v} = \frac{\mathrm{d}(v/c_*)}{v/c_*} = \frac{\mathrm{d}\Lambda}{\Lambda}$$

于是式(7.33c)改写成速度系数的形式,

$$\lambda \frac{\mathrm{d}x}{2D} = \frac{\gamma+1}{2\gamma} \left(\frac{1}{\Lambda^2} - 1 \right) \frac{\mathrm{d}\Lambda}{\Lambda} \tag{7.33d}$$

如果气流的沿程损失因数 λ 是常数,则有积分式

$$\frac{\lambda}{2D} \int_0^l \mathrm{d}x = \frac{\gamma+1}{2\gamma} \int_{\Lambda_1}^{\Lambda_2} \left(\frac{1}{\Lambda^2} - 1 \right) \frac{\mathrm{d}\Lambda}{\Lambda}$$

$$\frac{\lambda l}{D} = \frac{\gamma+1}{2\gamma} \left(\frac{1}{\Lambda_1^2} - \frac{1}{\Lambda_2^2} + \ln \frac{\Lambda_1^2}{\Lambda_2^2} \right) \tag{7.34a}$$

将 Λ 置换 Ma,得到方程的另一种形式,

$$\frac{\lambda l}{D} = \frac{1}{\gamma} \left(\frac{1}{Ma_1^2} - \frac{1}{Ma_2^2} \right) + \frac{\gamma+1}{2\gamma} \ln \left[\left(\frac{Ma_1}{Ma_2} \right)^2 \frac{1 + \frac{\gamma-1}{2} Ma_2^2}{1 + \frac{\gamma-1}{2} Ma_1^2} \right] \tag{7.34b}$$

式(7.33)就是等截面管道绝热可压缩气流的马赫数(速度系数)与管长的关系式。

　　下面分析可压缩气流在绝热有摩擦管道中的运动特征。由式(7.33c)不难看出,沿着管道轴线方向,$\mathrm{d}x > 0$,亚声速气流($Ma < 1$)作加速运动($\mathrm{d}v > 0$),但亚声速气流最多只能加速到临界状态,即 $Ma = 1$。假如亚声速气流在某处加速成超声速气流,则由式(7.33c)可看出这个超声速流的速度马上又降低,因此亚声速气流在绝热摩擦管道中不可能加速成为超声速流。同样的,超声速气流($Ma > 1$)作减速运动($\mathrm{d}v < 0$),但超声速气流最多只能减速到临界状态,即 $Ma = 1$。

　　在绝热摩擦管道的可压缩流动中,不论是亚声速气流,还是超声速气流,马赫数变化都有一个极限:$Ma = 1$。在这种极限情况下,管道出口的气流都是临界流,这时的管道长度称为最大管长,记作 l_m,即

$$\frac{\lambda l_\mathrm{m}}{D} = \frac{\gamma+1}{2\gamma} \left(\frac{1}{\Lambda_1^2} - 1 + \ln\Lambda_1^2 \right) \tag{7.34c}$$

$$\frac{\lambda l_\mathrm{m}}{D} = \frac{1}{\gamma} \left(\frac{1}{Ma^2} - 1 \right) + \frac{\gamma+1}{2\gamma} \ln \frac{\frac{\gamma+1}{2} Ma^2}{1 + \frac{\gamma-1}{2} Ma^2} \tag{7.34d}$$

　　对于管道入口的马赫数 Ma,就有一个管长最大值 l_m 与之对应。如果实际的管长 l 超过极限值 l_m,则亚声速气流将在管口发生壅塞,过流截面扩大,马赫数变小,一部分气流溢出外面,另一部分气流(以较小的马赫数)进入管内,管道出口的马赫数恰好为 1。如果是超声速气流,则在管口出现激波(激波概念将在后面介绍),激波后的马赫数小于 1。进入管道后加速流动,在出口达到临界状态。

　　等截面绝热有摩擦管道的可压缩流动的任意两个截面的参数关系推导如下:
　　温度关系　　由于绝热,总温不变,因此

$$\frac{T_2}{T_1} = \frac{1 + \frac{\gamma-1}{2} Ma_1^2}{1 + \frac{\gamma-1}{2} Ma_2^2} \tag{7.35}$$

速度关系　　　$\dfrac{v_2}{v_1}=\dfrac{Ma_2}{Ma_1}\dfrac{\sqrt{\gamma RT_2}}{\sqrt{\gamma RT_1}}=\dfrac{Ma_2}{Ma_1}\sqrt{\dfrac{1+\dfrac{\gamma-1}{2}Ma_1^2}{1+\dfrac{\gamma-1}{2}Ma_2^2}}$　　　　　　(7.36)

密度关系　　　$\dfrac{\rho_2}{\rho_1}=\dfrac{v_1}{v_2}=\dfrac{Ma_1}{Ma_2}\sqrt{\dfrac{1+\dfrac{\gamma-1}{2}Ma_2^2}{1+\dfrac{\gamma-1}{2}Ma_1^2}}$　　　　　　(7.37)

压强关系　　　$\dfrac{p_2}{p_1}=\dfrac{\rho_2}{\rho_1}\dfrac{T_2}{T_1}=\dfrac{Ma_1}{Ma_2}\sqrt{\dfrac{1+\dfrac{\gamma-1}{2}Ma_1^2}{1+\dfrac{\gamma-1}{2}Ma_2^2}}$　　　　　　(7.38)

例 7.14　空气流入直径 $D=0.03$ m 的圆管,进口压强 $p_1=200$ kPa,温度 $T_1=280$ K,马赫数 $Ma_1=0.2$,气流的沿程损失因数 $\lambda=0.02$,试求最大管长以及相应的管道出口的气流压强和温度。

解　由式(7.34d)得 $\dfrac{\lambda l_m}{D}=14.533$,$l_m=21.8$ m。出口气流达临界状态。由式(7.35)和式(7.38)得

$$\frac{T_*}{T_1}=\frac{1+0.2Ma_1^2}{1.2}=0.84,\quad T_*=235.2\text{ K}$$

$$\frac{p_*}{p_1}=Ma_1\sqrt{\frac{1+0.2Ma_1^2}{1.2}}=0.183,\quad p_*=36.6\text{ kPa}$$

例 7.15　空气流入直径 $D=0.1$ m 的圆管,沿程损失因数 $\lambda=0.02$,进口马赫数 $Ma_1=0.5$,要求出口马赫数 $Ma_2=0.7$,试确定管长 l。

解　将 $Ma_1=0.5$、$Ma_2=0.7$、$D=0.1$ m、$\lambda=0.02$、$\gamma=1.4$ 代入式(7.34b),得 $l=4.305$ m。

例 7.16　空气在等截面管道中作绝热有摩擦流动,已知直径 $D=0.1$ m,损失因数 $\lambda=0.02$,进口处,马赫数 $Ma_1=3$,温度 $T_1=288.5$ K,压强 $p_1=100$ kPa。求:

(1) 最大管长 l_m;

(2) 马赫数 $Ma_2=2$ 所在截面的管长 l 以及该处的压强 p_2、温度 T_2、速度 v_2 以及该处与进口的熵增 $\Delta s=s_2-s_1$。

解　空气的参数为 $\gamma=1.4$,$R=287$ J/(kg·K),$c_V=716$ J/(kg·K)。

(1) 由式(7.34d)得 $l_m=2.61$ m。

(2) 当 $Ma_1=3$、$Ma_2=2$ 时,由式(7.34b)得 $l=1.086$ m。于是

$$\frac{T_2}{T_1}=\frac{1+0.2Ma_1^2}{1+0.2Ma_2^2}=1.556,\quad T_2=448.8\text{ K}$$

$$v_2=Ma_2\sqrt{\gamma RT_2}=849.4\text{ m/s}$$

$$\frac{\rho_2}{\rho_1} = \frac{Ma_1}{Ma_2} \sqrt{\frac{1+0.2Ma_2^2}{1+0.2Ma_1^2}} = 1.203$$

$$\frac{p_2}{p_1} = \frac{Ma_1}{Ma_2} \sqrt{\frac{1+0.2Ma_1^2}{1+0.2Ma_2^2}} = 1.871$$

$$\Delta s = c_V \ln \frac{p_2}{p_1} \left(\frac{\rho_1}{\rho_2}\right)^{1.4} = 263.29 \text{ J/(kg} \cdot \text{K)}$$

例 7.17　亚声速空气气流进入绝热有摩擦等截面圆管,管长 $l=15$ m,直径 $D=25$ mm,沿程损失因数 $\lambda=0.02$,进口压强 $p_1=140$ kPa,要求出口气流达到临界状态。试求进口的马赫数 Ma_1 以及出口的压强 p_*。

解　将 $l=15$ m,$D=0.1$ m,$\lambda=0.02$,$\gamma=1.4$ 代入(7.34d),有

$$12 = \frac{1}{1.4}\left(\frac{1}{Ma_1^2} - 1\right) + \frac{6}{7} \ln \frac{1.2Ma_1^2}{1+0.2Ma_1^2}$$

令 $x = Ma_1^2$,则上式变为

$$f(x) = \frac{1}{1.4}\left(\frac{1}{x} - 1\right) + \frac{6}{7} \ln \frac{1.2x}{1+0.2x} - 12$$

用牛顿迭代法解方程 $f(x)=0$,得

$$x = x_0 - \frac{f(x_0)}{f'(x_0)}$$

$$f'(x) = -\frac{1}{1.4x^2} + \frac{6}{7}\left(\frac{1}{x} - \frac{0.2}{1+0.2x}\right)$$

设初值 $x_0 = 0.2$,几次迭代后得 $x = 0.04703$,因此

$$Ma_1 = 0.217$$

$$\frac{p_*}{p_1} = Ma_1 \sqrt{\frac{1+0.2Ma_1^2}{1.2}} = 0.199$$

$$p_* = 27.86 \text{ kPa}$$

2. 等截面无摩擦传热管流

设可压缩流体在等截面无摩擦的由传热的管道中作定常流动。前已述及,等截面管流的连续性方程是

$$\frac{d\rho}{\rho} + \frac{dv}{v} = 0$$

无摩擦的运动方程是

$$v \frac{dv}{dx} = -\frac{1}{\rho} \frac{dp}{dx}$$

利用声速公式,上式可以写成

$$\frac{dp}{p} = -\gamma Ma^2 \frac{dv}{v}$$

下面讨论热交换问题。绝热流动的能量方程为

$$c_p T + \frac{v^2}{2} = c_p T_0$$

它表示,当系统与外界没有热交换时,单位质量的流体所具有的能量是一个常数,即滞止温度 T_0 是一个常数。如果系统与外界有热交换,则流体的能量就会增加(加热)或减少(冷却)。这时即滞止温度 T_0 不再是一个常数,流动也不是等熵的。设外界给单位质量的流体加入的热量为 $\mathrm{d}Q$,则这些热量就等于流体能量的增加,因此,有热传导的能量方程为

$$\mathrm{d}Q = c_p \mathrm{d}T + v\mathrm{d}v = c_p \mathrm{d}T_0 \tag{7.39}$$

积分,得单位质量的流体所获得的能量为

$$Q = c_p (T_{02} - T_{01})$$

能量方程(7.39)除以声速的二次方,得

$$\frac{\mathrm{d}Q}{c^2} = \frac{1}{\gamma - 1} \frac{\mathrm{d}T}{T} + Ma^2 \frac{\mathrm{d}v}{v} \tag{7.39a}$$

根据状态方程,温度变化率可以用压强和密度的变化率表示,即

$$\frac{\mathrm{d}T}{T} = \frac{\mathrm{d}p}{p} - \frac{\mathrm{d}\rho}{\rho}$$

利用式(7.24c)和式(7.32b)有

$$\frac{\mathrm{d}T}{T} = -\gamma Ma^2 \frac{\mathrm{d}v}{v} + \frac{\mathrm{d}v}{v} = (1 - \gamma Ma^2) \frac{\mathrm{d}v}{v}$$

$$\frac{\mathrm{d}Q}{c^2} = \frac{1 - \gamma Ma^2}{\gamma - 1} \frac{\mathrm{d}v}{v} + Ma^2 \frac{\mathrm{d}v}{v}$$

整理,得

$$\frac{\mathrm{d}Q}{c^2} = \frac{1 - Ma^2}{\gamma - 1} \frac{\mathrm{d}v}{v} \tag{7.39b}$$

这就是有热交换的能量微分方程。由式(7.39b)可看出,当有热传导时,亚声速气流和超声速气流表现出截然不同的性质。对于加热流动,$\mathrm{d}Q > 0$,亚声速气流作加速运动,超声速气流作减速运动。对于冷却流动,$\mathrm{d}Q < 0$,亚声速气流作减速运动,超声速气流作加速运动。

有热交换的等截面无摩擦可压缩管流任意两个截面上的参数关系推导如下:

连续性方程 $\qquad\qquad \rho v = \text{const.}$

运动方程 $\qquad\qquad \mathrm{d}p + \rho v \mathrm{d}v = 0$

积分,得 $\qquad p + \rho v^2 = p(1 + \gamma Ma^2) = \text{const.}$

因此 $\qquad\qquad \dfrac{p_2}{p_1} = \dfrac{1 + \gamma Ma_1^2}{1 + \gamma Ma_2^2} \tag{7.40}$

利用声速公式将连续性方程改写为

$$\rho v = \frac{p}{RT} Ma \sqrt{\gamma RT} = \text{const.}$$

或
$$\frac{p}{\sqrt{T}}Ma=\text{const.}$$

两截面上的温度比为
$$\frac{T_2}{T_1}=\left(\frac{p_2 Ma_2}{p_1 Ma_1}\right)^2=\left(\frac{Ma_2}{Ma_1}\frac{1+\gamma Ma_1^2}{1+\gamma Ma_2^2}\right)^2 \tag{7.41}$$

密度比为
$$\frac{\rho_2}{\rho_1}=\frac{v_1}{v_2}=\frac{p_2}{p_1}\frac{T_1}{T_2}=\left(\frac{Ma_1}{Ma_2}\right)^2\frac{1+\gamma Ma_2^2}{1+\gamma Ma_1^2} \tag{7.42}$$

两个截面之间的流体所获得的热量为
$$Q=c_p(T_{02}-T_{01})$$

两个截面上的滞止温度的计算方法如下：
$$\frac{T_{02}}{T_{01}}=\frac{T_{02}}{T_2}\frac{T_2}{T_1}\frac{T_1}{T_{01}}$$

$$\frac{T_{01}}{T_1}=1+\frac{\gamma-1}{2}Ma_1^2$$

$$\frac{T_{02}}{T_2}=1+\frac{\gamma-1}{2}Ma_2^2$$

再利用式(7.41)，有
$$\frac{T_{02}}{T_{01}}=\left(\frac{Ma_2}{Ma_1}\frac{1+\gamma Ma_1^2}{1+\gamma Ma_2^2}\right)^2\frac{1+\dfrac{\gamma-1}{2}Ma_2^2}{1+\dfrac{\gamma-1}{2}Ma_1^2} \tag{7.43}$$

例 7.18　空气进入一条直管，入口温度 $T_1=300$ K，压强 $p_1=200$ kPa，马赫数 $Ma_1=0.2$，不计摩擦力，依靠加热使气流加速。试求：当出口马赫数 $Ma_2=1$ 时，每千克气体所需加热量？此时出口的(临界)压强和滞止压强是多少？

解　出口、入口的参数满足等截面无摩擦有热交换的公式，出口的压强和临界压强满足等熵关系。出口和进口的参数不满足等熵关系。于是
$$T_{01}=T_1(1+0.2Ma_1^2)=1.008T_1=302.4\text{ K}$$

$$\frac{p_2}{p_1}=\frac{1+1.4Ma_1^2}{1+1.4}=0.44,\quad p_2=0.44p_1=88\text{ kPa}$$

$$\frac{T_2}{T_1}=\left(\frac{p_2 Ma_2}{p_1 Ma_1}\right)^2=4.84,\quad T_2=4.84T_1=1452\text{ K}$$

$$T_{02}=T_2(1+0.2Ma_2^2)=1.2T_2=1742.4\text{ K}$$

$$Q=c_p(T_{02}-T_{01})=1444\text{ kJ/(kg}\cdot\text{K)}$$

$$\frac{p_{02}}{p_2}=\left(\frac{T_{02}}{T_2}\right)^{3.5}=1.2^{3.5}=1.893,\quad p_{02}=1.893p_2=166.58\text{ kPa}$$

例 7.19　空气-燃油的混合气体进入燃烧室，混合气的气体常数为 $\gamma=1.4$，$R=287$ J/(kg·K)，$c_p=1005$ J/(kg·K)。空气、燃油的质量比为 29∶1，燃油的热值为

41.87×10^6 J/kg,进口压强 $p_1 = 97$ kPa,温度 $T_1 = 350$ K,速度 $v_1 = 75$ m/s。试求:

(1) 初、终马赫数 Ma_1 和 Ma_2;

(2) 出口的压强 p_2、温度 T_2 和速度 v_2;

(3) 燃烧室内的滞止压强损失 $p_{01} - p_{02}$。

解 (1) 每千克混合气体含有 1/30 的燃油,混合气体得到的热能为

$$Q = \frac{41870}{30} \text{ kJ/kg} = 1395.67 \text{ kJ/kg}$$

由进口马赫数计算滞止温度,即

$$Ma_1 = \frac{v_1}{\sqrt{\gamma R T_1}} = 0.2$$

$$T_{01} = T_1(1 + 0.2Ma_1^2) = 1.008T_1 = 352.8 \text{ K}$$

由加热量计算出口滞止温度,即

$$T_{02} = \frac{Q}{c_p} + T_{01} = 1741.52 \text{ K}$$

利用式(7.43)求出口马赫数,即

$$\frac{T_{02}}{T_{01}} = \left(\frac{Ma_2}{Ma_1}\frac{1+1.4Ma_1^2}{1+\gamma Ma_2^2}\right)^2 \frac{1+0.2Ma_2^2}{1+0.2Ma_1^2} = 4.936$$

已知 $Ma_1 = 0.2$,因此含未知数 Ma_2 的方程为

$$Ma_2^4 - 3.33Ma_2^2 + 1.19 = 0$$

解得 $Ma_2 = 0.638$,(另一值 1.710 舍去,不可能得到超声速气流)。

(2) 由出口马赫数计算出口的其他参数,有

$$\frac{p_2}{p_1} = \frac{1+\gamma Ma_1^2}{1+\gamma Ma_2^2} = 0.673, \quad p_2 = 0.673p_1 = 65.28 \text{ kPa}$$

$$\frac{T_2}{T_1} = \left(\frac{p_2 Ma_2}{p_1 Ma_1}\right)^2 = 4.609, \quad T_2 = 4.609T_1 = 1613 \text{ K}$$

$$v_2 = Ma_2\sqrt{\gamma R T_2} = 513.62 \text{ m/s}$$

(3) 由马赫数和压强计算滞止压强,有

$$p_{01} = p_1(1+0.2Ma_1^2)^{3.5} = 1.028p_1 = 99.716 \text{ kPa}$$

$$p_{02} = p_2(1+0.2Ma_2^2)^{3.5} = 1.315p_1 = 85.843 \text{ kPa}$$

7.7 膨胀波

前已述及,当超声速气流中出现一个压力微弱扰动时,这个压力扰动只能传播到流场的一部分区域,扰动区和未扰动区的分界面是马赫线,也称为**马赫波**。

如图 7.9(a)所示,超声速气流绕凸壁面折过一个微小角度 $d\theta$ 时,过流截面扩大,速度增加,压强变小。在折角处就出现一个低压扰动,这个低压扰动只能传播到马赫波 OL 的下游区域。马赫波与气流方向的夹角 θ 称为马赫角。超声速气流连续

绕凸壁面转过几个微小角度时,就会出现几条马赫波,如图 7.9(b)所示。凸壁面折过一个角度 $\Delta\theta$,可以把角度看成许多微小角度 $d\theta$ 的和。超声速气流折过角度 $\Delta\theta$ 时,就会产生无数个汇交于折点 O 的马赫波,这些发散的马赫波称为**膨胀波**,如图 7.9(c)所示。越过膨胀波之后,气流的马赫数从 Ma_1 变为 Ma_2。

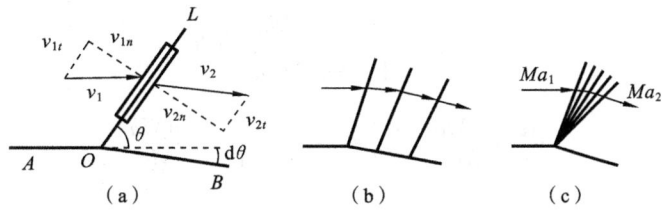

图 7.9　膨胀波

马赫波前、后的参数满足等熵关系。膨胀波前后的参数也满足等熵关系。

下面分析马赫波前后的气流参数的关系。

取图 7.9(a)所示的波面控制体。波前、波后的速度记为 v_1 和 v_2。切向速度和法向速度也标示在图中。对控制体的连续性方程是

$$\rho_1 v_{1n} = \rho_2 v_{2n} \tag{7.44}$$

式中,v_{1n}、v_{2n} 是马赫波前、后的法向速度。

考虑波面方向 OL 的动量方程。波面上游和下游的压强为 p_1 和 p_2。沿着波面 OL 方向,压强分布没有变化,作用在控制体的外力在 OL 方向的合力为零,于是 OL 方向的动量方程为

$$\rho_1 v_{1n} v_{1t} = \rho_2 v_{2n} v_{2t} \tag{7.45}$$

利用连续性方程,有

$$v_{1t} = v_{2t} \tag{7.45a}$$

这表明,马赫波上、下游的波面切向速度相等。

马赫波是微弱扰动波,波前波后的参数只有微量变化。波前速度为 v,即图 7.9(a)的 v_1,则波后的速度就表示为 $v + dv$,即 $v + dv = v_2$。速度 dv 的变化与气流的微小转角 $d\theta$ 有关。下面推导这种关系。

波面切向速度不变的表达式(7.45a)可以写为

$$v_t = v\cos\theta = \text{const.}$$

利用这个关系式就可以推导 dv 与 $d\theta$ 的关系。两边取对数,再求微分,得

$$\frac{dv}{v} - \frac{\sin\theta}{\cos\theta}d\theta = 0 \quad \text{或} \quad d\theta = \cot\theta\,\frac{dv}{v} \tag{7.45b}$$

式中,θ 为马赫角,$\sin\theta = 1/Ma$,$\cot\theta = \sqrt{Ma^2 - 1}$,此外

$$v = Ma\,\sqrt{\gamma RT}$$

$$\frac{\mathrm{d}v}{v}=\frac{\mathrm{d}Ma}{Ma}+\frac{\mathrm{d}T}{2T}$$

马赫波前后参数的变化为绝热过程。由能量方程,得

$$\frac{T_0}{T}=1+\frac{\gamma-1}{2}Ma^2$$

$$\frac{\mathrm{d}T}{T}=-\frac{(\gamma-1)Ma}{1+\frac{\gamma-1}{2}Ma^2}\mathrm{d}Ma$$

因此

$$\frac{\mathrm{d}v}{v}=\frac{\mathrm{d}Ma}{Ma}+\frac{\mathrm{d}T}{2T}=\frac{1}{1+\frac{\gamma-1}{2}Ma^2}\frac{\mathrm{d}Ma}{Ma} \tag{7.45c}$$

$$\mathrm{d}\theta=\frac{\sqrt{Ma^2-1}}{1+\frac{\gamma-1}{2}Ma^2}\frac{\mathrm{d}Ma}{Ma} \tag{7.45d}$$

由式(7.45d)可看出,超声速气流发生微小折角时,$\mathrm{d}Ma$ 与 $\mathrm{d}\theta$ 同号。对于图 7.9(a)的凸壁面,$\mathrm{d}\theta>0$,因此 $\mathrm{d}Ma>0$,即马赫数变大。如果超声速气流遇到凹壁面,则有 $\mathrm{d}\theta<0$,$\mathrm{d}Ma<0$,即马赫数变小。

如果超声速气流沿凸壁面外折一个有限的角度 $\Delta\theta$,则将产生无数个马赫波,即膨胀波。如图 7.9(c)所示,膨胀波前、后的马赫数为 Ma_1 和 Ma_2。

对式(7.45d)积分就得到气流折角与马赫数的关系。为方便积分,引入变量 $x=\sqrt{Ma^2-1}$,即 $Ma^2=x^2+1$,两边取对数再微分,得

$$\frac{\mathrm{d}Ma}{Ma}=\frac{x\mathrm{d}x}{1+x^2}$$

式(7.45d)变形为

$$\mathrm{d}\theta=\frac{x^2\mathrm{d}x}{(1+x^2)\left(\frac{\gamma+1}{2}+\frac{\gamma-1}{2}x^2\right)}=\left(\frac{\frac{\gamma+1}{\gamma-1}}{\frac{\gamma+1}{\gamma-1}+x^2}-\frac{1}{1+x^2}\right)\mathrm{d}x$$

积分,得

$$\int_0^{\Delta\theta}\mathrm{d}\theta=\int_0^x\left(\frac{\frac{\gamma+1}{\gamma-1}}{\frac{\gamma+1}{\gamma-1}+x^2}-\frac{1}{1+x^2}\right)\mathrm{d}x$$

$$\Delta\theta=\sqrt{\frac{\gamma+1}{\gamma-1}}\arctan\left(x\sqrt{\frac{\gamma-1}{\gamma+1}}\right)-\arctan x$$

为简单起见,这个折角 $\Delta\theta$ 就简单地用 θ(即不再表示马赫角)表示。还原为变量 Ma,则有

$$\theta=\sqrt{\frac{\gamma+1}{\gamma-1}}\arctan\sqrt{\frac{\gamma-1}{\gamma+1}(Ma^2-1)}-\arctan\sqrt{Ma^2-1} \tag{7.46}$$

这就是膨胀波气流折角与马赫数的关系。式(7.46)称为普朗特-迈耶函数,它表示气流从 $Ma=1$ 变为 $Ma>1$ 所外折的角度 θ。图 7.10 所示为超声速空气($\gamma=1.4$)气流的折角与来流马赫数的关系曲线。

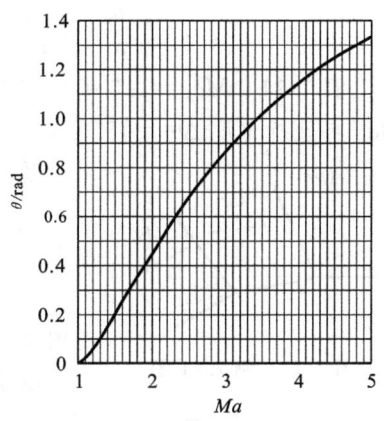

图 7.10　空气($\gamma=1.4$)的折角 θ 与来流马赫数 Ma 的关系曲线

　　显然,气流从 Ma_1 变为 Ma_2 所外折的角度为

$$\Delta\theta=\theta(Ma_2)-\theta(Ma_1)$$

已知折角,查图就可以得到马赫数。如果想提高精度,也可以用计算方法。例如,对于空气,式(7.46)变为

$$\theta=\sqrt{6}\arctan\sqrt{\frac{Ma^2-1}{6}}-\arctan\sqrt{Ma^2-1}$$

$$(7.46a)$$

令 $x=Ma$,有

$$f(x)=\sqrt{6}\arctan\sqrt{\frac{x^2-1}{6}}-\arctan\sqrt{x^2-1}-\theta=0$$

方程 $f(x)=0$ 用牛顿迭代法求解,得

$$x=x_0-\frac{f(x_0)}{f'(x_0)}$$

$$f'(x)=\frac{\sqrt{x^2-1}}{x(1+0.2x^2)}$$

　　例 7.20　空气超声速气流的参数为 $Ma_1=2$,$p_1=75$ kPa,$T_1=250$ K,如果折角 $\Delta\theta=10°$,求气流外折后的参数 Ma_2、p_2、T_2。

　　解　　　　$\theta(Ma_1)=0.460$ rad,　$\theta(Ma_2)=\Delta\theta+\theta(Ma_1)=0.635$ rad

$$f(x)=\sqrt{6}\arctan\sqrt{\frac{x^2-1}{6}}-\arctan\sqrt{x^2-1}-0.635$$

$$f'(x)=\frac{\sqrt{x^2-1}}{x(1+0.2x^2)}$$

$$x=x_0-\frac{f(x_0)}{f'(x_0)}$$

以 $x=2.5$ 为初值,经二次迭代后得到 $x=Ma_2=2.385$。按等熵关系计算波后参数,有

$$\frac{T_2}{T_1}=\frac{1+0.2Ma_1^2}{1+0.2Ma_2^2}=0.842,\quad T_2=210.5\text{ K}$$

$$\frac{p_2}{p_1}=\left(\frac{T_2}{T_1}\right)^{3.5}=0.548, \quad p_2=41.1 \text{ kPa}$$

例 7.21 $Ma_1=1.5$ 的空气超声速气流外折的角度 $\Delta\theta_1=10°$ 后变成 Ma_2，气流 Ma_2 再外折角度 $\Delta\theta_2=15°$ 后变成 Ma_3（见图 7.11），求 Ma_3 的值。

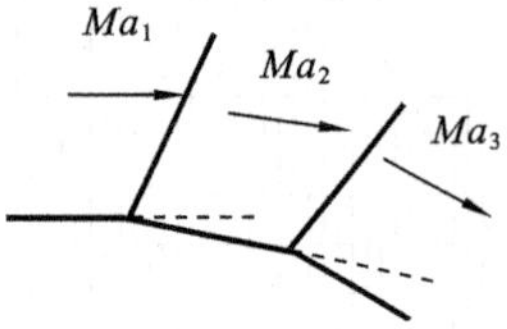

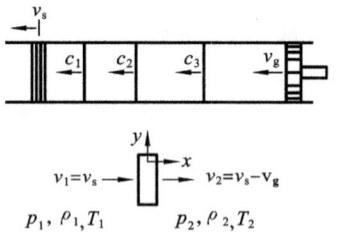

解 查图可知 $\theta(Ma_1)=0.2$ rad

又 $\theta(Ma_2)=\Delta\theta_1+\theta(Ma_1)=0.375$ rad

查图得 $Ma_2=1.85$

又 $\theta(Ma_3)=\Delta\theta_2+\theta(Ma_2)=0.637$ rad

查图得 $Ma_3=2.4$

图 7.11 例 7.21 图

例 7.22 空气超声速气流从拉伐尔喷管流出，喷管出口的马赫数 $Ma_1=1.4$，压强 $p_1=125$ kPa，出口外部的背景压强 $p_2=100$ kPa。由于背景压强低于喷管出口压强，因此在出口处将发生膨胀波。求膨胀波后的马赫数 Ma_2 以及气流折角 $\Delta\theta$。

解 气流膨胀是等熵过程，由压强求马赫数，再求气流折角。

$$\frac{T_2}{T_1}=\left(\frac{p_2}{p_1}\right)^{1/3.5}=0.938$$

$$\frac{T_2}{T_1}=\frac{1+0.2Ma_1^2}{1+0.2Ma_2^2}=0.938, \quad Ma_2=1.555$$

$$\Delta\theta=\theta(Ma_2)-\theta(Ma_1)=0.0793 \text{ rad}=4.54°$$

7.8 正激波

1. 激波的产生

正激波是由无数微弱扰动波叠加而成的强扰动波。它的形成和传播可以用图 7.12 的活塞-管道系统加以说明。

设有一条等截面长管，管内充满静止气体。气体的压强、密度和温度分别为 p_1、ρ_1、T_1。管道右端有一个活塞。在很短的时间内，活塞由静止突然加速至速度 v_g。由于压缩作用，靠近活塞的气体压强必然高于远处的压强 p_1，而且压强的增量不是微小值，因此就产生一个强压力扰动，这个强压力扰动波称为激波。为了理解激波的形成过程，可以把活塞的加速过程分解为许多微小时段，每一个微小时段活塞产生一个微小的速度增量，到最后时段，活塞速度才增至 v_g。

图 7.12 正激波的形成

在 $t=0\sim\Delta t$ 时段，活塞速度从 0 增加至 Δv，这时，活塞表面的气体受到微弱的压缩，压缩后压强、密度、温度的值都有微小的增加。远处的气体没有受到压缩。随着时间的推移,压缩区逐渐向左扩展。压缩区和未压缩区的分界面就是微弱扰动波(声波)的波面。这个声波以速度 $c_1=\sqrt{\gamma RT_1}$ 传播。波后的温度也升高至 $T_1+\Delta T$。波后的气体也以速度 Δv 向左运动。

在 $t=\Delta t\sim2\Delta t$ 时段,活塞速度从 Δv 增至 $2\Delta v$。于是产生第二道声波,这个声波在气流中的传播速度为 $\Delta v+\sqrt{\gamma R(T_1+\Delta T)}$。显然,第二道声波比第一道声波传播得快。第二道声波后面的气体温度升至 $T_1+2\Delta T$,气流速度增至 $2\Delta v$。

在 $t=2\Delta t\sim3\Delta t$ 时段,活塞速度从 $2\Delta v$ 增至 $3\Delta v$。产生第三道声波,其传播速度为 $2\Delta v+\sqrt{\gamma R(T_1+2\Delta T)}$,显然第三道声波比第二道声波传播得更快。

依此类推,活塞每微小加速一次就产生一道声波,而且后面的波比前面的波传播速度更快。随着时间的推移,波面与波面的相对距离逐渐缩小。最后,这些微小压缩波都聚集在一起,形成一道强压力波,这种强压力波称为**激波**,如图 7.12 所示。激波是强压扰动区与未扰动区的分界面,激波以速度 v_s 在气体中传播。

激波与声波有本质的区别。激波是无数道声波叠加而成的,这种叠加使气流的热力学性质发生变化。激波前后的参数不再满足等熵关系,激波压缩是一个绝热、增熵过程。

激波的厚度非常小。例如,在标准大气中,马赫数等于 2 的超声速气流的激波厚度约为 2.5×10^{-5} cm,在这个极小的厚度内,气体的压强、密度、温度完成剧变。激波的内波结构非常复杂,通常认为激波是间断面,激波前后的参数发生突跃性变化。

图 7.12 所示的活塞-管道系统仅是激波产生的一个简化模型。产生激波的根本原因是存在一个强压缩扰动源。在工程实际中,强爆炸产生的冲击波就是典型的激波。超声速气流绕过物体流动时,也会产生激波。这是因为,由于物体的阻碍作用,物体前方的气流速度变小,压强升高,这样就产生了强压力扰动源,物体的上游就出现激波。图 7.12 所示的激波,波面与气流方向垂直,称为**正激波**。如果波面与气流方向斜交,则称为**斜激波**。

2. 激波的传播速度

为了计算激波的传播速度,取图 7.12 所示的波面坐标系。在这个动坐标系上观察到的流动是定常的。在波面上取一个控制体,波前(即激波尚未到达的区域)的参数 p_1、ρ_1、T_1 是静止气体的参数,波后(即激波掠过的区域)的参数记为 p_2、ρ_2、T_2。对控制体来说,左边的气流速度 v_1 就是激波传播速度,$v_1=v_s$。右边的速度则是 $v_2=v_s-v_g$。下面列出控制体的连续性方程和动量方程。

连续性方程为
$$\rho_1v_1A=\rho_2v_2A \quad 或 \quad \rho_1v_1=\rho_2v_2 \tag{7.47}$$

动量方程为
$$(p_1-p_2)A=\rho_2v_2^2-\rho_1v_1^2A \quad 或 \quad p_1-p_2=\rho_2v_2^2-\rho_1v_1^2 \tag{7.48}$$

利用连续性方程,有

$$p_1 - p_2 = \rho_1 v_1 (v_2 - v_1) = \rho_1 v_1^2 (\rho_1 / \rho_2 - 1)$$

注意到 $v_1 = v_s$,于是激波传播的速度为

$$v_s = \sqrt{\frac{\rho_2}{\rho_1} \frac{p_1 - p_2}{\rho_1 - \rho_2}} \tag{7.49}$$

由于 $v_2 = v_s - v_g$,因此

$$v_g = v_s - v_2 = v_s - \frac{\rho_1}{\rho_2} v_1 = \left(1 - \frac{\rho_1}{\rho_2}\right) v_s$$

$$v_g = \sqrt{\frac{(p_2 - p_1)(\rho_2 - \rho_1)}{\rho_1 \rho_2}} \tag{7.50}$$

由式(7.49)可看出,如果压强差 $p_1 - p_2$ 很小,则激波传播速度变成声波速度。激波传播速度大于声波传播速度。例如,设静止大气的压强 $p_1 = 100$ kPa,密度 $\rho_1 = 1.25$ kg/m³,爆炸中心的压强 $p_2 = 500$ kPa,密度 $\rho_2 = 3.607$ kg/m³,算得激波传播速度 $v_s = 700$ m/s,爆炸后的气流速度 $v_g = 457$ m/s,在静止大气中,声波传播速度 $c = 335$ m/s,即使在爆炸区,声速也只有 440 m/s。

3. 正激波前后参数的关系

描述激波前后参数的关系,除了连续性方程和动量方程之外,还有能量方程。激波是绝热过程,能量方程为

$$c_p T_1 + \frac{v_1^2}{2} = c_p T_2 + \frac{v_2^2}{2} = c_p T_0 \tag{7.51}$$

式中,T_0 为滞止温度。激波前后的滞止温度相等。值得注意的是,激波是由无数道声波叠加起来的,激波过程不是等熵过程,而是绝热增熵过程。

现在利用式(7.47)、式(7.48)和式(7.51)推导激波前后参数的关系。

(1) v_1 和 v_2 的关系。式(7.48)两边同除以 $\rho_1 v_1$ 或 $\rho_2 v_2$,再利用状态方程,得

$$v_1 - v_2 = \frac{p_2}{\rho_2 v_2} - \frac{p_1}{\rho_1 v_1} = R \frac{T_2}{v_2} - R \frac{T_1}{v_1}$$

由能量方程(7.51)求出 T_1 和 T_2,代入上式,得

$$v_1 - v_2 = R \frac{1}{v_2} \left(T_0 - \frac{v_2^2}{2c_p}\right) - R \frac{1}{v_1} \left(T_0 - \frac{v_1^2}{2c_p}\right)$$

整理,得
$$v_1 v_2 = \frac{2\gamma}{\gamma + 1} R T_0 = c_*^2 \quad \text{或} \quad \Lambda_1 \Lambda_2 = 1 \tag{7.52}$$

式(7.52)表示激波前后的速度系数的关系,称为正激波的普朗特方程式,它表明,激波前后的速度系数的乘积等于 1。超声速气流($\Lambda_1 > 1$)通过正激波之后变成亚声速气流($\Lambda_2 < 1$)。

(2) Ma_1 和 Ma_2 的关系。以马赫数代换式(7.52)中的速度系数,得

$$\frac{\dfrac{\gamma+1}{2}Ma_1^2}{1+\dfrac{\gamma-1}{2}Ma_1^2}\frac{\dfrac{\gamma+1}{2}Ma_2^2}{1+\dfrac{\gamma-1}{2}Ma_2^2}=1$$

于是
$$Ma_2^2=\frac{1+\dfrac{\gamma-1}{2}Ma_1^2}{\gamma Ma_1^2-\dfrac{\gamma-1}{2}} \tag{7.53}$$

（3）ρ_1 和 ρ_2 的关系。由式(7.47)和式(7.52)，得

$$\frac{\rho_2}{\rho_1}=\frac{v_1}{v_2}=\frac{v_1^2}{v_1 v_2}=\frac{v_1^2}{c_*^2}=\Lambda_1^2=\frac{\dfrac{\gamma+1}{2}Ma_1^2}{1+\dfrac{\gamma-1}{2}Ma_1^2} \tag{7.54}$$

（4）p_1 和 p_2 的关系。由动量方程，得

$$\frac{p_1-p_2}{p_1}=\frac{\rho_1 v_1}{p_1}(v_2-v_1)=\frac{\rho_1 v_1^2}{p_1}\left(\frac{v_2}{v_1}-1\right)$$

将式(7.54)代入，得

$$\frac{p_2}{p_1}=\frac{2\gamma}{\gamma+1}Ma_1^2-\frac{\gamma-1}{\gamma+1} \tag{7.55}$$

（5）p_2/p_1 与 ρ_2/ρ_1 的关系。由式(7.54)和式(7.55)消去 Ma_1，得

$$\frac{p_2}{p_1}=\frac{\dfrac{\gamma-1}{\gamma+1}\cdot\dfrac{\rho_2}{\rho_1}-1}{\dfrac{\gamma+1}{\gamma-1}-\dfrac{\rho_2}{\rho_1}} \tag{7.56}$$

$$\frac{\rho_2}{\rho_1}=\frac{\dfrac{\gamma+1}{\gamma-1}\cdot\dfrac{p_2}{p_1}-1}{\dfrac{\gamma+1}{\gamma-1}-\dfrac{p_2}{p_1}} \tag{7.57}$$

式(7.56)和式(7.57)称为朗金-雨果尼奥(Rankine-Hugoniot)关系式，它表示经过激波后的压缩突跃 p_2/p_1 与密度突跃 ρ_2/ρ_1 有着一一对应关系。这种突跃与等熵压缩有很大区别。对于等熵压缩，有

$$\frac{p_2}{p_1}=\left(\frac{\rho_2}{\rho_1}\right)^{\gamma}$$

当 $p_2/p_1\to\infty$ 时，对于激波压缩，$\rho_2/\rho_1\to(\gamma+1)/(\gamma-1)$，而对于等熵压缩，$\rho_2/\rho_1\to\infty$。

（6）p_{01}/p_{02} 与 Ma_1 的关系。激波前后的滞止温度相等，即 $T_{01}=T_{02}$，则有

$$\frac{p_{01}}{p_{02}}=\frac{\rho_{01}}{\rho_{02}}\frac{T_{01}}{T_{02}}=\frac{\rho_{01}}{\rho_{02}}=\frac{\rho_{01}\rho_2\rho_1}{\rho_1\rho_{02}\rho_2}=\left(\frac{p_{01}}{p_1}\right)^{1/\gamma}\left(\frac{p_2}{p_{02}}\right)^{1/\gamma}\frac{\rho_1}{\rho_2}$$

化简，得

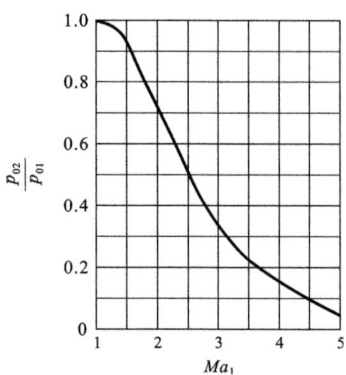

图 7.13 p_{02}/p_{01} 与 Ma_1 的关系曲线

$$\frac{p_{01}}{p_{02}}=\left(\frac{\rho_1}{\rho_2}\right)^{\frac{\gamma}{\gamma-1}}\left(\frac{p_2}{p_1}\right)^{\frac{1}{\gamma-1}}$$

将式(7.54)、式(7.55)代入,得

$$\frac{p_{01}}{p_{02}}=\left(\frac{2\gamma}{\gamma+1}Ma_1^2-\frac{\gamma-1}{\gamma+1}\right)^{\frac{1}{\gamma-1}}\left[\frac{1+\frac{\gamma-1}{2}Ma_1^2}{\frac{\gamma+1}{2}Ma_1^2}\right]^{\frac{\gamma}{\gamma-1}} \tag{7.58}$$

图 7.13 是 p_{02}/p_{01} 与 Ma_1 的关系曲线。由图可看出,波后的滞止压强小于波前的滞止压强。

（7）熵增 s_2-s_1 与 Ma_1 的关系。由熵的表达式计算熵增,有

$$s_2-s_1=c_V\ln\left[\frac{p_2}{p_1}\left(\frac{\rho_1}{\rho_2}\right)^{\gamma}\right]=R\ln\left[\left(\frac{p_2}{p_1}\right)^{\frac{1}{\gamma-1}}\left(\frac{\rho_1}{\rho_2}\right)^{\frac{\gamma}{\gamma-1}}\right]$$

利用式(7.58)得

$$s_2-s_1=R\ln\frac{p_{01}}{p_{02}}=R\ln\left(\frac{2\gamma}{\gamma+1}Ma_1^2-\frac{\gamma-1}{\gamma+1}\right)^{\frac{1}{\gamma-1}}\left[\frac{1+\frac{\gamma-1}{2}Ma_1^2}{\frac{\gamma+1}{2}Ma_1^2}\right]^{\frac{\gamma}{\gamma-1}} \tag{7.59}$$

由上面的分析可看出 $s_2>s_1$,即激波过程为增熵过程。

例 7.23　测得爆炸中心的压强 $p_2=450$ kPa,当地大气压 $p_1=100$ kPa,气温 $T_1=290$ K,求爆炸产生的气流速度以及冲击波的传播速度。

解　利用激波前后的压强计算波前马赫数 Ma_1。由

$$\frac{p_2}{p_1}=\frac{7Ma_1^2-1}{6}=4.5$$

求得波前马赫数 $Ma_1=2$。利用式(7.54)求速度,有

$$v_1=Ma_1\sqrt{\gamma RT_1}=682.71 \text{ m/s}$$

$$\frac{v_1}{v_2}=\frac{1.2Ma_1^2}{1+0.2Ma_1^2}=\frac{8}{3},\quad v_2=256.01 \text{ m/s}$$

激波传播速度　　　　　　　　$v_s=v_1=682.71$ m/s

波后气流速度　　　　　　　　$v_g=v_s-v_2=426.7$ m/s

例 7.24　空气超声速气流的参数为压强 $p_1=100$ kPa,气温 $T_1=283$ K,速度 $v_1=500$ m/s,求正激波后的压强、温度和速度。

解　先计算波前马赫数,然后再计算其他参数。

$$Ma_1=v_1/\sqrt{\gamma RT_1}=1.483$$

$$\frac{p_2}{p_1}=\frac{7Ma_1^2-1}{6}=2.399$$

$$p_2 = 239.9 \text{ kPa}$$

$$\frac{v_1}{v_2} = \frac{1.2 Ma_1^2}{1 + 0.2 Ma_1^2} = 1.833, \quad v_2 = 272.78 \text{ m/s}$$

$$T_2 = T_1 + \frac{v_1^2 - v_2^2}{2c_p} = 370.5 \text{ K}$$

7.9　斜激波

1. 斜激波的产生

斜激波的产生可以用图 7.14(a)来说明。超声速气流 Ma 绕过凹壁面内折一个角度 θ 时,过流截面减小,速度减小,压强增高。事实上这个内折是逐渐进行的。首先只内折一个微小角度 $\Delta\theta$,压强有微小的增量,于是产生第一道马赫波(即声波) OL_1。气流经过第一道马赫波之后,马赫数 Ma_1 有所减小,$Ma_1 < Ma$。接着,超声速气流 Ma_1 继续内折一个微小角度 $\Delta\theta$,产生第二道马赫波 OL_2,马赫数越小,马赫角越大,因此第二道马赫波比第一道马赫波更陡。接着气流继续内折,再产生马赫波。如此下去就会产生无数道马赫波,后产生的马赫波比前面产生的马赫波更陡。后产生的马赫波必须穿过前面已经形成的马赫波。最后一道马赫波 OL_n 最陡,它必须穿越所有的马赫波,才能将压力扰动传播到上游,如图 7.14(a)所示。前面讲过,声波不可能传播到超声速气流的上游,因此图 7.14(a)的马赫波分布情况是不可能出现的。唯一的可能是这些无数道马赫波重叠在一起,形成激波。这个激波的位置处在第一道马赫波 OL_1 和最后一道马赫波 OL_n 中间的某一个位置。这样的激波面与来流速度方向不垂直,称为斜激波。斜激波面与来流方向的夹角记为 β。

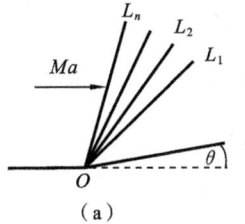 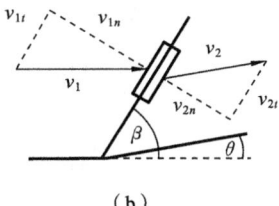

（a）　　　　　　　　　　　（b）

图 7.14　斜激波

综上所述,超声速气流绕过凹壁面内折一个角度 θ 时,将产生一道斜激波。斜激波与来流方向的夹角为 β,气流内折角度为 θ。

2. 斜激波前后速度的关系

如图 7.14(b)所示,取一个斜激波波面控制体。波前为超声速气流($Ma_1 > 1$),速度为 v_1,压强、密度、温度分别记为 p_1、ρ_1、T_1。波后(可能为超声速,也可能为亚声速,视具体情况而定)速度为 v_2,压强、密度、温度分别记为 p_2、ρ_2、T_2。

连续性方程为　　　　　　　　　　　$\rho_1 v_{1n} = \rho_2 v_{2n}$　　　　　　　　　　(7.60)

波面方向的动量方程为

$$0 = \rho_2 v_{2n} v_{2t} A - \rho_1 v_{1n} v_{1t} A \quad 或 \quad v_{2t} = v_{1t} \tag{7.61}$$

即波前波后的切向速度相等。

波面法向的动量方程为

$$(p_1 - p_2)A = \rho_1 v_{1n} A (v_{2n} - v_{1n}) \tag{7.62}$$

激波为绝热过程,能量方程为

$$c_p T_1 + \frac{1}{2}(v_{1n}^2 + v_{1t}^2) = c_p T_2 + \frac{1}{2}(v_{2n}^2 + v_{2t}^2) = c_p T_0 \tag{7.63}$$

类似于正激波的推导方法,式(7.62)两边同除以 $\rho_1 v_{1n}$ 或 $\rho_2 v_{2n}$,得

$$v_{2n} - v_{1n} = \frac{p_1}{\rho_1 v_{1n}} - \frac{p_2}{\rho_2 v_{2n}} = \frac{RT_1}{v_{1n}} - \frac{RT_2}{v_{2n}}$$

再利用能量方程(7.63),得

$$v_1 v_2 = c_*^2 - \frac{\gamma-1}{\gamma+1} v_t^2 \tag{7.64}$$

与正激波公式比较,式(7.64)出现了一个切向速度。

3. 斜激波前后参数的关系

由于斜激波前后的切向速度相等,即 $v_{1t} = v_{2t}$,因此,如果将正激波叠加一个切向速度 v_t,就会得到斜激波。或者说,设有一个运动坐标系,它以常速度 v_t 沿斜激波波面运动,在这个动坐标上看到的激波将是正激波。惯性坐标系不会改变热力学参数关系,因此,只需将正激波的有关公式中的 Ma_1 和 Ma_2 用 Ma_{1n} 和 Ma_{2n} 代替,就得到斜激波的关系式。这里

$$Ma_{1n} = \frac{v_{1n}}{c_1} = \frac{v_1}{c_1} \sin\beta = Ma_1 \sin\beta$$

$$Ma_{2n} = Ma_2 \sin(\beta - \theta)$$

这些关系是

$$Ma_{2n}^2 = \frac{1 + \frac{\gamma-1}{2} Ma_{1n}^2}{\gamma Ma_{1n}^2 - \frac{\gamma-1}{2}} \tag{7.65}$$

$$\frac{\rho_2}{\rho_1} = \frac{v_{1n}}{v_{2n}} = \frac{\frac{\gamma+1}{2} Ma_{1n}^2}{1 + \frac{\gamma-1}{2} Ma_{1n}^2} \tag{7.66}$$

$$\frac{p_2}{p_1} = \frac{2\gamma}{\gamma+1} Ma_{1n}^2 - \frac{\gamma-1}{\gamma+1} \tag{7.67}$$

为了计算 Ma_{1n} 和 Ma_{2n},必须求出斜激波角 β 的值。

由图(7.14b)可看出

$$v_t = v_{1n} \cot\beta = v_{2n} \cot(\beta - \theta)$$

因此
$$\frac{\tan(\beta-\theta)}{\tan\beta}=\frac{1+\dfrac{\gamma-1}{2}Ma_1^2\sin^2\beta}{\dfrac{\gamma+1}{2}Ma_1^2\sin^2\beta}$$

利用正切公式,上式可简化为

$$\tan\theta=\frac{2\cot\beta(Ma_1^2\sin^2\beta-1)}{2+Ma_1^2(\gamma+\cos2\beta)} \tag{7.68}$$

式(7.68)建立了 β、θ、Ma_1 的关系。通常,来流马赫数 Ma_1 和气流折角 θ 是已知的,利用上式就可以求出斜激波角度 β。为方便计算,式(7.68)已绘制成图 7.15 的曲线。

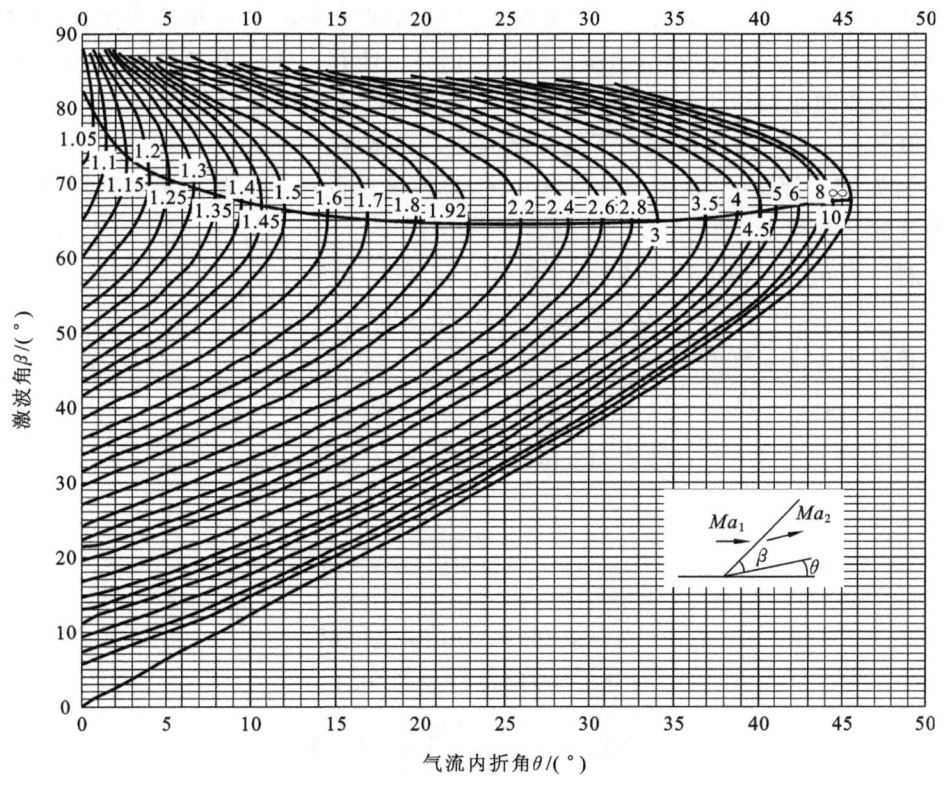

图 7.15　激波角与气流偏角的关系($\gamma=1.4$)

关于图 7.15 的曲线,需作两点说明。

(1) 对于每一个 Ma_1 的给定值,气流偏角 θ 随激波角 β 而变,而且出现一个极大值 θ_{max}。这个极大值可以这样求得:对式(7.68)求气流偏角 θ 对激波角 β 的导数,并令导数为零,就得到 θ 为极大值时所对应的关于 β 的方程,即

令 $\dfrac{d\theta}{d\beta}=0$,于是有

$$2+(\gamma+1)Ma_1^2+[(\gamma+1)Ma_1^4-4Ma_1^2]\sin^2\beta-2\gamma Ma_1^4\sin^4\beta=0$$

例如,当 $\gamma=1.4$、$Ma_1=3$ 时,得 $\beta=65.24°$,代入式(7.68)得 $\theta_{max}=34.07°$。

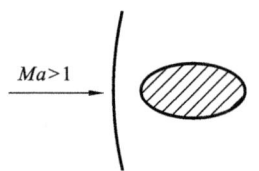

只有气流偏角 θ 小于 θ_{max} 时才能形成斜激波。如果气流偏角过大,$\theta>\theta_{max}$,将产生脱体激波,如图 7.16 所示。

(2) 对于给定的 Ma_1 和 θ 值,激波角 β 有两个解,小值 β_1 所产生的是弱激波,大值 β_2 所产生的是强激波。实际上出现哪种激波,要视情况而定。

图 7.16　脱体激波

斜激波的形成原因可以分成两种。第一种原因,超声速气流方向内折一个偏转角度,如图 7.14 所示,这种情况下形成的激波只能是弱激波,β 取小值 β_1。这时,由式(7.65)算出的波后法向马赫数 Ma_{2n} 虽然小于 1,但 Ma_2 仍有可能大于 1。也就是说,斜激波后气流仍有可能超声速。第二种原因,超声速气流遇到高压时也会产生斜激波。这种情况下波后的压强已经确定,由式(7.67)得到的 β 值只有一个。这个值确定了是强激波还是弱激波。

例 7.25　$Ma_1=3$ 的超声速空气气流,沿凹壁面内折一个角度 $\theta=15°$,求斜激波后的气流马赫数。

解　将 $\theta=15°$、$Ma_1=3$、$\gamma=1.4$ 代入式(7.68),化简,得

$$9\sin2\beta-2\cot\beta-2.412\cos2\beta-3.912=0$$

用牛顿迭代法求方程的解,即

$$f(x)=9\sin2x-2\cot x-2.412\cos2x-3.912=0$$

$$f'(x)=18\cos2x+\frac{2}{\sin^2x}+4.824\sin2x$$

$$x=x_0-\frac{f(x_0)}{f'(x_0)}$$

得

$$x=\beta=0.563\ \text{rad}=32.26°$$

$$Ma_{1n}=Ma_1\sin\beta=1.601$$

$$Ma_{2n}^2=\frac{1+0.2Ma_{1n}^2}{1.4Ma_{1n}^2-0.2}=0.446$$

$$Ma_{2n}=0.668$$

$$Ma_2=\frac{Ma_{2n}}{\sin(\beta-\theta)}=2.255$$

例 7.26　拉伐尔喷管出口截面上的压强 $p_1=13.4\ \text{kPa}$,马赫数 $Ma_1=2.6$,出口外部的背景压强 $p_e=100\ \text{kPa}$。在喷管出口处,超声速气流遇到高压,产生斜激波。求斜激波角、气流内折角和波后马赫数。

解　斜激波后的压强就是背景压强。于是

$$\frac{p_2}{p_1}=\frac{7Ma_{1n}^2-1}{6}=7.463$$

$$Ma_{1n}=2.557$$

$$\sin\beta=\frac{Ma_{1n}}{Ma_1}=0.983$$

$$\beta=79.57°$$

查图 7.15,得 $\qquad\qquad\theta=22°$

$$Ma_{2n}^2=\frac{1+0.2Ma_{1n}^2}{1.4Ma_{1n}^2-0.2}=0.258$$

$$Ma_{2n}=0.508$$

$$Ma_2=\frac{Ma_{2n}}{\sin(\beta-\theta)}=0.602$$

可见,波后的气流为亚声速。

例 7.27　用毕托管测量超声速空气气流,$Ma_1=2$,在毕托管前方出现脱体激波,这种波可视为正激波(见图 7.17)。毕托管所测到的压强是正激波后的滞止压强。如果测量值 $p_{02}=150$ kPa,求来流压强 p_1。

解　波前压强 p_1 变为波后压强 p_2 是激波过程,从 p_2 变为 p_{02} 是等熵过程。于是

$$Ma_2^2=\frac{1+0.2Ma_1^2}{1.4Ma_1^2-0.2}=0.333,\quad Ma_2=0.577$$

$$\frac{T_{02}}{T_2}=1+0.2Ma_2^2=1.067$$

$$\frac{p_{02}}{p_2}=\left(\frac{T_{02}}{T_2}\right)^{3.5}=1.255,\quad p_2=119.5\text{ kPa}$$

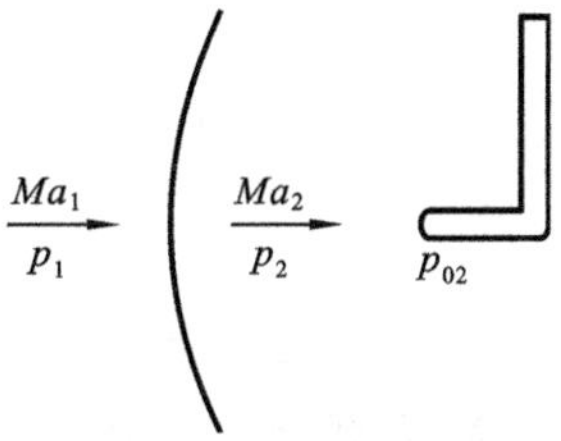

图 7.17　毕托管前的脱体波

$$\frac{p_2}{p_1}=\frac{7Ma_1^2-1}{6}=4.5,\quad p_1=26.56\text{ kPa}$$

7.10　激波的反射和相交

超声速气流遇到复杂的边界形状时会出现若干道斜激波,这些斜激波往往表现为反射和相交的形式。

1. 激波的反射

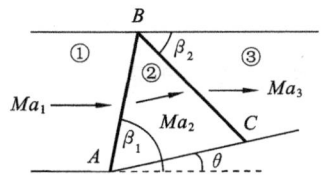

图 7.18　激波的反射

如图 7.18 所示,超声速气流 Ma_1 在水平通道内流动,在 A 处遇到壁面内折角度 θ,气流将逆时针转过角度 θ,于是产生第一道斜激波 AB。经过激波 AB 之后,气流进入②区,马赫数变为 Ma_2,其方向与斜壁平行。如果 Ma_2 仍大于 1,则这股超声速气流 Ma_2 就以入射角 θ 流向上壁面,于是气流再一次发生方向内折,

产生第二道斜激波 BC,马赫数也变为 Ma_3。如果 $Ma_3>1$,则激波的反射仍然会继续下去,直到波后马赫数小于 1 为止。

例 7.28   如图 7.18 所示,计算激波的反射。设 $Ma_1=3,\theta=10°$,求激波后的马赫数 Ma_2 和 Ma_3。

解   对激波 AB,由 $Ma_1=3,\theta=10°$,查图 7.15,得 $\beta_1=27.5°$,于是

$$Ma_{1n}=Ma_1\sin\beta_1=1.385$$

$$Ma_{2n}^2=\frac{1+0.2Ma_{1n}^2}{1.4Ma_{1n}^2-0.2}=0.557$$

$$Ma_{2n}=0.746$$

这里的 Ma_{2n} 表示 Ma_2 在 AB 上的法向分量,因此

$$Ma_2=\frac{Ma_{2n}}{\sin(\beta_1-\theta)}=2.481$$

对于激波 BC,由 $Ma_2=2.481,\theta=10°$,查图 7.15,得 $\beta_2=32°$,于是

$$Ma_{2n}=Ma_2\sin\beta_2=1.315$$

这里的 Ma_{2n} 表示 Ma_2 在 BC 上的法向分量,因此

$$Ma_{3n}^2=\frac{1+0.2Ma_{2n}^2}{1.4Ma_{2n}^2-0.2}=0.606$$

$$Ma_{3n}=0.748$$

$$Ma_3=\frac{Ma_{3n}}{\sin(\beta^2-\theta)}=2.078$$

由于 $Ma_3>1$,激波的反射还要进行下去。

2. 同侧激波的反射

如图 7.19 所示,超声速气流 Ma_1 沿壁面流动,在 A 处内折一个角度 θ_1,产生第一道斜激波 AB,气流经过 AB 之后进入②区,马赫数变为 Ma_2,其方向与壁面 AC 平行。如果 $Ma_2>1$,则气流再次内折一个角度 θ_2,产生第二道斜激波 BC,气流越过 BC 之后,如果马赫数仍大于 1,则激波还会继续发生。

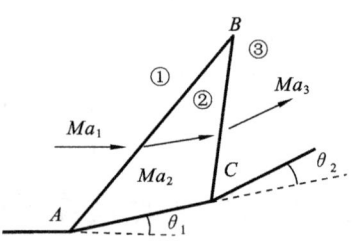

图 7.19   同侧激波的相交

例 7.29   图 7.19 的同侧激波,设 $Ma_1=2.5,\theta_1=5°,\theta_2=10°$,试求②区和③区的马赫数。

解   对于激波 AB,由 $Ma_1=2.5,\theta_1=5°$,查图 7.15,得 $\beta_1=28°$,于是

$$Ma_{1n}=Ma_1\sin\beta_1=1.174$$

$$Ma_{2n}^2=\frac{1+0.2Ma_{1n}^2}{1.4Ma_{1n}^2-0.2}=0.738$$

$$Ma_{2n}=0.859$$

这里的 Ma_{2n} 表示 Ma_2 在 AB 上的法向分量,因此

$$Ma_2 = \frac{Ma_{2n}}{\sin(\beta_1 - \theta_1)} = 2.198$$

对于激波 BC,由 $Ma_2 = 2.198$,$\theta_2 = 10°$,查图 7.15,得 $\beta_2 = 36°$,于是

$$Ma_{2n} = Ma_2 \sin\beta_2 = 1.292$$

这里的 Ma_{2n} 表示 Ma_2 在 BC 上的法向分量,因此

$$Ma_{3n}^2 = \frac{1 + 0.2Ma_{2n}^2}{1.4Ma_{2n}^2 - 0.2} = 0.624$$

$$Ma_{2n} = 0.790$$

$$Ma_3 = \frac{Ma_{3n}}{\sin(\beta_2 - \theta_2)} = 1.802$$

3. 异侧激波的相交

图 7.20 的超声波气流在拉伐尔喷管出口遇到外部高压 p_3,出现两侧激波的相交。水平方向的超声速气流 Ma_1 经过激波 AB 之后进入②区,马赫数变为 Ma_2,这时气流内折一个角度 θ。②区的气流不呈水平方向,因此必然再次发生斜激波 BC。气流越过激波 BC 后进入③区,气流恢复为水平方向。各区参数的计算常常不能一步完成,需要进行试算,一步一步逼近。

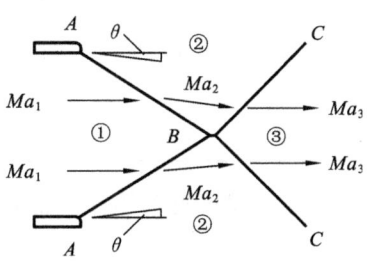

图 7.20 异侧激波的相交

例 7.30 如图 7.20 所示,拉伐尔喷管出口处,空气气流马赫数 $Ma_1 = 1.8$,压强 $p_1 = 50$ kPa,出口外部的压强 $p_3 = 120$ kPa。出口处出现激波相交。求②区、③区的马赫数。

解 喷管出口的空气气流 Ma_1 遇到第一道激波 AB,气流内折一个角度 θ,激波角为 β_1。气流越过激波 AB 之后,又遇到第二道激波,其气流又内折一个角度 θ,激波角为 β_2。经过激波 BC 之后,气流方向与出口气流相同,马赫数变为 Ma_3,压强等于 p_3。现在把区域分为①区、②区、③区,用试算法,预估 θ 的值,求出 p_3,然后改变 θ 的值,直到 p_3 的计算值与已知值相等为止。

设 $\theta = 8°$,求各区的参数。

气流从①区进入②区,由 $Ma_1 = 1.8$,$\theta = 8°$,查图 7.15,得 $\beta_1 = 42°$,于是

$$Ma_{1n} = Ma_1 \sin\beta_1 = 1.204$$

$$Ma_{2n}^2 = \frac{1 + 0.2Ma_{1n}^2}{1.4Ma_{1n}^2 - 0.2} = 0.705$$

$$Ma_{2n} = 0.839$$

$$Ma_2 = \frac{Ma_{2n}}{\sin(\beta_1 - \theta)} = 1.501$$

$$\frac{p_2}{p_1}=\frac{7Ma_{1n}^2-1}{6}=1.526$$

计算结果列在表 7.2 的 $\theta=8°$ 这一栏中。

表 7.2 ①区和②区的气流参数

θ	8°	9°	8.923°
Ma_1	1.8	1.8	1.8
β_1	42	43.2	42.8
$Ma_{1n}=Ma_1\sin\beta_1$	1.204	1.232	1.223
$Ma_{2n}=\sqrt{\dfrac{1+0.2Ma_{1n}^2}{1.4Ma_{1n}^2-0.2}}$	0.839	0.823	0.828
$Ma_2=\dfrac{Ma_{2n}}{\sin(\beta_1-\theta)}$	1.501	1.464	1.469
$\dfrac{p_2}{p_1}=\dfrac{7Ma_{1n}^2-1}{6}$	1.526	1.605	1.578

气流从②区进入③区。由 $Ma_2=1.501,\theta=8°$，查图 7.15，得 $\beta_2=52.2°$，于是

$$Ma_{2n}=Ma_2\sin\beta_2=1.186$$

$$Ma_{3n}^2=\frac{1+0.2Ma_{2n}^2}{1.4Ma_{2n}^2-0.2}=1.221$$

$$\frac{p_3}{p_2}=\frac{7Ma_{2n}^2-1}{6}=1.475$$

$$\frac{p_3}{p_1}=\frac{p_3}{p_2}\frac{p_2}{p_1}=2.250$$

以上计算结果列在表 7.3 中。

再设 $\theta=9°$，重复以上计算。

计算结果，$\theta=8°$ 时，$p_3/p_1=2.250$，$\theta=9°$ 时，$p_3/p_1=2.555$。因此，$p_3/p_1=2.4$ 的解用内插法求得

$$\theta=8°+(9°-8°)\frac{2.4-2.25}{2.555-2.25}=8.923°$$

$\theta=8.923°$ 的计算结果也列在表中。于是，$Ma_1=1.8,Ma_2=1.469,Ma_3=1.145$。

表 7.3 ②区和③区的气流参数

θ	8°	9°	8.923°
Ma_2	1.501	1.464	1.469
β_2	52.2	57	55.4

续表

θ	8°	9°	8.923°
$Ma_{2n}=Ma_1\sin\beta_2$	1.186	1.228	1.210
$Ma_{3n}=\sqrt{\dfrac{1+0.2Ma_{2n}^2}{1.4Ma_{2n}^2-0.2}}$	0.851	0.825	0.836
$Ma_3=\dfrac{Ma_{3n}}{\sin(\beta_2-\theta)}$	1.221	1.111	1.145
$\dfrac{p_3}{p_2}=\dfrac{7Ma_{2n}^2-1}{6}$	1.475	1.592	0.540
$\dfrac{p_3}{p_1}=\dfrac{p_3}{p_2}\dfrac{p_2}{p_1}$	2.250	2.555	2.43

7.11　拉伐尔喷管的正激波

可压缩气流在拉伐尔喷管作等熵流动时,马赫数沿程增加。在出口处气流达到超声速。喷管的这种工作状况为设计工况。这时,压强、马赫数沿曲线 4 变化(见图 7.21),出口压强为 p_4。如果气流在喉部达到临界状态之后,在扩散管又作减速流动,出口仍为亚声速,这时压强和马赫数沿曲线 3 变化,出口压强为 p_3。

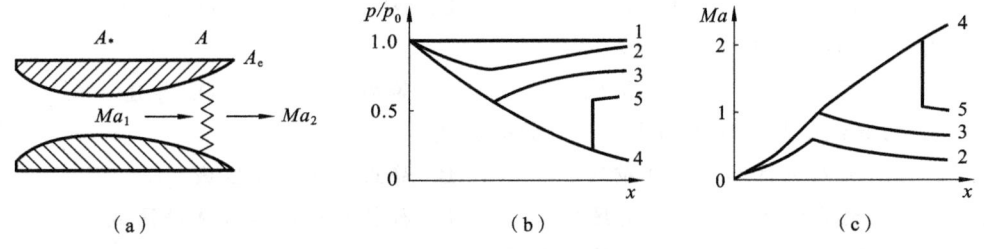

图 7.21　拉伐尔喷管内的激波

如果出口压强大于 p_3,则喉部未达到临界状态,整个管内都是亚声速气流。

如果出口压强小于 p_3 且大于 p_4,则管内将在某个界面上发生正激波,这时管内的压强、马赫数将沿曲线 5 变化。

例 7.31　图 7.21(a)所示的喷管,超声速空气气流在扩散段某处发生正激波,激波所在的截面面积 A 与喉部面积 A_* 之比 $A/A_*=4$,而出口面积 A_e 与喉部面积 A_* 之比 $A_e/A_*=10$。试求出口马赫数。

解　由喉部至激波面为等熵气流。激波前到激波后为激波压缩过程,从激波后到出口为等熵流动。

按等熵流动的面积比公式计算波前马赫数 Ma_1,有

$$\frac{A}{A_*}=\frac{1}{Ma_1}\left(\frac{1+0.2Ma_1^2}{1.2}\right)^3=4$$

$$f(Ma_1)=(1+0.2Ma_1^2)^3-6.9Ma_1=0$$

用试算法。$f(2.9)=-0.718$，$f(3)=1.25$，可以断定方程的解介于 2.9 和 3.0 之间。用内插法求得到波前马赫数为

$$Ma_1=2.9+\frac{0.718}{0.718+1.25}\times(3.0-2.9)=2.936$$

用正激波公式求得波后马赫数为

$$Ma_2^2=\frac{1+0.2Ma_1^2}{1.4Ma_1^2-0.2}=0.230$$

$$Ma_2=0.479$$

从波后到出口，气流作等熵流动，用等熵流动的面积比公式计算出口马赫数 Ma，有

$$\frac{A_e}{A}=\frac{Ma_2}{Ma}\left(\frac{1+0.2Ma^2}{1+0.2Ma_2^2}\right)^3=10$$

$$f(Ma_1)=(1+0.2Ma^2)^3-5.973Ma=0$$

用试算法得到 $Ma=0.17$。

选 择 题

1. 比值 $c_p/c_V=$ _____。
   A. 1　　　　　　B. γ　　　　　　C. $\gamma+1$　　　　　　D. $\gamma+2$

2. 声波的传播是 _____ 过程。
   A. 等温　　　　　B. 等压　　　　　C. 等熵　　　　　D. 等速

3. 马赫线是超声速流动中 _____ 的分界线。
   A. 可压缩区和不可压缩区　　　　　B. 静止区和流动区域
   C. 超声速区域和亚声速区域　　　　D. 被扰动区域和未扰动区域

4. 绝热流动中，滞止 _____ 处处相等。
   A. 温度　　　　　B. 密度　　　　　C.压强　　　　　D. 速度

5. 马赫数 $Ma<$ _____ 时，压缩性可以忽略。
   A. 3　　　　　　B. 1　　　　　　C. 0.3　　　　　　D. 0.1

6. 气流在管道中作等温流动，如果管内有一个声源，则声音的传播将是 _____ 过程。
   A. 等温　　　　　B. 等压　　　　　C.等熵　　　　　D. 等容

7. 超声速气流在收缩管道内作 _____ 运动。
   A. 加速　　　　　B. 减速　　　　　C. 等速　　　　　D. 旋转

8. 超声速气流在等截面摩擦管内运动，沿流动方向，速度 _____。
   A. 减小　　　　　B. 增大　　　　　C.先减小后增大　　　D. 先增大后减小

9. 绝热摩擦管的最大管长是指_____所需的长度。
　　A. 出口处达到声速　　　　　　　　B. 出口处达到亚声速
　　C. 出口处达到超声速　　　　　　　D. 出口压强低于临界压强

10. 在加热流动中,总温 T_0 是_____的。
　　A. 降低　　　　B. 不变　　　　C. 升高　　　　D. 等于滞止温度

11. 亚声速气流在收缩管道中作等熵流动,出口马赫数 Ma 的最大值_____。
　　A. >1　　　　B. >2　　　　C. $=1$　　　　D. <0

12. 超声速气流绕过凸钝角壁面时,将出现_____道膨胀波。
　　A. 一　　　　B. 若干　　　　C. 无数

13. 激波压缩是一个_____过程。
　　A. 等温　　　　B. 等压　　　　C. 等熵　　　　D. 绝热

14. 如果激波前的速度系数 $\Lambda_1 = 4$,则波后的速度系数 $\Lambda_2 =$ _____。
　　A. $1/4$　　　　B. $1/8$　　　　C. $1/10$　　　　D. $1/12$

15. 斜激波前后的压强比仅与波前的_____有关。
　　A. 速度　　　　B. 法向速度　　　　C. 马赫数　　　　D. 法向马赫数

习　　题

7.1　空气气流在两处的参数为 $t_1 = 10\ ℃$、$p_1 = 100\ kPa$、$t_2 = 180\ ℃$、$p_2 = 300\ kPa$,求熵增 $s_2 - s_1$。

7.2　空气作等熵流动,$p_2/p_1 = 2$,求 T_2/T_1。

7.3　大气温度随海拔高度 z 变化的关系式为 $T = T_0 - 0.0065z$,z 的单位是 m,$T_0 = 288\ K$。一架飞机在 10 km 高空以 900 km/h 的速度飞行,求飞机的飞行马赫数。

7.4　空气在管道中作绝热流动,截面 1 上的温度 $t_1 = 75\ ℃$,速度 $v_1 = 30\ m/s$,截面 2 上的温度 $t_2 = 50\ ℃$,求该处的速度 v_2。

7.5　设过热蒸汽在管道中作等熵流动,截面 1 上的温度 $t_1 = 105\ ℃$,压强 $p_1 = 100\ kPa$,速度 $v_1 = 50\ m/s$。如果截面 2 上的速度为 $v_2 = 100\ m/s$,求该处压强 p_2。

7.6　等熵空气气流某处的参数为 $T = 300\ K$、$p = 200\ kPa$、$v = 100\ m/s$,求临界声速 c_* 及压强 p_*。

7.7　空气气流在管道中作绝热、非等熵流动。截面 1 处的流动参数为温度 $T_1 = 333\ K$,压强 $p_1 = 200\ kPa$,速度 $v_1 = 146\ m/s$;在截面 2 处的流动参数为压强 $p_2 = 95.6\ kPa$,速度 $v_2 = 280\ m/s$。计算两截面的滞止压强之差 $p_{01} - p_{02}$。

7.8　过热蒸汽($\gamma = 1.33$,$R = 462\ J/(kg \cdot K)$,$c_p = 1862\ J/(kg \cdot K)$)在管道中作等熵流动,在点 1 处测得温度 $t_1 = 220\ ℃$,马赫数 $Ma_1 = 2$,在点 2 处速度 $v_2 = 519\ m/s$,求该处的马赫数 Ma_2。

7.9　空气由高压容器的收缩喷管流出,容器内的气体参数为 $p_0 = 300\ kPa$,T_0

$=600$ K,出口截面上的压强为 200 kPa,截面的直径 $d=20$ mm,求喷管的质量流量。

7.10　收缩喷管内的空气气流滞止参数为 $p_0=1035$ kPa, $T_0=350$ K,出口截面的直径 $d=15$ mm,试求出口外部的背景压强 p_e 分别为 700 kPa 和 500 kPa 时的质量流量。

7.11　空气气流在变截面管道中流动,某截面上的流动参数为 $Ma=0.6$, $p=50$ kPa, $T=298$ K,截面面积 $A=50$ cm^2。(1)计算质量流量;(2)截面积应减小到多少才能使该处的马赫数能从 0.6 增加到 0.87?

7.12　封闭容器中的氮气的参数为 $\gamma=1.4$, $R=297$ J/(kg・K), $c_p=1040$ J/(kg・K),气体的滞止参数为 $p_0=400$ kPa, $t_0=25$ ℃,气体从收缩喷管流出,出口直径 $d=50$ mm,出口外部的背景压强 $p_e=100$ kPa,求氮气的质量流量。

7.13　空气气流在拉伐尔喷管作等熵流动,进口截面的直径 $d_1=75$ mm,压强 $p_1=125$ kPa,喉部的直径 $d_2=25$ mm,压强 $p_2=104$ kPa,求进口截面和喉部截面的马赫数。

7.14　火箭发动机装有一个拉伐尔喷管,其喉部直径 $d_*=25$ mm,腔室内的压强 $p_0=1$ MPa,温度 $T_0=2000$ K,气体常数为 $\gamma=1.4$, $R=540$ J/(kg・K),出口外部背景压强 $p_e=101.3$ kPa,求出口气流的马赫数和喷管的质量流量。

7.15　过热蒸汽在拉伐尔喷管流动,气流的滞止参数为 $p_0=1180$ kPa, $T_0=400$ K,出口外部背景压强 $p_e=294$ kPa,若要求蒸汽的质量流量为 12 kg/s,试求出口和喉部的直径。

7.16　$Ma_1=0.3$ 的空气气流进入一条沿程损失因数 $\lambda=0.02$ 的绝热摩擦管道,管道直径 $d=200$ mm。如果要求出口气流的马赫数为 0.6,试求管道长度。

7.17　空气气流在等截面管道中作绝热有摩擦流动,进口处的压强 $p_1=200$ kPa,温度 $T_1=323$ K,速度 $v_1=200$ m/s,管道直径 $d=100$ mm,沿程损失因数 $\lambda=0.025$,试求最大管长以及出口的压强和温度。

7.18　氢气在等截面加热管道中流动,截面 1 上的速度 $v_1=75$ m/s,温度 $T_1=323$ K,截面 2 上的温度 $T_2=373$ K,两截面之间的加热量 $Q=7.5\times10^5$ J/kg,不计摩擦,求截面 2 上的速度 v_2。

7.19　空气气流进入一条散热管道,进口速度 $v_1=300$ m/s,滞止温度 $T_{01}=360$ K,如果出口马赫数为 $Ma_2=0.3$,试求散热量。

7.20　$Ma_1=2.5$ 的超声速空气气流沿着凸壁面外折一个角度 $\Delta\theta$ 后,下游的马赫数变为 $Ma_2=3$,求 $\Delta\theta$ 的值。

7.21　$Ma_1=5$ 的超声速空气气流绕凸壁面作膨胀流动,求能外折的角度的最大值。

7.22　$Ma_1=2$、$p_1=90$ kPa 的超声速空气气流经过膨胀波之后进入一个压强 $p_2=60$ kPa 的低压区,气流外折角度 $\Delta\theta$ 是多少?

7.23　储气罐内部的空气高压 $p_0=2$ MPa，罐壁设置拉伐尔喷管，出口处马赫数 $Ma=2$，出口外部压强 $p_e=101$ kPa，求拉伐尔喷管出口处气流外折的角度。

7.24　空气超声速气流通过正激波之后，密度增加了一倍，来流的声速为 340 m/s，求来流速度以及压强比 p_2/p_1。

7.25　$Ma_1=2$、$T_1=733$ K 的超声速过热蒸汽绕叶片流动时，在叶片前方形成正激波，试求叶片驻点的温度。

7.26　正激波前的空气气流马赫数 $Ma_1=3$，滞止压强 $p_{01}=600$ kPa，滞止温度 $T_{01}=333$ K，试求波后的速度 v_2 和压强 p_2。

7.27　用毕托管测量超声速气流时，在毕托管前方形成脱体激波，试证明：毕托管所测得的压强 p_{02} 与来流压强 p_1 之比值和来流马赫数 Ma_1 的关系式为

$$\frac{p_{02}}{p_1}=\left[\frac{\dfrac{\gamma+1}{2}Ma_1^2}{\dfrac{2\gamma}{\gamma+1}Ma_1^2-\dfrac{\gamma-1}{\gamma+1}}\right]^{\frac{\gamma}{\gamma-1}}$$

7.28　由爆炸产生的激波以 800 m/s 的速度在大气中传播，大气压强为 100 kPa，温度为 15 ℃。试求激波扫过之后的空气压强。

7.29　设有 $Ma_1=2$、$p_1=80$ kPa、$T_1=288$ K 的超声速空气气流通过一道正激波，求波后的气流速度 v_2 和滞止压强 p_{02}。

7.30　$Ma_1=4$ 的超声速空气气流，其方向内折一个角度 $\theta=5°$ 之后形成斜激波，试求斜激波角 β 以及波后马赫数 Ma_2。

7.31　$Ma_1=\sqrt{2}$ 的空气气流内折角度 θ 之后产生一道 $\beta=60°$ 的斜激波，试求气流内折角度 θ 以及波后马赫数 Ma_2。

7.32　如图 7.18 所示，$Ma_1=3$、$p_1=40$ kPa 的空气气流在通道中流动时，由于下壁面有 $\theta=5°$ 的内折而产生激波的反射，试求经过两道激波之后的马赫数 Ma_3 和压强 p_3。

7.33　拉伐尔喷管的出口面积与喉部面积之比 $A_e/A_*=4$，在扩散段某处发生正激波，激波所在截面面积与喉部面积之比 $A/A_*=2$，空气气流越过激波之后在扩散段作减速流动，求出口的气流马赫数。

7.34　滞止压强 $p_0=500$ kPa 的空气进入拉伐尔喷管，喷管出口面积与喉部面积之比 $A_e/A_*=6$，如果出口外部的压强为 $p=140$ kPa，则在扩散段将发生正激波。试求激波所在处的面积之比 A/A_* 以及波前、波后的马赫数 Ma_1 和 Ma_2。

7.35　滞止压强 $p_0=700$ kPa 的空气气流在拉伐尔喷管流动，喷管的喉部面积为 A_*，出口面积为 A_e。气流在扩散段某处发生激波，激波所在处的截面面积 A 与喉部面积之比 $A/A_*=5$，气流经过激波之后在扩散段作减速运动，出口处的压强 $p=190$ kPa，试求出口面积之比 A_e/A_*。

第8章　量纲分析和相似理论

本章研究与流体力学实验有关的基本理论和方法。

实验研究是流体力学的重要组成部分。利用实验方法可以发现新的流动现象，揭示流动的内在机理。通过实验，也可以解决很多复杂的流动问题。

任何一项实验，都必须在理论的指导下进行。没有科学的理论作为指导，实验就无法正确地开展，即使盲目地进行了实验，其结果也是没有任何价值的。本章介绍的量纲分析的布金汉定理和各种相似准则，是流体力学实验的理论基础。正确地理解和掌握这些基本理论，才能科学地策划各类实验，整理实验结果，并用这些结果去处理和解决实际工程问题。

8.1　量纲和单位

物理现象中的各种变量称为**物理量**，例如，长度、速度、压强都是物理量。物理量含有性质和数量两个属性。我们说物体的高度是 3 m（米），则高度就是物理量，m（米）是高度的性质属性，3 是高度的数量属性。

物理量的性质属性称为**量纲**。m、cm、km 都具有相同的属性，这种属性称为长度的量纲，记作 L。类似地，质量的量纲记作 M，时间的量纲记作 T。每个物理量都有自己的量纲。在各种量纲中，质量 M、长度 L、时间 T 等称为基本量纲。基本量纲具备两个特征：一个特征是，任何一个基本量纲都无法用其他的基本量纲的幂次式表达出来；另一个特征是，任何物理量都可以用基本量纲的幂次式表达出来。

物理量的量纲用 dim 表示，例如，长度 l、速度 v、密度 ρ 的量纲表达式分别为

$$\dim l = L, \quad \dim v = LT^{-1}, \quad \dim \rho = ML^{-3}$$

如果一个物理量的量纲式的幂指数均为零，这样的物理量（通常称为**特征数**）的量纲就是 1，称作**量纲一**（旧称无量纲）的物理量。例如，雷诺数 Re 是一个量纲一的特征数，其量纲式为

$$\dim Re = M^0 L^0 T^0 = 1$$

在工程流体力学中，基本量纲有质量 M、长度 L、时间 T、温度 Θ。任何一个物理量都可以用基本量纲的幂次式表示出来。表 8.1 列出了常见的物理量的量纲。

为了表示物理量的大小，在同一种物理量中，或者说在一种量纲中选取一个特定量作为参考量，这个参考量就称为**单位**。例如，m（米）是长度的单位，1790 年，米被定义经过巴黎的地球子午线全长四千万分之一，并用铂铱合金制作了"档案米"作为量度的标准。不同的单位制都有不同的单位。我国的法定单位是 SI 国际单位。质

量单位是 kg(千克),长度单位是 m(米),时间单位是 s(秒)。

SI 单位具有一致性。单位的一致性有两个含义:一个含义是,在物理方程中进行加减运算的两个物理量必须具有相同的单位;另一个含义是,如果在物理量的计算中使用 SI 单位,则所得结果也必然为 SI 单位。

例如,压强的计算公式为

$$p = p_a + \rho g h$$

式中,p 和 p_a 的单位是 Pa,如果 ρ、g、h 也用同一种 SI 单位,则 $\rho g h$ 的计算结果必然具有 Pa 的单位。但如果采用 $g = 980.7 \text{ cm/s}^2$,则 $\rho g h$ 的计算结果就不具有 Pa 的单位。

例 8.1　试根据定义确定流体的动力黏度 μ 的量纲。

解　利用牛顿内摩擦定理,有

$$\tau = \mu \frac{\mathrm{d}u}{\mathrm{d}y}$$

$$\mathrm{dim}\tau = \mathrm{dim}\mu \frac{\mathrm{dim}u}{\mathrm{dim}y}$$

$$\mathrm{dim}\mu = \mathrm{dim}\tau \frac{\mathrm{dim}y}{\mathrm{dim}u} = \mathrm{ML}^{-1}\mathrm{T}^{-2} \frac{\mathrm{L}}{\mathrm{LT}^{-1}} = \mathrm{ML}^{-1}\mathrm{T}^{-1}$$

表 8.1 所示为工程流体力学常见物理量的量纲和单位。

表 8.1　工程流体力学常见物理量的量纲和单位

物理量名称	物理量符号	量纲式	SI 单位
长度	l	$\mathrm{dim}l = \mathrm{L}$	m
面积	A	$\mathrm{dim}A = \mathrm{L}^2$	m^2
速度	v	$\mathrm{dim}v = \mathrm{LT}^{-1}$	m/s
加速度	a	$\mathrm{dim}a = \mathrm{LT}^{-2}$	$\mathrm{m/s}^2$
体积流量	q	$\mathrm{dim}q = \mathrm{L}^3\mathrm{T}^{-1}$	m^3/s
质量流量	q_m	$\mathrm{dim}q_m = \mathrm{MT}^{-1}$	kg/s
动力黏度	μ	$\mathrm{dim}\mu = \mathrm{ML}^{-1}\mathrm{T}^{-1}$	Pa·s
运动黏度	ν	$\mathrm{dim}\nu = \mathrm{L}^2\mathrm{T}^{-1}$	m^2/s
质量	m	$\mathrm{dim}m = \mathrm{M}$	kg
密度	ρ	$\mathrm{dim}\rho = \mathrm{ML}^{-3}$	$\mathrm{kg/m}^3$
力	F	$\mathrm{dim}F = \mathrm{MLT}^{-2}$	N
压强	p	$\mathrm{dim}p = \mathrm{ML}^{-1}\mathrm{T}^{-2}$	Pa
能量,功	E,W	$\mathrm{dim}E = \mathrm{dim}W = \mathrm{ML}^2\mathrm{T}^{-2}$	J
功率	P	$\mathrm{dim}P = \mathrm{ML}^2\mathrm{T}^{-3}$	W
比定压热容	c_p	$\mathrm{dim}c_p = \mathrm{L}^2\mathrm{T}^{-2}\Theta^{-1}$	J/(kg·K)
比定容热容	c_V	$\mathrm{dim}c_p = \mathrm{L}^2\mathrm{T}^{-2}\Theta^{-1}$	J/(kg·K)

8.2　量纲分析法

量纲分析法广泛应用于分析研究复杂物理现象中各种物理量的相互影响的一般规律。量纲分析法最重要的定理是布金汉(E. Buckingham,1914)定理,又称 π 定理。它通过对某一个物理现象中各物理量的量纲的幂次分析,将若干物理量组合成为量纲一(旧称无量纲)的特征数,揭示各个物理量的量纲关系,减少物理方程的变量数目,为理论分析和实验研究提供理论依据。

下面介绍 π 定理。

设在某个物理现象中,有 n 个物理量 x_1,x_2,$\cdots$,x_n 存在函数关系,即

$$f(x_1,x_2,\cdots,x_n)=0$$

如果这 n 个物理量所含的基本量纲为 m 个,则存在 $n-m$ 个独立的量纲一(无量纲)的特征数 $\pi_1,\pi_2,\cdots,\pi_{n-m}$,而且,这些量纲一的特征数也存在某种函数关系:

$$F(\pi_1,\pi_2,\cdots,\pi_{n-m})=0$$

从 π 定理可以看出,原来的物理方程的变量有 n 个,组合成量纲一的特征数以后,方程的变量减少为 $n-m$ 个。显然,变量数目越少,问题的解决就越容易。通常,物理现象很复杂,含有量纲一特征数的方程式也很难用理论方法导出,只能利用实验方法求出这种关系式。

π 定理涉及一些理论物理的抽象术语,初学者不容易理解。为方便起见,下面列出应用 π 定理处理和研究复杂物理现象的方法步骤。

(1)列出 n 个相关物理量,写出它们的量纲表达式。

(2)确定这些物理量所包含的基本量纲的数目 m。

(3)在这 n 个物理量中,选择与基本量纲数相同的 m 个基本物理量。基本物理量的条件是:基本物理量总共包含的基本量纲数目必须是 m 个,而且这 m 个基本物理量的量纲幂指数所构成的行列式必须不等于零。

(4)用这 m 个基本物理量与其余的任一个相关物理量组成量纲一的特征数。这些特征数共有 $n-m$ 个。

(5)写出包含有 $n-m$ 个量纲一特征数的一般方程式。

下面举例说明 π 定理的应用。

例 8.2　圆球在黏性流体中运动。作用在圆球上的阻力 F 与球的运动速度 v、球的直径 D、流体的密度 ρ 和动力黏度 μ 有关。试利用 π 定理将阻力表示为有关物理量的函数。

解　按照上述步骤解题。

(1)本问题的有关物理量共有 5 个:F、v、D、ρ、μ,即 $n=5$。它们的量纲式分别为

$$\dim F=MLT^{-2},\quad \dim v=LT^{-1},\quad \dim D=L,\quad \dim \rho=ML^{-3},\quad \dim \mu=ML^{-1}T^{-1}$$

(2)F、v、D、ρ、μ 这 5 个物理量含有 3 个基本量纲:M、L、T,即 $m=3$。

（3）选取 ρ、v、D 这 3 个量为基本物理量。显然 ρ、v、D 符合基本物理量的条件。它们包含的基本量纲数为 3 个，即 M、L、T。它们的量纲幂指数组成的行列式的值为

$$\begin{vmatrix} 1 & -3 & 0 \\ 0 & 1 & -1 \\ 0 & 0 & 1 \end{vmatrix} = 1$$

（4）本问题共有 2 个量纲一的特征数。下面求它们的表达式：

$$\pi_1 = \frac{F}{\rho^a v^b D^c}$$

$$\dim \pi_1 = M^0 L^0 T^0 = \frac{MLT^{-2}}{(ML^{-3})^a (LT^{-1})^b L^c} = \frac{MLT^{-2}}{M^a L^{-3a+b+c} T^{-b}}$$

$$\begin{cases} a = 1 \\ -b = -2 \\ -3a + b + c = 1 \end{cases}$$

解得

$$a = 1, \quad b = 2, \quad c = 2$$

故

$$\pi_1 = \frac{F}{\rho v^2 D^2}$$

在流体力学中，这个量纲一的特征数称为阻力系数，记作 C_D，其定义为

$$C_D = \frac{F}{\dfrac{1}{2} \rho v^2 A}$$

式中，A 是物体的迎风面积。

$$\pi_2 = \frac{\mu}{\rho^a v^b D^c}$$

$$\dim \pi_2 = M^0 L^0 T^0 = \frac{ML^{-1}T^{-1}}{(ML^{-3})^a (LT^{-1})^b L^c} = \frac{ML^{-1}T^{-1}}{M^a L^{-3a+b+c} T^{-b}}$$

$$\begin{cases} a = 1 \\ b = 1 \\ -3a + b + c = -1 \end{cases}$$

解得

$$a = 1, \quad b = 1, \quad c = 1$$

故

$$\pi_2 = \frac{\mu}{\rho v D}$$

这个量纲一的特征数称为雷诺数，记作 Re，其定义为

$$Re = \frac{\rho v D}{\mu}$$

根据 π 定理，这两个量纲一的特征数存在函数关系，即

$$C_D = f(Re)$$

$$F = f(Re) \frac{1}{2} \rho v^2 A$$

如果按照物理量的方程 $F=f(v,D,\rho,\mu)$ 设计实验,每个变量改变值 10 次,就要进行 40 次测量。但如果按照量纲一的方程 $C_D=f(Re)$ 设计实验,则只需将雷诺数 Re 改变 10 次,进行 10 次测量。这就是应用 π 定理的优越性。图 6.14 就是表示这个实验的结果。

例 8.3 不可压缩黏性流体在水平直管中作定常流动,管段两端的压强差 Δp 与管段长度 l,平均流速 v、流体动力黏度 μ、密度 ρ、管道直径 D、管壁粗糙度 Δ 有关。试用 π 定理确定压强差 Δp 与其他有关物理量的函数关系。

解　本问题有 7 个物理量,即 Δp、l、v、μ、ρ、D、Δ,其量纲分别为

$$\mathrm{dim}\Delta p=\mathrm{ML}^{-1}\mathrm{T}^{-2},\quad \mathrm{dim}\mu=\mathrm{ML}^{-1}\mathrm{T}^{-1},\quad \mathrm{dim}\rho=\mathrm{ML}^{-3}$$

$$\mathrm{dim}v=\mathrm{LT}^{-1},\quad \mathrm{dim}l=\mathrm{L},\quad \mathrm{dim}\Delta=\mathrm{L},\quad \mathrm{dim}D=\mathrm{L}$$

选取 ρ、v、D 为基本物理量(理由见例 8.2),与 Δp、μ、l、Δ 组合成 4 个量纲一的特征数。

$$\pi_1=\frac{\Delta p}{\rho^a v^b D^c}$$

$$\mathrm{dim}\pi_1=\mathrm{M}^0\mathrm{L}^0\mathrm{T}^0=\frac{\mathrm{ML}^{-1}\mathrm{T}^{-2}}{(\mathrm{ML}^{-3})^a(\mathrm{LT}^{-1})^b\mathrm{L}^c}$$

$$\begin{cases}a=1\\b=2\\-3a+b+c=-1\end{cases}$$

解得　　　　　　　　　　　　$a=1,\quad b=2,\quad c=0$

故　　　　　　　　　　　　$$\pi_1=\frac{\Delta p}{\rho v^2}$$

$$\pi_2=\frac{\mu}{\rho^a v^b D^c}$$

$$\mathrm{dim}\pi_2=\mathrm{M}^0\mathrm{L}^0\mathrm{T}^0=\frac{\mathrm{ML}^{-1}\mathrm{T}^{-1}}{\mathrm{M}^a\mathrm{L}^{-3a+b+c}\mathrm{T}^{-b}}$$

$$\begin{cases}a=1\\b=1\\-3a+b+c=-1\end{cases}$$

解得　　　　　　　　　　　　$a=1,\quad b=1,\quad c=1$

故　　　　　　　　　　　　$$\pi_2=\frac{\mu}{\rho VD}$$

这个量纲一的特征数 π_2 就是雷诺数 Re。

容易求得　　　　　　　　$$\pi_3=\frac{l}{D},\quad \pi_4=\frac{\Delta}{D}$$

根据 π 定理,这 4 个量纲一的特征数存在如下函数关系:

$$\frac{\Delta p}{\rho v^2} = f\left(Re, \frac{l}{D}, \frac{\Delta}{D}\right)$$

$$h_f = \frac{\Delta p}{\rho g} = 2f\left(Re, \frac{l}{D}, \frac{\Delta}{D}\right)\frac{v^2}{2g}$$

实用公式为
$$h_f = \lambda \frac{l}{D}\frac{v^2}{2g}$$

例 8.4　单摆在黏性流体中摆动时，其周期 T 与摆长 l、重力加速度 g、流体的密度 ρ 及其动力黏度 μ 有关。试用 π 定理确定单摆周期 T 与有关物理量的函数关系。

解　本问题的有关物理量共有 5 个，即 T、l、g、ρ、μ，它们的量纲分别为

$$\dim T = T, \quad \dim l = L, \quad \dim g = LT^{-2}, \quad \dim \rho = ML^{-3}, \quad \dim \mu = ML^{-1}T^{-1}$$

这 5 个物理量含有 3 个基本量纲，可以组成 2 个量纲一的特征数。选 ρ、g、l 为基本物理量，它们的量纲幂指数组成的行列式的值为

$$\begin{vmatrix} 1 & 0 & -3 \\ 0 & 1 & -2 \\ 0 & 0 & 1 \end{vmatrix} = 1$$

下面求量纲一的特征数。

$$\pi_1 = \frac{T}{\rho^a g^b l^c}$$

$$\dim \pi_1 = M^0 L^0 T^0 = \frac{T}{(ML^{-3})^a (LT^{-2})^b L^c} = \frac{T}{M^a L^{-3a+b+c} T^{-2b}}$$

$$\begin{cases} a = 0 \\ -3a+b+c = 0 \\ -2b = 1 \end{cases}$$

解得
$$a = 0, \quad b = -1/2, \quad c = 1/2$$

故
$$\pi_1 = T\sqrt{\frac{g}{l}}$$

$$\pi_2 = \frac{\mu}{\rho^a g^b l^c}$$

$$\dim \pi_2 = M^0 L^0 T^0 = \frac{ML^{-1}T^{-1}}{M^a L^{-3a+b+c} T^{-2b}}$$

$$\begin{cases} a = 1 \\ -3a+b+c = -1 \\ 2b = 1 \end{cases}$$

解得
$$a = 1, \quad b = 1/2, \quad c = 3/2$$

故
$$\pi_2 = \frac{\mu}{\rho l \sqrt{gl}}$$

根据 π 定理，有

$$T \sqrt{\frac{g}{l}} = f\left(\frac{\mu}{\rho l \sqrt{gl}}\right), \quad T = f\left(\frac{\mu}{\rho l \sqrt{gl}}\right)\sqrt{\frac{l}{g}}$$

8.3　流动相似原理

8.3.1　流动相似的三个条件

在工程流体力学研究的范围内,经常依靠实验来寻求有关问题的解。流体力学实验利用风洞、水槽或者专门制作的装置模拟实际的流体运动,实物(例如飞机、汽轮机、大坝、输水管路等)的尺寸一般来讲都比较大。为了便于实验,一般要对实物进行缩小,制作尺寸小的模型,接着在模型上进行试验,测量模型流场的速度、压强分布,或测量绕流物体所受到的流体作用力,然后将模型测量的结果换算到实物中去。这样很自然地就产生了模型流动和实物流动的相似问题。模型尺寸如何确定、平均流速或流量应该是多少,才能保证做到流动相似;根据实验数据,如何推算实物流场的相应值;这些都是实验前就要回答的问题。

流动相似原理研究模型流场和实物流场的流动相似问题。流动相似要求两个流场的同类型参数成比例,具体地说,就是要求模型流场和实物流场满足几何相似、运动相似、动力相似等三个条件。为方便起见,在下面的论述中,模型流场和实物流场的参数分别用下标 1 和下标 2 表示。

几何相似,要求模型和实物的对应的几何尺寸成比例,比例系数为 λ_l,即

$$\frac{L_1}{L_2} = \frac{l_1}{l_2} = \cdots = \lambda_l \tag{8.1}$$

运动相似,要求模型流场和实物流场的对应点的速度方向相同,大小成比例,比例系数为 λ_v,即

$$\frac{u_1}{u_2} = \frac{v_1}{v_2} = \cdots = \lambda_v \tag{8.2}$$

动力相似,要求模型流场和实物流场的对应点的同名力,例如阻力 F、重力 G 等方向相同,大小成比例,比例系数为 λ_F,即

$$\frac{F_1}{F_2} = \frac{G_1}{G_2} = \cdots = \lambda_F \tag{8.3}$$

在上述三种相似中,几何相似是必须满足的。几何尺寸不成比例的模型的实验数据是没有任何价值的。几何相似也很容易做到,只要将模型尺寸按照实物放大或缩小就可以了。动力相似是最重要的,在几何相似的前提下,只要满足动力相似,那么运动相似就会自然得到满足。这是因为,流体的运动规律取决于流体所受到的作用力以及流动边界条件。几何相似保证了边界条件相似。如果再加上动力相似,则流动规律相同,实现了流动相似,因此运动相似就得到满足。

8.3.2　动力相似

　　描述物体运动规律的方程由牛顿第二定律 $F=ma$ 给出,即作用在流体上的外力等于惯性力。作用在流体上的外力主要有压力、重力、黏性力三种。惯性力等于质量与加速度乘积,它直接决定了流体运动的规律。压力、重力、黏性力三种力都力图改变原有的流动状态,因此称为主动力。

　　各种外力对于流动的影响程度不完全相同。有的力的量级大,它对流动的影响就大。有的力的量级小,它对流动的影响也就小。为了比较各种力的量级大小,通常用流场的特征参数表示这些力。流动的参数包括速度、压强等。所谓特征参数,是指量级大小具有代表性的速度、压强等参数。例如,在管道流动中,通常取截面平均速度 v 作为特征速度。

　　对于一元流动,加速度的表达式为

$$a=\frac{\partial v}{\partial t}+v\frac{\partial v}{\partial x}$$

加速度由局部加速度(时变加速度)和对流加速度(位变加速度)构成。局部加速度的量级表达式等于特征速度 V 除以特征时间 t,即 V/t。对流加速度的量级表达式等于特征速度 V 的二次方除以特征长度 L,即 V^2/L。在定常流动中,只有对流加速度。因此,通常用对流加速度表示惯性力。体积用特征长度的三次方来表示。特征质量等于特征密度乘以特征体积,即 ρL^3。惯性力等于质量乘以加速度。局部加速度对应的惯性力的特征式可表示为 $\rho L^3V/t$。对流加速度对应的惯性力的特征式可表达为 ρV^2L^2。

　　黏性切应力的表达式为

$$\tau=\mu\frac{\mathrm{d}v_x}{\mathrm{d}y}$$

因此,黏性切应力的特征式可以用特征黏度 μ、特征速度 V 和特征长度 L 表示为 $\mu V/L$。面积用特征长度的二次方表示。黏性力等于黏性切应力乘以面积,因此黏性力的特征式可表示为 μVL。

　　重力等于质量乘以加速度,重力的特征式为 ρgL^3。

　　压力用特征压强 p 和特征面积表示,压力的特征式为 pL^2。

　　模型流动和实物流动的动力相似要求这两个流场的同名力成比例,即

$$\frac{惯性力_1}{惯性力_2}=\frac{重力_1}{重力_2}=\frac{压力_1}{压力_2}=\frac{黏性力_1}{黏性力_2}$$

前已述及,惯性力对流体运动有决定性的影响,外力通过影响惯性力来改变现有的流动状态。现在,对外力逐个进行分析,就会有各种动力相似准则。

8.3.3　常见的动力相似准则

1. 雷诺准则

雷诺准则要求模型流场和实物流场的惯性力、黏性力成比例,即

$$\frac{惯性力_1}{惯性力_2}=\frac{黏性力_1}{黏性力_2}$$

这个比例式等价于

$$\frac{惯性力_1}{黏性力_1}=\frac{惯性力_2}{黏性力_2}$$

用特征参数表示惯性力和黏性力,有

$$\frac{惯性力}{黏性力}=\frac{\rho V^2 L^2}{\mu V L}=\frac{\rho V L}{\mu}$$

惯性力和黏性力的比值是一个量纲一的特征数,称为雷诺数,记作 Re,即

$$Re=\frac{\rho V L}{\mu} \tag{8.4}$$

雷诺数表征惯性力与黏性力的比值。显然,雷诺准则要求模型流场和实物流场的雷诺数相等,即 $Re_1=Re_2$。

2. 弗劳德准则

弗劳德准则要求模型流场和实物流场的惯性力、重力成比例,即

$$\frac{惯性力_1}{惯性力_2}=\frac{重力_1}{重力_2}$$

或者说,两个流场的惯性力与重力的比值相同。用特征参数表示这两个力的比值,则有

$$\frac{惯性力}{重力}=\frac{\rho V^2 L^2}{\rho g L^3}=\frac{V^2}{g L}$$

定义弗劳德数 Fr 为

$$Fr=\frac{V}{\sqrt{g L}} \tag{8.5}$$

弗劳德数表征惯性力与重力的比值。显然,弗劳德准则要求模型流场和实物流场的弗劳德数相等,即 $Fr_1=Fr_2$。

3. 欧拉准则

欧拉准则要求模型流场和实物流场的惯性力与压力成比例,即

$$\frac{惯性力_1}{惯性力_2}=\frac{压力_1}{压力_2}$$

或者说,两个流场的惯性力与压力的比值相同。压力用特征压强 p 与面积的乘积表示。用特征参数表示惯性力与压力的比值,有

$$\frac{惯性力}{压力} = \frac{\rho V^2 L^2}{p L^2} = \frac{\rho V^2}{p}$$

定义欧拉数 Eu 为

$$Eu = \frac{p}{\rho V^2} \tag{8.6}$$

欧拉数也称为压强系数,它表征压力与惯性力的比值。欧拉准则实质上就是要求两个流场的欧拉数相等,即 $Eu_1 = Eu_2$。

4. 斯特劳哈尔准则

加速度有局部加速度和对流加速度两种。如果对流加速度远远大于局部加速度,则流动可视为定常流动,否则就应视作非定常流动。这就存在两种惯性力大小的比较问题。

斯特劳哈尔准则要求模型流场和实物流场的局部加速度和对流加速度对应的惯性力成比例,即

$$\frac{局部惯性力_1}{局部惯性力_2} = \frac{对流惯性力_1}{对流惯性力_2}$$

或者说,要求两个流场的局部惯性力和对流惯性力成比例,用特征参数表示这两个惯性力的比值,有

$$\frac{局部惯性力}{对流惯性力} = \frac{\rho L^3 V/t}{\rho L^2 V^2} = \frac{L}{Vt}$$

这两种惯性力的比值是一个量纲一的特征数,称为斯特劳哈尔数,记作 Sr,即

$$Sr = \frac{L}{Vt} \tag{8.7}$$

显然,斯特劳哈尔准则要求模型流场和实物流场的斯特劳哈尔数相等,即 $Sr_1 = Sr_2$。

5. 马赫准则

马赫准则要求两种流场的对流惯性力与由于压缩性引起的弹性力成比例。第 1 章中曾述及,当流体的体积变化率等于 1 时所引起的压强增加值定义为流体的体积弹性模量 K。可见流体被压缩所产生的弹性压强的特征量可以用体积模量表示,由于

$$K = \frac{\mathrm{d}p}{\mathrm{d}\rho/\rho}, \quad \frac{\mathrm{d}p}{\mathrm{d}\rho} = c^2, \quad K = \rho c^2$$

因此,弹性力的特征量可以表示为 $KL^2 = \rho c^2 L^2$。将压缩弹性力与对流惯性力的比值

$$\frac{压缩弹性力}{对流惯性力} = \frac{\rho c^2 L^2}{\rho L^2 V^2} = \frac{c^2}{V^2}$$

定义为马赫数 Ma,即

$$Ma = \frac{V}{c} \tag{8.8}$$

它表征弹性力与惯性力的比值。马赫准则要求两个流场的马赫数相等,即 $Ma_1 = Ma_2$。

8.4　相似准则的选择

按照动力相似的要求,模型流场和实物流场的惯性力、压力、重力、黏性力必须成比例,这就要求两个流场的雷诺数、弗劳德数、欧拉数分别相等。但在实际中这个要求很难做到。下面举例说明。

拟进行一项模型试验,要求模型流场、实物流场的雷诺数和弗劳德数分别相等。由 $Re_1 = Re_2$,得

$$\frac{V_1 L_1}{\nu_1} = \frac{V_2 L_2}{\nu_2}, \quad \frac{V_1}{V_2} = \frac{\nu_1 L_2}{\nu_2 L_1}$$

由 $Fr_1 = Fr_2$,得

$$\frac{V_1}{\sqrt{g_1 L_1}} = \frac{V_2}{\sqrt{g_2 L_2}}, \quad \frac{V_1}{V_2} = \sqrt{\frac{g_1 L_1}{g_2 L_2}}$$

对比这两个要求,可以看出

$$\frac{\nu_1 L_2}{\nu_2 L_1} = \sqrt{\frac{g_1 L_1}{g_2 L_2}}, \quad \frac{\nu_1}{\nu_2} = \frac{L_1}{L_2}\sqrt{\frac{g_1 L_1}{g_2 L_2}}$$

显然 $g_1 = g_2$,如果模型与实物的特征尺寸的设计比例为 1∶10,即 $L_1/L_2 = 1/10$,则有 $\nu_1/\nu_2 = 1/31.6$,即要求两种流体的运动黏度相差 30 倍。目前,在自然界或工程上都找不到运动黏度相差如此大的流体。因此,在一个模型试验中无法保证雷诺数和弗劳德数都相等。保证两个特征数相等就如此困难,要想保证所有的特征数都相等则是完全做不到。因此,只能保证一个特征数相等,即只满足一个相似准则。

为了最大限度地满足动力相似的要求,工程上常常采用近似的模型试验方法,只考虑对流动过程起主要作用的相似准则数。例如,进行管道流动阻力损失试验时,黏性力起主要作用,压力、重力的影响处于次要地位,这时就只需满足雷诺准则,即两个流场的雷诺数相等;在进行水跃、堰流等明渠流方面的试验时,重力起主导作用,这时就只需满足弗劳德准则;在进行可压缩气流的试验时,只需满足马赫准则。

例 8.5　直径 90 cm 的圆球在空气中的运动速度为 60 m/s,为了求其阻力,做一个直径 45 cm 的圆球模型在水中试验,测出模型圆球的阻力为 1140 N。已知空气密度为 1.28 kg/m³,动力黏度为 1.93×10^{-5} Pa·s,水的动力黏度为 1.145×10^{-3} Pa·s。试确定模型球在水中的运动速度,并求原型球在空气中的阻力。

解　模型和实物的参数分别用下标 1 和下标 2 表示。

模型的参数:$\rho_1 = 1000$ kg/m³,$\mu_1 = 1.145 \times 10^{-3}$ Pa·s,$d_1 = 0.45$ m,$F_1 = 1140$ N,v_1 未知。

实物的参数:$\rho_2 = 1.145$ kg/m³,$\mu_2 = 1.93 \times 10^{-5}$ Pa·s,$d_2 = 0.9$ m,$v_2 = 60$ m/s,F_2 未知。

在例 8.2 已经看到,本问题有 2 个量纲一的特征数,即雷诺数 Re 和阻力系数

C_D。根据 π 定理,这两个量纲一的特征数存在函数关系,即

$$C_D = f(Re)$$

本问题研究圆球阻力问题,黏性阻力对流动有决定性的影响,试验需满足雷诺准则,即模型流场和实物流场的雷诺数 Re 必须相等。又根据 π 定理,阻力系数 C_D 也必须相等。

两个流场的雷诺数相等,即 $Re_1 = Re_2$,则有

$$\frac{\rho_1 v_1 d_1}{\mu_1} = \frac{\rho_2 v_2 d_2}{\mu_2}$$

$$v_1 = v_2 \frac{\rho_2 d_2 \mu_1}{\rho_1 d_1 \mu_2} = 0.1519 v_2 = 9.112 \text{ m/s}$$

由于阻力系数也相等,因此

$$\frac{F_1}{\frac{1}{2}\rho v_1^2 \frac{\pi d_1^2}{4}} = \frac{F_2}{\frac{1}{2}\rho v_2^2 \frac{\pi d_2^2}{4}}$$

$$F_2 = F_1 \frac{\rho_2 v_2^2 d_2^2}{\rho_1 v_1^2 d_1^2} = 0.222 F_1 = 253.1 \text{ N}$$

选 择 题

1. 压强 p 的量纲是_____。

　　A. MLT^{-2}　　　　　B. $ML^{-1}T^{-2}$　　　　C. $ML^{-1}T^{-1}$　　　　D. $ML^{-2}T^{-1}$

2. 物理量的_____称为量纲。

　　A. 单位　　　　　B. 数量属性　　　　C.性质属性

3. _____属于基本量纲。

　　A. 速度　　　　　B. 压强　　　　　C. 加速度　　　　　D. 质量

4. 某流动中共有 6 个物理量存在函数关系,这 6 个物理量包含 3 个基本量纲,此流动共有_____个量纲一的特征数存在函数关系。

　　A. 5　　　　　　B. 4　　　　　　C. 3　　　　　　D. 2

5. 雷诺数表征_____的比值。

　　A. 惯性力与黏性力　　　　　　　B. 惯性力与压力

　　C. 惯性力与重力　　　　　　　　D. 惯性力与压缩弹性力

6. 马赫数表征_____的比值。

　　A. 惯性力与黏性力　　　　　　　B. 惯性力与压力

　　C. 惯性力与重力　　　　　　　　D. 惯性力与压缩弹性力

7. 弗劳德表征_____的比值。

　　A. 惯性力与黏性力　　　　　　　B. 惯性力与压力

　　C. 惯性力与重力　　　　　　　　D. 惯性力与压缩弹性力

8. 管道水流阻力试验遵循_____准则。

　　A. 弗劳德　　　　　B. 雷诺　　　　　C. 欧拉　　　　　D. 马赫

9. 流体力学试验要满足_____个动力相似准则。

　　A. 一　　　　　　　B. 两　　　　　　C. 三　　　　　　D. 四

10. 基本物理量的一个特征是_____。

　　A. 具有相同的基本量纲　　　　　　B. 量纲指数行列式等于零

　　C. 不能具有相同的基本量纲　　　　D. 量纲指数行列式不等于零

习　　题

8.1　管流的壁面切应力与截面的平均速度 v、管道直径 d、流体密度 ρ 和动力黏度 μ 有关，试用 π 定理求出两个量纲一的特征数，并导出一般关系式

$$\tau_0 = f(Re)\rho v^2$$

8.2　船舶螺旋桨的推力 F 与扭矩 T、直径 d、航速 v、转速 n、流体密度 ρ 和动力黏度 μ 有关，试用定理寻求量纲一的特征数的一般关系式。

8.3　环形管进口和出口的压强差 Δp 与环形管的内半径 R_1、外半径 R_2、管道长度 l、截面平均速度 v、流体密度 ρ 和动力黏度 μ 有关。用 π 定理证明：

$$\Delta p = \rho v^2 f\left(\frac{\rho v R_1}{\mu}, \frac{R_2}{R_1}, \frac{l}{R_1}\right)$$

8.4　让圆球在静止的黏性流体中作匀速沉降，实验表明，圆球的沉降速度 v 与圆球的直径 d、密度 ρ、流体的密度 ρ_1、动力黏度 μ_1 以及重力加速度 g 有关。试用 π 定理证明

$$v = \sqrt{gd\left(\frac{\rho}{\rho_1} - 1\right)} f\left(\frac{\rho_1 v d}{\mu_1}\right)$$

8.5　烟气在温度为 600 ℃ 的热处理炉中的运动情况可用水模型来进行研究。已知炉中烟气的速度 $v = 8$ m/s，炉中的烟气的运动黏度 $\nu = 9 \times 10^{-5}$ m²/s。设模型与实物的比例尺为 1∶10，模型中温度为 10 ℃ 的水应该以多大的速度运动，这两种流动才是相似的？

8.6　一条矩形截面的水渠，底宽 $b_1 = 40$ m，水深 $h_1 = 2.5$ m，水流平均速度 $v_1 = 3$ m/s。现在对这条水渠进行模型实验，模型水渠的底宽 $b_2 = 1$ m，试问：模型的水深 h_2 和水流平均速度 v_2 应为多少？

8.7　某汽车研制出新型轿车，车身高度 $h_1 = 1.65$ m，设计速度 $v_1 = 30$ m/s。现对车子进行模型阻力实验。模型汽车的车身高度 $h_2 = 0.45$ m，将模型车在水中拖动，试问：模型车的拖曳速度 v_2 应该为多少？如果测得在此拖曳速度下模型汽车的阻力为 $F_2 = 6150$ N，试求原型汽车在空气中行驶时的阻力 F_1。已知空气的密度 $\rho_1 = 1.248$ kg/m³，空气的动力黏度 $\mu_1 = 1.76 \times 10^{-5}$ Pa·s，水的密度 $\rho_2 = 1000$ kg/m³，水的动力黏度 $\mu_2 = 1.307 \times 10^{-3}$ Pa·s。

参 考 答 案

第 1 章

选择题

1. D   2. B   3. B   4. C   5. A   6. C   7. C   8. A   9. B
10. C   11. A   12. D   13. C   14. A   15. A   16. B   17. C

习题

1.1 $\rho = 900 \text{ kg/m}^3$

1.2 $\rho = 1.276 \text{ kg/m}^3$，$1.210 \text{ kg/m}^3$，$1.150 \text{ kg/m}^3$

1.3 $\rho_2/\rho_1 = 5$

1.4 $V_2 = 2 \text{ m}^3$

1.5 $K = 1.25 \times 10^{10} \text{ Pa}$

1.6 $\Delta\rho/\rho = 0.0386 = 3.86\%$

1.7   c

1.8 $\tau = 184 \text{ Pa}$

1.9 $M = 0.51 \text{ N} \cdot \text{m}$

1.10 $\mu = 0.004 \text{ Pa} \cdot \text{s}$

1.11 $v = 1 \text{ m/s}$

1.12 $M = 0.095 \text{ N} \cdot \text{m}$

1.13 $\tau = 1.54 \times 10^{-4} \text{ Pa}$，$8.67 \times 10^{-4} \text{ Pa}$

1.14 $d < 5.9 \text{ mm}$

第 2 章

选择题

1. B   2. B   3. D   4. A   5. C   6. A   7. D   8. A   9. D
10. C   11. B   12. D   13. C   14. B   15. D   16. C   17. C   18. A

习题

2.1 $H = 8462 \text{ m}$

2.2 $p - p_a = 64726 \text{ Pa}$

2.3 $h = 41 \text{ mm}$

2.4   （略）

2.5 $z_0 = 2820$ mm

2.6 $\beta = 2 \times 10^{-4}$ m^{-1}

2.7 $h = 2.5$ m，$\rho = 816$ kg/m^3

2.8 $p_1 - p_2 = 10.69$ Pa

2.9 $p_0 - p_a = 698$ Pa

2.10 $p - p_a = 510.8$ Pa

2.11   (1) $p_0 - p_a = 3923$ Pa，(2) $\rho' = 1626$ kg/m^3

2.12 $\rho_2 = 820$ kg/m^3

2.13 $\rho/\rho_0 = 0.387$

2.14 $F = 46700$ N

2.15   (略)

2.16   (略)

2.17 $F_T = 116768$ N

2.18 $G \geqslant 329334$ N

2.19 $h = 1.553R$

2.20 $p - p_a = 3 \times 10^6$ Pa

2.21 $\sigma = 6.25 \times 10^6$ Pa

2.22 $l/h > 0.469$

2.23 $F = 20.25$ kN

2.24 $F_x = 22066$ N，$F_z = 12288$ N，$F = 25267$ N

2.25 $M = 426$ N·m

2.26 $a = 0.4g$

2.27 $\theta = 69°$

2.28 $H = 207$ mm

2.29 $\theta = 12.84°$

2.30 $r_0 = \sqrt{2}$ m

2.31 $\omega = 5.918$ rad/s

2.32   (1) $R/H > 0.693$，(2) $R/H < 506$

2.33 $F_t = 3127$ N，$k = 80.3\%$

第 3 章

选择题

1. C   2. B   3. B   4. A   5. D   6. D   7. C   8. A   9. C

10. A   11. A   12. A   13. D   14. A   15. D   16. C   17. B   18. D

19. A   20. D

习题

3.1 $a_x=2, a_y=18, a_z=216$

3.2 $a_x=2.471, a_y=17.128$

3.3 $xy=C_1, y^2z=C_2$

3.4 $x^2-(y+2)^2=C$

3.5 $v=\dfrac{2u_{max}}{(n+1)(n+2)}$

3.6 $v=\dfrac{2}{3}u_0, y=\left(1-\dfrac{1}{\sqrt{3}}\right)h$

3.7 $v=4.263v_0=213$ mm/s

3.8 $v=2.5$ m/s

3.9 （略）

3.10 $d_2=63$ mm

3.11 $q=1.319\times10^{-3}$ m^3/s

3.12 $v=31.32$ m/s

3.13 $v=28$ m/s

3.14 (1) $p_1-p_2=5752$ Pa, (2) $v_1=0.95$ m/s, $v_2=3.8$ m/s,
      (3) $q=0.0161$ m^3/s

3.15 (1) $\Delta p=2256$ Pa, (2) $\mu=0.979$

3.16 (1) $v_1=1.356$ m/s, $v_2=3.768$ m/s, (2) $q=0.103$ m^3/s

3.17 $q=0.0458$ m^3/s

3.18 $q=7.513$ m^3/s

3.19 (1) $y=2\pm\sqrt{3}$, (2) $y=2, x_{max}=4$

3.20 (1) $v_2=20.125$ m/s, (2) $h=15.487$ m, $l=17.882$ m

3.21 $T=5.09$ s

3.22 $T=191$ s

3.23 $h_1/h_2=0.5$

3.24 (1) $q=4.235$ m^3/s, (2) $F=3025$ N

3.25 (1) $p_1-p_a=461124$ Pa, (2) $F=6519$ N

3.26 (1) $p_2-p_a=8322$ Pa, $p_3-p_a=7337$ Pa, (2) $F_x=505$ N, $F_y=546$ N

3.27 (1) $v_2=15.962$ m/s, (2) $p_1-p_a=119430$ Pa, (3) $F=564$ N

3.28 $\theta=30°, F=456.5$ N

3.29 $\cos\theta=\dfrac{d_1^2-d_2^2}{d_1^2+d_2^2}$，当 $d_2=0.7d_1$ 时，$\theta=70°$

3.30 $P=\rho u(v-u)^2A(1+\cos\theta)$，当 $u=v/3$ 时，功率 P 最大

3.31　（略）

3.32　（略）

3.33　$M=\dfrac{1}{2}\rho v^2\pi d^2 h$

3.34　$n=42.7$ r/min

3.35　（1）$n=49.38$ r/min，（2）$M=0.124$ N・m

第 4 章

选择题

1. A　2. D　3. D　4. B　5. B　6. D　7. C　8. C　9. B
10. C　11. A　12. D　13. B　14. B　15. B　16. D　17. C　18. D
19. A　20. D

习题

4.1　$v<0.46$ m/s

4.2　$r=r_0/\sqrt{2}$

4.3　$\Delta p=9688$ Pa

4.4　$\tau_0=2.2$ Pa

4.5　（略）

4.6　（略）

4.7　$\lambda=0.0338,0.0251$

4.8　$h_f=65.5$ mm

4.9　$\Delta=0.02$ mm

4.10　$\Delta=1.2$ mm

4.11　$q=9.04\times10^{-2}$ m³/s

4.12　$d=0.28$ m

4.13　（略）

4.14　$d=0.12$ m，$p_a-p=44.9$ kPa

4.15　$\zeta=6.03,\lambda=0.0275$

4.16　$h_f=56.25$ m，$\Delta=0.14$ mm

4.17　$n=1.845$

4.18　（1）略，（2）$q=8.514\times10^{-3}$ m³/s

4.19　$q_1=0.009$ m³/s，$q_2=0.011$ m³/s

4.20　$q_1=0.073$ m³/s，$q_2=0.059$ m³/s，$q_3=0.118$ m³/s

4.21　$q_1=5.83\times10^{-3}$ m³/s，$q_2=11.27\times10^{-3}$ m³/s，$q_3=5.01\times10^{-3}$ m³/s，
　　　$q_4=q_5=22.11\times10^{-3}$ m³/s

4.22　$Q=0.1525\ \mathrm{m^3/s}$

4.23　$h_{\mathrm{f}}=9.8\ \mathrm{m}$

4.24　$q=19.68\times10^{-3}\ \mathrm{m^3/s}$

4.25　$T=2977\ \mathrm{s}$

4.26　$T=879\ \mathrm{s}$

4.27　$T=\dfrac{16LD^2}{3\mu\pi d^2\sqrt{2gD}}=723\ \mathrm{s}$

4.28　$\Delta p=1386\ \mathrm{kPa},T=4l/c=2.77\ \mathrm{s}$

4.29　$q=5.877\times10^{-3}\ \mathrm{m^3/s}$

4.30　$c=957\ \mathrm{m/s},\Delta p=446.8\ \mathrm{kPa}$

第 5 章

选择题

1. C　　2. D　　3. B　　4. C　　5. B　　　6. C　　　7. A　　8. B　　9. A

10. D　11. C　12. D　13. D　14. A　　15. B

习题

5.1　$\theta_z=-2,\omega_z=0$

5.2　(1) $\varphi=\dfrac{1}{2}(x^2-y^2),\psi=xy$

　　　(2) $\varphi=xy,\psi=-\dfrac{1}{2}(x^2-y^2)$

　　　(3) $\varphi=\dfrac{1}{3}(x^3-3xy^2)+x^2-y^2,\psi=\dfrac{1}{3}(3x^2y-y^3)+2xy$

5.3　$C_1:\Gamma_1=2\omega_0\pi r_0^2;C_2:\Gamma_2=0;C_3:\Gamma_3=\dfrac{1}{2}\omega_0\pi r_0^2$

5.4　$\omega=\dfrac{1}{2},\Gamma=2$

5.5　$\psi=x^2y+2xy-2y^2$

5.6　(1) $v_r=A/r,v_\theta=0,\psi=A\theta$

　　　(2) $v_r=0,v_\theta=B/r,\psi=-B\ln r$

5.7　(1) $\varphi=\dfrac{1}{2}(x^2-y^2),\Gamma=14,q=22$

　　　(2) $\varphi=-2xy,\Gamma=-44,q=-28$

5.8　(略)

5.9　$\varphi=\dfrac{1}{2}(x^2-y^2)-3x-2y$

5.10 $w(z) = \dfrac{iz^3}{3}$

5.11 点$(0,1)$：$v_x = 0$，$v_y = 2$，点$(1,1)$：$v_x = 0.8$，$v_y = 2.4$

5.12 (1) $w(z) = 2i\ln(z+a) - 2i\ln(z-a)$，(2) 4π，0

5.13 $v_x = 0.062$，$v_y = -0.492$

5.14 $p_0 - p = 240$ Pa

5.15 $v_x = \dfrac{4}{x^2+1}$，$v_y = 0$，$v_{\max} = 4$

5.16 (略)

5.17 (1) 均匀流 $v_\infty = 5$，点$(0,2)$和点$(0,-2)$各有一个强度为 4π 的点源和一个强度为 6π 的顺时针方向的点涡；

     (2) 在小圆上，速度环量为 -6π，在大圆上，速度环量为 -12π

5.18 (1) 在点$(1,0)$和点$(-1,0)$各有一个强度为 4π 的点源，在点$(0,0)$有一个强度为 4π 的点汇。在点$(0,1)$和点$(0,-1)$各有一个强度为 6π 的逆时针方向点涡；

     (2) 圆周上的速度环量为 12π，流量为 4π

5.19 升力 59.22 kN

5.20 升力 14.04 kN，升力与汽车行驶方向夹角为 $59°$

第 6 章

选择题

1. B   2. A   3. D   4. C   5. A   6. B   7. D   8. A   9. D
10. C

习题

6.1 $v_x = \dfrac{1}{2\mu}\left(\rho g \sin\theta - \dfrac{\partial p}{\partial x}\right)(hy - y^2)$，$v = \dfrac{h^2}{12}\left(\rho g \sin\theta - \dfrac{\partial p}{\partial x}\right)$

6.2 (1) $v_x = \dfrac{\rho g \sin\theta}{2\mu}(2hy - y^2)$，(2) $v = \dfrac{\rho g \sin\theta}{3\mu}$，(3) $y = \left(1 - \dfrac{\sqrt{3}}{3}\right)h$

6.3 $v_x = \dfrac{\rho g}{\mu}\left(\dfrac{y^2}{2} - hy\right) + v_0$

6.4 $q = 0.1$ m³/s，$v = 1.886$ m/s

6.5～6.7 (略)

6.8 $\delta = 1.6$ mm

6.9 $x_c = 223$ mm

6.10 $F_D = 0.448$ N

6.11 $F_D = 13.4$ N

6.12 $v=1.89$ m/s, $\delta=76.7$ mm

6.13 $P=51.5$ kW

6.14 $F_D=593.28$ N

6.15 $M=12096$ N・m

6.16 $d=21.85$ m

6.17 $P=5.478$ kW

6.18 $\rho=1140.5$ kg/m³, $\nu=4.183\times10^{-5}$ m²/s

6.19 $d=0.196$ mm

6.20 $l=137.74$ km

第 7 章

选择题

1. B   2. C   3. D   4. A   5. C   6. C   7. B   8. B   9. A
10. C   11. C   12. C   13. D   14 . A   15. D

习题

7.1 $s_2-s_1=156.9$ J/(kg・K)

7.2 $T_2/T_1=1.219$

7.3 $Ma=0.835$

7.4 $v_2=225.94$ m/s

7.5 $p_2=97.88$ kPa

7.6 $c_*=319.56$ m/s, $p_*=111.92$ kPa

7.7 $p_{01}-p_{02}=77.48$ kPa

7.8 $Ma_2=0.767$

7.9 $q_m=0.149$ kg/s

7.10 $q_m=0.395$ kg/s

7.11   (1) $q_m=0.607$ kg/s, (2) $A=42.7$ cm²

7.12 $q_m=1.808$ kg/s

7.13   进口 $Ma_1=0.05$, 喉部 $Ma_2=0.522$

7.14 $q_m=0.323$ kg/s, 出口 $Ma=2.15$

7.15 $d_*=91$ mm, $d_2=102$ mm

7.16 $l=48$ m

7.17 $l_m=2.8$ m, $p_*=104.4$ kPa, $T_*=285.76$ K

7.18 $v_2=246.22$ m/s

7.19 $Q=-2.33\times10^5$ J/kg

7.20 $\Delta\theta=10.6°$

7.21 $\Delta\theta_{\max}=53.53°$

7.22 $\Delta\theta=6.9°$

7.23 $\Delta\theta=14.9°$

7.24 $v_1=537.59\ \text{m/s},\ p_2/p_1=2.75$

7.25 $T_{02}=1319\ \text{K}$

7.26 $v_2=170\ \text{m/s},\ p_2=168.8\ \text{kPa}$

7.27 （略）

7.28 $p_2=628.6\ \text{kPa}$

7.29 $v_2=255\ \text{m/s},\ p_{02}=451.2\ \text{kPa}$

7.30 $\beta=18°,\ Ma_2=3.65$

7.31 $\theta=8.64°,\ Ma_2=1.06$

7.32 $Ma_3=2.408,\ p_3=86.64\ \text{kPa}$

7.33 $Ma_2=0.238$

7.34 $A/A_*=4.62,\ Ma_1=3.09,\ Ma_2=0.47$

7.35 $A_e/A_*=8.91$

第 8 章

选择题

1. B   2. C   3. D   4. C   5. A   6. D   7. C   8. B   9. A
10. D

习题

8.1 （略）

8.2 $F=\rho v^2 D^2 f\left(\dfrac{T}{\rho v^2 D^2},\ \dfrac{Dn}{v},\ \dfrac{\rho v D}{\mu}\right)$

8.3～8.4 （略）

8.5 $v_2=1.16\ \text{m/s}$

8.6 $h_2=65\ \text{mm},\ v_2=0.474\ \text{m/s}$

8.7 $v_2=10.19\ \text{m/s},\ F_1=894\ \text{N}$

附　　录

1. 超越方程的牛顿迭代法

牛顿迭代法用于求解超越方程 $f(x)=0$ 的根。

图 A.1 表示一条曲线 $y=f(x)$。要求出该曲线与 x 轴的交点，即求方程 $f(x)=0$ 的解。设 (x_0, y_0) 是曲线上的一个点，即

$$y_0 = f(x_0)$$

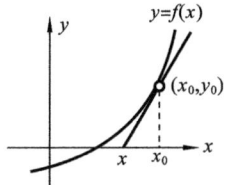

图 A.1　牛顿迭代法

如果绝对值 $|y_0|$ 比较小，则 x_0 可视为方程 $f(x)=0$ 的近似解。为了求出精度更高的解，过点 (x_0, y_0) 作曲线的切线，显然，这条切线的斜率是 $f'(x_0)$。设这条切线与 x 轴交于点 x，则

$$\frac{y_0}{x_0-x} = y'_0 \quad \text{或} \quad x = x_0 - \frac{f(x_0)}{f'(x_0)} \tag{A.1}$$

由图可看出，x 是方程 $f(x)=0$ 的一个比 x_0 更精确的解。重复几次计算，就可以得到精度很高的解。这种求根方法称为牛顿迭代法。

在研究一元黏性流动、可压缩等熵流动、膨胀波、激波等问题时，都会遇到大量求解超越方程的根的问题，这时就可以使用牛顿迭代法进行计算，无须插图查表，十分方便。应用牛顿迭代法，应该估算出方程 $f(x)=0$ 的一个近似解。近似解估算得越精确，迭代步骤就越少。牛顿迭代法比较简单，使用一般的计算器就可以完成。如果方程比较复杂，计算量比较大，则可以编程计算。

2. 黏性流体运动微分方程

对流体微分体应用牛顿第二定律，就得到不可压缩黏性流体运动的微分方程。

牛顿第二定律表示，作用在流体上的力，等于流体的质量乘以加速度。作用在流体上的外力包括表面力和质量力两种类型。质量力比较简单，下面着重介绍表面力。

单位面积上的表面力称为应力。应力包括正应力和切应力。正应力的作用方向与作用面垂直，切应力与作用面相切。

应力用符号 p 表示，不同的应力用下标区别。应力用两个下标表示，即 p_{ij}。其中：第一个下标 i 表示应力所在的表面的法线与 i 轴平行；第二个下标 j 表示应力的作用方向与 j 轴平行。应力的正方向是这样规定的：如果应力作用面的外法矢与 i 轴的正方向相同，则应力 p_{ij} 的正方向指向 j 轴的正向；如果应力作用面的外法矢与 i 轴的正方向反向，则应力 p_{ij} 的正方向指向 j 轴的负向。图 A.2 表示直角坐标系的微

分体表面上的应力。图中的右侧面的外法线与 y 轴的正方向相同,该表面上的三个应力 p_{yx},p_{yy},p_{yz} 的第一个下标都是 y。并且这三个应力的正方向都与坐标轴的正向相同。

切应力具有对称性:

$$p_{xy}=p_{yx}, \quad p_{yz}=p_{zy}, \quad p_{zx}=p_{xz}$$

应力与流体微团的变形速度有关。具体表达式为

$$\begin{cases} p_{xy}=p_{yx}=\mu\left(\dfrac{\partial v_y}{\partial x}+\dfrac{\partial v_x}{\partial y}\right) \\[2mm] p_{yz}=p_{zy}=\mu\left(\dfrac{\partial v_z}{\partial y}+\dfrac{\partial v_y}{\partial z}\right) \\[2mm] p_{zx}=p_{xz}=\mu\left(\dfrac{\partial v_x}{\partial z}+\dfrac{\partial v_z}{\partial x}\right) \end{cases} \tag{A.2}$$

$$\begin{cases} p_{xx}=-p+2\mu\dfrac{\partial v_x}{\partial x} \\[2mm] p_{yy}=-p+2\mu\dfrac{\partial v_y}{\partial y} \\[2mm] p_{zz}=-p+2\mu\dfrac{\partial v_z}{\partial z} \end{cases} \tag{A.3}$$

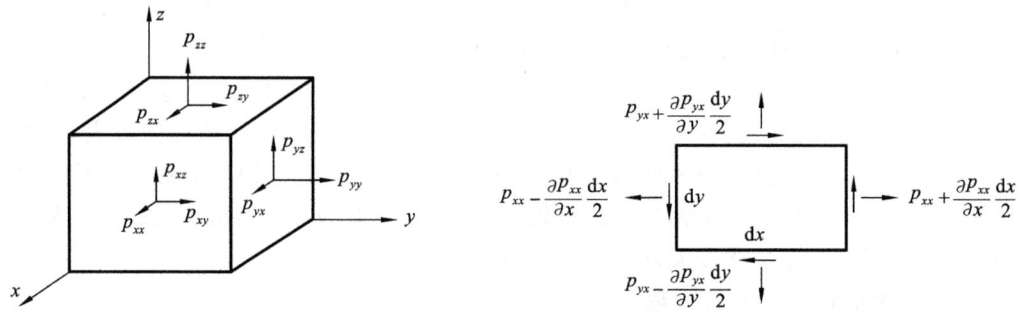

图 A.2　应力　　　　　　　　　图 A.3　x 方向的应力

现在我们推导黏性流体运动微分方程。

为简单起见,先考虑流体作平面运动。图 A.3 为二维微元体,边长为 dx 和 dy。垂直于纸面的厚度为单位 1。设微元体中心点的应力为 p_{xx},p_{xy},p_{yy},则 4 个表面上的应力可以用微分增量表示出来。图中只标示 x 方向的应力。

根据牛顿第二定律,有

$$\rho \mathrm{d}x\mathrm{d}y a_x = \rho \mathrm{d}x\mathrm{d}y f_x - \left(p_{xx}-\frac{\partial p_{xx}}{\partial x}\frac{\mathrm{d}x}{2}\right)\mathrm{d}y + \left(p_{xx}+\frac{\partial p_{xx}}{\partial x}\frac{\mathrm{d}x}{2}\right)\mathrm{d}y$$

$$+ \left(p_{yx}+\frac{\partial p_{yx}}{\partial y}\frac{\mathrm{d}y}{2}\right)\mathrm{d}x - \left(p_{yx}-\frac{\partial p_{yx}}{\partial y}\frac{\mathrm{d}y}{2}\right)\mathrm{d}x$$

化简,得

$$\rho a_x = \rho f_x + \frac{\partial p_{xx}}{\partial x} + \frac{\partial p_{yx}}{\partial y}$$

注意到式(A.2)和式(A.3),则

$$\frac{\partial p_{xx}}{\partial x} + \frac{\partial p_{yx}}{\partial y} = \frac{\partial}{\partial x}\left(-p + 2\mu \frac{\partial v_x}{\partial x}\right) + \mu \frac{\partial}{\partial y}\left(\frac{\partial v_y}{\partial x} + \frac{\partial v_x}{\partial y}\right)$$

$$= -\frac{\partial p}{\partial x} + \mu \left(\frac{\partial^2 v_x}{\partial x^2} + \frac{\partial^2 v_x}{\partial y^2}\right) + \mu \frac{\partial}{\partial x}\left(\frac{\partial v_x}{\partial x} + \frac{\partial v_y}{\partial y}\right)$$

对于不可压缩流体,上式等号右边第三项为零,于是有

$$\frac{\partial p_{xx}}{\partial x} + \frac{\partial p_{yx}}{\partial y} = -\frac{\partial p}{\partial x} + \mu \left(\frac{\partial^2 v_x}{\partial x^2} + \frac{\partial^2 v_x}{\partial y^2}\right)$$

因此,不可压缩黏性流体平面运动的 x 方向的微分方程为

$$a_x = f_x - \frac{1}{\rho}\frac{\partial p}{\partial x} + \nu \left(\frac{\partial^2 v_x}{\partial x^2} + \frac{\partial^2 v_x}{\partial y^2}\right)$$

推广到空间流动,则有

$$\begin{cases} \dfrac{\partial v_x}{\partial t} + v_x \dfrac{\partial v_x}{\partial x} + v_y \dfrac{\partial v_x}{\partial y} + v_z \dfrac{\partial v_x}{\partial z} = f_x - \dfrac{1}{\rho}\dfrac{\partial p}{\partial x} + \nu \left(\dfrac{\partial^2 v_x}{\partial x^2} + \dfrac{\partial^2 v_x}{\partial y^2} + \dfrac{\partial^2 v_x}{\partial z^2}\right) \\[3mm] \dfrac{\partial v_y}{\partial t} + v_x \dfrac{\partial v_y}{\partial x} + v_y \dfrac{\partial v_y}{\partial y} + v_z \dfrac{\partial v_y}{\partial z} = f_y - \dfrac{1}{\rho}\dfrac{\partial p}{\partial y} + \nu \left(\dfrac{\partial^2 v_y}{\partial x^2} + \dfrac{\partial^2 v_y}{\partial y^2} + \dfrac{\partial^2 v_y}{\partial z^2}\right) \\[3mm] \dfrac{\partial v_z}{\partial t} + v_x \dfrac{\partial v_z}{\partial x} + v_y \dfrac{\partial v_z}{\partial y} + v_z \dfrac{\partial v_z}{\partial z} = f_z - \dfrac{1}{\rho}\dfrac{\partial p}{\partial z} + \nu \left(\dfrac{\partial^2 v_z}{\partial x^2} + \dfrac{\partial^2 v_z}{\partial y^2} + \dfrac{\partial^2 v_z}{\partial z^2}\right) \end{cases} \quad (A.4)$$

这就是不可压缩黏性流体运动的微分方程。这组运动微分方程加上不可压缩流体运动的连续性方程组成流体运动的控制方程。不可压缩流体的连续性方程是

$$\frac{\partial v_x}{\partial x} + \frac{\partial v_y}{\partial y} + \frac{\partial v_z}{\partial z} = 0 \quad (A.5)$$

3. 边界层微分方程

边界层内部的流动属于不可压缩黏性流体的运动,描述流体运动的方程就是式(A.4)和式(A.5)。方程式(A.4)属于非线性微分方程,求解这组方程非常困难。因此,对于具体的流动特点,要设法简化方程式(A.4)。简化的方法是:方程中有些项的量级大,有些项的量级小,量级小的项可以忽略。

下面讨论平面边界层内的定常流动。不计质量力,运动方程和连续性方程为

$$\begin{cases} v_x \dfrac{\partial v_x}{\partial x} + v_y \dfrac{\partial v_x}{\partial y} = -\dfrac{1}{\rho}\dfrac{\partial p}{\partial x} + \nu \left(\dfrac{\partial^2 v_x}{\partial x^2} + \dfrac{\partial^2 v_x}{\partial y^2}\right) \\[3mm] v_x \dfrac{\partial v_y}{\partial x} + v_y \dfrac{\partial v_y}{\partial y} = -\dfrac{1}{\rho}\dfrac{\partial p}{\partial y} + \nu \left(\dfrac{\partial^2 v_y}{\partial x^2} + \dfrac{\partial^2 v_y}{\partial y^2}\right) \end{cases} \quad (A.6)$$

$$\frac{\partial v_x}{\partial x} + \frac{\partial v_y}{\partial y} = 0 \quad (A.7)$$

先介绍量级分析的术语和符号。

设有两个数:$a=120=1.2\times10^2$,$b=420=4.2\times10^2$。a 和 b 指数式中的指数都是 2,所以 a 和 b 的量级相同,记作 $a\sim b$。如果两个数 x 和 y 都具有 1 的量级,即 $x\sim1$,$y\sim1$,则它们的商和积也具有 1 的量级 $x/y\sim1$,$xy\sim1$。

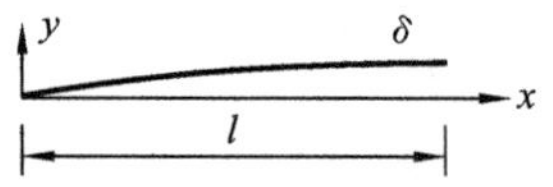

图 A.4 边界层的厚度和长度

在平板边界层中,边界层的平均厚度 δ 远小于平板的长度 l,如图 A.4 所示。例如,一块长度 $l=10$ m 的平板的边界层的平均厚度不足 10 mm。于是比值 δ/l 是一个小量,记作

$$\frac{\delta}{l}=\varepsilon\ll1$$

下面分析边界层流动中,式(A.6)和式(A.7)各项的量级。

通常,用特征量来表示某个流动参数(速度、压强、长度)的量级。所谓特征量,是指量级大小能代表流动参数的物理量,例如,管道截面上各点的速度都与断面平均速度同一量级,平均速度就可以作为截面各点速度的特征量。

边界层各点的 x 方向的速度与边界层外边界的速度 U 同量级,即

$$v_x\sim U$$

压强 p 的量级为 $p\sim\rho U^2$。用连续性方程可以估算 y 向速度 v_y 的量级。由图 A.4 可看出,坐标 y 的变化范围是 $0\sim\delta$,因此 y 与 δ 同量级,$y\sim\delta$。而坐标 x 的变化范围是 $0\sim l$,x 与 l 同量级,$x\sim l$。将连续性方程各项的量级用特征量表示在其下方,即

$$\frac{\partial v_x}{\partial x}+\frac{\partial v_y}{\partial y}=0$$

$$\frac{U}{l}\qquad\frac{v_y}{\delta}$$

连续性方程的两项应该同量级,即

$$\frac{U}{l}\sim\frac{v_y}{\delta}\quad\text{或}\quad\frac{v_y}{U}\sim\frac{\delta}{l}=\varepsilon \tag{A.8}$$

式(A.8)表明,y 向速度与 x 向速度相比是一个微量。同样的,将 x 方向运动方程各项的量级用特征量表示在其下方,即

$$v_x\frac{\partial v_x}{\partial x}+v_y\frac{\partial v_x}{\partial y}=-\frac{1}{\rho}\frac{\partial p}{\partial x}+\nu\left(\frac{\partial^2 v_x}{\partial x^2}+\frac{\partial^2 v_x}{\partial y^2}\right) \tag{A.9}$$

$$\frac{U^2}{l}\qquad\frac{Uv_y}{\delta}\qquad\qquad\frac{\rho U^2}{\rho l}\qquad\frac{\nu U}{l^2}\qquad\frac{\nu U}{\delta^2}$$

惯性力以等号左边第一项为代表,黏性力以等号右边括号内的第二项为代表。在边界层里,惯性力与黏性力的量级相同,即

$$\frac{U^2}{l}\sim\frac{\nu U}{\delta^2}\quad\text{或}\quad\frac{Ul}{\nu}\sim\left(\frac{l}{\delta}\right)^2=\frac{1}{\varepsilon^2} \tag{A.10}$$

式(A.10)的意义是,在边界层流动中,雷诺数是个大量级特征数,$Re = \dfrac{Ul}{\delta} \sim \dfrac{1}{\varepsilon^2}$。

将式(A.9)各项的量级用惯性力的量级 U^2/l 遍除,有

$$v_x \frac{\partial v_x}{\partial x} + v_y \frac{\partial v_x}{\partial y} = -\frac{1}{\rho}\frac{\partial p}{\partial x} + \nu\left(\frac{\partial^2 v_x}{\partial x^2} + \frac{\partial^2 v_x}{\partial y^2}\right) \qquad (A.11)$$

$$1 \qquad \frac{v_y l}{U\delta} \qquad 1 \qquad \frac{\nu}{Ul} \qquad \frac{\nu}{Ul}\frac{l^2}{\delta^2}$$

式(A.11)等号右边的括号内的第一项量级为 ε^2,其余各项的量级都是1。略去微量项,x 方向运动方程得到略微简化,即

$$v_x \frac{\partial v_x}{\partial x} + v_y \frac{\partial v_x}{\partial y} = -\frac{1}{\rho}\frac{\partial p}{\partial x} + \nu\frac{\partial^2 v_x}{\partial y^2}$$

同样的,将 y 方向运动方程各项的量级用特征量表示在第二行,接着用惯性力的量级遍除各项的结果列在第三行,有

$$v_x \frac{\partial v_y}{\partial x} + v_y \frac{\partial v_y}{\partial y} = -\frac{1}{\rho}\frac{\partial p}{\partial y} + \nu\left(\frac{\partial^2 v_y}{\partial x^2} + \frac{\partial^2 v_y}{\partial y^2}\right)$$

$$\frac{Uv_y}{l} \qquad \frac{v_y^2}{\delta} \qquad \frac{\rho U^2}{\rho\delta} \qquad \frac{\nu v_y}{l^2} \qquad \frac{\nu v_y}{\delta^2}$$

$$1 \qquad \frac{v_y}{U}\frac{l}{\delta} \qquad \frac{U}{v_y}\frac{l}{\delta} \qquad \frac{\nu}{Ul} \qquad \frac{\nu}{Ul}\frac{l^2}{\delta^2}$$

经过这样的处理,可以看到,等号左边的两项惯性项的量级都是1。等号右边,压力项的量级为 $1/\varepsilon^2$,而两项黏性项的量级分别为 ε^2 和1。这样,压力项的量级远远大于黏性项。因此 y 向运动方程只能保留压力项。

经过上面的量级估算边界层的运动方程为

$$\begin{cases} v_x \dfrac{\partial v_x}{\partial x} + v_y \dfrac{\partial v_x}{\partial y} = -\dfrac{1}{\rho}\dfrac{\partial p}{\partial x} + \nu\dfrac{\partial^2 v_x}{\partial y^2} \\[2mm] 0 = -\dfrac{1}{\rho}\dfrac{\partial p}{\partial y} \end{cases} \qquad (A.12)$$

方程组(A.12)也称为普朗特边界层微分方程。

参 考 文 献

[1] 江宏俊. 流体力学[M]. 北京:高等教育出版社,1987.

[2] 怀特 M.黏性流体动力学[M]. 魏中磊,甄思淼,译. 北京:机械工业出版社,1982.

[3] 汪兴华. 工程流体力学习题集[M].北京:机械工业出版社,1983.

[4] 孔珑. 工程流体力学[M]. 北京:高等教育出版社,2003.

[5] 吴望一. 流体力学[M]. 北京:北京大学出版社,1982.

[6] 张鸣远. 流体力学[M]. 北京:高等教育出版社,2010.

[7] 丁祖荣. 流体力学[M]. 2 版,北京:高等教育出版社,2013.

[8] 休斯 W F,布赖顿 J A. 流体动力学[M]. 徐燕侯,等译. 北京:科学出版社,2002.

[9] 童秉纲,孔祥言,邓国华. 气体动力学[M]. 2 版,北京:高等教育出版社,2012.

[10] 余常昭. 紊动射流[M]. 北京:高等教育出版社,1993.

[11] 刘佩清. 自由紊动射流理论[M]. 北京:北京航空航天大学出版社,2008.

[12] 欧特尔 H. 普朗特流体力学基础[M]. 朱自强,钱翼稷,等译. 北京:科学出版社,2008.

[13] 郭永怀. 边界层理论讲义[M]. 合肥:中国科学技术大学出版社,2008.

[14] 章梓雄,董曾南. 黏性流体力学[M]. 2 版,北京:清华大学出版社,2011.

[15] 宋秋红. 工程流体力学[M]. 2 版,上海:上海交通大学出版社,2012.